高等职业教育公共课程“十二五”规划教材

自我 社会 人生

——思想政治理论课专题教学设计

主 编 张 建 李文辉
副主编 廖 建 姚冬梅 秦玉莲 田 犇

中国铁道出版社
CHINA RAILWAY PUBLISHING HOUSE

内 容 简 介

本书围绕高校政治理论课教材，精心遴选了23个教学专题，通过“情境导入”“案例分析”、“知识导航”“青春话题”“欢乐课堂”和“社会大舞台”等版块设计，力求克服政治理论课教学空洞说教的弊端，努力营造一种生动有趣的文化氛围，从而达到促进政治理论课教学改革的目标。

本书融思想性与趣味性、理论性与实践性于一体，不仅适合高校师生教学参考，也适合社会各界人士阅读。

图书在版编目（CIP）数据

自我 社会 人生：思想政治理论课专题教学设计/张建，李文辉主编. —北京：中国铁道出版社，2012.9（2014.7重印）

高等职业教育公共课程“十二五”规划教材

ISBN 978-7-113-15214-7

Ⅰ.①自… Ⅱ.①张… ②李… Ⅲ.①思想政治教育－教学设计－高等职业教育－教材 Ⅳ.①G711

中国版本图书馆CIP数据核字（2012）第194954号

书　　名：自我 社会 人生——思想政治理论课专题教学设计
作　　者：张建　李文辉　主编

策　　划：杨　枫　　读者热线：400-668-0820
责任编辑：赵　鑫　鲍　闻
封面设计：付　巍
封面制作：刘　颖
责任印制：李　佳

出版发行：中国铁道出版社（100054，北京市西城区右安门西街8号）
网　　址：http://www.51eds.com
印　　刷：三河市华业印务有限公司
版　　次：2012年9月第1版　2014年7月第2次印刷
开　　本：787mm×1 092mm　1/16　印张：19.5　字数：483千
印　　数：10 001～11 500册
书　　号：ISBN 978-7-113-15214-7
定　　价：38.00元

高等职业教育公共课程“十二五”规划教材

编委会

FOREWORD 前言

作为我国高等教育的一种类型，高职教育从它诞生之日起，就打上了“职业性”的深深印记。由此而衍生的“就业导向”“能力本位”“素质核心”以及“产学结合”“工读结合”等命题都不过是“职业性”这一概念的拓展与延伸。从我国目前职业教育与社会经济、文化发展的紧密联系上看，这些命题的提出、探讨和实践不仅是合理的，也是无可非议的。然而，在我们的教育实践中，人们常常不是从教育的本体价值——人的全面发展来思考高职教育，也不是以学生的职业生涯为着眼点，以培养学生岗位适应能力和职业迁移能力来认识“就业导向”，更多的是从工具性这一角度来认识与把握的。因而，在“职业性”旗号下培养的学生，不是“能力、素养、知识协调发展的社会职业人”，而是一个异化了的职业性工具。

著名教育家蔡元培先生曾经指出：教育者，养成人格之事业也。中国现代文化的先驱鲁迅先生也曾说过：现代化的目的一是立国，二是立人。作为生命存在的基本形式，教育的本质本应关注人的发展，只有在人的发展的前提下，才可能有社会的真正发展，也才可能有经济的持续健康发展。作为高等教育的一个类型，高等职业教育理应从“人本性”的视野，关注学生的生命姿态和生活姿态，关注学生的职业生涯和可持续发展，让学生在学会做人中学会做事，使学生既具备从事职业活动必须的高技能，又具备能为整个职业生涯提供持续发展动力的职业人文素质，正是从这个意义上说，只有具有人文内涵的职业教育才是真正的职业教育。

思想政治理论课作为高职院校的一门公共必修课程，不仅是高职院校德育教育的重要环节，也是对大学生进行思想政治教育的主渠道和主阵地，它对于帮助大学生树立正确的人生观、价值观、道德观和法纪观，学会运用马克思主义的立场、观点和方法科学地认识和分析复杂的社会现象，坚定建设中国特色社会主义的信念，立志成为社会主义事业的建设者和接班人都具有重要的意义。然而，如何摒弃思想政治理论课中空洞的理论说教和照本宣科的教学方法，创新思想政治理论课的教学内容与教学手段，营造思想政治理论课教学的文化氛围，设计生动活泼的实践活动，让教师教得生动，学生学得有趣，一直是我们孜孜以求的目标。为此，近年来，我们围绕高职人才培养目标，着力探索思想政治理论课的教学改革，力求通过生动的情境、丰富的案例、颇具启迪意义的话题、颇有趣味性的活动设计以及大量音频、视频的引入来丰富教学的内涵，从而为学生的成长和可持续发展奠定基础。《自我 社会 人生——思想政治理论课专题教学设计》就是我们几年来教学改革的一个尝试。也许她并不尽如人意，但她毕竟是凝结了我们作为一名教师的思考，也传递了我们作为一名思想政治理论课教师的信念与理想。

本书由张建教授、李文辉副教授担任主编，廖建、姚冬梅、秦玉莲、田犇担任副主编。参与各专题编写的老师有姜黔阳（专题一）、陈伶（专题二）、秦玉莲（专题三）、程晓玲（专题四）、李春宜（专题五）、贺春莲（专题六）、吕广南（专题七、专题八）、陈帅（专题九）、胡迪（专题十）、李文辉（专题十一）、田犇（专题十二）、蔡瑜（专题十三）、曾放军（专题十四）、廖建（专题十五、专题十六）、姚冬梅（专题十七）、薛华（专题十八）、曾芸（专题十九）、李森阶（专题二十）、彭水清（专题二十一）、胡先鸿（专题二十二）、邓世平（专题二十三）。

本书出版得到了湖南工业大学、湖南中医药高专、湖南科技职业学院、湖南大众传媒职业技术学院、岳阳职业技术学院等院校的支持。在此我们表示感谢！

限于水平和时间，本书难免有不足之处。我们期待各位专家和老师的批评与赐教！

编　者

2012年6月30日

CONTENTS

目　录

专题一　人生豪迈从头再来

——感悟大学

在大学要学会：从思考中确立自我，从学习中寻求真理，从独立中体验自主，从计划中把握时间，从表达中锻炼口才，从交友中品味成熟，从时间中赢得价值，从趣味中攫取快乐，从追求中获得力量。

——李开复

知识目标

1. 了解大学生活特点，树立新的学习理念；
2. 明确当代大学生的成才目标与历史使命。

能力目标

1. 能正确分析大学学习的特点，运用正确的学习方法进行大学学习；
2. 能灵活运用人际交往原则，正确处理自己的人际关系，创造和谐的人际环境。

情感目标

激发大学生对于大学生活的热爱以及开创美好大学生活的坚强信心，努力开拓人生新篇章。

经历过高考的磨炼，同学们的人生驶入了一生中最重要的车道——大学！当我们置身于荡漾着青春气息的大学校园，当我们即将开始摇曳多姿的大学生活，也许，我们还在高中生与大学生角色的转换中困惑，也许，我们还在为高考的失利而沮丧，甚至认为高职院校成就不了自己辉煌灿烂的人生而郁闷和失落。的确，我们曾经充满期待，我们曾经充满梦想。有一首歌的歌词写得好：人生豪迈，从头再来。是的，只要我们在求学期间学会学习、学会与人相处、学会“工作”，那么即使“被青春撞了一下腰”，我们同样也会在中华民族崛起的伟大复兴事业中，开启美丽的人生。

情境导入

朗读《李开复给女儿的信》

当我们开车驶出哥伦比亚大学的时候，我想写一封信给你，告诉你盘旋在我脑中的想法。

大学将是你人生最重要的时光，在大学里你会发现学习的真谛。你以前经常会问道：“这个课程有什么用？”这是个好问题，但是我希望你理解，“教育的真谛就是当你忘记一切所学到的东西之后所剩下的东西”。我的意思是，最重要的不是你学到的具体的知识，而是你学习新事物和解决新问题的能力。

这才是大学学习的真正意义——这将是你从被动学习转向自主学习的阶段。所以，即便你所学的不是生活里所急需的，也要认真看待大学里的每一门功课，就算学习的技能你会忘记，学习的能力也会让你受用终身。

不要被教条所束缚，任何问题都没有唯一的简单的答案。看待一个问题不应该非黑即白，而是有很多方法和角度。这就是“批评的思维”——你的一生都会需要的最重要的思考方式，这也意味着你还需要包容和支持不同于你的其他观点。

在大学你要追随自己的激情和兴趣，选择你感兴趣的课程，不要困扰于别人怎么说或怎么想。在功课上要尽力，但不要给自己太多压力。成绩不过是虚荣的人用以吹嘘和慵懒的人所恐惧的无聊数字而已。

最重要的是在大学里你要交一些朋友，快乐生活。你应该挑选一些真挚诚恳的朋友，跟他们亲近，别在乎他们的爱好、成绩、外表甚至性格。如果你喜欢某人，就告诉他，就算被拒绝了，你也没有损失什么。

以最大的善意去对人，不要有成见，要宽容。人无完人，只要他们很真诚，就信任他们，对他们友善。他们将给你相同的回报，这是我成功的秘密。

这是一位父亲写给在大学读书的女儿的信。信的作者李开复曾任职于苹果、微软、谷歌。2009年9月，从谷歌离职，创办新工场。虽然李开复是一名全球知名的职业经理人，但因为他曾给中国的青年学生写了七封信而被大家亲切地称为“开复老师”。在这封信中，开复老师以一位父亲和一名职业经理人的双重身份，在和女儿的交谈中，透露了如何面对大学生活才会成功的秘诀。当我们也面临着大学应该怎样学习？应该怎样生活的困惑时，认真阅读品味一下一位过来人的人生经验，也许能从中得到一些启示。

知识导航

大学是知识的殿堂，是我们构建自己较为全面的知识基础的阶段。虽然现代社会倡导“终身学习”，但这样系统性地接受大学教育对于我们大多数同学来说，也许是“最后一次”。是找准自己的定位，潜心向学，不断提高自己的能力与素养，为今后投身社会、实现中华民族的伟大复兴积蓄能量；还是放任自己、虚掷光阴，到头来抱怨自己什么都没有学到。这里一个极为重要的课题就是怎样学会在大学的学习。

一、树立新的学习理念

1. 自主学习的理念

在中学，老师会一遍又一遍地重复每一堂课里的关键内容，以期让学生们能“记住”知识；而大学的学习正如俗语所言——“师傅领进门，修行在个人”：老师只会充当引路人的角色，学生必须自主地学习，在学习知识的过程中独立思考，将自己对问题的认知从举一反三提升到无师自通的境界。微软公司曾做过一个统计：在每一名微软员工所掌握的知识内容里，只有大约

10%是员工在过去的学习和工作中积累的，其他的知识都是在加入微软后自学得到的。可见一个缺乏自主学习能力的人是难以立足的，所以同学们要科学安排学习时间，掌握正确的学习方法，全面提高自主学习的能力，不断提升自己系统、深入、独立、主动分析问题的能力。

2．全面学习的理念

开复老师对女儿强调："要认真看待大学里的每一门功课"。这既包括学好基础知识（数学、英语、信息技术和专业基础课程）也包括"追随自己的激情和兴趣，选择你感兴趣的课程"；对基础知识的掌握可以受用终生，选择自己感兴趣的课程，可以培养自己探索求知的热情。读书听课是获取知识的重要途径，但获取知识绝不能脱离实际操作，所以要向实践学习、向生活学习，锻炼动手能力，提高实践本领，学会关心他人、尊重他人，学会与人协作，学会按照道德准则和法律规范做人处事。

3．创新学习的理念

创新学习是一种以求真务实为基础，采取创造性的方法，积极追求创造性成果的学习。树立创新学习的理念，首先要脚踏实地，打下扎实的专业根底；同时又要善于思考，勇于开拓，不断激发自己的创新意识，敢于突破陈旧的思维定式，努力从事探索活动，培养创新精神。在学习中，不仅要善于组合、加工、消化已有知识，而且要力求有所发现、有所发明、有所创造。

4．终身学习的理念

当今世界，科技发展日新月异，每五年发展出来的新技术可能就会淘汰过去五十年甚至一百年里积累的技术，我们已进入终身学习的时代，要有"活到老，学到老"的心态，树立终身求知，终身学习的理念。大学毕业只是告别学校，并不是告别学习。

二、提高独立生活的能力，学会与人相处

大学不同于以往的所有教学过程，统一的标准没有了，好成绩已经不再是唯一的任务，因此大学的教育也绝不只限于课堂上，而在与同龄人的交往中所受到的教育往往对一个人的影响比书本要大得多；我们高职院校的学生毕业后就将进入职场，进入社会，在未来，人们在社会里、在工作中与人相处的能力会变得越来越重要，甚至超过了工作本身；所以，同学们要从进校门的第一天开始，从自己所在的寝室开始，培养自己的交流意识和团队精神。

学会与室友相处，学会与同学相处，是在座的每一位同学都要用心学好的"功课"之一。

1．独立生活的意识

从一定意义上来说，进入大学就意味着独立地走向社会，走向生活。在这个新的起点上，为了给自己的人生理想夯实基础，就需要摆脱依赖、等待和犹豫，树立自信、自律、自强的精神，勇敢面对社会和生活。

2．虚心求教、细心体察

因为朝夕相处，难免磕磕碰碰；因为朝夕相处，也能收获知己；学会与人共处是今后同学们"谋生"必须具备的重要技能之一，在寝室、在班级多观察周围的同学，特别是那些你觉得交往能力和沟通能力特别强的同学，看看他们如何与人相处。比如，看他们如何处理交往中的冲突、如何说服他人和影响他人、如何发挥自己的合作和协调能力、如何表达对他人的尊重和

真诚、如何表示赞许和反对、如何在不冒犯他人的情况下充分展示个性等。通过观察和模仿，你会发现，自己的人际交往能力会有意想不到的改进。

三、塑造当代大学生的崭新形象

“少年智则国智，少年富则国富；少年强则国强，少年独立则国独立；少年自由则国自由，少年进步则国进步；少年胜于欧洲则国胜于欧洲，少年雄于地球则国雄于地球。”——这是近代著名的思想家梁启超对少年中国的热爱和期望！今天，我们的青年更肩负着实现中华民族伟大复兴的历史使命，同学们要适应时代要求，自觉塑造当代大学生的崭新形象。

（1）理想远大、热爱祖国

同学们生逢报效祖国难得的历史机遇，理应树立起“舍我其谁”的豪情壮志和坚定信念，把为振兴中国做贡献作为自己不懈的奋斗目标。

（2）追求真理、善于创新

同学们应当发挥朝气蓬勃、思维敏捷、敢为人先、陈旧观念最少、最具创造活力的诸多优势，追求真理，勇于探索，努力提高创新能力，使自己成为祖国和人民需要的、富有创新精神的高素质人才。

（3）德才兼备、全面发展

司马光说过：“才者，德之资也；德者，才之帅也。”用“德”来统帅“才”，才能保证“才”的正当发挥；以“才”支撑“德”，才能真正有益于国家和人民。德才兼备是衡量大学生全面发展的一个重要标准。

（4）视野开阔、胸怀宽广

同学们应当学会以开阔的视野观察不断发展的中国，观察日新月异的世界；用宽广的胸襟向历史学习，向人民群众学习，向实际学习。要把个人的“小我”融入国家和集体的“大我”之中，在维护和实现国家和人民利益的过程中创造个人的辉煌人生。

（5）知性统一、脚踏实地

一个人能否做到言行一致，是他立身处世的基础。在人和人的相处中，既要重视言，更要重视行。在日常的生活和学习中，要时时提醒自己，比如，应该做的事情，认识到了，是否去做了；应该改正的错误，认识到了，是否去改了。一个人如果能够从身边的事情做起，从具体的事情做起，做到言行一致，老老实实做人，踏踏实实做事，他的道德人格必然会不断完善。

青春话题

话题一：要加入学院的社团或协会组织吗

刚入校园的新生们会对一个场景觉得特别新鲜：看到学院的各类社团或协会都打出了各具特色的“招兵买马”的广告，学姐师哥们也在积极“游说”同学们加入到他们的阵营中去，针对这个情况，老师设计了几个问题，同学可以选其中的一到两个问题进行讨论与回答。

1. 现在你对学院的社团或协会组织主动地去进行了解了吗？为什么？
2. 你有加入某一社团或协会组织的想法吗？
3. 你准备加入哪一个社团或协会组织，为什么？

4. 通过参与社团或协会组织所开展的活动，你想收获什么？

5. 准备自己发起或创立一个社团或协会组织吗？说出你的理由。

从中学到大学生的转变过程，其实质是人的逐步社会化的过程，因此，今天的大学已不得不悄悄承担起另一个重要的社会功能：它成了众多青年学生进入现代社会生活之前的最后一个集训营，在这个集训营中参与社团活动又是步入社会前最好的磨炼。

社团或协会组织是同学们自我培养、自我学习、互相交流的一个平台，特别是大一新生快速融入大学的学习、生活、交友、工作的最佳途径之一。各个高校也都注重培育自己的各类社团或协会组织，以形成自己独具特色的校园文化，比如牛津大学有总计多达500多个的社团组织，耶鲁大学因为有最著名的秘密社团“骷髅和骨头会”而名扬天下——其成员包括布什父子在内的三位美国总统，两位最高法院大法官和无数美国议员及内阁高级官员。可见在社团中，可以培养团队合作的能力和领导才能，也可以发挥你的专业特长。

《教育》旬刊曾做了一项关于“高校社团”的问卷调查。本次问卷调查来自清华大学、北京大学、中国人民大学、中国传媒大学、北京第二外国语学院等在京高校,涉及本专科研究生各层次的在校大学生，调查显示：33%的人把“拓展兴趣爱好”作为参加社团的出发点，“积累实践活动经验”占21%，“交流学习”和“娱乐休闲”各占16%，“扩大交际”占11%，3%的人“没有什么目的，随大溜”。

总之，不管你参加社团的出发点是什么，都希望新同学们能根据自己的目标设立以及自己的兴趣爱好选择适合自己的社团或协会组织。在社团或协会中，你要做一个诚心诚意的服务者和志愿者，或在工作时主动扮演同学和老师之间沟通桥梁的角色，并以此锻炼自己的沟通能力，为同学和老师服务。这个过程不会很轻松，挫折肯定是有的，但是不要灰心，大学社团里的人际交往是一种不用“付学费”的学习，犯了错误也可以重头来过；只要你持之以恒，在社团活动中不断磨炼自己，就会收获新的生活、新的知识、新的能力、新的友谊；切忌虎头蛇尾！

话题二：大学求学期间是否应该兼职

观点一：不兼职的理由

1. 耽误学习。大学是一个人一生中最好读书的时光。做兼职期间能很好地协调好学习和兼职的时间的同学并不是很多，而且在工作劳累后更让人没有精力或心情学习，最后沦落为兼职学生，真的是得不偿失。

2. 容易形成错误的人生观，特别是拜金主义的人生观。

3. 容易上当受骗。生活在象牙塔中的大学生们社会经验欠缺，辨别事物的能力有待提高，而社会上的兼职陷阱又让人防不胜防，上当受骗在所难免，人财两空就更加不值得了。

4. 不一定要通过兼职来提升自己的能力。积极参加学校学生会的工作、学校社团开展的一系列活动，不仅可以有效地利用自己的课余时间，省却奔波的辛苦，而且在安全的校园里，各个方面的能力一样可以获得提升。

观点二：兼职的理由

1. 可以获得一定的收入。兼职赚钱既培养了自己独立自主的能力又在一定程度上解决了自己的日常开销，缓解了父母的经济压力，一举数得，何乐而不为呢！特别是靠自己兼职赚到的第一笔收入，无论多少，都让自己觉得特别有成就感——只有兼职过的人才会真正珍惜生活！

2. 积累社会经验，更好地促进专业学习。兼职为大学生提供了一个零距离接触社会的机会，让学生在积累社会经验的同时，还可以了解到当前行业的发展方向及状况，有助于学生根据自己的实际情况即时调整自己的学习方向和侧重点，为以后的就业和发展增加筹码。

3. 扩大自己的朋友圈子，提高自己的交际能力。正所谓“三分靠实力，七分靠人脉”！通过兼职不仅可以扩大自己的生活圈子，认识更多的不同年龄、层次、类型的朋友，而且在具体的兼职工作开展的过程中，可以不断地修正和提升自己的人际交往能力，为今后事业的成功提前打下夯实的基础。

4. 新东方职业规划和人生发展咨询专家徐小平老师说：学习的目的是为了使用，使用的过程也是学习！大学生只有解放自己的生产力，才能解放全社会的生产力！把工作当作你终身追求的目标，把教育只看作是提升自己工作能力的实用性手段！

大学生求学期间进行兼职活动的利弊是“公说公有理，婆说婆有理”；而真正你的体验和感悟又是什么呢？“纸上得来终觉浅，绝知此事要躬行”，光说不练是假把式，梨子的味道只有尝过才知道！闲暇时，进行适当的兼职，亲自辨一辨兼职的“味道”吧！

欢乐课堂

视频情景剧校园恰恰恰——报到第一天

观看这段爆笑情景剧时，请同学们仔细留意人物的“别样”出场和他们的“特色”台词；看完后老师将邀请一到两组同学上来表演你感兴趣的“桥段”，当然老师会把每一位同学出场时的“特色”台词以幻灯片的形式呈现出来以供参考；上台表演的同学以剧中人物为原型，结合自己刚刚进入寝室时的“状况”，演绎出我们学校版的“校园恰恰恰”。

观看了学生自编自演的“校园恰恰恰”，同学们自己刚刚入学的场景一定又浮现于眼前了；开复老师在给女儿的信中也强调“最重要的是在大学里你要交一些朋友，快乐生活”；怎样正确地与室友、同学相处，进而收获友谊与快乐，这个问题同学们是不是需要认真思考呢？

相关链接

大学小故事　人生新天地

1. 史上最牛女专科生——曹晓洁

曹晓洁出生在四川省泸州市邻玉镇的一个小山村。父母都是地地道道的农民，全家仅靠几亩地维持生活。贫困，让曹晓洁的父母更加坚信：唯有读书，唯有考上大学，才能改变晓洁的命运。2006 年，是她人生的一个转折点。这一年，她高考再次失利。“与其诅咒黑暗，不如点亮蜡烛”！痛苦过后，她来到了远在千里之外的民办江西某软件学院。她曾是班里的“笨”学生，每当学习一门新的课程时，总是听不明白，下课后就到处问别人。勤才能补拙，她的韧劲上来了，砍掉了许多兴趣爱好，把大量的时间用在与课件、程序打交道上。除了始终把学习作为首要任务，曹晓洁还抓住一切机会锻炼自己。她竞选学习部副部长，组织英语角，并经常活跃在各种晚会、典礼等活动的台前幕后，大大小小的奖励、荣誉是对她成绩的最好证明。平时异常的刻苦努力成就了曹晓洁：2008 年 10 月，两年制专科毕业后，曹晓洁报名了自考本科。随后，她参加福富软件公司（FFCS）的面试，并成为被录取的 12 名人员之一。等待 FFCS 录取通知期间，她又应聘印度 INFOSYS 公司，并获得面试机会。当得知 IBM 公司招聘信息时，曹晓洁再次决定勇敢一搏。11 月 10 日，IBM 公司通知：曹晓洁等 16 位同学顺利通过面试。同时在 11 月上旬，FFCS 提出，为不影响其本科学业，曹晓洁可以在职实习。12 月下旬，IBM 上海电话通知她，2009 年 1 月，曹晓洁可以正式进入 IBM 公司试用。

曹晓洁被众多网友评为“史上最牛女专科生”。

在这一案例中和同学们一样就读于高职学院的曹晓洁用永不言败的精神，清晰的目标定位，勤奋而踏实地努力，在毕业时收获了累累硕果。她的成功中最关键的是在一开始就给自己确立了明确的目标，不论是学习还是“工作”都围绕着这一目标而努力，并且在这一目标的“驱动”下，曹晓洁学会了如何在高职学院进行自主的学习和生活：确立明确的目标——学会自主学习、探索和实践——积极营造良好的学习氛围——学会互助式的快乐学习——在共同进步中成就人生的辉煌。

有一首“小诗”送给同学们，希望同学们在确立明确的目标定位的基础上都能够有渐入佳境的学习状态：

第一年：不知道自己不知道；

第二年：知道自己不知道；

第三年：不知道自己知道；

第四年：知道自己知道。

2. 20 年后的感慨

2005 年 3 月，一群武汉大学物理系 81 级同学在加州硅谷相聚。20 年后的聚会带给他们无限的快乐和幸福。20 年前，每个人都怀着美好的理想和远大的抱负走出校门；20 年过去了，在物理系接近 140 位毕业生中，约 1/3 的人生活和工作在北美地区，其中大部分都不再从事与物理直接相关的工作——他们有的在硅谷做软硬件工程师，有的在华尔街从事金融证券方面的工作，有的成为了现代企业的管理者，有的则在大学任教，甚至还有人成为了时装设计师。

聚会时，一位在华尔街工作的同学当场做了一个小调查，调查的内容是：如果上帝把你送回武汉大学，重新度过大学时光，那么，你最想做好哪件事情，以弥补 20 年前的缺憾？

① 用功学习理工科；

② 努力学好英文；

③ 学习人际交流的艺术；

④ 将更多的时间花在恋爱和感情问题上；

⑤ 辞职开公司，尽早走上创业的道路。

令人惊讶的是，有 90%的人选择了③——尽管他们目前居住在不同的城市、身处不同的工作岗位，但他们的选择足以说明，人际交流是所有年轻人都应该重视的一门必修课。因此从进入大学开始应该要目的、有意识地锻炼自己的沟通能力，这个过程不一定会很轻松，挫折是肯定会有的，但不要灰心，大学里的人际交往是一种不用“付学费”的学习，犯了错误也可以重头来过。

3. 王石哈佛游学记——活到老，学到老

作为中国最大的房地产公司之一，万科这座“罗马城”的建成，王石可谓功不可没。王石，这个一石激起千层浪的人，2011 年，他的选择为赴美游学三年。这一年，他已经 60 岁。

一直有个留学梦。1983 年我到深圳时已 32 岁，原来想在那里过渡一下，挣点钱再去留学，结果没想到就给耽搁下来了。到 50 岁时，已觉得留学和自己没关系了，是下辈子的事了。

2010 年初，哈佛的一个中国基金会在北京办一个答谢会，当时执行主任问我有没有兴趣到

哈佛游学，半年、一年、三年都可以。当时我就回答“有兴趣，一年”。但到了当年秋天，我却犹豫了，害怕语言不行。过了国庆，没去；过了圣诞，还没去。这时，哈佛来函问询，我听出了话中有话：“我们这儿可是哈佛啊！”而且对于邀请一个中国企业家去学习，哈佛内部也存在不同意见。于是在 2011 年春天，我一咬牙就去了。

但对于 60 岁的我来讲，第一学期的主要任务还是语言关。上午 8 点到 12 点在语言学校，下午 1 点半到 6 点在哈佛。主要是听讲座，没有什么压力也没有什么作业。这个阶段基本上是请一个学生先做笔记，回来我们讨论。不过讲座很精彩而且一天有四五十个讲座，主要挑战还是在那个英文学校。因为那里年纪最大的学生比我女儿还要小十五六岁，西方教学又是以案例分析和游戏互动形式展开的，而单词是需要死记硬背的，我哪是那些小孩子的对手啊！

这让我很快体会到什么叫后进生的滋味。那所语言学校，每星期一都要考试。60 分钟考试时间，30 分钟就有一半人交卷了，再过 10 分钟又走了一大批，到 59 分钟时，整个房间就剩我 1 个人了。老师就差说“时间到了，要收卷子了”。我真想考试期间旷课，考完试再去上课。以前我可以不到 1 分钟就睡着，但到了哈佛，上这个语言学校，就开始到半夜都睡不着觉。人处于一种很疲劳的兴奋，也经常胡思乱想：你会不会是神经病？这值不值得？真能再坚持下去？

突然发现原来在国内的我已是半残废。因为毕竟我是在国内创业的，做企业快 30 年了。有秘书安排、有司机接送，一切都觉得是理所当然的，一切都是安排好的。突然到了那儿，自己要去解决吃、住、行等基础性的问题，感到不适应。连坐地铁去超级市场，都会坐反了方向。

当然，我也有优势。虽然我在学习上很吃力，但可以跟着学。在作文方面我的优势比较突出。因为这需要有思辨的，需要有观点的、有逻辑的，这恰好是我的优势。那些年轻人英文单词比我记得多，讲得也流利，但是写作文我的优势就体现出来了。我只要一交作文，老师就说：好，10+。

还有一个是成就感。语言学校分成五个级别，一个级别是十个星期的课程。先测试你的听力、口语能力、理解力和写作能力，之后，自然就分级别了。第五个级别是最高的。十个星期一大考，每个星期一小考。一年时间能上到最高那个级别的并不多。这有两个原因：第一个是过了前四个级别之后考雅思、托福就没什么问题了，所以没必要再上第五个级别，而且真正能上到第五个级别的人也很少。我用一年时间上到第五个级别。虽然我是后进生但不是留级生，一直能跟着学，非常开心，有成就感。

事实上，听课的效果与状态很有关系。比如关于讲宗教如何影响资本主义的思想史时，我一下子能听 20 分钟的课程，自己感觉都很好。虽然最多听懂一多半，但因为我天天读那些资料，知道老师在讲什么。比如哈佛旁边的一所房子曾经住着谁，有哪本书是这位名人写的，让学生很有身临其境的那种感觉。就连美国原来是英国殖民地，以及独立之后发生的种种事情，也感觉仿佛就在昨天似的。老师讲得流畅，我听得愉快，所以我宁可放弃选修美国资本商业史来听这门课。

到了第三个学期我就轻松多了。这个阶段感觉是把脑子开动起来了，思维方式也轻松多了，接受的东西比以前要多了很多。之前我是凭经验、凭直觉，到了这个阶段感觉很特别，自己好像年轻了很多。这种感觉让人心情愉悦。

事实上，在哈佛我感受很多。最新的一个是在哈佛看到一个汉白玉的碑。这个碑是哈佛成立 300 周年时中国留学生给送的，如今再过 20 年哈佛就 400 周年了。从中可以想象留学生对于中国意味着什么。中国留学生在哈佛可以分为三代：第一代像著名科学家竺可桢等，他们都是学术的奠基人；第二代与第一代相隔的时间较长，因为 1949 年以后就中断了，直到 1980 年代才真正开始有中国人去美国留学；最有意思的是第三代，一年还要参加两次哈佛的裸奔节。

如今中国去哈佛的留学生已从神坛降到了普罗大众，但这恰恰是中国的希望。如果仅仅只是少数的精英尖子去留学，想推动中国发展还是非常难的。事实上，现在中国的留学生在美国有很多。像在哈佛的中国留学生和学者就有400人，在麻省理工的中国留学生也不少。人数比较多的哥伦比亚大学，中国留学生加上拜访学者的总人数有2000人。我觉得中国未来的希望还是在教育，在美国看到这么多的中国年轻人在那里留学，就会深刻地感觉到中国希望所在。

至于像我这样的中国本土企业家去美国留学，也可以成为联系东西方的一座桥梁。因为企业家毕竟能掌握一些资源，也可以为中国的未来做一些事情。这或许是我的另外一个作用。

（本文由王石在欧美同学会活动上的发言整理而成。）

4．湖南涉外经济学院天使：田莉

她叫田莉，是湖南涉外经济学院大二学生，刚悄悄过完自己20岁生日，标准的90后。田莉出生于湖南省湘西自治州龙山县白羊乡浦家河村一个贫困农民家庭。5岁时因父母离异，童年生活一直过得很心酸，但也从小学会了自己照顾自己。父亲常年在外打工，挣钱不多，给她的贴补十分有限，田莉十分懂事，从不埋怨，还时常提醒父亲要自己保重自己。

从初中开始，田莉就利用寒暑假勤工俭学，自己挣学费和生活费，而且一坚持下来就是8年。虽然田莉心中也时常充满着对父爱、母爱和完整的“家”的渴望，但至今上了大学的她却仍没有感受过家的温暖。她几乎以校园为家，学习、生活、工作自个儿安排得有条不紊。

对于这样一个女孩子，能这样自力更生就已十分不容易了。然而，更令人钦佩的是她还在坚持不懈地帮助着她家乡的其他贫困孩子。因为“自己是在留守和贫困中长大”,所以田莉更知道留守贫困儿童需要什么。从初中到大学，她一直都在努力帮助跟自己有同样经历的贫困孩子，给他们幼小心灵填补一份真挚的爱，给他们提供力所能及的精神与物质帮助。

17岁时，她开始了打工生涯。

田莉说：“自己从小生活在一个单亲家庭，缺少爱，小时候特殊的生活经历，让我变得更成熟。我们不能选择自己的出生，但是我们可以用自己的双手去改善自己的生活，而且还可以去帮助别人。”

为了奉献这份爱，为了有能力实现对孩子们的帮助，从17岁开始的每一个寒暑假，田莉的足迹遍布湖南、云南、广东、广西、北京、上海等全国的许多城市，还是学生的她过早地开始了打工生涯。

田莉说，外出打工虽然很艰辛，但可以生活自立，还可帮助一些需要帮助的孩子，是件很高兴的事情。这种经历有助于锻炼自己，增长见识，为日后工作积累经验。这种磨砺让田莉变得很坚强、很自信。

她说：“无论走到哪里，只要别人能做的事情，我都会努力去做，而且一定要做好。”在外打工的日子是心酸的，繁重的工作和异地漂泊的孤独感，对于一个学生女孩来说似乎太残酷了点，田莉很多次想放弃，但是她没有，很多次，她独自一个人躲在被窝里哭泣。

省吃俭用，只想让贫困孩子过得好些。

由于田莉舍得吃苦，工作又很努力，打工收入不断增加，资助孩子的数量也越来越多，目前，相继得到田莉资助的留守儿童有16个之多。

为了省出更多的钱来帮助孩子们，田莉生活中总是挑最便宜的饭菜吃，挑最便宜的衣服穿，她经常一天只吃一顿饭，一顿只吃一个素菜和一份5毛钱的米饭，即便偶尔“奢侈”一下，一天吃两顿饭，但每顿消费也绝对不会超过两块钱。作为一个在省会长沙上大学的学生，每月平均消费不到二百元，其节俭程度恐怕是其他学生想都不敢想的。

很多人问过田莉：为什么自己的生活这么贫困还要去帮助那些孩子们，为什么不等自己有钱了再去帮助别人？田莉回答：我再怎么困难都不愁温饱，吃饱不一定要吃好，穿暖不一定要穿好，节余些钱帮助那些没有解决温饱的孩子生活和上学，比我吃好穿好有意义得多。对于贫困孩子来说，越贫困读书的机会越珍贵，确保不失学、多读书是最关键的，也许他们的机会和童年一样，都只有一次……上大学以后，身边的同学被田莉深深地感动了，现在她与四位同学一起组成了“宝贝希扬”公益团队，一起做公益，一起分享苦与乐。

现在，田莉每个周末都出去做兼职，商场促销、活动主持、做服务员、发传单……只要能赚钱帮助孩子们的，再苦再累都没有阻挡她兼职的脚步。很多人都说她这是在拿自己的健康做赌注，她回答说：“我没想那么多，只想让贫困孩子过得好些！”

最期望的职业：还是要去做公益。

田莉有个好习惯，就是将自己的生活点滴和心灵感应记录下来：

我们不能选择自己的出生，但我们可以靠双手去改善自己的生活，而且还要去帮助别人。

我再怎么困难每天都有饭吃，每顿饭至少可以吃到一个菜，而我家乡还有一些孩子连米饭都吃不上。

自己本来就是贫苦家庭出身，吃点苦没什么，只要通过我的努力可以让他们维持学业多读书，心里就很满足了。

我是可以等有钱了再去帮助他们，但这些贫困的孩子，如果现在不帮，他们就有可能失去读书的最好时期。有些人一生只有一次读书的机会。

未来我最期望的职业，还是要去做公益，继续帮助那些需要帮助的人。

读了这些日记，我很是感动，甚至流泪了。很难想象这是出自于一位年仅20岁标准90后女大学生之笔。然而，这一点也不稀奇，因为她来自湘西贫困山区，因为她有一颗美丽而善良的心，她被湖南省涉外经济学院的老师和同学们称为“涉外天使”。

田莉从来没有放弃过，也从来没有想过停止自己帮助他人的脚步。

田莉，好样的！

拓展阅读

1. 俞敏洪在北京大学的开学致辞

俞敏洪（北京大学英语系80级校友、新东方教育科技集团董事长兼总裁）在北京大学2008年开学典礼上的发言：

北大原来从未邀请过校友在开学典礼上讲话，2008年9月21日开学典礼，北大邀请了新东方教育科技集团董事长兼总裁俞敏洪老师讲话，这是俞老师的一种荣幸，更是新东方的一种荣誉。

各位同学、各位领导：

大家上午好！（掌声）

非常高兴许校长给我这么崇高的荣誉，谈一谈我在北大的体会。（掌声）

可以说，北大是改变了我一生的地方，是提升了我自己的地方，使我从一个农村孩子最后走向了世界的地方。毫不夸张地说，没有北大，肯定就没有我的今天。北大给我留下了一连串美好的回忆，大概也留下了一连串的痛苦。正是在美好和痛苦中间，在挫折、挣扎和进步中间，最后找到了自我，开始为自己、为家庭、为社会能做一点事情。

学生生活是非常美好的，有很多美好的回忆。我还记得我们班有一个男生，每天都在女生的宿舍楼下拉小提琴，（笑声）希望能够引起女生的注意，结果后来被女生扔了水瓶子。我还记得我自己为了吸引女生的注意，每到寒假和暑假都帮着女生扛包。（笑声、掌声）后来我发现那个女生有男朋友，（笑声）我就问她为什么还要让我扛包，她说为了让男朋友休息一下（笑声、掌声）。我也记得刚进北大的时候我不会讲普通话，全班同学第一次开班会的时候互相介绍，我站起来自我介绍了一番，结果我们的班长站起来跟我说："俞敏洪你能不能不讲日语？"（笑声）我后来用了整整一年时间，拿着收音机在北大的树林中模仿广播台的播音，但是到今天普通话还依然讲得不好。

人的进步可能是一辈子的事情。在北大是我们生活的一个开始，而不是结束。有很多事情特别让人感动。比如说，我们很有幸见过朱光潜教授。在他最后的日子里，是我们班的同学每天轮流推着轮椅在北大里陪他一起散步。（掌声）每当我推着轮椅的时候，我心中就充满了对朱光潜教授的崇拜，一种神圣感油然而生。所以，我在大学看书最多的领域是美学。因为他写了一本《西方美学史》，是我进大学以后读的第二本书。

为什么是第二本呢？因为第一本是这样来的，我进北大以后走进宿舍，我有个同学已经在宿舍。那个同学躺在床上看一本书，叫做《第三帝国的兴亡》。所以我就问了他一句话，我说："在大学还要读这种书吗？"他把书从眼睛上拿开，看了我一眼，没理我，继续读他的书。这一眼一直留在我心中。我知道进了北大不仅仅是来学专业的，要读大量大量的书。你才能够有资格把自己叫做北大的学生。（掌声）所以我在北大读的第一本书就是《第三帝国的兴亡》，而且读了三遍。后来我就去找这个同学，我说："咱们聊聊《第三帝国的兴亡》"，他说："我已经忘了。"（笑声）

我也记得我的导师李赋宁教授，原来是北大英语系的主任，他给我们上《新概念英语》第四册的时候，每次都把板书写得非常的完整，非常美丽。永远都是从黑板的左上角写起，等到下课铃响起的时候，刚好写到右下角结束。（掌声）我还记得我的英国文学史的老师罗经国教授，我在北大最后一年由于心情不好，导致考试不及格。我找到罗教授说："这门课如果我不及格就毕不了业。"罗教授说："我可以给你一个及格的分数，但是请你记住了，未来你一定要做出值得我给你分数的事业。"（掌声）所以，北大老师的宽容、学识、奔放、自由，让我们真正能够成为北大的学生，真正能够得到北大的精神。当我听说许智宏校长对学生唱《隐形的翅膀》的时候，我打开视频，感动得热泪盈眶。因为我觉得北大的校长就应该是这样的。（掌声）

我记得自己在北大的时候有很多的苦闷。一是普通话不好，第二英语水平一塌糊涂。尽管我高考经过三年的努力考到了北大——因为我落榜了两次，最后一次很意外地考进了北大。我从来没有想过北大是我能够上学的地方，她是我心中一块圣地，觉得永远够不着。但是那一年，第三年考试时我的高考分数超过了北大录取分数线七分，我终于下定决心咬牙切齿填了"北京大学"四个字。我知道一定会有很多人比我分数高，我认为自己是不会被录取的。没想到北大的招生老师非常富有眼光，料到了三十年后我的今天。（掌声）但是实际上我的英语水平很差，在农村既不会听也不会说，只会背语法和单词。我们班分班的时候，五十个同学分成三个班，因为我的英语考试分数不错，就被分到了A班，但是一个月以后，我就被调到了C班。C班叫做"语音语调及听力障碍班"。（笑声）

我也记得自己进北大以前连《红楼梦》都没有读过，所以看到同学们一本一本书在读，我拼命地追赶。结果我在大学差不多读了八百多本书，用了五年时间（掌声）。但是依然没有赶超上我那些同学。我记得我的班长王强是一个书癖，现在他也在新东方，是新东方教育研究院的院长。他每次买书我就跟着他去，当时北大给我们每个月发二十多块钱生活费，王强有个癖好就是把生活费一分为二，一半用来买书，一半用来买饭菜票。买书的钱绝不动用来买饭票。如果他没有饭菜票了就到处借，借不到就到处偷。（笑声）后来我发现他这个习惯很好，我也把我的生活费一分为二，一半用来买书，一半用来买饭菜票，饭票吃完了我就偷他的。（笑声掌声）

毫不夸张地说，我们班的同学当时在北大，真是属于读书最多的班之一。而且我们班当时非常地活跃，光诗人就出了好几个。后来挺有名的一个诗人叫西川，真名叫刘军，就是我们班的。（掌声）我还记得我们班开风气之先，当时是北大的优秀集体，但是有一个晚上大家玩得高兴了，结果跳起了贴面舞，第二个礼拜被教育部通报批评了。那个时候跳舞是必须跳得很正规的，男女生稍微靠近一点就认为违反风纪。所以你们现在比我们当初要更加幸福一点。不光可以跳舞，而且可以手拉手地在校园里面走，我们如果当时男女生手拉手在校园里面走，一定会被扔到未名湖里，所以一般都是晚上十二点以后再在校园里面走。（笑声掌声）

我也记得我们班五十个同学，刚好是二十五个男生二十五个女生，我听到这个比例以后当时就非常的兴奋（笑声），我觉得大家就应该是一个配一个。没想到女生们都看上了那些外表英俊潇洒、风流倜傥的男生。像我这样外表不怎么样，内心充满丰富感情、未来有巨大发展潜力的，女生一般都看不上。（笑声掌声）

我记得我奋斗了整整两年希望能在成绩上赶上我的同学，但是就像刚才吕植老师说的，你尽管在中学高考可能考得很好，是第一名，但是北大精英人才太多了，你的前后左右可能都是智商极高的同学，也是各个省的状元或者说第二名。所以，在北大追赶同学是一个非常艰苦的过程，尽管我每天几乎都要比别的同学多学一两个小时，但是到了大学二年级结束的时候我的成绩依然排在班内最后几名。非常勤奋又非常郁闷，也没有女生来爱我安慰我。（笑声）这导致的结果是，我在大学三年级的时候得了一场重病，这个病叫做传染性浸润肺结核。当时我就晕了，因为当时我正在读《红楼梦》，正好读到林黛玉因为肺结核吐血而亡的那一章，（笑声）我还以为我的生命从此结束，后来北大医院的医生告诉我现在这种病能够治好，但是需要在医院里住一年。我在医院里住了一年，苦闷了一年，读了很多书，也写了六百多首诗歌，可惜一首诗歌都没有出版过。从此以后我就跟写诗结上了缘，虽然我这个人有丰富的情感，但是没有优美的文笔，所以终于没有成为诗人。后来我感到非常的庆幸，因为我发现真正成为诗人的人后来都出事了。我们跟当时还不太出名的诗人海子在一起写过诗。后来他写过一首优美的诗歌，叫作《面朝大海，春暖花开》，我们每一个同学大概都能背。后来当我听说他卧轨自杀的时候，号啕大哭了整整一天。从此以后，我放下笔，再也不写诗了。（掌声）

记得我在北大的时候，到大学四年级毕业时，我的成绩依然排在全班最后几名。但是，当时我已经有了一个良好的心态。我知道我在聪明上比不过我的同学，但是我有一种能力，就是持续不断的努力。所以在我们班的毕业典礼上我说了这么一段话，到现在我的同学还能记得，我说："大家都获得了优异的成绩，我是我们班的落后同学。但是我想让同学们放心，我决不放弃。你们五年干成的事情我干十年，你们十年干成的我干二十年，你们二十年干成的我干四十年"。（掌声）我对他们说："如果实在不行，我会保持心情愉快、身体健康，到八十岁以后把你们送走了我再走。"（笑声掌声）

有一个故事说，能够到达金字塔顶端的只有两种动物，一是雄鹰，靠自己的天赋和翅膀飞了上去。我们这儿有很多雄鹰式的人物，很多同学学习不需要太努力就能达到高峰。很多同学后来可能很轻松地就能在北大毕业以后进入哈佛、耶鲁、牛津、剑桥这样的名牌大学继续深造。有很多同学身上充满了天赋，不需要学习就有这样的才能，比如说我刚才提到的我的班长王强，他的模仿能力就是超群的，到任何一个地方，听任何一句话，听一遍模仿出来的绝对不会两样。所以他在北大广播站当播音员当了整整四年。我每天听着他的声音，心头咬牙切齿充满仇恨。（笑声）所以，有天赋的人就像雄鹰。但是，大家也都知道，有另外一种动物，也到了金字塔的顶端。那就是蜗牛。蜗牛肯定只能是爬上去。从低下爬到上面可能要一个月、两个月，甚至一年、两年。在金字塔顶端，人们确实找到了蜗牛的痕迹。我相信蜗牛绝对不会一帆风顺地爬上去，一定会掉下来、再爬、掉下来、再爬。但是，同学们所要知道的是，蜗牛只要爬到金字塔顶端，它眼中所看到的世界，它收获的成就，跟雄鹰是一模一样的。（掌声）所以，也许我们在座的同学有的是雄鹰，有的是蜗牛。我在北大的时候，包括到今天为止，我一直认为我是一只蜗牛。但是我一直在爬，也许还没有爬到金字塔的顶端。但是只要你在爬，就足以给自己留下令生命感动的日子。（掌声）

我常常跟同学们说，如果我们的生命不为自己留下一些让自己热泪盈眶的日子，你的生命就是白过的。我们很多同学凭着优异的成绩进入了北大，但是北大绝不是你们学习的终点，而是你们生命的起点。在一岁到十八岁的岁月中间，你听老师的话、听父母的话，现在你真正开始了自己的独立生活。我们必须为自己创造一些让自己感动的日子，你才能够感动别人。我们这儿有富裕家庭来的，也有贫困家庭来的，我们生命的起点由不得你选择出生在富裕家庭还是贫困家庭，如果你生在贫困家庭，你不能说老爸给我收回去，我不想在这里待着。但是我们生命的终点是由我们自己选择的。我们所有在座的同学过去都走得很好，已经在十八岁的年龄走到了很多中国孩子的前面去，因为北大是中国的骄傲，也可以说是世界的骄傲。但是，到北大并不意味着你从此大功告成，并不意味着你未来的路也能走好，后面的五十年、六十年，甚至一百年你该怎么走，成为了每一个同学都要思考的问题。就本人而言，我觉得只要有两样东西在心中，我们就能成就自己的人生。

第一样叫做理想。我从小就有一种感觉，希望穿越地平线走向远方，我把它叫做“穿越地平线的渴望”。也正是因为这种强烈的渴望，使我有勇气不断地高考。当然，我生命中也有榜样。比如我有一个邻居，非常的有名，是我终生的榜样，他的名字叫徐霞客。当然，是五百年前的邻居。但是他确实是我的邻居，江苏江阴的，我也是江苏江阴的。因为崇拜徐霞客，直接导致我在高考的时候地理成绩考了九十七分。（掌声）也是徐霞客给我带来了穿越地平线的这种感觉，所以我也下定决心，如果徐霞客走遍了中国，我就要走遍世界。而我现在正在实现自己这一梦想。所以，只要你心中有理想，有志向，同学们，你终将走向成功。你所要做到的就是在这个过程要有艰苦奋斗、忍受挫折和失败的能力，要不断地把自己的心胸扩大，才能够把事情做得更好。

第二样东西叫良心。什么叫良心呢？就是要做好事，要做对得起自己对得起别人的事情，要有和别人分享的姿态，要有愿意为别人服务的精神。有良心的人会从你具体的生活中间做的事情体现出来，而且你所做的事情一定对你未来的生命产生影响。我来讲两个小故事，讲完我就结束我的讲话，已经占用了很长的时间。

第一个小故事。有一个企业家和我讲起他大学时候的一个故事，他们班有一个同学，家庭比较富有，每个星期都会带六个苹果到学校来。宿舍里的同学以为是一人一个，结果他是自己一天吃一个。尽管苹果是他的，不给你也不能抢，但是从此同学留下一个印象，就是这个孩子太自私。后来这个企业家做成功了事情，而那个吃苹果的同学还没有取得成功，就希望加入到这个企业家的队伍里来。但后来大家一商量，说不能让他加盟，原因很简单，因为在大学的时候他从来没有体现过分享精神。所以，对同学们来说在大学时代的第一个要点，你得跟同学们分享你所拥有的东西，感情、思想、财富，哪怕是一个苹果也可以分成六瓣大家一起吃。（掌声）因为你要知道，这样做你将来能得到更多，你的付出永远不会是白白付出的。

我再来讲一下我自己的故事。在北大当学生的时候，我一直比较具备为同学服务的精神。我这个人成绩一直不怎么样，但我从小就热爱劳动，我希望通过勤奋的劳动来引起老师和同学的的注意，所以我从小学一年级就一直打扫教室卫生。到了北大以后我养成了一个良好的习惯，每天为宿舍打扫卫生，这一打扫就打扫了四年。所以我们宿舍从来没排过卫生值日表。另外，我每天都拎着宿舍的水壶去给同学打水，把它当作一种体育锻炼。大家看我打水习惯了，最后还产生这样一种情况，有的时候我忘了打水，同学就说"俞敏洪怎么还不去打水"。（笑声）但是我并不觉得打水是一件多么吃亏的事情。因为大家都是一起同学，互相帮助是理所当然的。同学们一定认为我这件事情白做了。又过了十年，到了 1995 年年底的时候，新东方做到了一定规模，我希望找合作者，结果就跑到了美国和加拿大去寻找我的那些同学，他们在大学的时候都是我生命的榜样，包括刚才讲到的王强老师等。我为了诱惑他们回来还带了一大把美元，每天在美国非常大方地花钱，想让他们知道在中国也能赚钱。我想大概这样就能让他们回来。后来他们回来了，但是给了我一个十分意外的理由。他们说："俞敏洪，我们回去是冲着你过去为我们打了四年水。"（掌声）他们说："我们知道，你有这样的一种精神，所以你有饭吃肯定不会给我们粥喝，所以让我们一起回中国，共同干新东方吧。"才有了新东方的今天。（掌声）

人的一生是奋斗的一生，但是有的人一生过得很伟大，有的人一生过得很琐碎。如果我们有一个伟大的理想，有一颗善良的心，我们一定能把很多琐碎的日子堆砌起来，变成一个伟大的生命。但是如果你每天庸庸碌碌，没有理想，从此停止进步，那未来你一辈子的日子堆积起来将永远是一堆琐碎。所以，我希望所有的同学能把自己每天平凡的日子堆砌成伟大的人生。（掌声）

最后，我代表全体老校友向在座的三千多位新生表一个心意，我代表全体老校友和新东方把两百万元人民币捐给许校长，为在座同学们的学习、活动和成长提供一点帮助。（掌声）

2. 让我成熟成长的第一份工作（段婕妤）

每年都有很多青年人踌躇满志地走出象牙塔，踏入纷纷扰扰的社会，开始他们新的人生旅程。然而校园和社会在某种程度上是脱节的，我们仅仅依靠在学校里学到的知识并不能够应付我们所遇到的各种错综复杂的社会问题。

而在注重素质的今天，社会实践活动一直被视为高校培养德、智、体、美、劳全面发展的跨世纪优秀人才的重要途径。

所以，在今年高考完后，我就迫不及待地去参加了社会实践，虽然只是酒店里一个小小的服务生，但一个多月的打工生活还是让我受益匪浅。在那里，我学到了很多学校里学不到的知识和经验，无论是在工作方法上，还是待人接物、与人相处，我都让自己有更全面的认识和发展，努力改正自己本身的不足，消除劣势。

其实，适应社会，第一件事就是要懂得如何推销自己。当然，首先你要选择适合你自己的职务。而我打完工后才明白，其实任何工作，不管是高薪人才，还是底薪人才，老板对下属的要求都是一致的。那就是你的能力是否与你的工作配应，你是否负责认真地对待自己的工作等等。而在求职过程中，要想把自己推销出去，我们应适当地运用话语为自己做宣传，方能使对方了解自己，发现自己的才能和优点，不过当然不要言过其实了。然后，得到接触社会的机会，就要学着该如何适应社会了。

第一，性格决定命运。

性格包括很多方面，但我觉得重要的有宽容、诚实、勤奋等。初入社会，我们不妨试着学会宽容，唯有如此，我们才能不受其弊，反得其利，才能得到更多的成功机会。在酒店当服务生，当客人故意刁难你时，也许说不上宽容什么的。但你必须用容忍的态度去包容一切，即使内心会有芥蒂，这便是处世之道。而一个不诚实的人，会常常受内心的职责。初入社会的人一定要吸取这种教训，因为没有力量可以镇压住这种指责。即使服务生偷拿了顾客遗留下来的包或其他物品，我相信内心也一定会不安的。至于勤奋，这更是每一个岗位都必须坚持的，也许有人会苟于平庸、无聊、枯燥、乏味的生活，但我们需要的是振作精神，勤奋努力，只有这样，才会永怀希望!

第二，培养交往能力。

魅力需要各个方面的反映，如穿着、言行举止、眼睛、微笑等。而衣着，适合自己并适应特定环境即可，毕竟这属于外界因素，最能体现自己的还是举止，而仪表、举止的表现方式首先应考虑是否大方、有礼，是否对人尊重，这才是关键。而眼睛是心灵的窗户，特别是在与人交谈时，目光应注视对方，不应躲闪或游移，并应专心、温和、充满激情，尤其在我当服务生时，在倾听客人要求时，眼睛肯定坦然、亲切、有神，绝对不可以露出不耐烦的神色。而当然微笑也是最好的名片，带着微笑与人交往，使相处变得持久而饶富趣味，说不定还有意想不到的收获。

第三，铺路石筑起人生路。

其实，有一个最大的资产那就是人际关系。适应社会，就必须懂得如何与人相处和交往。人际关系的力量是最大的，主动与人打招呼并不是难为情的事，生活不怕多情，实际上差不多每种有益于人际交往的进步，都以某一个人的交往力量为推动力。就比如我在酒店上班，与同事关系是最应该处理好的，不然碰到什么急事，而使客人跑单的后果是比较严重的，但倘若与同事关系好了，他们自然会帮你照着，而出现这样的情况是少之又少了。

第四，不要逃避挫折。

要时刻相信，失败是成功的垫脚石，人只要活着就会碰到问题，接受这个事实能帮助我们更有效应地应付失败。当然，失败难免会使你产生负面情绪，但自怨自艾也于事无补，相反地，你应该在经历这种情绪时，努力化解心结，然后向目标继续迈进。然后，要勇敢的接受错误。当我们做错了事，即使没有被人警觉，自己也会内疚，自己承认错误，同样会起到警示的作用。当然，挫折也会让你变得坚强，而自信是摆脱挫折的救命稻草。

大学是一个小社会，我们不再是象牙塔里不能接受风吹雨打的小花了，通过社会实践的磨炼，我们深深认识到社会实践是一笔财富。在实践中可以学到书本中学不到的知识，它让你开阔视野，了解社会，深入生活，回味无穷。

我们无法改变社会，但也不能随波逐流，而使要有原则将方法地去适应社会，成熟而不世故，圆滑而不失去正直，力争取胜但也给别人留生存的余地……

实践生活，演绎人生法则。

湖南科技职业学院商务英语专业　段婕妤

社会大舞台

活动主题：轻舞飞扬，做好三件事，我的大学我做主

1．思维训练：从2004年开始沿海地区出现了“用工荒”，直至今天，沿海地区“用工荒”有越演越烈的趋势，很多企业因为招不到人而纷纷提高工资和待遇，甚至降低学历，在就业如此“利好”的情况之下，请思索是否还有必要继续自己的学业？

2．师生互动：以“我和我的寝室”为主题，举办一次活动：可以向同学们介绍或模仿本寝室中最特别的一位寝室成员的特点或轶事；可以用一首歌“描绘”出目前你们寝室的状况或寝室全体成员共同演唱本寝室的寝歌。特别希望同学们精心挑选的寝歌能成为若干年后你们召开同学会再聚首时的“接头暗号”。

3．社会实践：①请同学根据自己的实际情况在安排好学业的情况下在本学期进行适当兼职；或②不选择兼职的同学也可以利用课余时间去做一到两次义工或志愿者；期末交给老师一篇或有关自己课余兼职或做义工或做志愿者的小文章，可以谈经历、感悟、思考、不兼职的理由等，题目自拟，文体不限。

视频资料

1．校园恰恰恰：第一集。网址：http://v.youku.com/v_show/id_XMTY1MTA2NDM2.html。

2．复旦大学军训求空调之歌《枫林的空调呢》。网址：http://www.56.com/u22/v_NjI4MDk2NTk.html。

3．于丹《论语》之《交友之道》。网址：http://www.tudou.com/programs/view/NLjiI9p6a_s/。

4．王石哈佛演讲：人生的第三座峰。网址：http://v.youku.com/v_show/id_XMzc0MjIyNzcy.html。

5．一个贫困大学生的助学梦——“涉外天使”田莉。http://v.youku.com/v_show/id_XMzU5MzI4MTky.html。

以上视频任课教师可以根据上课的节奏与气氛自行选取。

网上冲浪

我学网网址：http://www.kaifulee.com。

我学网是一个为中国广大在校学生而建的、帮助学生成长和学习的社区网站。网站的创办人是李开复。活跃在各版和学生们交流的不仅有开复、社区最有价值专家（MVP），还有很多热心的各界专家学者。在网站论坛里，李开复长期坚持在网上和学生交流、回答学生的问题。每天有大量的学生参与讨论学习、工作、成长、情感、出国、企业、科技等话题，互帮互助、共同成长。最常见和典型的问题和答案，已被系统地归类，方便学生查阅。

网站收集了开复成长的照片，让学生通过了解开复个人的成长经历，汲取经验、开阔思路、指导人生；网站积累了开复的文章、演讲、新闻媒体对开复的采访和报道、开复多年和学生交流的信件，阐述了他投身管理多年对科技发展、中国教育的看法。此外，网站还致力提供有价值的网上学习资源，采集了来自世界各地的名人、专家和学者们成功经验介绍,为追求事业成功的青年学子提供参考。

参考文献：

[1] 李开复．李开复给女儿的信[N]．新周报，2010（7）：23.

[2] 李开复．与未来同行[M]．北京：人民出版社，2006.

[3] 覃彪喜．读大学究竟读什么[M]．广州：南方日报出版社，2009．

[4] 徐小平．骑驴找马：邮箱里的灯光[M]．北京：兵器工业出版社，2004．

[5] 王石哈佛游学记[EB/OL]．环球企业家网站．

[6] 湖南 90 后贫困女大学生田莉资助 16 位留守儿童[EB/OL]．http://news.china.com.cn/rollnews/2011-11/08/content_11049565.htm．

专题二 甘洒热血写春秋

——感悟理想

人的活动如果没有理想的鼓舞，就会变得空虚而渺小。

——车尔尼雪夫斯基

知识目标

1. 了解理想信念的科学概念以及社会主义理想信念的基本内容；
2. 明确理想信念在人生中的作用；
3. 把握实现理想需要具备的基本条件。

能力目标

能分析自身的状况、结合实际设计和规划自己大学发展目标、实现步骤和措施。

情感目标

树立起正确的世界观、人生观、价值观，并使当代大学生树立起建设中国特色社会主义的坚定信念。

20世纪末，一首《走进新时代》曾经唱红了大江南北：

总想对你表白我的心情是多么豪迈。
总想对你倾诉我对生活是多么热爱。
勤劳勇敢的中国人意气风发走进新时代。
我们唱着东方红当家做主站起来。
我们讲着春天的故事改革开放富起来。
继往开来的领路人带领我们走进新时代。
高举旗帜开创未来。

这是一首时代的赞歌，一面历史的旗帜。正如我国20世纪30年代的《大刀进行曲》，40年代的《解放区的天》，50年代的《志愿军战歌》，60年代的《谁不说俺家乡好》，70年代的《北京颂歌》，80年代的《祝酒歌》等歌曲一样，她凝固了一段历史，抒发了世纪之交的一种昂扬情怀。

的确，当回顾历史，我们不难发现，一部中华民族的伟大复兴史，就是无数仁人志士前赴后继，无私奉献奋斗史。正是他们，用理想和信念成就了历史，也成就了我们今天的幸福生活。

可是，当我们享受着无数先烈用奋斗和牺牲给我们创造的丰富的物质生活时，一部分人的理想信念出现了一些片面、模糊的认识，如“渺茫论”“怀疑论”“无用论”“无关论”等。作为当代的大学生，作为未来的建设者，我们如何确定自己的人生目标，如何树立共产主义信念值得我们思考。也许，在人生的道路上，我们可能会遭受误解、挫折、甚至失败，但只要不懈努力，不怕牺牲，坚定信念，理想之花一定会“在一瞬间照亮你的眼睛”，也照亮我们的职业人生。

情境导入

我要去埃及

有一个小男孩，考试得了第一名，老师奖给他一本世界地图，他好高兴，跑回家就开始看这本世界地图。很不幸，轮到他为家人烧洗澡水，他就一边烧水，一边在灶边看地图，看到一张埃及地图，想到埃及很好，埃及有金字塔，有埃及艳后，有尼罗河，有法老王，有很多神秘的东西，心想长大以后如果有机会一定要去埃及。

他看得正入神的时候，突然有一人从浴室里冲出来，胖胖地围一条浴巾，用很大的声音跟他说：“你在干什么？”他抬头一看，原来是爸爸，他说：“我在看地图！”他爸爸很生气，说：“火都熄了，看什么地图！”他说：“我在看埃及的地图。”倔父亲跑过来“啪啪！”给他两个耳光，然后说：“赶快去生火！看什么埃及地图？”

打完后，踢他屁股一脚，把他踢到火炉旁边去，用很严肃的表情跟他讲：“我给你保证！你这辈子不可能到那么遥远的地方去！赶快生火。”

他当时看着爸爸，呆住了，心想：“我爸爸怎么给我这么奇怪的保证，真的吗？这一生真的不可能去埃及吗？”

20年后，他第一次出国就去了埃及，他的朋友都问他：“到埃及干什么？”那时候还没开放观光，出国很难的。他说：“因为我的生命不要被保证。”自己就跑到了埃及旅行。

他在金字塔前面的台阶上，买了张明信片写信给爸爸。他深有感触地写到：“亲爱的爸爸，我现在在埃及的金字塔前面给你写信，记得小时候，你打我两个耳光，踢我一脚，保证我不能到这么远的地方来，现在我就坐在这里给你写信。”

他爸爸收到明信片时跟他妈妈说：“哦，这是哪一次打的，怎么那么有效？一巴掌打到埃及了。”

从这个故事中，我们得到了什么启示呢？

理想在生命中是非常重要的东西。只有理想可以使我们有希望，只有理想可以使我们保持充沛的想象力与创造力。如果一个人没有理想，这个人的生命就开始可悲了。“保持理想”就是一直到死前的那一刹那都保持着向前的姿势。

在通往成功的路上，我们每个人都在努力的拼搏，期望能成功，但是结局总是以失败告终。我们看到李嘉诚先生和我们拥有一样的60年的人生时间，可是却成为亚洲首富；我们看到许多年轻的伙伴，如今已是事业有成；我们还看到身边很多伙伴虽然比我们付出少，但是却比我们收获多。在我们无数次的行走中，我们不怕道路遥远，不怕崎岖艰险，也不怕流血流汗，可是我们离成功仿佛越来越远。其原因并不是缺少能力和经历，而是由于没有自己的理想。

的确，我们无论做什么都应该有目标、有方向，也就是要有自己的理想，才能到达目的地。那么到底什么是理想呢？

理想，一个诱人的字眼。词典上说：“理想是对未来事物的想象或希望。”李大钊说：“一个人如果没有努力为之追求的理想和信念，就等于没有灵魂。”俄国作家托尔斯泰说：“理想是指路明灯。没有理想，就没有坚定的方向；而没有方向，就没有生活”。恰值花样年华的我们，该怎样用理想做挂天征帆，驾长风破巨浪；以一柄木桨，引领生命之舟驶入金色港湾？

知识导航

一、理想信念与大学生成长成才

（一）理想信念的含义

1．理想的含义

“理想”一词最初来源于希腊语“idia”，意思是人生奋斗目标。我国古代人们把理想叫作“志”。《尚书》中有“射之有志”之句，“志”好像射箭的靶子，它是人们的奋斗目标。《辞海》中说，理想“是同奋斗目标联系的有实现可能性的想象”。

每个人都自觉不自觉地拥有理想，理想是一种精神追求，也是一种思维方式。简单地说，想干什么，追求什么，为了什么，就是理想的问题。理想是人类社会实践的产物。人们在干今天事情的同时，总是会想到明天或者将来要干什么；人们生活在今天的社会中的同时，总是会想到将来的社会是什么样子；人们在创造今天的物质和精神财富的同时，也会想到未来的生产生活目标和物质精神财富状况，等等，这些都属于理想。有的人理想高远，有的人理想平庸，不同的人有不同的理想，但都是人们在生活、学习、工作的实践活动中形成的。因此，从一定意义上讲，理想是人们在实践中形成的对未来社会和自身发展的向往和追求，是人们的世界观、人生观和价值观在奋斗目标上的集中体现。

2．信念的含义

信念是通向成功大门的阶梯。有理想的同时也应该具备坚定的信念。虽有理想没有信念，也就像一只船，虽有自己的方向，但碰到海上的狂风暴雨，电闪雷鸣时，在行驶中也可能翻转，到达不了胜利的岸边。作为当代的大学生在生活和学习上都应该有自己的信念。没有坚定的信念，做什么事情可能会半途而废，不能坚持到底。

那么，什么是信念？

你信什么？对什么东西坚信不疑？就是信念问题。信念决定着人的精神状态，不同的人生追求，就有不同的精神状态。信念同理想一样，也是人类特有的一种精神现象。信念是认识、情感和意志的统一体，是人们在一定的认识基础上确立的对某种思想或事物坚信不疑并身体力行的精神状态。

信念的力量在于即使身处逆境，亦能帮助你鼓起前进的船帆；信念的魅力在于即使遇到险运，亦能召唤你鼓起生活的勇气；信念的伟大在于即使遭遇不幸，亦能促使你保持崇高的心灵。“砍头不要紧，只要主义真。杀了夏明翰，还有后来人”，这是执着信念的光辉体现。

（二）理想信念对大学生成长成才的重要意义

1．理想信念是指引人生奋斗的目标

人生是一个在实践中奋斗的过程，这个过程中道路曲折、复杂、有时阴霾，有时阳光，它

充满着迷惑。在迷惑中，我们只有明确了理想信念才能拨开乌云，看到未来的希望和曙光，不失去前进的方向。

我们很多同学都感到迷茫，原因是没有方向。我们高中的三年时光向一个明确的目标迈进，那就是考上一所心仪的大学。随着高考的结束，同学们迈入了大学的校门，曾经明确的目标随着现实情况的改变而不复存在了，我们突然之间找不到方向了。因此我们感到迷茫。我们现在需要确定目标。列夫托尔斯泰说过，理想是指路明灯。没有理想，就没有坚定的方向，而没有方向，就没有生活。

2. 理想信念提供人生前进的动力

理想信念激励着人们向既定目标奋斗，为人们提供动力，是人生力量的源泉。一个人有了坚定正确的理想信念，就会以惊人的毅力和不懈的努力，成就事业，创造奇迹。心理学家们指出：动力=目标价值×期望概率。在期望概率等同的前提条件下，目标价值越高，动力就越大。如果一个人没有目标，他就会庸庸碌碌，虚度一生，甚至走上邪路。

3. 理想信念能提高人生的精神境界

人生是物质生活和精神生活相辅相成的统一过程。理想信念作为人的精神生活的核心内容，一方面能使人的精神生活的各个方面统一起来，使人的内心世界成为一个健康有序的系统，保存心灵的充实和安宁，避免内心世界的空闲和迷茫；另一方面又能引导人们不断地追求更高的人生目标，提升精神境界，塑造高尚人格。一个人的理想信念越崇高、越坚定，精神境界和人格就会越高尚。

二、树立科学的理想信念

（一）树立马克思主义的科学信仰

马克思主义指导思想是社会主义核心价值体系的灵魂。建设社会主义核心价值体系，最根本的是坚持马克思主义的指导地位。我们要树立科学的理想信念首先要对马克思主义有所认识，确立马克思主义的科学信仰。这是因为马克思主义是科学的又是崇高的，马克思主义具有持久的生命力，马克思主义以改造世界为己任。

马克思主义作为我们国家的根本指导思想，是由马克思主义严密的科学体系、鲜明的阶级立场和巨大的实践指导作用决定的，是近代以来中国历史发展的必然结果，是中国人民长期探索的历史选择。马克思所描绘的共产主义社会，应该成为中国共产党人的远大理想。大多数的当代大学生也许更关心自己的个人理想，这没有错，因为社会理想依赖于千千万万个个人理想的实现。但是当代大学生，特别是先进分子，也应该认识到，只有确立了马克思主义的坚定信念，才能深刻认识人类社会的发展规律，深刻认识中国走社会主义道路的历史必然性，才能更好地把个人理想与社会理想统一起来，为国家和社会发展做出更大贡献。

（二）树立中国特色的社会主义的共同理想

在中国共产党领导下走中国特色社会主义道路，实现中华民族伟大复兴是现阶段我国各族人民的共同理想。

实现这个共同理想首先要坚定对中国共产党的信任，坚定走中国特色社会主义道路的信念，坚定实现中华民族伟大复兴的信心。

三、架起通往理想彼岸的桥梁

“树雄心、立大志”是关系到我们一生命运前途的重大课题，大学生要架起通往理想彼岸的桥梁必须“立志当高远，立志做大事”，立志须躬行。高远理想就是“做大事”。从个人角度、微观层面上看，“做大事”是自我超越；从社会角度，宏观层面上看，“做大事”是价值奉献。自我超越为价值奉献奠定基础，而价值奉献为自我超越指明了方向。因为人和社会相互依存，我们每一个人不管是基于物质的还是精神的需求，都不可避免地要奉献自我价值。因此“立志高远做大事”就是人生的一个重要的课题。如何完成这个课题，现阶段，我们主要做好三件事：端正态度、勤奋努力；心系国家、大胆迈步；学会计划、合理安排。

四、认清实现理想的长期性、艰巨性和曲折性

理想的实现不是一蹴而就、一帆风顺的，往往会遭遇波澜和坎坷。因此在确立理想和实现理想的过程中，要充分认识理想实现的长期性、艰巨性和曲折性。

从某种意义上说，理想的实现就是一个奋斗的历程。理想实现的过程不是一帆风顺的，是曲折、坎坷的。理想实现的过程中，有顺境和成功，也有逆境和失败。无论顺境还是逆境，对于人生的作用都是双重的，关键是怎样去认识和对待它们，只要善于利用顺境，敢于正视逆境和战胜逆境，远大的理想就一定能够实现。

五、在实践中化理想为现实

理想之花灿烂，理想之果甘美，要使理想开花结果，必须用辛勤的汗水来浇灌。要化理想为现实要正确认识理想与现实的关系，要有坚定执着的信念，要勇于实践、艰苦奋斗。

青春话题

话题一：在一些高校，有部分大学生产生信仰危机，对理想抱有偏见，游戏理想，把理想戏为“利想”，认为“理想、理想有利就想”“大目标不如‘大团结’，讲理想不如讲实惠”。

讨论：

1. 社会主义市场经济需要什么样的理想?

2. 谈谈作为当代大学生要实现自己的理想应该怎么做?

提示：这样的想法是非常有害的，游戏理想就是游戏人生。一个人没有理想信念，就如没有了精神支柱，没有了灵魂，它容易使人堕落颓废，物欲横生，没有对生活的激情。没有前进的方向和动力。所以，人应该要有一点精神，要有理想信念。

有的同学看不起平凡的小事，总想干一番惊天动地的事业，一飞冲天，一鸣惊人，这种想

法是不切实际的。反观许多人之所以不成功，一个重要原因就是他们的眼睛老爱盯着所谓大的方面，而忽视了小的地方。列宁指出：“要成就一番大事业，必须从小事做起。”所以，我们每个同学都要胸怀远大目标，立足实际，从点滴做起，兢兢业业地去实现自己的理想。

话题二：立志高远与始于足下的关系

“电学之父”法拉第是人类历史上最伟大的科学家之一。可是，很多人也许并不知道，在成为了不起的大人物之前，他只不过是一个默默无闻的印刷装订工。

从装订工到科学家，实现这一伟大跨越的关键一步，在于法拉第有机会到当时誉满欧洲的化学家戴维的实验室去工作。当然，这样的好机会也不是从天上掉下来的馅饼，而是他自己努力争取的结果。虽然法拉第只是一位普普通通的工人，可是他对科学却十分着迷，所以经常去听戴维的报告。法拉第每次并非像别人那样一听了之，而是充分利用自己拥有的装订书报的“特长”，把他听到的戴维的报告进行整理誊清，装上羊皮封皮，一次次地邮给戴维。

戴维对此大受感动，终于有一天，他决定请法拉第来面谈。法拉第诚恳地表示想到戴维的实验室来工作，但戴维却拒绝了，说：“你年纪也不小了，什么教育也没有受过，还是回到装订车间去干你的老本行吧！”这对于法拉第来说无异于被泼了一盆冷水。如果是一般人，被人拒绝到这样的地步一定无话可说，只能灰溜溜地走人了。但法拉第毕竟不是一般人，他当即向戴维请求：“既然您不能接收我为实验员，那就让我当勤杂工吧。”

就这样，在戴维的点头允诺下，法拉第进入了实验室做起了勤杂工。后来，他一步一步地努力工作，又当上了实验室的助手，并终于因此有了一系列的创造发明。法拉第后来取得的成就，远远超过了戴维。

这则案例对你有什么启示？谈谈立志高远与始于足下的关系？

提示：“人生应该有梦想!”，但是人生仅仅有梦想是不够的，更主要的是别因为梦想而忽视了眼前的工作。伟大出自平凡，任何伟大的成就都是靠现实的小成就一点一滴积累起来的，如果不从眼前的小事着手和不断努力，那么所谓大成就永远都只能是可望而不可即的镜中花、水中月。人生不能一步到位，所以就不应该奢望一步到位。只要你能做到步步到位，一步一个成功，那么最后你一定能够获得非凡的成就。

欢乐课堂

1. 职场情景：你的梦想有多高,你就可能飞多高——杰西卡

要求：由学生自己模拟表演，引起学生思维的火花；通过情景表演，引起的共鸣。

1983 年的一天，在美国亚利桑那州的一家医院，一个女婴呱呱坠地，令人惊异的是，女婴一出生就没有双臂。

在父母的关爱下，女婴一天天地长大，成为一个可爱的小女孩。

那天，站在阳台上的女孩，看到与自己同龄的一群孩子正张开天使般的双手，在阳光下欢快地奔跑着追逐翩翩起舞的蝴蝶，女孩十分伤心的向母亲哭诉：“为什么命运如此的不公，竟然不给予我拥抱梦想的双臂。”

母亲平静地安慰她：“孩子，上帝这是要送给你更多的梦想，他是要让你用行动告诉世人——即使没有翅膀，也依然可以高高地飞翔。”

“我真的能做到那些吗？”女孩仰起头来。

"只要你肯努力，就能做得到，只要你的梦想没有折断翅膀，你就一定能飞得很高很高。"母亲的目光里充满了不容置疑的坚定。

女孩相信了慈爱的母亲的话，目光一遍遍地抚摸着自己那双看似普通的脚，心中暗暗地告诉自己：我有一双非凡的脚，不只是用来奔走的，还是用来飞翔的。

此后，在父母的指导、帮助下，女孩开始有计划地锻炼自己双脚的柔韧性、灵活度和力量。怀揣梦想的她，克服了人们难以想象的困难，尝过了谁都无法数清的失败，终于在人们大声的惊讶中，练出了一双异常自由灵活的脚——她不仅可以用双脚吃饭、穿衣，轻松地实现生活的自理，还学会了用脚弹琴、写字、操作电脑……她用双脚做到了几乎是常人所能做到的一切。

女孩在继续着创造奇迹的脚步，她读书刻苦，作业写得总是一丝不苟，从小学到中学，她的学习成绩始终名列前茅，老师和同学们都十分敬佩她的坚毅和自强。当她拿到亚利桑那大学的心理学专业的学士学位证书时，一家人幸福地拥抱在一起。父亲自豪地鼓励她："孩子，你还可以做得更棒!"

"是的，我还可以做得更棒!"女孩自信地笑着。

为了增强腿部肌肉的力量，保持腿部的灵活性与韧性，女孩不仅坚持经常性的跑步，还成为碧波荡漾的泳池里的一条自由穿梭的美人鱼，还成了一家跆拳道馆里小有名气的高手……一位医生曾指着给她拍的 X 光照片，惊奇地喟叹:经过锻炼，她的双脚已变得异常敏捷，她的脚趾关节已像手指关节一样灵活自如。"

女孩的梦想还在不停地放飞着，她又走进了汽车驾驶学校。在教练员惊讶的关注中，她很快便掌握了驾车的各项技术，通过了近乎苛刻的各项考试，顺利地拿到了驾照，开始用双脚娴熟地驾车御风而行……

接下来，女孩要去圆自己心中埋藏已久的梦想了——她要亲自驾驶飞机，拥抱苍穹。

25 岁时她如愿地拿到了轻型运动飞机的私人驾照，成为美国历史上第一个只用双脚驾驶飞机的合法飞行员，开创了飞行史的先例。女孩的名字叫做杰西卡・考克斯。

在美国数百场的演讲中，杰西卡・考克斯说得最多的一句话是:"你的梦想有多高，你就可能飞多高。"

即使你生来就没有翅膀，但你依然可以高高地飞翔，因为你心中永不跌落的梦想，会为你生出自由翱翔的双翅，会给你传递无穷的力量，会帮助你创造无法想象的奇迹。

故事中的主人公的坚定不移的人生信念、一丝不苟的精神，这就是他成功的奥秘所在；这一点使她几十年来一直奋进在成功路上；这一点使她拥有了成功的人生，使她成为幸运的成功者、成功的幸运者。这对同学们应该有所启示。

2．播放歌曲并在音乐伴奏中合唱:《梦的怒放》——魏晨

梦的芽快乐生长/梦就是我心的方向/她是我的信仰/勇敢去闯/梦是最美的地方/梦就是全部的方向/我骄傲的倔强/是我的力量/谱写我梦的乐章/有你陪伴我身旁/挺起我坚实的胸膛/炽热的心能燃烧太阳/就给我一双翅膀/让我自由的飞翔/麦克风为我鼓掌/聆听我放声歌唱/就给我一双翅膀/拥有冲破云霄的力量/期待着最后的怒放/梦是最美的地方/梦就是全部的方向/我骄傲的倔强/是我的力量/谱写我梦的乐章/有你陪伴我身旁/挺起我坚实的胸膛/炙热的心能燃烧太阳/就给我一双翅膀/让我自由的飞翔/麦克风为我鼓掌/聆听我放声歌唱/就给我一双翅膀/拥有冲破云霄的力量/期待着最后的怒放/就给我一双翅膀/让我自由的飞翔/麦克风为我鼓掌/聆听我放声歌唱/

就给我一双翅膀/拥有冲破云霄的力量/期待着最后的怒放。

3．集体朗诵流沙河的诗歌《理想》

理　想

理想是石，敲出星星之火；
理想是火，点燃熄灭的灯；
理想是灯，照亮夜行的路；
理想是路，引你走向黎明。

饥寒的年代里，理想是温饱；
温饱的年代里，理想是文明；
离乱的年代里，理想是安定；
安定的年代里，理想是繁荣。

理想如珍珠，一颗缀联着一颗，
贯古今，串未来，莹莹光无尽。
美丽的珍珠链，历史的脊梁骨，
古照今，今照来，先辈照子孙。

理想是罗盘，给船舶导引方向；
理想是船舶，载着你出海远行。
但理想有时候又是海天相吻的弧线，
可望不可即，折磨着你那进去的心。

理想使你微笑地观察着生活，
理想使你倔强地反抗着命运。
理想使你忘记鬓发早白；
理想使你头白仍然天真。

理想是闹钟，敲碎你的黄金梦；
理想是肥皂，洗濯你的自私心。
理想既是一种获得，
理想又是一种牺牲。

理想如果给你带来荣誉，
那只不过是它的副产品，
而更多的是带来被误解的寂寥，
寂寥里的欢笑，欢笑里的辛酸。
理想使忠厚者常遭不幸；

理想使不幸者绝处逢生。
平凡的人因有理想而伟大；
有理想的人就是一个“大写的人”。

世界上总有人抛弃理想，
理想却从来不抛弃任何人。
给罪人新生，理想是还魂的仙草，
唤浪子回头，理想是慈爱的母亲。

理想被玷污了，不必怨恨，
那是妖魔在考验你的坚贞；
理想被扒窃了，不必哭泣，
快去找回来，以后要当心！

英雄失去理想，蜕作庸人，
可厌地夸耀着当年的功勋；
庸人失去理想，碌碌终身，
可笑地诅咒着眼前的环境。

理想开花，桃李要结甜果；
理想抽芽，榆杨会有浓荫。
请乘理想之马，挥鞭从此起程，
路上春色正好，天上太阳正晴。

相关链接

理想的类型

根据不同的标准，从不同的角度审视，理想可以分为许多类型：

（1）从理想的性质和层次上划分，理想可以分为科学理想和非科学理想、崇高理想和一般理想；

（2）从理想的时序上划分，理想可以分为长远理想和近期理想；

（3）从理想的对象上划分，理想可以分为个人理想和社会理想；

（4）从理想的内容上划分，理想可以分为社会政治理想、道德理想、职业理想和生活理想等。

人生目标的作用

心理学家曾经做过这样一个实验：

组织三组人，让他们分别向着10公里以外的三个村子进发。

第一组的人既不知道村庄的名字，也不知道路程有多远，只告诉他们跟着向导走就行了。刚走出两三公里，就开始有人叫苦；走到一半的时候，有人几乎愤怒了，他们抱怨为什么要走这么远，何时才能走到头，有人甚至坐在路边不愿走了；越往后，他们的情绪就越低落。

第二组的人知道村庄的名字和路程有多远，但路边没有里程碑，只能凭经验来估计行程的时间和距离。走到一半的时候，大多数人想知道已经走了多远，比较有经验的人说："大概走了一半的路程。"于是，大家又簇拥着继续往前走。当走到全程的四分之三的时候，大家情绪开始低落，觉得疲惫不堪，而路程似乎还有很长。当有人说："快到了！""快到了！"大家又振作起来，加快了行进的步伐。

第三组的人不仅知道村子的名字、路程，而且公路旁每一公里都有一块里程碑，人们边走边看里程碑，每缩短一公里大家便有一小阵的快乐。行进中他们用歌声和笑声来消除疲劳，情绪一直很高涨，所以很快就到达了目的地。

心理学家得出了这样的结论：当人们的行动有了明确目标的时候，并能把行动与目标不断地加以对照，进而清楚地知道自己的行进速度与目标之间的距离，人们行动的动机就会得到维持和加强，就会自觉地克服一切困难，努力到达目标。

有一年，一群意气风发的天之骄子从美国哈佛大学毕业了，他们即将走向社会。他们的智力、学历、环境条件都相差无几。在临出校门前，哈佛对他们进行了一次关于人生目标的调查，结果是这样的：

27%的人没有目标；

60%的人目标模糊；

10%的人有清晰的目标；

3%的人有清晰而长远的目标。

25年后，哈佛再次对这群学生进行了跟踪调查。结果是这样的：3%的人，25年间他们朝着一个方向不懈努力，几乎都成为社会各界的成功人士，其中不乏行业领袖、社会精英。10%的人，他们的短期目标不断实现，成为各个领域中的专业人士，大都生活在社会的中上层。60%的人，他们安稳地生活与工作，但都没有什么特别的成绩，几乎都生活在社会的中下层。剩下27%的人，他们的生活没有目标，过得很不如意，并且常常在抱怨别人、抱怨社会。其实这批年轻人成功与否的差别仅仅在于：25年前，他们中的一些人清楚地知道自己的人生目标，而另一些人则不清楚或不很清楚。

研究表明，芸芸众生中，真正的天才和白痴都是极少数，绝大多数人的智力都相差不多。然而，这些人在走过漫长的人生之路后，有的功盖天下，有的却碌碌无为。本是智力相近的一群人，为何他们的成就却有天壤之别呢？其实，杰出人士与平庸之辈最根本的区别，不在于天赋，也不在于机遇，而在于有无人生目标！对于没有目标的人来说，岁月的流逝只意味着年龄的增长，平庸的他们只能日复一日地重复自己。也许，我们曾不满足于自己的平庸；也许，我们曾抱怨过生活的无聊。然而，当在心中为自己设下目标并持之以恒地向前迈进时，我们的生活也掀开了新的一页。我们要记住：有什么样的目标就有什么样的人生，现在是你下定决心给自己定出一个值得追求的目标的时候了。目标使我们产生动力，目标使我们燃起热情。你给自己定下目标，目标就会在两个方面发挥作用：它是努力的依据，也是对你的鞭策。目标给了你一个看得见的射击靶。随着你努力实现这些目标，你就会有成就感。随着时间的推移，你实现了一个又一个目标，这时你的思维方式、工作方式和生活方式都会渐渐改变。

拓展阅读

1. 著名主持人孟非的成长故事

第一眼看到孟非，你一定觉得他很普通——他穿最平常的衣服，剃着光头，跟大家一起挤公交车。

可是如果你真把他当成平头百姓，那就大错了！他是南京最受人喜爱的新闻主持人；中央电视台要他，他敢说“不”；他还作为全国地方台的主持人唯一入选 2004 年“中国最新锐十大主持人”……他俨然就是南京不可缺少的一道“风景”。

不过如果我告诉你，这位主持人只是名高中生，他曾经打过 5 年工，在流水线上作业时，他的双手甚至差点被机器卷走，你相信吗？

在众人瞩目的孟非传奇的背后，是一个坚强的人不断超越自我的打拼故事！

梦破，落榜生四处打工

1971 年，孟非出生于重庆市一个普通市民家庭。他的父母忠厚实在，对唯一的儿子寄予了莫大的期望。

12 岁时，由于父亲工作调动，孟非一家迁居南京。此后，孟非先后在南京市第三中学和南京市第一中学读完了初中和高中，但成绩很不理想。1990 年高考，他的语文成绩仅次于江苏省文科状元，可数理化三科总成绩却不足 100 分，落榜是意料之中的事。

孟非想插班复读，但找了很多学校，人家一看他的高考成绩单，就立刻摇头拒绝。他也想过出去找工作，可一个高中生哪里有人要。在家里的时间一长，孟非着急了：今后怎么办呢？当时正逢南下淘金热兴起，为了寻找出路，他就和一帮同学去了深圳。

然而，深圳残酷的现实很快粉碎了他的美梦。一连十多天，孟非和同伴马不停蹄地到处奔走，但一无所获。

眼看带的钱没了，孟非只好从小招待所搬出来跟一大群人挤在一间破烂不堪的简易房里。在那里，他一遍遍翻阅着从街边捡来的旧报纸，寻找着招工信息；然后一次次去“见工”……在这个陌生的城市，孟非第一次感受到了生活的艰辛。

一个月后，他终于谋到了一份搬运工的差事。

那种搬运工是临时的，哪里有活干去哪里。不仅累，报酬也少，而且时常还得忍受工头的责难与训斥。一个星期后，孟非终于开始思考自己的未来：真的做一辈子搬运工吗？他前所未有地怀念起学校生活来。

搬运工只干了一个月，孟非便义无反顾地回到了南京。在回程的火车上，他安慰自己，从头做起，一切都不太晚！

印刷小工差点儿手残废

为了养活自己，一回到南京，孟非就朝人才市场跑。不久，他辗转听说南京一家报纸的印刷厂招工人，立刻跑去报了名——当印刷小工虽然薪水不高，但可以免费看报纸，已经逐步务实的孟非看重的就是这个。1991 年 12 月，孟非成了一名印刷小工。

当印刷工人也不容易。孟非所在的那家印刷厂的印报量为每周 400 万份，机器需要从周二到周四不断工作，而真正操纵印刷机的，只有他和另外三名小工。孟非从周二早上 8 点钟上班，一直到周四晚下班，平均每分钟要从机器上取下 1 112 张报纸。在不分昼夜的连续 3 天工作时间里，每隔 10 个小时，他才能休息一次，时间仅为 1 个小时。这样的工作跟打仗没什么区别，而且要是手脚稍微慢一点，在规定的时间完不成流水线作业，就会影响下一个环节，会受到班组长的一顿大骂。

第一个月忙下来，孟非拿到了仅为23元的工资，但是他仍然禁不住激动地泪流满面，不容易啊！

不干活时，孟非就抓紧时间学习。他在日记本中写道："我不能一辈子呆在这个地方，想换好工作，就得有知识。"

孟非选择了成人高考。再拿起书本，他感到无比的亲切，工作强度越大，求学的欲望就越强烈。1992年9月，孟非报名进入了南京师范大学中文系专科函授班。函授班针对社会在职人员招生，周六、周日上课。孟非十分珍惜这来之不易的学习机会，无论再累再忙，他都会按时听课。

一边打工一边上课，孟非的生活节奏猛然加快，休息时间更是少得可怜，他没有星期天，更没有节假日，边打工边读书仅仅2个月，他的体重就减轻了将近8千克！

但孟非从不叫累，他憋足了劲要把失去的一切找回来！为了学习，他尽量压缩睡觉时间，一有空就多看书。实在熬不住了，就把头浸在冷水里泡一泡……他每天都对自己说：这还只是万里长征第一步啊！

但是幸运之神并没有降临到这个勤奋得不要命的小伙子头上。1992年下半年的一天，孟非实在太累了，他一不留神，取报纸的时候手竟被机器卷压进去了！全厂一时惊慌，立刻停止了工作。

后来因为抢救及时，他的手总算保住了，但是这件事却引起印刷厂领导的极度不满——这次工伤事故是建厂以来最大的一起事故，印刷车间的领导们因此受到上级批评，因而迁怒于孟非。1993年过新年前，孟非就被印刷厂骂了一顿，然后自己辞职了。

孟非抑郁地走在南京街头，欲哭无泪……

电视台里的一名临时工

为了生活，他开始不间断地打些短工：送水、拉广告、做保安……后来听一个朋友说开家超市挺挣钱的，孟非就到处借钱，开起了小型超市。但由于对这一领域并不熟悉，小超市最终还是于1994年初被迫关门。血本无归的孟非心情沮丧，他觉得仿佛走进了人生的死胡同。该怎么办呢？是坐以待毙还是奋起自救？倔强的孟非选择了后者。他又一次开始到处寻找招工信息，他相信，一定能找到自己的天地！

1994年2月，孟非从报纸上看到一则消息：江苏电视台文艺部体育组要一名接待员。孟非眼前一亮，自从在报社的印刷厂工作之后，他一直对媒体心向往之。虽然他知道，这接待员的工作最多只是端茶倒水，接接电话……可还是去报了名。这一次，孟非打工的经历帮了他，身体强壮能吃苦的他很快被录用了，从此成了电视台里的一名临时工。

这一干就是一年多，他仍然做着可有可无的工作，是200多名临时工中最不引人注目的一员。渐渐地，已经24岁的孟非对眼前的工作又产生了困惑，他忧心如焚：难道我这辈子只能端茶倒水吗？

我要做一名记者

1994年7月，孟非通过两年的函授班学习，拿到了南京师范大学中文系专科文凭，此时他萌生了一个大胆的想法：我为什么只能打杂？我也要做一名记者！

有了目标，孟非的生活里仿佛洒满了阳光，他每天早早来到台里，利用帮记者们打扫卫生的机会熟悉记者的工作流程。如果一些老记者出去采访时需要带一个扛摄像机的，孟非总是争先恐后地去干——为这个，他多次被别的临时工骂成“傻帽儿”！但是只要一出去，他都多少有些收获，或者学会些采访技巧，或者熟悉摄像机的操作。

在这一过程中，孟非的日记里多了些内容：记载自己每天学到的东西。为了更快地接近记者这个群体，孟非还开始了“感情投资”，他跟前跟后，帮记者和编辑们端茶倒水，打扫卫生……时间一长，不少记者跟孟非都热乎了，孟非扛摄像机的机会也越来越多。

渐渐地，有些小新闻，老记者看不上眼的，就开始交给孟非，做好后加上老记者的名字就成了。每次有这样的事情，孟非总是非常高兴，当成头等大事来做。

这样积少成多，孟非的名字在电视上出现的次数渐渐多了。后来，领导便格外开恩，让他干好自己的事情后，可以出去跑新闻。得到这个通知的时候，孟非喜出望外——他太珍惜这个临时记者的机会了！

从此，他每天都要透支体力拼命赶做节目，通宵熬夜更是常事。但看到自己拍出来的片子，全部是自己剪辑、自己写稿，甚至于自己配音的时候，他的心情就像秋日的蓝天一样明朗极了！渐渐地，有一些比较大的题材领导也开始交给他做了。

那个时候，孟非的工资还是只有200多元钱。

终于转成了正式的记者

1996 年 8 月，孟非作为总摄影参与拍摄了 26 集专题片《飞向亚特兰大》。该电视片在全国长篇电视专题片评比中荣获二等奖，而孟非的敬业精神也得到了大家的一致好评。这一次，孟非终于堂堂正正地甩掉了打杂的帽子，转成了正式的记者。这个男人哭了……他在日记中对自己说：“苦难中积聚的力量正一步步地把我引向成功！”

接下来，孟非的事业一帆风顺。1995 年，江苏电视台为了抢占先机，组建了江苏电视台城市频道，筹备了一档 10 分钟的深度报道栏目《都市传真》。孟非进入该组后，正式开始了跑社会新闻的历程。由于文字功底深厚，他在做记者的同时也做起了编辑工作，他的工资则提高到 1 000 多元。

意外的是，1998 年春节过后，由于长期劳累，孟非的头发开始大把大把地往下掉，有时候拔一下，就可以掉下一小撮。当年夏天，孟非索性剃成了光头，还别说，这光头配着他的笑脸，显得既聪明又精神。从此这光头一直陪着他到现在。

感谢苦难，南京人爱上光头主持人

孟非一直都是个倔强的人，每走一条路，他都不轻言放弃。要么走到无路可走，要么就走到最好。从 1998 年开始，他先后换了不少岗位，还做过一档不成熟的谈话节目的编导……这些，为他以后的成功打下了基础。

2002 年 1 月，江苏电视台为了提高收视率，决定改《南京新闻》为新闻直播节目，起名为《南京零距离》，时间为一个小时，宗旨是“为平民百姓服务”。

一切准备就绪，主持人的选择就摆到了台面上——是沿用原来庄重型的主持人还是重新选择主持人？台领导在这个问题上举棋不定。最后，大家一致决定打破资历、学历限制，在全社会进行公开竞选。

孟非用他这么多年来的经验分析了自己的优劣：平民节目，当然要求主持人有平民特色；不一定长得帅，关键是要有底层生活的阅历，说百姓关心的话题……而这方面，放眼全台，有谁比自己更有资格？他敏锐地感觉到：机会来了！这将是他从幕后转向台前的一个机会。可是，自己的普通话能过关吗……孟非只犹豫了一分钟就做出了决定：普通话可以学习模仿，那些苦难的经历却是他难得的宝贵财富，是模仿不来的。人生能有几回搏？此时不搏，更待何时？

孟非搏对了！

面试那天，孟非用诙谐的语调平静地讲述了自己多次打工的艰难经历，尤其是关于打工者的生命、尊严与价值的问题。他胸有成竹地提出了自己做“平民化主持人”的崭新设想，并表示会尽量弥补自己的不足。

孟非的一席话抓住了台领导的意图，他们敏锐地意识到孟非的气质与这档节目非常适宜！

——可是孟非到底适合不适合做主持人？他的光头能播新闻节目吗？在此之前，主持人都是些俊男靓女，突然间冒出这样一个人来会不会让观众吓一跳呢？主考官们议论纷纷。最后，台长发话了：“行不行，要观众说了算。先试试，不行再换人！”

“无知者无畏！”第一次上电视，孟非是穿着最平常的衣服去演播室的。作为一档新闻直播节目，60分钟的时间里，他手上只有一张新闻串联单，所播内容都是三个小时之内发生的事情。更别说提示器了，没有！

这么多新闻怎么串起来呢？孟非思考再三，作了一个大胆的决定！他放松了心情，采取一种谁都想不到的方式播起了新闻：他即兴发挥，像拉家常一样把平时的思考和经历变成幽默、精到的即兴评点，就成了串连词。台领导和同事们看得心里七上八下：这能行吗？

谁也没料到，《南京零距离》由于定位准确，第一期就获得了意想不到的效果。那简直是电视台有史以来最壮观的一夜，摄制组的电话都快被打爆了！观众纷纷感叹从未见过这么有个性的主持人。

孟非走向了人生的高峰

机遇常常降临到有准备的人身上。善于把握机遇的孟非从此走向了人生的高峰。

由于关注普通百姓的衣食住行和喜怒哀乐，没过多久，《南京零距离》收视率就一路飙升，从选稿到播报内容，孟非开始全权负责。他完全颠覆了人们对传统“新闻主持人”的概念，成功地塑造了另一类平民化的新闻主持模式。2003年7月一个月，《南京零距离》的平均收视率就高达8.3%，最高收视率甚至达到惊人的17.7%，超过了同时播放的央视的《新闻联播》，创造了收视率的奇迹。2002年一年，《南京零距离》的广告收入高达5 000万元，孟非成为《南京零距离》不可替代的核心人物，不少观众亲切地把孟非称为“城市平民的代言人”。

由于常常针砭时弊，揭发丑恶，孟非也遭到恐吓，可是他不在乎。他保持着多年来的作息习惯：上班乘公共汽车；平时自己亲自上街买菜；不时还找人拉拉家常……这些，后来都成了他的台词和思想的来源。

孟非现象

关于孟非受欢迎的程度，只用一个例子来说明就够了。有一次，夫子庙一带发生火灾，当时路过的一个女孩儿拿着数码相机立刻拍下了经过，等到别的媒体记者赶到，火早就熄了。南京城的十几家主流媒体愿出高价索买照片，那个女孩子只说了一句话：“这照片我只给《南京零距离》，只给孟非。”

孟非与《南京零距离》的迅速火爆，很快引起了国内不少媒体的关注。《南方周末》甚至拿出专版联合全国各地的专家对“孟非现象”进行了研究。值得一提的是，在孟非最当红的时候，《东方时空》的制片人时间曾通过台里的有关领导，想把孟非拉到央视工作，一切工作做通后，却被孟非婉言谢绝了。他说，他只选择适合自己的！

2004年初，喜讯再度传来，孟非被评为年度"中国最新锐十大主持人"之一——这十大主持人中，除了孟非，全是央视名嘴！这足以证明，孟非，这个打工出身的主持人，已不输于他这个行业的任何人了！

孟非——电视月老

孟非平时严肃的新闻点评风格，的确和综艺节目或者交友节目主持人差得比较远，上一次他的"反差演出"还是在《绝对唱响》。对于自己主持的《南京零距离》《证明》《绝对唱响》《非诚勿扰》这几个节目的反差，孟非丝毫不在意："零距离里面我也没有完全板起面孔啊，都是我的正常状态，每个人都有很多个侧面，有不同的状态。好比你在家是一个样、在单位是一个样，一样的道理，这些都是不同侧面的我。"这次"新闻一哥"又一次跨界成了交友节目主持人，有人在猜测他再战综艺舞台，是否能借此成为"综艺A咖"级的大哥，对此这位个性主播不屑一顾地说："要是在我面前说这个就是给我制定的目标，我就不干了。不是想变成A咖就能成的，喜欢或者不喜欢，决定权在于观众。"

收视爆红 选手红遍网络

《非诚勿扰》节目前三档播出后大受欢迎，引起网友热议，根据CSM数据前三期收视率平均突破1.3%，最高一期1.42%，对此孟非说："周一早上，制片人就给我打电话，说前三期的收视率很好，而后来一些朋友和观众打来电话，我才知道节目在老百姓中间的口碑不错，这让我更开心，而且我发现参加节目的好多选手也红了。"

《非诚勿扰》播出三期，很多80后的交友选手也迅速成为网络红人，像富二代征友失败折射出女孩不都爱钱，还有喜欢比自己大20岁的帅气男生，以及言语刻薄的火辣女模特，这些人现在都成了搜索引擎的热门人物。这显示出这档交友节目不同于传统节目之处，呈现的情感更加年轻化。

做月老自己没相过亲

在《非诚勿扰》的舞台上，孟非将在每周日晚上九点，见证无数对男女的牵手，是个十足月老。但是孟非自己却没有什么相亲的经历："我是自由恋爱。"那这样岂不是主持节目没有生活体验？孟非觉得这个不重要："就是大家一起交流啊，没什么经验的问题。我对于感情的观点也很前卫，这种一见钟情式的相亲模式是很浪漫的嘛，不会和参加节目的男孩女孩们有太大代沟。"

"剩男""剩女"太多，催生了《非诚勿扰》。孟非本人对于"剩"的问题看法却很前卫："'剩男''剩女'根本就不是一个问题。在哪个年代都会有到了年纪不结婚的人，区别在于主动还是被动。现在的社会进步之处在于主动剩下的多了，有多种选择会比较好。"有这样的看法似乎跟《非诚勿扰》的初衷有矛盾，孟非觉得没有矛盾："我们的节目并不是一定要押着'剩男''剩女'走向婚姻，我们希望通过节目让向往爱情的人获得爱情。现在有很多交友方式，短信、网络都行，或者老土一点街上搭讪、鸿雁传书，我们只是提供了一种新的玩法。"

2. 日本著名马拉松运动员山田本一的故事

他曾在1984年和1987年的国际马拉松比赛中，两次夺得世界冠军。当记者几次问他凭什么取得如此出色的成绩时，山田本一总是斩钉截铁地回答道：凭智慧战胜对手，取得胜利。人们都知道，马拉松比赛主要是运动员体力和耐力的较量，爆发力、速度和技巧都还在其次，因而对山田本一"凭智慧取胜"的回答，许多人疑而不信，总觉得他是在招摇夸张，故弄玄虚。然而十年后，人们终于从山田本一的自传中，验证了"凭智慧取胜"确实是他获得成功的经验所在。他在自传中写道：每次比赛之前，我都要乘车将比赛的路线仔细的勘察一遍，并把沿途比较醒目的标志画下来，比如第一个标志是一家银行，第二个标志是一棵大树，第三个标志是一座公寓……这样一直到赛程的终点。比赛开始后，我以百米冲刺的劲头向第一个目标冲去；到达第一个目标后，又以同样的速度向第二个目标冲去……40多千米的路程就这样被我分解成若干个小目标而轻松地跑完。起初，我并不是这样做的，而是把目标一下子定在终点线的那面旗帜上，结果跑到十几千米就觉得疲惫不堪了，因为我被前面那段遥远的路程吓倒了。

3．大的成功由小的目标铺垫而成

一天，一位记者到建筑工地采访，分别问了三个建筑工人一个相同的问题。他问第一个建筑工人正在干什么活，那个工人头也不抬地回答："我正在砌一堵墙。"他问第二个建筑工人同样的问题，第二个建筑工人回答："我正在盖房子。"记者又问第三个工人， 这次他得到的回答是："我在为人们建造漂亮的家园。"记者觉得三个建筑工人的回答很有趣，就将其写进了自己的报道。

若干年后，记者在整理过去的采访记录，突然看到了这三个回答，三个不同的回答让他产生了强烈的欲望，想去看看这三个工人现在的生活怎么样。

等他找到这三个工人的时候，结果让他大吃一惊：当年的第一个建筑工人现在还是一个建筑工人，仍然像从前一样砌着他的墙；而在施工现在拿着图纸的设计师竟然是当年的第二个工人；至于第三个工人，记者没费多少工夫就找到了，他现在成了一家房地产公司的老板，前两个工人正在为他工作。

一个人的目标直接决定了他将来的前途。

拿破仑说："一个不想当将军的士兵不是一个好士兵。"此话有深刻的道理。

罗斯福总统夫人在本宁顿学院读书的时候，打算在电信业找一份工作，以补助生活。她的父亲为她引见了自己的一个好朋友——当时担任美国无线电公司董事长的萨尔洛夫将军。

将军热情的接待了她，并认真地问："想做哪一份工作？"

她回答说："随便吧。"

将军神情严肃地对她说："没有任何一类工作叫'随便'。"

片刻之后，将军目光逼人，以长辈的口吻提醒她说："成功的道路是目标铺出来的。"

如果人生没有目标，就好比在黑暗中远征。人生要有一生的目标、一个时期的目标、一个阶段的目标，一天的目标、一周的目标、一月的目标、一年的目标。

一位哲人说过这样一句话："伟大的目标构成伟大的心灵，伟大的目标产生伟大的动力，伟大的目标形成伟大的人物。没有远大的目标会使人失去动力！没有具体的目标会使人失去信心！"哲人的话是对心理学家结论的概括注解，所以，教师要十分注重帮助学生设计人生目标。

视频资料

1. 孟非访谈。
2. 诗词：《理想》。
3. 歌曲：隐形的翅膀。

社会大舞台

活动主题：仰望星空——大学生谈理想

1. 思维训练

观看电视连续剧《恰同学少年》和《奋斗》，思考理想信念与职业人生的关系。

2. 师生互动

（1）收集 100 条励志名言，制作成励志明信片；

（2）收集 10 首歌颂励志与理想的歌曲，组织一次班级演唱会。

3. 社会实践

（1）调查活动：利用周末或假期对自己的将来所要从事的理想职业做一个调查，并写一份调查报告 800 字以上。

（2）对周围你认为成功的人士做一次访问或交流，了解其成功的秘诀并写一份感想。

网上冲浪

1. 影片《隐形的翅膀》。

2.《风雨哈佛路》，一个最贫困的哈佛女孩从不退缩地奋斗，看完让人满身温暖。

3.《当幸福来敲门》，威尔史密斯难得的非商业电影，和儿子一起出演。

4.《我的左脚》，丹尼尔戴刘易斯借此片获得第一座奥斯卡小金人，一个感人至深的残疾人奋斗的故事。

专题三 我以我血荐轩辕

——感悟爱国

爱国是文明人的首要美德。

——拿破仑

知识目标

1. 掌握爱国主义的科学内涵及其时代价值；
2. 把握爱国主义的优良传统；
3. 理解新时期爱国主义的丰富内涵。

能力目标

在经济全球化的影响下，能规范自己的行为，做一个坚定而理智的爱国者。

情感目标

培养大学生的爱国主义情感；坚定爱国主义和爱社会主义的信念。

古今中外，人们都把自己的祖国比作母亲，对她怀着极其深厚的感情，对“母亲之国”的热爱，是人类的一种共同的情感。爱国主义是中华民族的宝贵精神财富和优良传统，是中华民族生生不息、发展壮大的精神动力。千百年来，中华民族之所以能够历经磨难而不衰，饱尝艰辛而不屈，千锤百炼而愈加坚韧，其重要原因就在于，爱国主义传统已深深融入我们的民族意识中。近年来，在抗击南方雨雪冰冻灾害、抗震救灾、举办北京奥运会等一系列重大事件中，海内外中华儿女爱国主义热情的空前激扬和充分展现，感动了中国、震撼了世界。但是，在社会主义时期特别是改革开放新时期，我们如何更好地发扬爱国主义光荣传统？在经济全球化的背景下，爱国主义是否已经过时？我们应当如何恰当地、理性地表达爱国情感？爱国主义如何才更有力量？这些都使我们不得不重新思考。

情境导入

一个留美女生的铮铮铁骨

1996 年 9 月 2 日，陈磊到达位于美国东北部佛蒙特州的米德尔伯里大学，开始了为期四年的大学留学生活。

开学不到一个月，美籍教授那米诺从经济学理论讲到了中国，“中国是一个非常贫穷，非常闭塞的小国家，那里非常愚昧，非常守旧，经济也不发达，科学技术更是落后，而且没有平等和自由，也没有人权。”陈磊马上火了，她从座位上站了起来，大声地质问道：“请问那米诺教授，你到过中国吗？”

那米诺教授一怔，继而十分不屑地回答道：“我没有去过中国，可是，这与我的讲话有什么关系？”“当然有关系！”陈磊毫不示弱地质问：“请问那米诺教授，你既然没有去过中国，那么，你对中国的批评是从哪里来的？”

那米诺教授一下子呆了，半晌，无可奈何地承认：“我是从报刊上看来的，我从别人那里听来的！”陈磊不禁大笑起来：“那米诺教授，我记得你说过，只有实践才能出真知。可是，你既没有去过中国亲眼看看，也没有经过认真调查，只是翻翻报刊，听听流言蜚语，便对中国和中国人民下这样的结论，你不觉得可笑吗？”

“那米诺教授，我想告诉你，你所说的一切都是不真实的！中国的经济在飞速发展，中国的科学技术在快速进步，中国的法律和法规在逐渐地完善，中国人民的权利已经得到了足够的保障！”陈磊环视了一眼四周的同学，“你所说的那些，不过是西方社会对中国的偏见，或者是西方某些政府出于某种目的而编造的谎言而已！”教室里面100多名学生听了陈磊的话，先是寂静无声，继而响起了一阵热烈的掌声。

陈磊等掌声停了，又义正词严地说道：“那米诺先生，请你当着大家的面，向全中国和中国人民道歉！否则，我将拒绝再选修你的课程，并且，将永远都不再原谅你！”米德尔伯里大学有一个规定：如果某一个学生放弃了一门必修课，那么，他必须完成三门与此类似的选修课的课程，才能算通过。陈磊刚到美国不久，放弃一门课程去改学三门课程，其困难可想而知。她见纳米诺并没有半点儿忏悔和道歉的意思，于是不顾其他同学的劝说和阻拦，昂头挺胸地走出了教室。

期末考试，陈磊选修的三门课程都得了“A+”。之后，陈磊在校园里遇见了那米诺。陈磊不理他，可是，纳米诺却跑了过来：“陈，有你这样的中国人，我知道中国是什么样子了。也许，我真的错了。”陈磊的回答落地有声：“不是也许，是肯定！你肯定错了！”

点评：世界对中国的评价就是从我们自己的表现得来的。我们自尊，自强，并且深深地热爱自己的国家，才能赢得世界人民对中国和中国人民的尊重。

知识导航

一、什么是爱国？人为什么要爱国？
——爱国主义的科学内涵和基本要求

爱国主义体现了人民群众对自己祖国的深厚情感，反映了个人对祖国的依存关系，是人们对自己故土家园、种族和文化的归属感、认同感、尊严感与荣誉感的统一。它是调节个人与祖国关系的道德要求、政治原则和法律规范，也是民族精神的核心。

具体分析爱国主义的科学内涵：

第一，爱国主义阐述了人们对祖国深厚感情的内涵——归属感、认同感、尊严感与荣誉感的统一。

第二，爱国主义阐明了人们对祖国深厚感情产生的基础——个人对祖国的依存关系。

第三，爱国主义调节的对象——个人与祖国之间的关系。

第四，爱国主义的实质——它是调节个人与祖国之间关系的道德要求、政治原则和法律规范，也是民族精神的核心。

爱国主义的基本要求：祖国是一个集自然、政治、经济、文化和历史于一体的综合概念，至少包含三个要素：一是自然要素——国土；二是社会要素——人民或国民；三是政治要素——国家。爱故土、爱人民、爱国家是爱国主义最基本的内容。

爱故土：爱家乡、爱学校、爱河山、爱自然。

爱人民：爱父母、爱师长、爱朋友、爱同学和同事。

爱国家：爱党、爱社会主义、爱生活、爱文化、爱每一份工作。

爱国主义要求我们爱祖国的大好河山；爱自己的骨肉同胞；爱祖国的灿烂文化；爱自己的国家。爱国主义不是虚幻的，而是实在和真切的。

二、新时期的爱国主义

新时期中华民族的爱国主义，既承接着历史上爱国主义的优良传统，又吸纳着鲜活的时代精神，内涵更加丰富。

建设中国特色社会主义是新时期爱国主义的主题。

在现阶段，爱国主义主要表现为献身于建设和保卫社会主义现代化事业，献身于促进祖国统一的事业。

（一）爱国主义、爱社会主义与拥护祖国统一

在当代中国，爱国主义首先体现在对社会主义中国的热爱上，这是中华人民共和国每一个公民必须坚持的立场和态度。爱国主义与爱社会主义的统一是中国历史发展的必然结果。只有社会主义才能救中国，只有社会主义才能发展中国。几十年来的社会主义建设，尤其是改革开放以来我国国民经济和各项事业取得的举世瞩目的巨大成就已充分证明了这一点。爱国主义与社会主义相统一，已成为当今我国衡量人们是否真正爱国的标准。

爱国主义与拥护祖国统一的一致性不仅是对生活在中国内地的中国公民的要求，而且是对全体中华儿女包括港澳台同胞以及海外侨胞的基本要求。在中华民族的爱国主义发展史上，维护祖国统一，反对祖国分裂是中华儿女爱国情怀的重要体现，也是对国家主权、领土完整及民族感情的认同。

（二）爱国主义与经济全球化

1．爱国主义过时了吗？——在经济全球化形势下必须弘扬爱国主义

经济全球化是当今时代发展的重要趋势。它的发展使世界各国在经济上的联系日益紧密，同时影响到世界各国的政治和文化。

在经济全球化背景下，科学技术的发展和利用是跨国界的，商品在全世界销售，资本跨国界流动，信息得以共享，各国经济交往中需要遵循共同规则，跨国公司本土化的程度不断提高，

不仅利用当地的自然资源，而且还充分利用当地的人力资源。各国公民在世界范围内流动，一个国家的公民可能工作和生活在另一个国家，并对另一个国家产生感情。在这种情况下，有的人就认为爱国主义已经过时了。

事实上，爱国主义并没有也不会过时，经济全球化下必须弘扬爱国主义旗帜。

根据主要有两点：

（1）在经济全球化的条件下，国家仍然是本民族整体最具权威的代表者。

（2）在经济全球化背景下，国外敌对势力妄图西化和分化我国的战略没有改变。

2. 在经济全球化背景下，怎样弘扬爱国主义

大力弘扬爱国主义，必须加速提高中国的国力；必须积极应对挑战和风险；必须坚决反对政治、文化一体化；要以宽广的眼界看待世界。以积极而理性的姿态参与经济全球化进程，实施互利共赢的开放战略，促进国家更好更快的发展。要正确处理热爱祖国与关爱世界、为祖国服务与尽国际义务、维护世界和平与促进共同发展的关系。

3. 在经济全球化背景下，当代大学生需要着重树立怎样的观念

人有地域和信仰的不同，但报效祖国之心不应有差别。在经济全球化背景下，无论你是生活在国内还是在国外，无论你在何种所有制企业中工作，作为中华儿女，都可以以自己的方式来报效祖国。应当说，经济全球化趋势为个人报效祖国消除了许多障碍或阻隔，开辟了更多的渠道和更大的空间。

科学没有国界，但科学家有祖国。科学是人类智慧的结晶，是属于全人类的财富，理应为全人类服务。无论是自然科学家还是社会科学家与祖国都有着难以割舍的关系和情感。科学的无国界性，无损于科学家与自己的祖国命运攸关的亲缘联系；科学的无国界性，不等于科学运用的无国界性。

经济全球化过程中要始终维护国家的主权和尊严。在经济全球化背景下，西方一些人极力鼓吹政治一体化和文化一体化。这是别有用心的。一个国家要充分利用经济全球化所提供的发展机遇，趋利避害，扬长避短，就必须坚决维护自己的主权和尊严，按照自己的国情来选择自己的政治制度和发展模式，同时还要充分保护和发展自己的民族文化。

三、做忠诚的爱国者

爱国主义包含着情感、思想和行为三个基本方面。其中，情感是基础，思想是内核，行为是体现。

爱国情感是人们对祖国的一种直接感受和情绪体验。

爱国思想是人们对祖国的理性认识。

爱国行为是指人们身体力行、报效祖国的实际行动，是爱国主义精神的落脚点和归宿。

只有做到爱国的情感、思想、行为一致的人，才是真正的爱国者。

广州的中学生对爱国主义的理解，他们认为，“爱国”的具体行动包括以下几种：

吃麦当劳、肯德基、必胜客等西餐记得索取发票；

学语言一定先把汉字、普通话说好，作文里减少错字病句；

出国旅游、留学时一定要注意自己的行为举止；

遇到外宾时向他们推荐中国品牌；

爱护环境、节约能源，不用一次性筷子等等。

（《广州日报》2006 年 3 月 8 日）

今天，对于我们每一个平凡的公民来说，躬身劳作于自己的岗位，脚踏实地地做好本职工作，是爱国的直接体现。爱国就是农民播种好每一分土地；爱国就是工人坚守自己的岗位，生产出合格的产品；爱国就是海关人员不让走私物品流进国内，冲击我们的民族工业；爱国就是公务人员当好人民的公仆，绝不营私舞弊 ……爱国主义不仅代表了人们对自己祖国的深厚情感，更体现为现实的义务和责任，要做到自觉维护国家利益，促进民族团结和祖国统一，增强国防观念，以振兴中华为己任。脚踏实地，做忠诚的爱国者。

青春话题

话题：大学生出国了不回来还算不算爱国？大学生怎样才是爱国？

近年来中国的大学生出国人数逐年递增。而在当今中国所有的第一流的重点大学，包括五四运动的发源地北京大学，出国留学是绝大部分最优秀的学生首要的人生选择，很多人是一去不复返。所以有很多人感叹：国家花那么多资源培养了他们，他们居然背弃自己的国家，这还算不算爱国？

点评：首先我们看看大学生出国的目的。根据 2004 年 10 月发表的海归搜索行动网站的实时统计结果表明，绝大多数“海归”和留学生出国的目的是求学，这个比例高达 84%，而因工作出国的仅占 10%。大多数（88%）已注册的“海归”和留学生相信，出国留学将会给自己的事业发展带来人生转机。他们认为国外最有吸引力的，首先是高质量的教育（占 51%）；其次是受国外良好生活环境吸引（占 22%）；而追求更多事业发展机会的人占 15%。而据 2011—2012 年海外留学职业规划和广州人才需求论坛资料，近七成留学人员选择回国就业或创业。

其实出国与爱国本没有必然的联系，因为出国的人群并不能被看作一个整体，他们的身份不同，出国的目的也大不相同，并不是说出国的人就“不爱国”或“更爱国”，我们的初中地理书中曾说过在很多国家“侨汇”也是经济支柱之一。

从行动来看，无论身处国内还是出国留学，当代大学生可以通过以下途径来爱国：

1. 无论身在何处都要自觉维护国家利益，相信“科学无国界，但科学家有祖国”“洋装穿在身，我心依然是中国心”。

2. 要自觉做促进民族团结和祖国统一的模范，同一切破坏民族团结和祖国统一的思想、行为进行坚决的斗争。努力增长才干，为实现祖国统一作出自己的贡献。

3. 举止文明，提高个人素质，维护国家的荣誉和尊严，增强国家的“软实力”。

4. 努力学习，报效国家。当代大学生勤奋学习科学文化知识，努力成才，是表达自己爱国主义情怀最实际、最有效的方式。

欢乐课堂

1. 音乐播放：成龙、刘媛媛的 MV 歌曲《国家》

要求：请思考国与家的关系！

一玉口中国 \一瓦顶成家\

都说国很大\其实一个家\

一心装满国\一手撑起家\

家是最小国\国是千万家\
在世界的国\在天地的家\
有了强的国\才有富的家\
国的家住在心里\家的国以和矗立\
国是荣誉的毅力\家是幸福的洋溢\
国的每一寸土地\家的每一个足迹\
国与家连在一起\创造地球的奇迹\
一心装满国\一手撑起家\
家是最小国\国是千万家\
在世界的国\在天地的家\
有了强的国\才有富的家\
国的家住在心里\家的国以和矗立\
国是荣誉的毅力\家是幸福的洋溢\
国的每一寸土地\家的每一个足迹\
国与家连在一起\创造地球的奇迹\
国是我的国\家是我的家\
我爱我的国\我爱我的家（重复）\（国爱万家\我爱国家）\我爱我——国家!

2．课中学生活动：谁不说咱家乡好

由来自五湖四海的学生们谈各自的家乡，从而加深学生对祖国大好河山的认识和热爱。（老师组织，学生自由发言）

3．请同学演唱《我的中国心》（张明敏）

河山只在我梦萦\祖国已多年未亲近\
可是不管怎样也改变不了\我的中国心\
洋装虽然穿在身\我心依然是中国心\
我的祖先早已把我的一切\烙上中国印\
长江长城\黄山黄河\在我心中重千斤\
无论何时无论何地\心中一样亲\
流在心里的血\澎湃着中华的声音\
就算身在他乡也改变不了\我的中国心。

相关链接

愤然辞职的大学生

天津的一家日资公司，开发模拟第二次世界大战的游戏软件，最终是日本取得胜利。面对高额的报酬，我国的五名开发软件的大学生宁可不要高薪而愤然辞职，表现了维护祖国尊严的高尚情操。

留学生吁推迟回国获赞，网民称应入选“感动中国”

英文《中国日报》2009 年 5 月 15 日报道：一名海外留学生近日呼吁来自甲型 H1N1 流感

疫区的留学生们推迟回国以帮助祖国更好地防治流感。倡议发起者——正在美国哥伦比亚大学国际关系专业一年级硕士生 Liyu EDSheng（中文名姓盛）表示，他这样做只是“想对祖国和家人负责。”小盛说，“我们来自疫区，小心一点是正确的。”他本人已经推迟了原本去伦敦旅游和回国的计划。此倡议发出后引起各界热议。中新网论坛的调查，超过 90%的网友赞赏留学生们这种负责任的态度和举措，许多网友留言称这些留学生应该入选本年度的“感动中国”，并期待他们战胜疫情，早日平安归国。

一位普通中国网民致法国总统府及法驻华使馆的公开信

“一天，两个强盗闯入圆明园，一个掠夺，一个纵火。似乎获得胜利就可以当强盗了”“在历史面前，一个强盗叫法兰西，另一个强盗叫英国。”——尊敬的法国政治精英们，不知道你们是否还记得你们“文明”“伟大”的文豪维克多·雨果先生在一百多前写给英法赴中国远征军巴特莱上尉的公开信。一百多年后，我以一位普通中国网民、一位中国人的名义也给你们写一封公开信。

尊敬的法国政治精英们，如果你们没有“选择性遗忘”的话，让我与你们一道重温一下 1861 年雨果先生对你们祖先“文明史”的描述吧：“在世界的某个角落，有一个世界奇迹。这个奇迹叫圆明园。”“这个奇迹已经消失了；有一天，两个强盗闯进了圆明园。一个强盗洗劫，另一个强盗放火。似乎得胜之后，便可以动手行窃了。他们对圆明园进行了大规模的劫掠，赃物由两个胜利者均分。”“现在，我证实，发生了一次偷窃，有两名窃贼。先生，以上就是我对远征中国的全部赞誉。”

现在，佳士得拍卖公司要拍卖雨果先生所称的“法兰西强盗和英国强盗”从中国掠夺来的“赃物”了。对！你们是“民主”国家，你们应该以法律为准绳、以自由为尺度，“理所当然”地驳回千里迢迢远赴巴黎的中国律师们停止拍卖鼠首、兔首铜像的要求。我不是国际法专家，也不是研究你们民主政治的学者，但我作为一个稍懂历史、略知人性的普通人，想对你们说：你们是否知道，佳士得拍卖的不仅仅是中华民族的耻辱史，也是在拍卖你们祖先的耻辱史！

尊敬的法国政治精英们，别跟我谈法制，1995 年的国际公约规定，任何被抢夺的文物都应该归还，但你们的议会没有批准这一公约。自称“法治国家”的法国，为何你们在完善法制方面就选择性忽略这一能充分体现“文明”的公约呢。如果“法制”是为了让“强盗行为”合法化，那你们的法制是否应被称为非文明的、强盗式法制呢？

尊敬的法国政治精英们，别跟我讲“文明”，看看雨果先生一百多年前对你们祖先“文明史”的评价吧：“我们欧洲人是文明人，中国人在我们眼中是野蛮人；这就是文明对野蛮所干的事情。”

尊敬的法国政治精英们，我想你们也非常清楚，刚刚过去的 2008 年是中法关系非常困难的一年，也是你们领教到中国民间舆论力量的一年，更是你们感受到全球华人维护民族尊严决心和意志的一年！如果你们还不是特别健忘的话，回顾一下奥运圣火在巴黎传递期间、你们的总统萨科齐对中国不友好时中国民间和全球华人的愤怒吧！如果你们还想以“辉煌法兰西”的姿态来看待中国的话，那我还想提醒一句：如今，中国已经不再是拿破仑所说的“沉睡的巨龙”了，而是戴高乐所称的“东方大国”！

最后，我以雨果先生一百多年前的“希望”来结束我这封致你们的公开信：“我希望有朝一日，解放了的干干净净的法兰西会把这份战利品归还给被掠夺的中国。”我，一位普通的中国网民，一个普通的中国人，与长眠于法兰西的雨果先生一起等待着法兰西回归“干干净净”！

（资料来源：http://bbs.huanqiu.com/zongluntianxia/thread-164505-1-1.html）

拓展阅读

呼唤文化创新力：84 岁米老鼠和 400 岁孙悟空

1928 年 5 月 23 日，米老鼠诞生于美国。80 多年来，美国人精心呵护着这个小老鼠，让他的形象变得立体丰满。今天，亲切憨厚的米老鼠不仅是美国文化的标志性招牌，更为美国带来了数万亿美元的利润。

且不说已在民间流传了千百年，就是从吴承恩写作《西游记》算起，孙悟空也已有 400 多岁了。孙悟空的形象之于中国文化，正如米老鼠形象之于美国文化。遗憾的是，如此高龄的孙悟空却远没有米老鼠那么幸运。

据披露，《西游记》等四大名著商标被日本某游戏公司觊觎。假如外国企业抢注成功，中国有关游戏产品的使用权将陷入被动，甚至面临被诉侵权和全面封杀的毁灭性厄运。如果有那样的一天，在游戏产品中，孙悟空将永远告别我们。

五千年来，中华民族创造了数不清的文化财富。中国文化茂密的森林里，每一片嫩叶下面都蕴藏着一颗留待未来采摘的果实，这是我们的文化财富，也是文化创新的源泉。

也许正是看到了中国博大精深的传统文化资源和庞大空白的文化市场之间的落差，国外许多业界巨头千方百计“借巢生蛋”，以致许多传统元素被掠夺，河南登封“少林功夫”、百年老字号“同仁堂”、“一得阁”墨汁等被纷纷被抢注。

然而，面对祖先遗留下来的文化传统，我们却未能以足够的创造力，使其在现代文化中获得新的蓬勃生命，传统优势并未转化为产业优势。更值得警惕的是，一些人甚至试图割裂传统、颠覆经典，这不仅会损害传统文化的再生能力，也会导致文化产业成为无源之水。

【简评】爱祖国的灿烂文化就应该认真学习和真正了解祖国的历史，深入理解祖国优良的文化传统，并致力于文化的保护和创新。一个真诚的爱国者，必定是一个尊重和热爱祖国灿烂文化和历史传统的人，也必定不是一个看着祖国的文化瑰宝被破坏和流失而无动于衷的人。

天下兴亡　我的责任

——中信高级工商学校创办人高震东

同学们，你们说“天下兴亡”的下一句是什么？（台下的声音：“匹夫有责”）——不，是“我的责任”。如果今年高考每个人都额外加 10 分，那不等于没加吗？“天下兴亡，匹夫有责”等于大家无责。“匹夫有责”要改成“我的责任”，我是这样教我的学生的。“以天下兴亡为己任”是孟子的思想。禹是人，舜是人，我也是人呀！他们能做到的，我为什么不能呢？“天下兴亡，我的责任”，唯有这个思想，我们的国家才有希望。我们每个学生如果人人都说：学校秩序不好，是我的责任；国家教育办不好，是我的责任；国家不强盛，我的责任……人人都能主动负责，天下哪有不兴盛的国家？哪有不团结的团体？所以说，每个学生都应该把责任拉到自己身上来，而不是推出去。我办学校就是这样，如果教室很脏，我问“怎么回事？”假如有个学生站起来说：“报告老师，今天是 32 号同学值日，他没有打扫卫生”。那样，这个学生是要挨揍的。在我的学校，学生会这样说：“老师，对不起，这是我的责任”，然后马上去打扫。灯泡坏了，哪个学生看见了，自己就会掏钱去买一个安上，窗户玻璃坏了，学生自己马上买一块换上它——这才是教育，不把责任推出去，而是揽过来。也许有些人说这是吃亏，我告诉你，吃亏就是占便宜，这种教育要牢牢记在心里，我们每个中国人都要记住！

学校更应该训练学生这种“天下兴亡，我的责任”的思想。校园不干净，就应该是大家的责任。你想，这么大的一个校园，你不破坏，我不破坏，它会脏吗？脏了之后，人人都去弄干净，它会脏吗？你只指望几个工人做这个工作，说：“这是他们的事。我是来读书的，不是扫地的。”——这是什么观念？你读书干什么？读书不是为国家服务吗？眼前的务你都不服，你还能为未来服务？当前的责任你都不负，未来的责任你能负吗？水龙头漏水，你不能堵住吗？有人会说：“那不是我的事，那是总务处的事。”这是错误的。一般人最坏的毛病是这样：打开水龙头后，发现没水，又去开第二个，第二个也没有，又去开第三个——这样的学生，在我学校是要被开除的！连举一反三都不懂，第一个没水，第二个会有吗？你就没想到水会来吗？人无远虑怎么能行？作为一个干部，作为一个人，都要想到后果，后果看得越远的人，越是一个成功的人。一个只管眼前，不顾将来的人，不是一个好干部，不是一个有用的人。水管不关，来了水后让它哗哗哗满地流，仍不去关注：“反正是国家的水，不是我自己的！”——浪费国家的，就是汉奸！你为什么浪费国家的水？你为什么浪费国家的资源？我每天洗脸都为国家省一盆水，一年省多少水，你算算，你们校六千多学生，每个每天节省一盆水，一年省多少水？省水就是省电，就是节省国家资源。

爱有两种，一种是积极爱国，一种是消极爱国。积极爱国是为国家创造财富，消极爱国是为国家节省财富。国家用那么多百姓的民脂民膏来供你读书，你还浪费国家的财富，你良心何在？你上大学都如此，怎么能期望于中学生、小学生呢？怎么能期望于一般老百姓呢？你高级知识分子都不爱国，怎么能让老百姓去爱国呢？从自己身边做起，我们国家才有希望——这就是“天下兴亡，我的责任”的积极负责的道德观念，这就是道德教育。

另一点，我们要有“勿以善小而不为，勿以恶小而为之”的敬业观念。天下有大事吗？没有。但任何小事都是大事。集小恶则成大恶，集小善则为大善。培养良好的道德，是从尊敬老师开始的，是从那很小很小的事开始的。这种道德是慢慢建立起来的，而不专门找到大事才干。今天上午下课的时候，我和师大校长一块出来，礼堂里有很多废纸。我说不要捡，要等下午学生自己捡——同学们，谁丢下这些纸屑就是不爱国。天下无大事，请先把自己脚下的纸屑捡起来——这就是我的“教材”。好的，同学们捡起自己脚下的废纸，这就是爱国的开始。我给大家讲两个关于渍纸的故事。

第一个，美国有个“福特公司”，福特是一个人，他大学毕业后，去一家汽车公司应聘。和他同应聘的三四个人都比他学历高，当前面几个面试之后，他觉得自己没有什么希望了。但既来之，则安之。他敲门走进了董事长的办公室，一进办公室，他发现门口地上有一张纸，他弯腰捡了起来，发现是一张渍纸，便顺手把它扔进了废纸篓里。然后才走到董事长的办公桌前，说：“我是来应聘的福特。”董事长说：“很好，很好！福特先生，你已被我们录用了。”福特惊讶地说：“董事长，我觉得前几位都比我好，你怎么把我录用了呢？”董事长说：“福特先生，前面三位的确学历比你高，而且仪表堂堂，但是他们的眼睛只能看见大事，而看不见小事。你的眼睛能看见小事，我认为能看见小事的人，将来自然看到大事，一个只能看见大事的人，他会忽略很多小事。他是不会成功的。所以，我才录用了你。”福特就这样进了这个公司，这个公司不久就扬名天下，福特把这个公司改为“福特公司”，也改变了整个美国的国民经济状况，使美国的汽车产业在世界上独占鳌头，这就是今天“美国福特公司”的创造人福特。大家说，这张废纸重要不重要？看见小事的人能看见大事，但只能看见大事的人，不一定能看见小事，这是很重要的教训。

第二个渍纸的故事，当亚运会在日本广岛结束的时候，六万人的会场上竟没有一张废纸。

全世界的报纸都登文惊叹："可敬，可怕的日本民族！"就是因为没有一张废纸，就使全世界为之惊讶。再看看我们当人们散去后，满地的废纸，到处乱刮！外国人一看当然会这样认为：你们中国要同日本比，还差得远呢！大家不要总是说：我们国家地大物博，有 137 枚金牌——这都没用，咱们的道德水准还没上来，还差得远！大家说这些废纸重要不重要？所以说，我让大家捡起一张废纸，这就是爱国的开始。万事从小事做起。美国太空 3 号快到月球了，它却不能登上去而无奈地返了回来，为什么？只是因为一节 30 块钱的小电池坏了，他们这个酝酿很久的航天计划被破坏了，几亿元报废了！天下有大事吗？大家看哪次飞机失事是翅膀和头一齐掉下来的？都是一节油管不通，一个轮胎放不下来才失事的。一个人的死，哪个是全身溃烂死掉的？都是肝坏了，心脏有毛病，一个小器官不正常而死掉的！——同学们，从现在开始，你们要有敬业的观念。我们中国实行九年制教育的目的就是这样，就是要看你怎样同老师相处，怎样与朋友相处，这就是教育的目的。

从古至今，中国的教育才是最伟大的教育，你把西方的教育看作是最先进的教育，那就大错特错了。美国的教育部长三个月前发表讲话说："我们国家的教育是彻底失败的，我们把人教成了肉机器，我们要向东方学习人文教育！"所以说，我们祖国的教育是世界上最伟大的教育！（掌声）孔子告诉我们：学而不思则罔，思而不学则殆。一个学生要不断地学，不断地想，不断地做，这就是真正的教育，这就是中国教育的精髓所在。

再一个，我们要进行吃中国饭、说中国话、过中国节和穿中国服装的振兴民族文化的道德教育。一个中国人连中国饭都不吃了，能叫中国人吗？吃中国饭的第一代表是使用筷子。筷子原是中国的文化，是文明的行为。我去美国，偶尔吃他们的西餐，他们一上西餐我就说："请给我拿筷子来。"他们问我："吃西餐都用刀叉，你为什么用筷子？"我说筷子是文明的象征，而你们的刀叉是野蛮的标志，所以我不用。筷子可切、可叉、可削、可夹、可戳，无所不能，而你们的刀叉笨重至极，像杀人的武器。（掌声）学生吃面包夹豆腐乳，可以，他说吃"汉堡"却不可以。你可以吃碉堡，但不能吃"汉堡"。这就是中国的民族精神教育！外国只是机器、枪炮比我们强，吃的能与中国比吗？吃外国人的东西只是种怪心态，可悲啊！

我们学校的英文教学是全省最好的。我从美国请来两名老师，专门教我的学生学说外语。我有一个留美班，他们一定是要留美的。但是他们所学的教材第一页上都印着我的话："中国人学英文是我们的国耻行为，学英文是中国最可悲的行为，但我们不能不学，因为别人超过了我们，别人的枪炮、科学压过了我们。今天我们必须学习他们的科学，然后才能打倒他们！超过他们！我们要以夷制夷！非把英文学好不可，所以要咬牙切齿学英文！（掌声）我们学英文的目的并不是为了去美国洗盘子刷马桶，去伺候外国人，去做丢尽祖宗八辈人的事！"（掌声）所以，我的学生英文学得都非常好。如果一个英文老师一上课就说："同学们，今天我们要学英文了。英文是世界语言，是世界上最美的语言！一个不会英文的民族是一个低等的民族，英文太美了！太棒了！"你说这个老师要不要打屁股？所以我总是告诉这些老师：要好好教我的学生，你不要替外国人宣传，变成汉奸！要告诉学生雪耻图强，打败列强，这是中国人的希望（掌声）！你们这里不也有英文老师吗？外语系的学生以后不也去教英文吗？上课以前你们要对学生进行爱国学英文的教育，不要上来就替外国吹一场，你们不要认为：传道者只是传英文之道，授英文之业，而要传爱国之道，授英文之业。

好，同学们懂得了这些道理，下一步我们就要知道，我们今天的教育是很失败的。因为，我们从小就被教错了。所以，我们要进行为国家而求学问，为社会分工而学技能的利他、利群的道德教育。大家先要想想为什么读书，为谁读书？你们要反思一下。有些人也许会说，为自己找个饭碗而读书！这是多么卑鄙和渺小，多么无聊和可怜啊！你绝对不应该单是为找个饭碗而活着！找个饭碗吃饭太简单了！坐牢绝对一辈子有了饭吃，而且还有人伺候，还有人为你做饭，睡觉时还有人为你站岗，你的东西一样少不了！那不就解决吃饭了吗？你为什么不干呢？因为我告诉了你，要学好生存的技能，要懂得生命的意义和价值，那里不是创造人类价值的地方！所以，我们要知道读书绝对不是为了自己，读书是为了国家而求学问，所以，我们要告诉孩子们读书、做事要确定一个方向：先做自己应该做的事，再做自己喜欢做的事。很多人为兴趣而读书，岂有此理！读书有什么兴趣？真正的目标不应是兴趣，而是责任，在责任当中找到兴趣，但不能用兴趣代替责任。越在黑暗中越做光明的事，这就是道德教育。我们读书是为了国家。同学们，你们想想你们从小受到是什么教育？尤其是农村子弟，你爹妈是怎么教你的？他们这样告诉你：你要好好念书！你不好好念书，将来就不能出人头地，你必须努力奋斗好好读书，你才有前途，读书是为了你的幸福，读书是为了你的前途！读书一切是为了你！你就是在这种教育下长大的，这就是最错误的教育，这就是最糟糕的教育！所以小孩子长大以后就知道，啊哈，读书就是为了我呀，与任何人不相干，为了我的前途，为了我的未来，为了我的希望，你看这个国家还有希望吗？它与国家毫不相干！

他喝着国家的奶水，用着国家纳税人的钱，拿民脂民膏培养出的却是一个自私自利的小孩，培养出一批自私自利的老师，你想：这国家会有前途吗？你读书的方向都错了，读书不是为了自己，读书是为了我们的国家，国家需要人才，国家需要干部，国家需要建国的栋梁。国家为什么培养你？国家是欠你的吗？你能白白吃国家的饭吗？白白享受这里的宿舍和餐厅、白白享受老师对你知识的传授吗？你凭什么？你对国家有什么贡献？你对社会有什么贡献？有什么牺牲？你一切都没有，你只是个造粪的机器而已。你每天吃饭了，无所事事，你对国家有什么贡献？国家在期盼着你的贡献，期盼着你的未来，因为有一天你会长大，有一天你会学成，你要为国家做事，所以国家才在你身上投资，让你为国效命。因为道德教育必须以国家教育为前提，所以今天我们要爱我们的国家。正好你们是读师大的，你们在三四年之后要培养跨世纪的接班人，你的责任比谁都大。如果你都没有国家观念，你都不爱国，你怎么要求你的学生爱国呢？所以说今天的老师是最重要的。这就是我跑来跑去，为师范生灌输爱国思想的原因所在！你们爱国，学生自然爱国！如果不爱国，天天发牢骚，天天想转行，天天想下海，那下一代还有什么希望？尤其是学英文的，总想好好学，将来以后到哪个公司为哪个老板、哪个董事长当翻译官，多丢脸！多没人格！多没气度！（掌声）我这里特别强调的是国家观念。

我常常给我的学生讲一个故事：我们有一天出去旅行，忽然间暴风雨来了。我们没地方避风躲雨，孩子们向前跑，一看前面有个草棚，大家“哗”地冲了进去，一冲进去大雨就来了。大家好高兴，“哇，今天运气不错哟，刚刚找了房子大雨就来了。太快乐了！”大家也不顾虑房子干不干净，有没有人住过，只要有避雨的地方就很满足了。但这个房子在风雨中突然间要倒塌，同学们想尽办法“扶住它，不能让房子倒塌”。在这种状况下，我很有感慨，同学们，你们说是我们需要房子呢，还是房子需要我们呢？（掌声）我看是我们需要这座房子。

这座房子就是我们的国家，再破再烂是我们的家，再穷再破，是我们的家，我们要爱她！（掌声）你怎么可以羡慕外国人呢？“哎呀，你看外国人多好！我不当中国人，我想当外国人！”那是不对的。我们国家不如别人，我们承认，但是我们有决心，我们会慢慢把它搞好，但我们一定要牺牲自己，有热爱国家的观念。人人在砍国家、吃国家、拿国家，这个国家怎么会好呢？人人都贪污、腐败，这国家会好吗？外国有个加拿大！中国有个“大家拿”，再大的国家也会被你拿穷了。（掌声）

我走到哪里，绝对拒绝招待。我走到哪里吃自己，用自己，坐你的汽车给车钱，住你的旅馆给你旅馆钱，吃你的饭给饭钱，绝对不沾国家一毛钱。我就是要做个示范给你看！（掌声）什么叫爱国，是我们把东西把钱把命给国家，这叫爱国，你总是把国家的东西往家拿，这叫什么爱国？有些人偷国家、拿国家，还拿得津津有味，拿得大言不惭，拿得毫不要脸，这怎么得了？（掌声）

有人说：老师，你让我爱国，我可以爱国，不过，国家在哪里？我找不着！“不识庐山真面目，只缘身在此山中。”你在国家里头，不知国家在哪？当老师的，国家就是你面前的学生。你往讲台上一站，下边的学生就是你的国家，找国家太容易了。今天我往这儿一站，下面 1 500 人就是我的国家，我必须对你们尽心尽责，就要产生教化作用，影响作用，你们就是我的国家，我爱你们，就是我爱国，把我的思想传播给你们，就是爱国！（掌声）那你以后往你的学生面前一站，那就是你的国家。你不能浪费他的时间，他的生命，你要好好为国家培养下一代，你给他这种爱国思想，你就是一个爱国者，不给他，你就是不爱国，你就是叛国者！（掌声）同学们，将来你也有留学的机会，你要注意到，不要让自己丢了中国人的脸。你别去了不回来，这丢中国人的脸呢！外国人是不会看得起你的。他们会说：你看，这些留学生一点国家观念都没有，这些小亡国奴！人家怎么会看得起你呢？这很丢脸，是很难为情的一件事。国家对我们来说非常重要，你不到国外不知道“祖国”的重要。一个没有国家的（或者国势很弱的）人，实在是太可怜了！太可悲了！所以，我们今天的中国人要自强、自爱，我们要知道爱我们的国家。国家不壮大，你个人再有钱有什么用？再有地位有什么用？你永远不受人尊敬啊！

我今天讲了什么是爱国主义，哪里是爱国主义，处处都是爱国主义！任何一个行为都可以爱国。大家都知道以色列与阿拉伯的战争。阿拉伯和以色列打仗打得正热闹的时候，世界正举行选美比赛，那年以色列小姐正好当选“世界小姐”。许多电影界的人士都围着她：“小姐签约吧，将来你可以发大财了”“签约后你名利双收，你何必回国呢，你的国家正在打仗，那么一个小国，随时会被吃掉的！”“你回去多可怕！你现在又有钱，又有名，留在美国吧！”这姑娘却在电视上发表谈话：世界小姐不是我个人想选，我只是让你们知道，以色列是一个优秀的民族，所以我出来竞选。我想让人们知道：地球上有以色列这个国家，所以我要出来竞选。我今天被选上了，就完成我的任务，我也告诉世界：以色列是个优秀的民族，因为我是世界上最漂亮的女人，同时还告诉世界：以色列这个国家正艰苦奋战，希望全世界的人民同情我们，支持我们！支持我们国家的独立！现在我的国家正在打仗，要钱何用？我们以色列亡国两千年，因为我们文化不亡，所以我们还能建国。今天我要回去，为祖国而战，要钱何用？——她发表完这番谈话，第二天就坐飞机回国了。（掌声）这个消息发表后，全世界的人对以色列刮目相看！以色列人真了不起啊！于是，以色列的军队，军心大振并取得了战争的胜利。这就是七日战争！七天打完！这就是因为一个女孩子的一句话！所以，同学们，爱国常常在一个微小的地方。

“一言以丧邦，一言以兴邦”。我们是受过高等教育的，我们肩负着国家的荣辱啊，人家看到我们就看到国家的希望。同学们，国家的前途是向后看的，个人的前途是往前看的。老师这样一回顾，就知道二十年以后的中国是什么样子，看看小学生就可知道三十年后的中国是什么形象。如果他品德良好，道德高尚，爱国，二十年后国家就有希望。如果看见这个小朋友很爱国，很有礼貌，很有道德，那么三十年后的中国人是了不起的中国人。否则看着他怠惰、自私、傲慢、无礼、没有水准，就知道三十年后的中国就是那个样子。我们今天要雪耻图强，力争做得更好。不要丢了祖宗的脸，不要丢了我们汉唐先烈的脸。爱国是很具体的。我的学校门口有个标语：离开校门一步，肩负忠信荣辱。推而大之，离开国门一步，肩负全国荣辱。一口痰吐在中国是小事，一口痰吐在外国，你就丢了中国十三亿同胞的脸，因为你代表十三亿中国人，而不是你个人，你千万不要以为，“好汉做事好汉当”，你错了；你做不到；你不够资格当！所以每个同学的一言一举都要注意。高老师回到大陆，看到不顺眼的要讲要骂，要批评要建议，但是离开了大陆回到台湾，不会讲大陆一句坏话。他们问：祖国大陆好吗？我说好得不得了！太大了，太棒了。到了美国就说中国人伟大得不得了，绝对不会丢中国人的脸，一句对中国的批评也没有。但是，回来一定要实实在在地讲话，诚诚恳恳建议。有的人刚好相反，在国内他屁都不敢放一个，装得那么温顺，那么可爱，一离开中国就大放厥词，把中国骂得一文不值，这就是标准的汉奸！（掌声）

读书哪是为了自己呢？是为了社会的分工。你学修皮鞋，我学开汽车，学任何本领都不是为了自己。各位同学想想看，一个外科大夫是学拿手术刀的，他会这样说吗？我要好好学，我将来为自己开刀很方便，千万不要割错了。是这样吗？各位同学，你想想看，哪件事是为了自己？我好好读师范，将来自己教育自己，你不是为了教孩子吗？你读什么书都是为了孩子，为了中学生，为了小学生。一个别字连篇、毫无知识的老师不知要毁掉多少小孩！所以说，读书不是为了自己，是为了未来好多好多的小生命。你在为他们努力啊！你不是为自己考个第一名，而是为你的学生准备功课啊，这是你现在读书的目标！医学院的学生，你在课堂上打瞌睡，不好好读书，连输卵管、输尿管都分不清，你凭什么医科大学毕业呀。你这种人害人不害人？读书是为自己吗？读书是为别人的安全。医道越高，病人越安全，他的生命越有保障啊！

好，同学们，我告诉你们，道德教育的六大纲目：

第一，忠诚爱国，信守不渝的忠贞教育；

第二，孝敬父母，尊敬长上的伦理教育；

第三，“天下兴亡，我的责任”的积极负责的教育；

第四，“勿以善小而不为，勿以恶小而为之”的敬业观念；

第五，吃中国饭，说中国话，过中国年节的振兴中华文化的观念。

第六，为国家而求学问，为社会分工而学技能的利他、利群观念。

这是道德教育的六大纲目。记住了吗？

看完高校长的演讲后我们是否该对爱国进行更深层次的思考？是否能真正体会“勿以善小而不为，勿以恶小而为之”所蕴含的现实意义？国家就是给我们遮风避雨的那个房子，它需要我们大家用爱心，责任感来支撑、维护，国家的强盛更需要我们每个人主动承担责任！需要我们以自己的爱国热情影响整个社会!需要我们以自己的言传身教影响子孙后代！（资料来源：中国教育在线）

社会大舞台

活动主题：爱我中华——祖国颂歌咏会

1. 师生互动：“知我中华，爱我中华”三分钟演讲会。

要求：每个学生先在网上搜索阅读高震东先生的演讲“天下兴亡，我的责任”，然后围绕“知我中华，爱我中华”的主题进行思考和酝酿，完成一篇三分钟的演讲稿。推选出其中若干篇有代表性的演讲稿，利用上课时间，组织一次三分钟演讲比赛。

2. 社会实践：自由组合，积极参与社会公益活动。

例如，做义工：

（1）爱我国民（如到敬老院、幼儿园）；

（2）爱我河山、爱我校园环境活动，调查农村变化激发爱国之情等。

3. 思维训练：

（1）评论最近国际、国内或者你身边发生的一件事，写一篇题为“今天，这样的爱国行为令我感动”的小文章，并于课堂交流。

（2）请点评以下两个观点：（1）祖国不可爱，我就不爱国。（2）我很爱祖国，但祖国不爱我。并思考回答“我和我的国家”的四个问题：

① 你为国家做了什么？

② 国家为你做了什么？

③ 你还能为国家做什么？

④ 国家还能为你做什么？

（3）阅读艾青《我爱这土地》体会诗中“为什么我的眼里常含泪水？因为我对这土地爱得深沉……”的深刻含义。

假如我是一只鸟，
我也应该用嘶哑的喉咙歌唱：
这被暴风雨所打击的土地，
这永远汹涌着我们的悲愤的河流，
这无止息地吹刮着的激怒的风，
和那来自林间的无比温柔的黎明……
——然后我死了，
连羽毛也腐烂在土地里面。

为什么我的眼里常含泪水？
因为我对这土地爱得深沉……

视频资料

1. 科学家钱学森——爱国与爱社会主义的典范。
2. 今日观察——文物追讨：在理性与冲动间徘徊。
3. 2009年建国六十周年阅兵式。
4. “2008年北京奥运会开幕式”视频片段。
5. 2012年国家海洋局公布钓鱼岛及附属70个岛屿标准名称。
6. 电影：《风声》《十月围城》《建国大业》《建党伟业》。

网上冲浪

1. http://www.china-efe.org/ 中国爱国主义教育网。
2. http://www.people.com.cn/。
3. http://news.sohu.com/20050428/n225373383.shtml（新时期爱国主义系列谈）。

专题四 风景这边独好

——感悟人生

一个人的价值，应当看他贡献什么，而不是看他取得什么。

——爱因斯坦

知识目标

1. 了解人的本质、人生目的、人生态度、人生价值的含义；
2. 把握人生价值的创造与实现的条件；
3. 弄清人生价值的标准与评价；
4. 明确树立崇高的人生目的和进取的人生态度对于人生的意义。

能力目标

1. 能分析大学生的人生目的与人生态度现状；
2. 能选择正确的人生目的与人生态度。

情感目标

培养学生的奉献意识，做一个对社会、对他人有意义的人。

在西方神话体系中有著名的斯芬克斯狮身人面兽之谜，传说她在古埃及的提佛城郊外守着路口，她每天都在问过路者同一个问题，猜不中的就要被她吃掉。这个谜语就是："什么动物早晨四条腿走路，中午两条腿走路，傍晚三条腿走路？"谜底是人。由神话带来了这样一个问题：离我们最近的，往往是最难认知的，我们在生命中可以不断的认识万物积累经验，但唯独难认识自己。人到底是什么？漫漫人生之路，人们在不断的探索和追求。蒙田写道："世界上最重要的事情就是认识自我。"苏格拉底则断言："一种未经审视的生活还不如没有的好。"这些哲人的睿智慧语都蕴含着极其深刻的人生价值追求的哲理。每一个人的一生都在追求，尽管追求的具体目标、内容等不尽相同，但概括起来说，不过是追求自己的价值。斯芬克斯之谜是难解的，但是他却要求我们每个人给出自己的答案，因为"人到底为什么活着？""人的一生应该怎样度过？"等这些问题的思索，将影响我们人生前进的方向，对同学们领悟人生真谛、创造人生价值至关重要。

情境导入

欣赏配乐诗朗诵《有的人》，在诗歌感受中领悟什么是有价值的人生？

有 的 人

臧克家

——纪念鲁迅逝世十三周年有感

有的人活着，
他已经死了；
有的人死了，
他还活着。
有的人，
骑在人民头上："呵，我多伟大！"
有的人，
俯下身子给人民当牛马。
有的人，
把名字刻入石头，想"不朽"；
有的人，
情愿做野草，等着地下的火烧。
有的人，
他活着别人就不能活；
有的人，
他活着为了多数人更好地活。
骑在人民头上的，
人民把他摔垮；
给人民作牛马的，
人民永远记住他！
把名字刻入石头的，
名字比尸首烂得更早；
只要春风吹到的地方，
到处是青青的野草。
他活着别人就不能活的人，
他的下场可以看到；
他活着为了多数人更好地活的人，
群众把他抬举得很高，很高。

——1949 年 11 月 1 日于北京

这首诗是我国著名诗人臧克家为纪念鲁迅逝世 13 周年而写的，它通过两种价值观、两种生死观、两种人生态度的鲜明对比，热情讴歌了鲁迅先生为人民鞠躬尽瘁，虽死犹存的伟大精神，无情鞭笞了那些骑在人民头上的统治者和压迫者，启示我们什么才是真正的有价值的人生。

的确，每个人对人生的认识都不一样，有什么样的人生观、价值观，取决于追求什么样的人生目的、以怎样的态度对待人生。

知识导航

一、“人生自古谁无死，留取丹心照汗青”——树立正确的人生观

如何认识自己，如何看待人生，如何走过人生历程？人生旅途，丰富多彩。时代呼唤人才，希望寄予青年；青春只有为祖国奉献才能绚丽多彩，人生只有融入民族伟大事业才能闪闪发光。一个人，是事业有成，还是庸碌无为；是彪炳史册，还是遗臭万年，这都将取决于一个人的人生观和价值观，取决于他追求什么样的人生目的、以怎样的态度对待人生和怎样实现人生的价值。

人生观与人生的成功是紧密联系在一起的，没有正确的人生观，就没有正确的人生道路。树立正确的人生观，不但有助于事业的成功，还有助于身心的健康。人生才会幸福、快乐，才会不偏离人生的轨道。

大学生应该正确认识人生目的对人生实践的重要作用，批判错误的人生观，明确为人民服务的人生观是科学的人生观；了解人生态度与人生观的关系，建立乐观向上、开拓进取的人生态度。

二、“志当存高远”——创造有价值的人生

在一个人的一生中会有许多追求，追求自身存在的价值。而人生的价值在于你去创造，人只有找到了自己对生活意义的正确答案，才会自觉地朝着选定的目标努力，从而创造有价值的人生。

为了追求有价值的人生，青年需要树立科学的人生价值观，确定崇高的理想，全面提高自身的素质；用知识武装自己的大脑，用美德充实自己的心灵；勇于接受挑战，善于把握机遇；学会与人相处，加强合作共赢意识；热爱祖国，奋发图强，做真正服务于社会的人。正确把握评价人生价值的标准和实现人生价值的条件，立志在实践中创造有价值的人生。

三、“宝剑锋从磨砺出，梅花香自苦寒来”——科学对待人生环境

人生如水，水有逆流，也有顺流，所以人生也有欢乐与痛苦。人生往往要经过许许多多的事情，每个人的生活轨迹都不一样，有一帆风顺，有荆棘坎坷，但只要确定了前行的方向，坚忍不拔地前进，路边的风景也同样的美丽，只有无怨无悔才是人生的真谛。

正确对待人生环境，自觉协调自我身心各方面的关系、个人与他人的关系、个人与社会的关系、人与自然的关系。面对时代挑战，青年只有直面人生挫折，树立正确的世界观、人生观、价值观。才能在构建社会主义和谐社会的实践中创造有意义的人生价值。

青春话题

话题一："条条大路通罗马，行行都能出状元"

湖南电视台的"超级女生"栏目，红遍了中国，在神州大地上掀起了一阵超女热。一些女孩一下子成了很多中国人崇拜的偶像，有人还登上了美国《时代》杂志的封面。"想唱就唱"和"无门槛"参与的旗号，吸引了全国15万青少年报名参加和数以亿计的观众。可以说"万般皆下品，唯有读书高"已不再是青少年的唯一价值目标。"条条大路通罗马，行行都能出状元"正是"超级女声"的价值观念。以人人都能唱出的歌声为选拔内容，比以学习成绩为内容的比赛更为有趣，更能激发参与热情。因而，这种"平民化的电视娱乐"成为青少年心中实现价值的另一种方式。但我们必须反思的是，太多的女孩子不惜一切代价盲目地奔赴充满酸涩甚至痛苦的"海选"秀场，在激烈的社会变动中，孱弱的教育已经彻底无力驾驭和引导下一代的青春激情和梦想，面对诸多少年集体从校园中"逃离"的景象，我们也许不应该再茫然。

我们究竟该如何看待"超级女声"背后的价值观念问题？

虽然"超级女声"的价值观念得到青少年的认同感，也有助于青少年实现自我平衡心理。但要反思的是"超级女声"助长了青少年的浮躁风气，使他们梦想着一蹴而就、一举成名、一鸣惊人，滋长投机取巧的心理，而缺乏脚踏实地、积极进取的精神，这给青少年带来片面追求个人私欲的利己主义心态、崇尚感观享受的享乐主义心态，而人生思考的理想主义成分大大减少。在这种情况下，"超级女声"的影响面越大，意味着其中的负面价值导向的影响面也就越大。

话题二："铁饭碗"还不如自主创业？

几年前，北大毕业生陆步轩当屠夫的新闻曾一度传遍大江南北，并引发了人们关于此行为是否浪费人才的大讨论。数年之后，另一位北大才子陈生也悄悄进入养猪行业，并在不到两年的时间在广州开设了近100家猪肉连锁店，营业额达到2个亿，被人称为广州"猪肉大王"。这回人们的关注点不再是北大生该不该卖猪，而是探究陈生在卖猪肉行业掀起的这场"变法革命"。陈生毕业于北京大学，十多年前放弃了自己在政府中让人羡慕的公务员职务毅然下海，倒腾过白酒和房地产，打造了"天地壹号"苹果醋，如今卖猪肉卖成了千万富翁。之后又有清华学生种蔬菜、广工学生休学当总裁，复旦学生卖盒饭……这样的事例近年来层出不穷。

有一人当选总统后，人们便来给总统的母亲祝贺："你有这样的儿子，一定十分自豪。"这位母亲说："是的。不过我还有一个儿子，同样让我骄傲，他现在在地里挖土豆。"在这位母亲看来，当总统与种土豆，没有贵贱之分。只要孩子对社会和国家有贡献，同样值得自豪。只是人在活着的过程中自我价值的体现不同。"与其几百个人一起去抢一个工作岗位，也许还不如自己创业实现自身价值。"

话题三：我的青春我做主

壮美人生：追记新疆鸭洼坑村主任侯贵林

在新疆玛纳斯县，有一位当了7年村党支部书记的大学生"村官"。7年间，为了让村民过上好日子，他四处奔波，将一个穷村变成了全县有名的平安村、富裕村、文明村。可他太累了，2008年11月26日，年仅33岁的他因患恶性畸胎瘤，医治无效去世。他就是玛纳斯县六户地镇鸭洼坑村原党支部书记兼村委会主任侯贵林。

1998年的六户地镇鸭洼坑村还是古尔班通古特沙漠南缘一个偏远而又落后的小村庄。侯贵林大学毕业后毅然放弃了在城市发展的机会，回到了鸭洼坑村，并被推选为村团支部书记，配合州、县工作组处理鸭洼坑村历史遗留问题。2001年10月，侯贵林被推选为村党支部书记。在他担任鸭洼坑村党支部书记7年中，村民人均纯收入由2001年的3069元增加到2008年的9400元；村里筹资60多万元新建了村文化室、铺设柏油路面2.8公里、修建各类桥、闸20多座，收回历年陈欠款13万元，极大改善了村民生产生活条件；2004年，鸭洼坑村党支部被六户地镇评为“五好党支部”；2008年7月，鸭洼坑村被县委确定为“党建工作示范村”。

2008年4月，正值春播时节，侯贵林感到身体严重不适，到医院一检查，发现是恶性畸胎瘤晚期。因牵挂着村里的节水灌溉工程，他把医院开具的住院通知书藏起来，回到村里的施工一线。直至5月28日春播和滴灌设施安装完毕之后，侯贵林才住进医院接受治疗。躺在医院的病床上，侯贵林念念不忘的仍然是村子的发展和规划。

2008年11月26日，年仅33岁的侯贵林永远地离开了他付出过无限心血的土地和他热爱的村民们。侯贵林去世后，村干部李霞在整理他的遗物时，发现他衣服口袋里有许多票据。打开后才发现，这些都是侯贵林给村民们垫付的水费、电费、机耕费等各种费用，这些他生前从未向人提起过。

侯贵林走了，但他永远活在人们的心里！

点评：大学生村官计划的执行，对加强农村的经济建设，完善基层组织形式，构建社会主义和谐社会发挥了重要的作用，也有助于大学生的成长。从侯贵林的身上，我们看到了无私奉献，看到了兢兢业业，更加看到了优良的品和高贵的精神。社会主义新农村建设，为大学生农村自主创业和村官建功立业提供了宽广舞台。农村基层是青年学生熟悉当代中国社会、了解中国基本国情的最好课堂，也是我们党培养人才、锻炼人才的重要阵地。在深入学习实践科学发展观活动中充分发挥作用，为建设社会主义新农村贡献力量，大学生村官就一定能够在希望的田野上书写瑰丽的青春诗章，成长为适应党和国家事业发展需要的人才。

欢乐课堂

1. 欣赏：配乐诗朗诵《中国少年说》

故今日之责任，不在他人，而全在我少年。少年智则国智，少年富则国富，少年强则国强，少年独立则国独立，少年自由则国自由，少年进步则国进步，少年胜于欧洲则国胜于欧洲，少年雄于地球则国雄于地球。红日初升，其道大光；河出伏流，一泻汪洋。潜龙腾渊，鳞爪飞扬；乳虎啸谷，百兽震惶。鹰隼试翼，风尘吸张；奇花初胎，矞矞皇皇。干将发硎，有作其芒。天戴其苍，地履其黄。纵有千古，横有八荒。前途似海，来日方长。美哉我少年中国，与天不老；壮哉我中国少年，与国无疆！

2. 朗诵：（美）弗罗斯特《一条未走的路》

深黄的林子里有两条岔开的路，很遗憾，我，一个过路人，没法同时踏上两条征途，伫立好久，我向一条路远远望去，直到它打弯，视线被灌木丛挡住。于是我选了另一条，不比那条差，也许我还能说出更好的理由，因为它绿草茸茸，等待人去践踏——其实讲到留下了来往的足迹，两条路，说不上差别有多大。那天早晨，有两条路，相差无几，都埋在还没被踩过的落叶底下。啊，我把那第一条路留给另一天！可我知道，一条路又接上另一条，将来能否重回旧地，这就难言。

隔了多少岁月，流逝了多少时光，我将叹一口气，提起当年的旧事：林子里有两条路，朝着两个方向，而我——我走上一条更少人迹的路，于是带来完全不同的一番景象。

人的一生占有财富的多寡决定不了内心的实虚。房子再大，岂能大过胸怀？车子再贵，岂能贵过真情？财宝再重，岂能重过人生？好的、美丽的事物值得我们去争取。但我们在得到的时候，更应该去领悟这一份美，而不是去占有这一物。

3. 辩论：关于“主观为自己，客观为别人”观点的认识

大家的人生目的各不相同，但可以概况为几种类型：为自己而活、为父母亲或所爱的人及爱你的人而活，为社会和国家而活。“主观为自己、客观为别人”这一理论从实质上来看，完全是利己主义在我国当前社会现实中的一种最真实的反映。其基本逻辑是“为他人”只是“为自我”的一种手段。而且这种“为他人”也不是无条件的，对他们来说，牺牲一点个人利益的目的是为了换取更大的个人利益，如果不是这样，或者相反，就宁可去损人利己。当代大学生只有正确理解人生价值的内涵，明是非、辨善恶、知荣辱，才能在实践中最大限度地创造人生的价值，成就人生的辉煌。

相关链接

中国青少年研究中心实施的一项调查显示，有40%以上的大学生认为由于就业、学习和经济上的负担而使自己面临巨大的心理压力，还有10.6%和6.8%的人认为心理压力来自“人情冷漠”和“人际关系紧张”。

据统计，2008年是大学生自杀事件高发年，全国直属高校共发生63起大学生自杀事件，达到历史顶峰。有关数据表明，自杀已经取代突发疾病和交通意外成为大学生意外死亡的第一大原因。

2004年2月23日，在云南昆明云南大学北院鼎鑫学生生活区6幢317室男生宿舍内发现一起四人被杀案件，警方在案发现场发现大量喷溅的血迹并提取了一把石工锤。后经检验，警方认定317室即作案现场，被害人均系钝器打击头部致颅脑损伤死亡，死亡时间约一周左右，案发时间初步认定为2月13～15日，作案工具即现场遗留的石工锤。

马加爵供述说：上大学后，他一直有很大的压力，过得不好；同时，总觉得同学们看不起他，在背后议论他的一些生活习惯甚至是个人隐私。引起这场连环杀人案件的导火索是：血案发生前几天，马加爵和几个同学打牌，有同学认为马加爵作弊，让马加爵积怨多年的怨气终于爆发，他觉得，他们既然看不起自己，不如杀了他们，惨案终于发生了……

正确的世界观、人生观、价值观有助于大学生坚定自信心，在积极进取中锻炼自己的意志品质，提高承受挫折和适应环境的能力，保持心理健康。而人生价值总要在一定得环境中进实现。每个人只有科学的对待人生环境，协调好自我身心和谐、个人与他人的和谐、人与社会的和谐及人与自然的和谐，才能真正实现人生价值。同学们进入大学后，面对陌生的各种环境，他们往往发现，自己许多方面比不上别人，也不能与同学和睦相处，于是就产生了不如意、不幸福感。往往文化层次越高，对自己期望越高的人，这种不幸福感越强烈，就越容易走极端。

拓展阅读

生命赞歌

——湖北长江大学“见义勇为先进青年集体”事迹

2009年10月24日，为了抢救两名落水少年，长江大学十多名大学生手拉手结成人梯扑进江中营救，两名男孩获救，陈及时、何东旭、方招3名大学生不幸被江水吞没，英勇献身。

10月的秋阳惹人醉。24日上午，长江大学文理学院40多名大一新生，来到荆州市宝塔湾河段的江堤上游玩。下午14时10分许，突然一阵呼救声传来，两名少年从距沙滩约3米，四面环水的江中小沙丘上失足落水。沙丘所在的荆江河湾，平静的江面下暗流涌动，落水孩童被冲得直打转，渐渐漂向江心。救人要紧！在岸边玩耍的大学生们全都行动起来，准备参加救援。跑在最前面的，是17岁的李佳隆、20岁的徐彬程。来不及脱下衣物，他们就迅速跃入江中。随后，张荣波、方招、龚想涛等人也跳进水中。与此同时，听到呼救的城建学院土木工程专业大一学生、19岁的陈及时从河湾上游跃入江中，游向落水少年。李佳隆入水后，迅速拉住一名落水少年，徐彬程“接力”将其送到安全地带，孩子得救了！

沙丘附近水情复杂，堤边竖有高高的警示牌：“宝塔湾河段水情异常复杂，不知吞噬了多少人的宝贵生命！”不熟悉水情的多名同学被江流冲得打转。徐彬程又返回江中，拉起一名不相识的同学奋力游向岸边。方招和张荣波等人因体力透支而发出呼救，张荣波成功获救，方招则没入江中。而从河湾对面游过来的陈及时，被江面上的漩涡一下子卷到水下。时间紧迫，大多数同学不会游泳，大家决定手挽手组成人梯，伸向江水中救人。处在人梯前面的本是两名女同学。这时，19岁的男生何东旭快速冲到人梯最前面，拉着女同学的手，尽力站在水中将身体往前探，想抓住那名落水少年，不料一下子滑入深水中，身后的姜梦淋和孔璇也被带落到水里……

情形十分危急。正在这时，远处的杨天林、鲁德忠、韩德元3名沙市冬泳队员闻声赶到，他们把救生圈扔到落水的两名女生身边，并上前救起那名少年。姜梦淋和孔璇在救生圈的帮助下成功回到岸上，而何东旭却不幸沉入江底。

面对落入湍急江水的少年，长江大学14名大学生不顾自身安危，纷纷跳入水中救人。手挽手组成的“人梯”，挽救了两名孩童如花的生命，而三名大学生，却献出了年仅19岁的生命。英勇献身的三位大学生，分别是19岁的陈及时，湖北通山县人，长江大学城建学院土木工程专业大一学生；19岁的何东旭，湖北枝江市人，长江大学文理学院广播电视学专业大一学生；19岁的方招，湖北罗田县人，长江大学文理学院广播电视学专业大一学生。

这个“90后”大学生英雄群体舍己救人的事迹感动了无数人。团湖北省委授予来自长江大学和长江大学文理学院的这个大学生群体“见义勇为先进青年集体”称号，追授陈及时、方招、何东旭“见义勇为优秀大学生”荣誉称号。

“见义勇为”是高尚者的价值取向，陈及时等同学在人民群众生命受到严重威胁的危急关头，不怕牺牲、挺身而出的先进事迹，充分体现了中华民族临危不惧、见义勇为的传统美德，他们用自己用实际行动回应了社会对90后的评价，他们坚忍、自强、互助的精神，并不比以往任何一代逊色，在紧要关头，他们和以往几代人一样没有忘记承担起社会责任，贡献自己的力量。

少年智则国智，少年富则国富，少年强则国强。少年雄于地球则国雄于地球。大学生救人群体用实际行动彰显了中华民族传统美德，重新诠释着新时代的道德规范，也构建着社会主义核心价值体系，展示着当代大学生传承的奉献精神，是全社会学习的楷模。

隐形的翅膀

——湖北襄阳“无臂哥”曹会琛事迹

2011年，优酷网上一段《绝对震撼　史无前例　无臂哥的生活》的视频走红。一名戴着白色帽子、架着褐色太阳镜的无臂男孩，出现在画面中。他将吉他放在地上，用脚趾娴熟地拨弄吉他弦，发出美妙的音乐。随后，他又表演起beatbox（用嘴模仿各种声响来做节奏音乐），他的双脚有节奏地打着节拍，嘴中发出2个、3个甚至6个以上的音。这是一个怎样的男孩，经历了哪些故事？他叫曹会琛，被人称为“无臂哥”。

2001年4月26日上午，看完学校组织的电影后，9岁的曹会琛和小伙伴往家走去。步行到建材路口时，小伙伴爬上路边的围墙，他也跟着爬了上去。“啊”的一声惨叫，曹会琛被围墙旁的变压器击中。3天后，他醒来看到自己的双臂被烧焦，哭着问妈妈：“我的手怎么成了这个样子？”随后，他才知道，当时碰到了变压器上的高压避雷针。几天后，医生对他实施了截肢手术。3个多月后，失去双臂的曹会琛回到家中，时常引来一些非议。2006年8月的一个傍晚，妈妈王桂芝带着曹会琛散步。路人纷纷投来异样的眼光，并七嘴八舌地议论。曹会琛听到后，飞快地朝前跑去。跑出百米远后，他摔倒在地，嘴巴磕在石头上，满嘴是血。从这以后，他很少与人打交道，并在心中暗下决心：要学会用双脚做双手能做的事。练习写字时，脚趾又粗又短，铅笔又圆又滑。铅笔刚被脚趾抓住，稍稍使劲，又掉了下来。他想出一个办法：用绳子把铅笔绑在脚趾上，再用两只脚趾用力夹住铅笔。两个脚趾磨出血泡，血泡干了以后变成茧子。靠着坚强的毅力，一年多后，他学会用脚吃饭，用脚穿衣……

2006年初，曹会琛还不到14岁。老河口市残联找到王桂芝说：“听说你儿子会游泳，省运会马上要在襄樊举行，我们把你儿子推荐到市游泳队吧。”就这样，曹会琛跟随教练练了起来。

当年7月，在省运会残疾人组50米自由泳赛场上，发令枪响后，曹会琛从跳台上高高跃起，落水后，他的双脚拼命地摆动，当他游到对岸时，现场响起一片欢呼声。

载誉而归后，王桂芝发现儿子有了变化。儿子身边的朋友多了，有人注视他时，他不再躲避，而是向对方微笑。“谁说残疾人没用？我觉得我们某些方面比健全人还强呢！”儿子自信地说道。没多久，儿子又在全国残疾人游泳锦标赛上获得第4名。

后来他开始学习弹吉他。“我喜欢音乐，可觉得能弹吉他真是一种奢望。”他在网络上搜索，发现国外有一个同样没有双臂的人，用脚弹吉他。“他行，我也行。我就找到了当地琴行，提出要学吉他。”当然遭遇拒绝了。曹会琛的想法让琴行老师觉得不可思议，她表示，精神可嘉，可实际不太可行。“她说，和弦的跨度很大，脚‘可能’够不着。但我没有放弃，她答应我可以试试。”用同学姐姐闲置的一把吉他，曹会琛又体会到了当年用脚初学写字的痛苦，脚趾磨破了，血滴到了吉他上；裹着纱布，忍受疼痛，还要继续摁弦、拨弦；趾甲太“弱”，要夹住拨片弹奏，一不留神，拨片就蹦了出去……暑假结束时，听着曹会琛弹奏的简单乐曲，老师被深深打动了，并表示不会收他的学费。每天会他花很多时间练习，“等我练好了，也要去参加中国达人秀。”

去年，曹会琛参加了当地的中职高考，考场给他安排了一个特殊的凳子，让他高高坐起，用脚完成了四门考试，最终被武汉软件工程职业学院录取了。

8 岁时的一场意外，让他失去双臂；10 年里，他学会用双脚代替双手，吃饭穿衣，写字骑车，并且学会了游泳，拿到了省级比赛的冠军；半年中，不知磨破了多少次脚趾，他以吉他弹唱走上了央视的舞台，2012 年 2 月又在湖南卫视《向上吧！少年》栏目海选中震撼出场。后受邀在央视李咏的栏目《向幸福出发》中表演了吉他弹唱。他说，当时是和父母一起去的，给妈妈化妆的是李咏的专用化妆师，妈妈当时说，自己比结婚时还漂亮。“现场播放了一段 VCR，是说我的成长故事。”镜头里，有自己在写字上网，有自己挎着包沿街卖报，有自己骑着特制的自行车，有自己坐在床边，用脚趾慢慢拨动琴弦……“我自己都看哭了。现在回首，真为自己的奋斗而感动。”曹会琛：我将来的“副业”就是想做一个励志大师，用自己的亲身经历去告诉大家，肢体的残缺并不可怕，心灵的残缺才是最可怕的，只要有梦，翅膀折了心在飞翔，会飞得更高更远。

厄运、逆境失败和痛苦在每个人的生活中都是不可避免的，问题在于以什么样的态度来面对挫折和逆境。科学对待人生环境就是要促进自我的身心和谐、个人与他人的和谐、个人与社会的和谐、人与自然的和谐。乐观地面对生活，知难而进，永不停息。以建设性、求真务实、热爱重视生命对待人生，创造人生的成功和美好。

社会大舞台

活动主题：人生当自强——专题演讲比赛

1. 思维训练：

自从苏格拉底提出“认识你自己”这个命题，数千年来，“我是谁？我从哪里来？我到哪里去？”这三个千古难题就一直在困惑着人类。人们一直试图从不同的角度探寻生命的意义：哲学是对宇宙本原和生命意义的认知；文学是对生命存在的灵魂拷问和情感释放；历史是对生命个体与群体的理性观照；科学是对人类生存方式的探求；宗教是对生命永恒存在的渴望。然而，至今我们谁也找不到答案。

直面社会转型期价值观中的问题，如：“人不为己，天诛地灭”“宁可我负天下人，不可天下人负我”“竞争可以不择手段”等，各同学发表观点。

2. 师生互动：根据讨论提纲和发言要点写一份《人生当自强》演讲稿，在班会上组织演讲比赛。

3. 社会实践：利用周末寻找一份兼职工作或义工，学会适应人生环境，学会感恩。

视频资料

1. 2011 年感动中国人物刘伟：http://v.ku6.com/show/7OZdjH7-RChjgngdgta8Hw...html。
2. 2011 年感动中国人物张平宜：http://v.ku6.com/show/7OZdjH7-RChjgngdgta8Hw...html。

网上冲浪

1. http://ent.sina.com.cn/v/f/qtxsn/，影片《恰同学少年》。
2. http://v.ku6.com/show/_RTbEfmvHokfRkKh.html，于丹庄子心得。
3. http://v.ku6.com/show/7OZdjH7-RChjgngdgta8Hw...html，2011 感动中国人物。

专题五 通向成功的名片

——感悟人际关系

一个人事业的成功，15%源于他的专业知识，而85%源于他良好的人际关系和处世技巧。

——卡耐基

知识目标

1. 了解人际交往状况的好坏对于个人的成长与发展的意义；
2. 掌握人际交往的功能和原则；
3. 明确人际交往的正确途径。

能力目标

能正确运用人际交往技能进行交往，提高人际交往能力。

情感目标

让学生认识人际交往对于个人的成长与发展的意义，做人际交往能人。

人际关系之外在表现即伦理，而伦理是人与人之间合理的分际与职分，《论语·颜渊篇》记载："齐景公问政于孔子。孔子对曰：'君君臣臣，父父子子'"。说的是君臣父子各守分际，各尽职分的意思。人际关系便是以此为基础，让每个社会组成成员均能按其角色、职责、位置而有恰当的思想、言语、行为模式及价值观而达到良好的组织气氛，进而提高组织效能。美国成功学大师、著名教育家卡耐基说过："一个人事业的成功，15%源于他的专业知识，而85%源于他良好的人际关系和处世技巧。"可见，良好的人际关系可使人们在生活中左右逢源，如鱼得水；不良的人际关系，往往使人左右为难，如履薄冰，严重影响事业的发展与生活的幸福。所以，当代大学生在学习专业知识的同时，应该认真学会处理人际关系，使自己的生活更充实，个性更完美，人生更有价值。

情境导入

情景剧《一瓶开水的故事》：在模拟表演中，擦亮思维的火花，唤起情感的共鸣。

小王以优异成绩考入大学，立志成就一番大事业。他很珍惜时间，很讨厌集体生活，也懒得搞卫生、打开水。一天下午，他感到口渴，一连倒了几个热水瓶，都是空的。他非常恼火，提起两个热水瓶就向水房走去，忽然觉得，打那么多开水干什么，够自己喝就行。于是又放下一个暖瓶。开水打完后，他想起有的单位电话贴着“电话不外借”的条子，也写了一个“此水不借”的条子。同学们踢球回来，渴得要命，看到这张条子，情绪可想而知。从此以后，大家对他疏远了，跟他一起说话、和他一起上自习的人少了，有什么活动也不邀请他。他感到了从未有过的孤独，坐在教室看不进书，躺在床上不能入眠，总想着这件事，十分后悔。

故事中的王同学从学习的角度说是一个好学上进的好学生，有理想、有抱负，“很珍惜时间，立志成就一番大事业”。但是王同学没有真正理解人的本质在于他的社会性，人的成长过程是一个不断学会与他人相处，按照社会要求塑造自我、调适自我的过程。在社会中，要学会人与人之间的相互尊重、理解、宽容等做人基本的道德规范和行为规则，要实现个人价值更应该注重社会责任等。如果缺乏交往与沟通，不能使自己融入社会，就会使自己的个性畸形发展，在生活中处处碰壁，与他人格格不入，最终被社会淘汰。

知识导航

一、人际交往的功能

人际交往，是指人与人之间通过一定的方式进行接触，彼此交流信息、联络感情、协调关系、互相帮助的过程。一个人事业（包括学业）的成功往往离不开人际交往。积极的人际交往，往往可以优化学习、工作、生活环境，形成和营造友好合作、互相促进的氛围，获得他人的友谊、支持和理解，从而促进个人的发展和事业的成功。

人际交往状况的好坏，往往影响着每个人的成长与发展，与每个人的学习、工作、生活有着千丝万缕的联系。具体说来，人际交往主要有以下四个方面的功能。

（一）信息交流功能

当今社会是一个信息激增的时代，几乎每个人都是一个信息源。人们在与他人的广泛交往中捕捉、筛选、交流对自己的学习、工作、生活有价值、有意义的新信息，往往有助于充实自己的知识储备，更新自己的知识结构，开拓自己的知识视野。日本前首相福田赳夫是个了不起的“经济通”，他曾直言不讳地袒露秘诀说：“我的学问全是用耳朵学来的。”萧伯纳说得好：“倘若你有一个苹果，我也有一个苹果，而我们彼此交换，那么，我和你各得一个苹果。但是，倘若你有一种思想，我有一种思想，彼此交换，我们每个人都有两种思想。”蒲松龄写《聊斋志异》，就得益于人际交往。他常设烟、茶于路旁，与过路的行人海阔天空地闲谈，搜奇说异，把动人的故事加工整理，终于完成了《聊斋志异》这部大作。

（二）情感交流功能

人天生有一种归属感，希望得到朋友与集体的接纳，希望得到旁人的关注与关心。大学生正处在青春期，是心理矛盾冲突最多和心理需要最多的阶段，孤独感、自卑感、归属感、友谊、爱情、成才等，时常困扰着他们。这些心理状况如果处理得不好，苦恼、孤独无处倾诉，很容易导致心理失衡甚至走向极端。马加爵就是一个反面典型。所以，培根说：“除了一个真正的朋友之外，没有一副药剂是可以通心的。对一个真正的朋友你可以传达你的忧愁、欢悦、希望、疑忌，以及压在身上的事件。”在和谐的人际交往中，可以获得他人的信任、尊重、理解和认可，建立真诚的友谊和爱情，减少或消除孤独、自卑等，增强生活情趣，满足情感需求。

（三）行为调节功能

人与人之间的交往，不仅是一种认识上互相沟通、情感上相互交流的过程，而且是行为上互相作用、性格上互相影响的过程。歌德说过：“人只有在人们之间才能认识自己。”古希腊戴尔波伊神托所的入口处矗立着“认识你自己”五个醒目大字的石碑。的确，人需要不断地认识自我，而认识自我更多地有赖于与人交往。在与他人的比较中，人们往往可以察觉自己能力的大小、品格的优劣、行为的过失，以及价值的高低，从而对自己有一个较清醒的认识。而且，在与人交往中，人们通常会根据交往对象对自己的评价，不断调整自己的行为，使之符合社会群体以及交往伙伴对自己的期望，使自己不断进步、不断完善。正如唐太宗所说：“以人为镜，可以明得失。”

（四）个性社会化功能

人的本质在于它的社会性，而人的社会化只有通过社会交往才能实现。人的成长过程是一个不断学会与他人相处，按照社会要求塑造自我、调适自我的过程。在家庭中，人往往能够学会与家庭成员和睦相处；在社会中，人往往能够懂得人与人之间相互尊重、理解、宽容等做人的道德规范和行为准则，明白要实现个人价值更应注重社会责任等。如果缺乏交往与沟通，不能使自己融入社会，就会使自己的个性畸形发展，在生活中处处碰壁，与他人格格不入，最终被社会所淘汰。

二、人际交往的原则

（一）平等尊重原则

平等尊重，是形成良好人际交往的前提和基础，也是人际交往的首要原则。人际交往中的平等交往，是指交往双方无论性别、年龄、民族、职业、地位、身份有何不同，都应相互尊重对方的人格，坚持人格上的平等。平等待人，应当建立在相互尊重的基础上。尊重，包括自尊和尊重他人两方面。自尊就是要自重、自爱，维护自己的尊严；尊重他人，就是要尊重他人的习惯、人格与价值。在交往中，一个自尊而又能尊重他人的人，必然得到别人的尊重。

（二）真诚守信原则

人与人的交往，贵在真诚。真诚就是真切诚恳，言行一致，不虚伪，不做作，善意待人，诚恳待人。真诚是做人的道德要求，也是人际交往中的重要原则之一。刘备就是凭着真诚，三顾茅庐，成就了大业。在人际交往中，守信即讲究信用，讲的是在人际交往中既要说真话，做到“言必信”，又要遵守诺言，实现诺言，做到“行必果”。只有做到言行一致，表里如一，才能得到真挚的友谊，才能得到他人的信赖和敬重。

（三）互助互惠原则

人际交往是人与人之间的相互关系，没有互惠互助，这样的关系就难以建立，更难以维持和发展。互助，是互相给对方提供帮助，尤其是在对方有困难的时候，更应当提供帮助，只有患难相助，才有“患难之交”；如果“各人自扫门前雪，不管他人瓦上霜”，甚至落井下石，就没有互助可言。互惠，是互相满足对方需求。每个人在与他人的交往中都有被他人关心、爱护和赞美的需求，都想在情感上、思想上、物质上得到某些需求。在人际交往中，交际双方只有当各自的需求得到满足时，交往才会持久，友谊才会发展。

（四）宽容大度原则

宽容是一种修养，是一种操守。宽容，是能够从容立足于这个社会，并在人际交往中如鱼得水、挥洒自如的一把神秘钥匙。一个宽容的人就像一束阳光吸引着朋友，走向他，靠近他，围绕他。宽容，是一种求同存异、有原则的妥协，是心胸宽大、胸怀开阔、气量恢弘、容纳他人、包容他人的充分表现。古往今来，大凡宽容而有气量的人，总是能够成就一番事业。韩信忍胯下之辱，终成“连百万之众，战必胜，攻必克”的大将军。宽容，也是一种互相谅解、互相体贴、设身处地地为别人着想的高风亮节，是“将心比心”、“换位思考”、“容天下难容之事，容天下难容之人”的美好行为。大地宽容了种子，拥有了收获；大海宽容了江河，拥有了浩瀚；天空宽容了云霞，拥有了神采；人生宽容了遗憾，拥有了未来！

三、提高人际交往能力的主要途径

（一）不断完善自我，增强人际交往魅力

在茫茫人海中，有的人很有魅力，像一束阳光吸引众人，光芒四射；有的人却让人敬而远之，望而生畏。人际交往魅力，实际上就是一种人际吸引力，它是社交成功的关键。人的精神、品质、个性、仪表、职业、性格、能力等都直接影响人际吸引力的形成和提高。人际吸引力主要包括仪表魅力、人格品质魅力、能力魅力等。

（二）讲究人际交往技巧

处理好人际关系，关键在于人们对人际交往实践的倾心投入；同时，也有赖于对科学而有效的人际交往技巧的讲究和掌握。为此，要注意以下几个方面：

（1）用心倾听；

（2）真心赞美；

（3）幽默风趣；

（4）把握心理，寻找话题；

（5）真心微笑，心怀感激。

（三）科学把握节奏，注意人际交往距离

“若即若离，若隐若现”，距离产生美，这是交际中的美感。即使是最亲近的人，都需要心理空间，每个人都有自己的隐私，都有不愿示人的地方。所以古人说水至清则无鱼。因此，与人交往时，即使是好朋友，也应准确掌握分寸，科学把握节奏。心理学证明：两个人关系亲密到一定程度，就会产生逆反。“过密者疏”就是这个道理。交往过密，过于随便，这样会使对方觉得自己没有受到应有的尊重，才使人更加珍视友谊，同时留些时间和空间给朋友。

青春话题

话题一：故事《乔丹的眼泪》和《乔·吉拉德的懊悔》的启示

案例一 在一场NBA决赛中，NBA的一位新秀皮蓬独得33分，超过乔丹3分，成为公牛队比赛得分首次超过乔丹的球员。比赛结束后，乔丹与皮蓬紧紧拥抱着，两人泪光闪闪。

这里有一个乔丹和皮蓬之间鲜为人知的故事。当年乔丹在公牛队时，皮蓬是公牛队最有希望超过乔丹的新秀，他时常流露出一种对乔丹不屑一顾的神情，还经常说乔丹某些方面不如自己，自己一定会把乔丹推倒之类的话。但乔丹没有把皮蓬当作潜在的威胁而排挤，反而对皮蓬处处加以鼓励。

有一次乔丹对皮蓬说："我们两个的3分球谁投得好？"皮蓬有点心不在焉地回答："你明知故问什么，当然是你！"因为那时乔丹的3分球命中率是28.6%，而皮蓬是26.4%。但乔丹微笑着纠正："不，是你！你投3分球的动作规范自然，很有天赋，以后一定会投得更好，而我投3分球还有很多弱点。"乔丹还对他说："我扣篮用右手，习惯地用左手帮一下，而你左右都行。"这一细节连皮蓬自己都不知道，他深深地为乔丹的无私所感动。从那以后，皮蓬和乔丹成了最好的朋友，皮蓬也成了公牛队十七场比赛得分首次超过乔丹的球员。而乔丹的这种无私的品质则为公牛队注入了难以击破的凝聚力，从而使公牛队创造了一个又一个神话。乔丹不仅以球艺，更以他那坦然无私的广阔胸襟赢得了所有人的拥护和尊重，包括他的对手。

案例二 乔·吉拉德是世界上最伟大的汽车推销员，但刚入行的时候，一位顾客在买车时兴致勃勃地谈起他那引以为骄傲的儿子时，乔不仅反应冷淡，而且根本无意倾听，结果顾客拂袖而去。第二天，乔通知顾客前来买车，那顾客告诉他："我从那个欣赏、赞美我的人那里买了车，当我提起我儿子时，他是那么认真地倾听。"顿时，乔意识到自己犯了多么大的错误。从此以后，乔从未在顾客讲话时分过心，对进入店内的顾客，乔都要问问他们是做什么的，家里人怎么样，等等。然后，乔再认真聆听他们的每一句话，大家都喜欢这样，因为那给他们带去一种被重视的感觉，而且他们感觉到你是十分关心他们的。因为这样，乔成功了。

你从上面两则故事得到什么启示？

提示：由衷的赞美是人际交往中最令对方温暖而又最不令自己破费的礼物。当你用心观察对方的优点，并真心地表达赞美时，友善的关系便在一言一语中逐渐建立、累积起来。良好的人际关系就是这样慢慢建立的。良好的人际关系是我们事业成功的关键。

话题二：

同处一片蓝天下，同在一片屋檐中，按说应该情同手足、亲如姐妹。可是，我们与亲人、朋友、老师、同学是不是有点"远"甚至隔膜了？我们与同学关系有点僵，难道问题都出在对方？是不是我们过分炫耀了靓丽、富裕、成绩的优秀？是不是我们有些冷漠，该伸援手而没伸？是不是我们没有讲究沟通艺术，未能良药甜口利于病？对此我们又该怎么办？

提示：人际关系纷繁复杂，多种多样。由于个性的差异、个人成长环境的不同、利益的冲突等原因，使得人际关系更为微妙，在与人交往过程中，应该把握平等尊重、真诚守信、互惠互助、宽容大度的原则，对人不要求全责备，学会用放大镜看别人的优点，用显微镜看自己的缺点，这样我们的心态就会平和很多，也就更易与人相处。

欢乐课堂

1. 赞美训练——随意选出两名同学，彼此熟悉或不熟悉，通过自己的观察、了解发自内心对对方赞美，让被赞美者说出自己的感受。让学生能够体会赞美的作用。从一个方面了解人际交往的艺术与技巧。

2. 通过角色扮演法（如父母与子女）——劝说与被劝说，体会在不同情景下影响人际交往的因素。

3.《和谐面对面》是网上的一首没谱曲的歌词，大家一起来尝试着给它配上乐曲。既可以自己原创，也可以套用其他乐曲来唱。

好书培养好心态，和气带来合家欢
带份温馨给父母，带着笑容上下班
亲朋好友常联系，相约老地方一起吃顿饭
东西南北菜系多，酸甜香辣任挑选
轻松自由面对面，心平气和谈一谈
奇思妙想新创意，求同存异海纳百川
来来来……举杯祝福，来来来……彼此真诚祝愿
与人为善心连心，与时俱进肩并肩
追求幸福手拉手，和谐文明面对面

同事常在我身旁，朝夕相处一年年
尊重人性是修养，礼貌待人是习惯
多份理解与谦让，化解旧矛盾减少新争端
跨越冲动的陷阱，离开忧郁的泥潭
活出生命的色彩，电话短信寄情缘
快乐也是生产力，传播快乐造福人间
来来来……告别烦恼，来来来……爱在每个今天
与人为善心连心，与时俱进肩并肩
追求幸福手拉手，和谐文明面对面

相关链接

人际关系十大要诀

一表人才：靠内心修养。

二套西装："二"是多的意思，不同的场合穿不同的衣服。

三杯酒量：做人要随和一点，不要排斥人与人之间交往的媒介。

四圈麻将："麻将"是个代名词，代表各种休闲活动。

五方交友：东西南北中，广交朋友，不计较身份、地位、职业、地域等的不同。

六出祁山：借用诸葛亮"六出祁山"典故，意思是做事情只问应该不应该，不问可能不可能。

七术打马：要有一些不同的技巧，和领导、同事搞好关系，但不是拍马屁，70%的马屁味道，30%的真诚劝告。

八口吹牛：稍微夸大的贡献，不能过分膨胀自己的能力，功劳是让出来的，抢来抢去谁都没有功劳。

九分努力：要成功，主要还是依靠自己的努力。

十分忍耐：一个人如果没有忍耐，一切都是零。心好是没有人知道的，脾气不好所有人都会知道。

良好的人际关系的作用

良好的人际关系是人生主体事业成功的关键。任何人生主体不能脱离群体而生存。一个认识主体的成功，绝不可能是人生主体个人打拼的结果，而只能是群体睿智的结晶，是良好的人际关系辅佐和支持的结果。俗话说得好："一个好汉三个帮，一个篱笆三个桩。"良好的人际关系，往往使人们的学习、工作、生活环境宽松，身心愉快，充满热情，富有创造性。良好的人际关系也使人们获得的信息来源更加广泛，机会更多，而且更容易获得他人的友谊、支持和理解，以至互相帮助、互通有无。

良好的人际关系是人生主体生活幸福的源泉。在现实生活中，人人都渴望幸福快乐。其实，幸福感获得的实质就是各种心理需求的满足。人的需求是多层次的，无论哪种需求的满足，单靠个人是难以实现的，只有建立良好的人际关系，借助别人的力量，形成一股强大的合力，才能最大限度地满足需求。从一定程度上说，一个人的人际关系越广泛、越友好，就越能获得温馨和幸福。良好的人际关系不仅能满足人们的需求，而且能帮助人们减轻压力。

良好的人际关系是人生主体正确认识自我的途径。在漫漫人生旅途，人生主体要实现人生价值，首先要正确认识自我，俗话说得好"旁观者清，当局者迷。"由于种种原因，人们往往容易在认识自我上产生偏差，有人会自视过高，有人则自视过低。无数事实证明：人生主体对自我的正确认识，往往只有在与他人打交道的过程中，通过与他人在思想上的交流与沟通，把自我的形象反衬出来加以认识和剖析,善于从他人对自我的反应和评价中来认识自我的长处和短处，才能顺利地实现和完成，从而依照自己的个性来设计适合自我的发展轨迹，更加完善自我。

人际关系的种类

人际关系纷繁复杂，多种多样，诸如亲属关系、工作关系、同学关系、买者与卖者关系、上下级关系、师生关系、邻里关系等。按照人际关系形成的基础及其在社会关系中的意义，我们可以将人际关系划分为以血缘为基础的人际关系、以地缘为基础的人际关系、以业缘为基础的人际关系等。

血缘关系，是以血缘为纽带而建立的婚姻和血亲人际关系，如夫妻关系、亲属关系、兄弟姊妹关系等。俗话说"血浓于水"，血缘关系应该是最牢固的人际关系，但现实生活中却有很多人因为财产纷争等因素导致家人反目成仇，不得不对簿公堂，演绎着人间亲情的悲剧。这是我们所不愿看到的。

地缘关系，是由人们所处的地理或空间位置决定的关系，如邻里关系、老乡关系等。俗话说"老乡见老乡，两眼泪汪汪""远亲不如近邻。"这表明地缘关系让人有种天然的亲近感，应该是拉近人与人之间距离的黏合剂，因此"同乡会"之类的组织应运而生，目的是为了加强同乡之间的联系，最终达到共赢。

业缘关系，是在学习、工作或职业环境中形成的关系，如同学关系、同事关系、战友关系、上下级关系等。一般认为，同学关系、战友关系会比同事关系、上下级关系更加亲密无间，因为同学、战友之间一般不存在利益冲突，彼此很单纯，但同事关系或上下级关系一般有着利益关系。

拓展阅读

向你的对手敬杯酒

康熙大帝继位六十周年之际，特举行“千叟宴”以示庆贺。在宴会上，康熙敬了三杯酒，第一杯敬孝庄太皇太后，感谢孝庄辅佐他登上皇位，一统江山；第二杯敬众大臣和天下万民，感谢众臣齐心协力尽忠朝廷，万民俯首农桑，天下昌盛；当康熙端起第三杯酒时说：“这杯酒敬我的敌人，吴三桂、郑经、葛尔丹还有鳌拜。”宴会上的众大臣目瞪口呆。康熙接着说：“是他们逼着我建立了丰功伟绩，没有他们，就没有今天的朕，我感谢他们。”

如果没有吴三桂这些敌人，康熙会有一番丰功伟绩吗？历史不能假设，但有一句话说得好，“一个人的身份高低，就看他的对手。”没有对手，你看不出自己的价值，显示不出你的能力。

对手总会给你带来压力。逼你去努力地投入到“斗争”中去，并想办法成为胜利者。在同对手的对抗中，你才能真正磨炼自己。从这一层意义上而言，你的对手是你前进的推动力，是你成功的催化剂。

生于忧患，死于安乐。如果你不想一生平庸，就微笑着迎接一切挑战吧。向你的对手敬杯酒，感谢他们给了你成就自己的机会。

会绕圈子，不碰钉子

水潭的水到底有多深，眼睛是看不到的，但是只要往里面投一颗石子，就可以知道水到底有多深了。现实生活中，一件事情很复杂，绝不像一潭水那样轻而易举。想要摸清实情，也不像投入水潭一颗石子那样轻而易举，因此，投石测水的策略在现实中就复杂得多，需要更多的智慧。

比如，你想说服别人，直截了当地表明意见，非但无效，反而让人厌憎。不如先绕圈子，弄清他心里真正的渴求，方可取得良好的效果。

春秋战国时期的楚庄王是一位比较贤明的君主，他在识别人才上有着自己独特的方法。楚庄王登基之初并不是一位值得称道的好皇帝，相反他一直纵情享乐不理朝政。其实，这只是楚庄王的一个策略而已，但他并没有告诉任何人，而是自己暗暗地按照自己的意志进行，并在暗中观察。

在三年的时间里，楚庄王将国家大事都置之不理，却是整日纵情歌舞，沉溺于酒色。但是他不但不理会众多大臣的非议，反而在国内贴出告示，实行“谏者处以死刑”。这道命令一下，朝中的大臣们终日惶惶恐恐犹豫不决，都不知如何是好。这时一些奸诈之人就开始想尽办法，曲意逢迎。他们心想：只要哄得大王欢心就不愁升官发财了。

实际上每个朝代都有这样的奸臣，但也有敢于直言进谏的忠臣们，楚庄王的身边也不例外。开始的时候，有些大臣觉得大王刚登基，难免有享乐之念，便没有提出什么意见。但随着时间的推移，大臣中就开始对楚庄王的行径表示出担忧了。尽管楚庄王张贴了“谏者处以死刑”的告示，仍然有些忠心耿耿的大臣敢于冒死求见庄王，直言进谏。

大臣伍举就是一个忠心之臣，他一心辅佐楚庄王坐稳江山。谁知楚庄王登基三年，三年终日享乐不理朝政。由于楚庄王的举动很不得人心，伍举的担心日渐加重，因此他决心冒着生命的危险直言相谏。于是伍举冒死求见楚庄王，对楚庄王说："大王，臣斗胆想请您猜一个谜。""哦，爱卿好兴致呀，快说来寡人听听。"楚庄王一听是要玩猜谜，开始表现得眉飞色舞兴奋不已。伍举说："大王，在上冈上有一只鸟，但有三年的时间它既不飞也不叫，请问大王，这还能算是鸟吗？"

楚庄王一听此话便心中有数，但是表面仍不动声色。沉吟了一会儿，他才说道："三年不飞，飞将冲天；三年不鸣，鸣将惊人。寡人明白你的意思，你先回去吧。"

伍举心里顿时明白了：大王贪图享乐只是假象，心里却在思考宏图伟业。于是，他放心地回去了。

果然，不久后，楚庄王便不再纵情享乐了，迅速致力于政治革新。他首先对那些整天围绕在他的身边、与他一起吃喝玩乐的谄媚之人给予处分，接着又任命曾经冒死进谏的伍举等人。经过一番治理，整个国家面貌焕然一新。

从这个故事，我们可以看出楚庄王一开始的吃喝玩乐并不是单纯的享乐，而是以此为挡箭牌，暗中进行观察，从而分辨出哪些人是可用之才，而哪些人是无用之才。而伍举也不愧为贤臣，他没有直截了当地与楚庄王不得进谏的禁令作对，而是绕着圈子试探楚庄王的心迹，终于得到了满意的回答。

在与人交往中，绕圈子看似效率不高，有时却是达成目的最好方法。

用放大镜看优点，用望远镜看缺点

在一次大型演讲会场，一位知名的社会学家和心理学家这样演讲道：

"如果现在有一位长得国色天香的美女来到我们的面前，任何一个人拿着一只500倍的放大镜来观看这位美女的脸庞，一定都非常失望，因为我们所看到的将是坑坑洼洼，凹凸不平的一张难看的脸；但现在我们每个人如果拿一只望远镜来看远处的一座高山，我们看到的将是青山绿水，绿荫葱葱，仿佛人间仙境，令人流连忘返。

在人际关系中，有人总是拿着放大镜看别人，令对方原形毕露，显得一无是处，也使得自己无法信任他人，交不到朋友。相反，有的人则是拿着望远镜，始终都能欣赏到别人的美好一面，就是这个不拘小节的特性，使宾主尽欢，无往不胜。

但这不等于说，放大镜就没有用了，放大镜的焦点应对准自己，而非别人。如果能虚心地请求他人，对自己提出最严厉的批评，这样放大镜和望远镜都能同时发挥最大的效用。"

我们常说：严于律己，宽以待人。的确，一个人，只有懂得如何欣赏和赞美别人，才不会被别人冷落，才能够有足够多的朋友和尽可能少的敌人。

唐代思想家柳宗元曾讲过这样一件事：一个木匠出身的人，技能极差，连自己的床都修不好，却声称能造屋，柳宗元对此将信将疑。后来，在一个很大的造屋工地上，柳宗元又看到这位老兄，只见他发号施令，指挥若定，众多工匠在他的指挥下奋力做事，有条不紊，秩序井然。柳宗元大为惊叹。对这个人应当怎么看？如果把他看成一个"棒槌"弃之不用，无疑埋没了一位出色的工程组织者。这一先一后，看似无所谓，其实很重要。

《水浒》中的时迁，其短处非常明显——偷鸡摸狗成性，然而，他也有非常突出的长处——飞檐走壁。时迁上梁山后，被梁山的环境所感化，他的长处就派上了用场。在一系列重大军事行动中，军师吴用对他委以重任，使其长处得到应有的发挥，时迁因而成为梁山好汉中举足轻重的人物。

“水至清则无鱼，人至察则无徒。”水太清了是养不活鱼的，同样，对人过于苛求就不会有朋友。如果你能够始终以欣赏的眼光来看待身边的每一个人，那么人们就会因为受到你的尊重而倍感振奋。否则，一味挑剔别人的毛病，必然引起别人的反感，人际交往也必然陷入困顿。

曼德拉为了实现种族和解受尽了磨难，但却从没有恨过一个人。他说，他之所以能够历经挫折而初衷不改，并最终取得成功，他之所以从来都不记恨别人，是因为小时候的一件事，正是这件事影响了他的一生。

曼德拉的老师拿出一张中间有个黑点的白纸问同学们看见了什么，全班同学盯住白纸，齐声喊道：一个黑点！

老师沮丧地说，这么大的白纸没有看见，只盯着一个黑点，将来你的一生将是非常不幸的。

整个教室寂静无声。

沉默中，老师又拿出一张黑纸，中间有一个白点，老师又问同学们看见了什么，这下同学们开窍了，一个白点。老师欣慰地笑了，太好了，无限美好的未来在等着你们。

你看到的是白纸呢，还是黑点呢？如果是黑点，那就向曼德拉学习学习吧！

责人不如责己

美国总统林肯年轻时有一个嗜好：喜欢评论是非，还常写信写诗讽刺别人，他常把写好的信丢在乡间路上，使当事人容易发现。后来发生的一件事，彻底改变了他喜欢指责人的习惯。

1842年秋天，林肯写文章讽刺一位政客。文章在报纸上登出后，那位政客怒不可遏，他下战书，要求与林肯决斗。林肯不喜欢决斗，但迫于情势和为了维护名誉，只好接受挑战。到了约定日期，二人在河边见面，一场你死我活的决斗就要进行。亏得在最后一刻有人阻止，悲剧才未发生。

这是林肯一生中最为深刻的一次教训，让他懂得了任性抨击他人会带来怎样的后果。从此，他学会了在与人相处时，不再为任何事而轻易责备他人。

中国古人也懂得这个处事道理。申居郧说：“只责备自己，不责备他人，这是远离怨恨的方法。只相信自己，不相信别人，这样做一定会把事情办砸。”

检讨一下我们自己，我们是不是也有这种喜欢责备别人的毛病？布置下去的一件工作任务没有做好，我们很可能不是积极地去与下属找原因，研究对策，而是指责下属：“你怎么搞的？怎么这么笨？”这时，你有没有想过下属会有什么反应？他可能什么也不说，但在内心却只会觉得你不近人情，从而怨恨你。这样，你今后就很可能在与他相处时，总感到疙疙瘩瘩……

好指责就如同爱发誓，实在不是一种好习惯。你会伤害别人也会伤害你自己，别人不舒服你也不舒服。有一个比较极端的例子，是《三国演义》里的故事。说的是张飞闻知关羽被东吴所害，下令军中，限三日内置办白旗白甲，三军挂孝伐吴。次日，帐下两员末将范疆、张达，报告张飞，三日内办妥白旗白甲有困难，须宽限方可。张飞大怒，让武士将二人绑在树上，各鞭五十。打得二人满口出血。鞭毕，张飞手指二人：“到时一定要做完，不然，就杀你二人示众！”范疆、张达受此刑责，心生仇恨，便于当夜，趁张飞大醉在床，以短刀刺入张飞腹中。张飞大叫一声而亡，时年55岁。

张飞的悲剧深刻地印证了卡耐基这句名言：“只有不够聪明的人才批评、指责和抱怨别人”。卡耐基指出：尖锐的批评和攻击，所得的效果都是零。批评就像家鸽，最后总是飞回家里。我们想指责或纠正的对象，他们会为自己辩解，甚至反过来攻击我们。

我们喜欢责备他人，常常是为了表现自己的高明。有时，也有推卸责任的目的。古人讲“但责己，不责人”，就是要我们谦虚一些，严格要求自己一些，这对自己只有好处。《三国演义》中马谡轻敌失了街亭，害得蜀兵大败，诸葛亮无奈演了一场空城计，才算退了敌军。回到军中，诸葛亮为了明正军律，挥泪斩了马谡。对此次失败，诸葛亮并没有处理了马谡就了事，而是深深自责没有听刘备生前所说的话：“马谡言过其实，不可大用。”他自作表文给后主，请自贬丞相之职。并要求属下“勤攻吾之阙，责吾之短”。诸葛亮的为人，值得我们学习。

在你又想责备别人的这不是那不是时，请马上闭紧自己的嘴，对自己说：“看，坏毛病又来了！”这样，你就可以逐渐改掉喜欢责备人的不好习惯，学会宽容和尊重，更好地与人相处，与人共事。[①]

人际关系小故事五则

1．误会

有一对年轻人结婚，婚后不久他的太太因难产生下孩子后，撒手人寰。他日子过得踉踉跄跄，因没有人帮忙看孩子，就训练一只狗看家。那只狗聪明有灵性，不但能帮助主人看家，而且还能陪孩子玩，能咬着奶瓶喂奶给孩子和孩子逗乐。有一天，主人出门去了，留下孩子和狗玩。因遇大雪，当日不能回来，第二天才赶回家。他把房门一开，一股血腥味扑鼻而来，屋里地上和床上到处是血，孩子不见了，狗满身是血。主人见到这种情形，以为狗兽性发作，把孩子吃掉了，大怒之下，拿起刀来向狗头劈去，把狗杀死了。这时候忽然从床底传来孩子的哭叫声，又见孩子从床下爬出来，他急忙抱起孩子，孩子虽然身上有血，但并未受伤。他终于醒悟到了，是狗救了他孩子，是他的冲动偏激误杀了狗，从而造成这天大的误会！

启示：误会的事，往往是人在不了解情况、没有耐心、缺少思考、未能体谅对方，未能反省自己，感情极为冲动的情况下发生的。有人说，99%的矛盾都是误会产生的。当我们准备责怪别人的时候，能否先冷静一下，想想这是不是误会呢？

2．钉子

有一个男孩脾气很坏，于是他的父亲就给了他一袋钉子，并且告诉他，每当他发脾气的时候就钉一颗钉子在后院的围篱上。第一天，这个男孩钉下了37颗钉子。慢慢地每天钉下的数量减少了。他发现控制自己的脾气要比钉下那些钉子来得容易些。终于有一天这个男孩再也不会失去耐性乱发脾气，他告诉他的父亲这件事，父亲告诉他，现在开始每当他能控制自己的脾气的时候，就拔出一颗钉子。一天天地过去了，最后男孩告诉他的父亲，他终于把所有钉子都拔出来了。父亲握着他的手来到后院说：你做得很好，我的好孩子，但是看看那些围篱上的洞。这些围篱将永远不能恢复成从前的样子。你生气的时候说的话就像这些钉子一样留下疤痕。如果你拿刀子捅别人一刀，不管你说了多少次对不起，那个伤口将永远存在。

启示：人在感情冲动的时候说出的那些不理智的话，就像钉子一样会在对方的内心留下无法抹平的伤痕。如果是因为误会而用语言或者行动而伤害了别人，即使误会消除了，可是已经发生的对双方人际关系的伤害却很难消除。

[①]翟鸿燊，马一．做人先做事[M]．北京：海潮出版社，2006.

3．且慢下手

一个年轻人买了栋带着大院的房子，他一搬进去，就将那院子全面整顿，杂草树丛一律清除，改种自己新买的花卉，某日原先的屋主来访，进门大吃一惊地问：那最名贵的牡丹哪里去了？这位年青人才发现，他竟然把牡丹当草给铲了。后来他又买了一栋房子，虽然院子更是杂乱，他却是按兵不动，果然冬天以为是杂树的植物，春天里开了繁花；春天以为是野草的，夏天里成了锦蔟；半年都没有动静的小树，秋天居然红了叶。直到暮秋，他才真正认清哪些是无用的植物而大力铲除，并使所有珍贵的草木得以保存。

启示：且慢下手，才可以避免因误会而造成不可挽回的损失或者伤害。

4．宽容和感恩的胸襟

曼德拉因为领导反对种族隔离的政策而入狱，统治者把他关在荒凉的大西洋小岛罗本岛上27年。当时曼德拉年事已高，但统治者依然像对待年轻犯人一样对他进行残酷的虐待。

罗本岛上布满岩石，到处是海豹、蛇和其他动物。曼德拉被关在总集中营一个“锌皮房”，白天打石头，将采石场的大石块碎成石料。他有时要下到冰冷的海水里捞海带，有时干采石灰的活儿——每天早晨排队到采石场，然后被解开脚镣，在一个很大的石灰石场里，用尖镐和铁锹挖石灰石。因为曼德拉是要犯，看管他的看守就有3人。他们对他并不友好，总是寻找各种理由虐待他。

谁也没有想到，1991年曼德拉出狱当选总统后，他在就职典礼上的一个举动震惊了整个世界。

总统就职仪式开始后，曼德拉起身致辞，欢迎来宾。他依次介绍了来自世界各国的政要，然后他说，能接待这么多尊贵的客人，他深感荣幸，但他最高兴的是，当初在罗本岛监狱看守他的3名狱警也能到场。随即他要求他们起立，并把他们介绍给大家。

曼德拉的博大胸襟和宽容精神，令那些残酷虐待了他27年的人汗颜，也让所有到场的人肃然起敬，在场的所有来宾以至整个世界，都静下来了。

后来，曼德拉向朋友们解释说，自己年轻时性子很急，脾气暴躁，正是狱中生活使他学会了控制情绪，因此才活了下来。牢狱岁月给了他时间与激励，也使他学会了如何处理自己遭遇的痛苦。他说，感恩与宽容常常源自痛苦与磨难，必须通过极强的毅力来训练。

启示：我们之所以总是烦恼缠身，总是充满痛苦，总是怨天尤人，总有那么多不满和不如意，多半是因为我们缺少一种宽容和感恩的胸襟。

5．清洁工最可贵的地方

一家公司准备从基层员工中选拔一位主管。

董事会出的题目是寻宝：大家要从各种各样的障碍中穿越过去，到达目的地，把事先藏在里面的宝物——一枚戒指找出来。

谁能找出来，金戒指就属于谁，而且他（她）还能得到提拔。

大家兴奋异常。

他们开始行动了起来，但是事先设置的路太难走了，满地都是西瓜皮，大家每走几步都要滑到，根本无法到达目的地。

他们艰难地行进着。

在他们的寻宝队伍中，公司的一位清洁工落在了最后面。

对于寻宝之事，他似乎并不在意，他只是把垃圾车拉过来，然后把西瓜皮一锹锹地装上去，然后拉到垃圾站去。

几个小时过去了，西瓜皮也快清理完了。

大家跳过西瓜皮，冲向了目的地，他们四处寻找，但是一无所获。

只有那个清洁工却在清理最后一车西瓜皮的时候，发现了藏在下面的金戒指。

公司召开全体大会，正式提拔这位清洁工。

董事长问大家："你们知道公司为什么提拔他吗？"

"因为他找到了金戒指。"好几个人举手答道。

董事长摇头。

"因为他能做好本职工作。"又有几个人举手发言。

董事长摆了一下手："这还不是全部，他最可贵的地方在于，他富有团队精神，在你们争先恐后寻宝的时候，他在默默地为你们清理障碍。团队精神，这是一个人、一个公司最珍贵的宝贝。"

董事长总结道。

启示：在现代社会，那些只顾自己的人，很难得到长足的发展；倒是那些时刻替别人着想的人，经常获得意外的收获！

社会大舞台

活动主题：从心开始——漫谈沟通技巧

1. 思维训练：社会生活中，有许多热心人关心着鳏寡孤独的老人。他们之间，原本素不相识，甚至相隔千里，既无血缘关系，也不是组织的委派、分内的工作，"远"得很！可是偏偏多少年如一日，视他们为亲人，省吃俭用，缝补浆洗，捧茶端饭，甚至砸锅卖铁为老人治病，比子女还亲，比子女还"近"。他们为什么要这样做？这样做有什么社会效果？ 谈谈你们的看法。

2. 师生互动：利用这个机会对你曾经伤害过的老师、同学、亲戚、朋友说出你一直想说而没敢说出的"对不起！""请原谅！"

3. 社会实践：在你的人生旅途中，曾经可能由于人际关系处理不当，无意伤害了你的家人或朋友，它或许成为你心中永远的痛，后悔莫及，请勇敢地拿起纸和笔，向你的家人或朋友真诚地道歉，让你和家人或朋友的关系能回到正常的轨迹。

视频资料

1. 张锦贵：个人素质——成功人际关系学。
2. 李强——成功人际关系。
3. 百家讲坛：曾仕强，人际关系学。

网上冲浪

1. 人际关系学：http://www.21eg.cn/product.asp?id=851。
2.《中国式管理：人际关系学》内容介绍：http://www.xhglw.com/product.asp?id=678。
3.《圆通的人际关系》内容介绍：http://www.xhglw.com/product.asp?id=1631。
4. 老子与人际关系的智慧：http://www.zgaxr.com/mov/ShowArticle.asp?ArticleID=475。
5. 人际心理：http://www.lnsts.com/xinli/index.vfp。

专题六 善待生活每一天

——感悟心理健康

当代最伟大的一项发现就是，人们可以通过改变自己的心态，从而改变人生。

——威廉·詹姆

知识目标

1. 了解大学生的心理特点以及大学生心理健康的标准；
2. 明确大学生心理健康与成才的关系；
3. 弄清大学生常见心理困扰；
4. 掌握增进大学生心理健康的方法。

能力目标

能用正确的、科学的方法去合理调适自我。

情感目标

引导学生克制自己的不良心理，用一颗平常的心去面对生活。

大学生是民族的希望，祖国的未来。他们的心理是否健康，关系到我们民族的整体素质能否提高，关系到国家的未来与兴衰，应引起整个社会的关注。联合国世界卫生组织曾经提出过一个响亮的口号，“健康的一半是心理健康”，并解释：健康不仅是指一个人没有疾病的症状和表现，而且是一个人的良好身体和精神以及社会的适应状态。据调查了解，当今少部分大学生缺乏远大理想，缺乏自立能力，缺乏奉献精神，利己主义严重。且由于他们处于生长期，心理、生理都不够成熟，学习、生活诸多烦恼积压在内心，产生了不必要的焦虑、孤僻、自暴自弃等心理问题。在竞争日益激烈的今天，这样的心理状况，是不可能适应未来社会的生存发展、成为合格的跨世纪的一代建设者和继承者的。面对当前大学生中出现的种种心理问题，我们有必要让大学生了解理心理健康的相关知识，学会评判自己的心理健康状况，学会调适自我。

情境导入

案例：马加爵的心理分析

马加爵，一个从不富裕的农村家庭成长起来，并考入一所全国知名高校的大学生，在临近毕业时却做出了一件令人感到十分震惊的事情。究竟是什么造成他这样可怕的转变？他是一个什么样的人？他的杀人动机是什么？是什么原因使他杀死了他的四个同学？对这些谜团，我们希望能从心理分析的角度找到部分答案。

1. 马加爵是一个什么样的人

借助于各方面的报道，我们先来构画一下马加爵的几个性格特点。

（1）内向、孤僻

这一性格特征从马加爵父亲、班主任的简单话语中得到很好的验证。马加爵的父亲说，马加爵从小不爱说话，性格有些孤僻。他的班主任说他在“很多人面前不爱讲话，跟女同学基本上没什么话讲，讲话也是很小声的。”另外一般还认为内向的人具有做事想在前，有周密的计划，常深思熟虑，极少冒失妄动的特点。这在马加爵身上也有着极好的体现。他做事显然具有非常强的计划性。从计划杀人到逃跑，作案后逃跑的方向，逃跑的目标在一开始他就制订好了。

（2）敏感

在最后一封信中，马加爵回忆了十四叔、十四婶、十哥等亲戚曾给他的帮助，这成了他人生最难忘的事情。而这类小的细节能够如此深刻地铭刻在他的记忆中，说明他在情感方面是非常敏感的。我们可以看到，这种敏感既表现在他对帮助过他的人抱有深深的感恩之心上，同时也表现在对伤害过他的人抱有强烈的报复之心上。而这种敏感在另一方面也可表明他在情感方面是匮乏的。或许自小到大的经历中，他得到了太少的爱与关怀。这使得他对来自别人的即便是小的帮助也会铭刻于心。

（3）自卑感重

在这方面有许多的佐证。比如，马加爵在信中提到自己想跟十哥作真挚的知心朋友，却没有做到，他认为是自己太自怜。另外，马加爵在被捕后，还提到一位与他住在一起的同学邓剑波。他说自己曾经很想交邓剑波这个朋友，但是终究又没有。这种退缩并不应简单地理解为他的内向性格，而应更多地归结为他的严重自卑心理。正是因为自卑，会担心自己不配做别人的朋友，正是因为自卑，会担心自己会遭到喜欢的人的拒绝。

2. 马加爵的性格成因

在对马加爵的性格做出勾画后，我们需要说明的是他的性格成因。什么造成了他的这种性格呢？限于资料的缺乏，我们的说明中可能带有推测的成分。

马加爵幼时可能并没有从家中得到爱。或者更确切地说是没有得到多少无条件的爱。我们可以推想，马加爵的父母（尤其是他的父亲）对孩子的爱建立在孩子良好的表现上。只有当他懂事、听话、成绩好等方面符合父母的要求时，他才能获得来自父母的爱。这使他努力做一个好孩子。他也在一段时间中确实做到了这一点。不过，在如此做的时候，他的一些真正情感、感觉被压抑了。自小的时候开始，他就明白了自己的感觉、感受，情感不是重要的，只有符合父母要求的才是重要的。他要做的是按照父母的意愿做。如此的结果是他与真实自我的疏远，与父母情感上的疏远。他的孤僻，他的几乎从不与父母沟通，原因都在于此。他对来自别人的无条件爱的深刻铭记也证实了他父母的爱是有条件的这一点。

在父母的要求下，马加爵形成了他理想化的自我形象。一段时间里，由于聪明与努力，他成了一个公认的好孩子。他诚实、懂事、听话、而且学习成绩很好。这一切都使他似乎达到了这个理想化的自我形象。据报道，马加爵自小到初中时，各方面的表现都是非常好的。在这种时候，他的自卑感，他的自我憎恨及对这个世界的憎恨与敌意，他的一种可鄙的自我形象被暂时地掩盖在理想化自我形象后面了。简单地说，他更深的心理问题被暂时缓解与遮掩了。

但随着时间的推移，情况发生了变化。马加爵身上的另一面开始变得逐渐活跃起来。据报道，马加爵高中时纪律性很差，经常违反校规校纪。最严重的一次是离校出走。这些都可以看作是事情逐渐恶化的表现。进入大学，恐怕他的学习成绩也不再是那么值得自豪的了。而极其贫困的家境，客观上加剧了他强烈的自卑。为了摆脱在家境比较好的同学面前的自卑，他进一步缩小了自己的交往圈子。他躲进了与自己家境相似同学的小圈子。至少在这个圈子中，他还可以获得些自尊。

至此，我们可以对杀人之前马加爵的境况做一个总结了。

幼时的经历使马加爵发展了一个理想化的自我形象。这个理想化自我形象包括：诚实、懂事、听话、成绩好等。正是这个形象支撑了他的自尊，他的整个价值体系，并掩盖了他的自卑、自我憎恨、无价值感。当他的所作所为符合这一形象时，他觉得自尊获得了满足，自己是有价值的，自己是值得爱的。但自高中开始尤其是在大学中，曾经支撑他自尊的支架被一根根抽掉了。他不再那么听话，他的成绩也不再那么好。在与别人的关系中，他也不再像在村子里，在小学与初中时那样，得到来自外界的那么多的肯定的声音了。在大学中，他在众多的同学眼中是一个不受欢迎的人了。他已经只能躲在一个小的圈子中了。与他平时关系好的同学已经缩小成了非常少的几位。简单地说，无论是在内心还是在现实中，马加爵维持自尊的回旋余地都已经非常小了。而正是在这种情况下，一件看似非常意外，彻底摧毁他自尊体系的事情发生了。

3. 马加爵为什么杀人

在马加爵杀人案中最令人感到不可思议之处大概就是他的杀人动机了。马加爵为什么要杀人，这是此案留给人们最大的疑问。据报道，事情的起因是在一次打牌时，别人说马加爵作弊，随后相互发生了口角，大家就把马加爵曾经的种种“劣迹”都给他说了，甚至还提到“吃饭时，连你广西老乡都不愿叫你了”之类的话。这样的杀人动机似乎令人难以置信。但根据我们上面的分析，我们将得出结论：这并非真的那么不可思议。

首先，指出马加爵的作弊，就是怀疑他的不诚实。而诚实是马加爵理想化自我形象中非常重要的一环。这是对马加爵自己感觉中的理想化形象的怀疑。如果这种怀疑是来自其他同学，严重性还会差些。但恰恰是来自与他不错的同学，事情变严重了。因为这种怀疑将抽掉他维持自尊的又一根支柱。

其次，报道中提到这些同学把他的种种“劣迹”都给他说了。我们不知这些劣迹具体所指，但完全可以推断出，这些话都是对他已经变得脆弱自尊的重大打击。当然，如果马加爵自卑感弱一些，或者有比较强的真正自尊，这并不会构成对他的多大伤害。但如我们所说，在此之前，马加爵的自尊体系已经变得摇摇欲坠了。他的非常强烈的自卑感，在此之前已经到了不易掩盖的地步了。

更为关键的因素可能是在这种争吵中引出的马加爵广西老乡邵瑞杰对他的真实看法。在我们对马加爵的了解中，我们可以看到马加爵一直都没有交要好的朋友。有几次他曾想这样做，但主要是自卑的原因，他最终放弃了。但各种有利的因素，把他与邵瑞杰连在了一起。作为一个自卑感非常强的内向人来说，马加爵是不会轻易交非常好的朋友的。当他与邵瑞杰交成非常好的朋友时，正如他所说他是“很真心的”。对于他来说，邵瑞杰这样要好朋友对他的认可与肯定，恐怕已经成了维持他自尊与价值感的最重要的支柱了。但是在吵架以后，他发现原来自己在对方心中完全不是那个样子时，他无疑受到了极大的伤害。

首先，他的自尊心受到的极其严重的打击。其次，他感到有受欺骗的受辱感。马加爵会想：我一心把你当作知心朋友，却没有想到你竟会如此看待我。而且，投入的感情越大，失望越大。当想到马加爵几乎没有交什么知心朋友时，邵瑞杰对他的伤害之大就更为严重了。这正是马加爵首先想到要干掉邵瑞杰的根本原因了。

一场看似平常的争吵，抽掉了马加爵最后几根支柱。他的理想化自我形象彻底破灭了。他的自尊体系彻底崩溃了。曾被压抑的自我憎恨、对外界世界的憎恨与敌意全都浮了上来。自我价值感的完全丧失使他觉得自己已经没有必要活在这个世界上，而对世界的敌意使他采用了报复的方式，他终于挥起了那可怕的铁锤……

点评：21世纪是世界经济、科技、综合国力竞争激烈的世纪，谁能掌握竞争的主动权，走在发展的前列主要取决于心理素质的较量，开发心理潜能、提高心理素质、保持心理健康是时代的呼唤，是社会和民族发展的客观要求。我们应当在情绪不稳、自我失控、心理承受力低、意志薄弱、缺乏自信……时，想方设法走出心理困境、寻求心理健康。

知识导航

一、大学生的心理特点

大学生在校期间大致经历三个阶段，即入学适应期、稳定发展期和准备就业期。入学适应期是整个大学阶段最困难的时期，面临的是陌生的环境、陌生的人际关系和陌生的学习方式，原有的心理定式被打破，此时心理健康容易出问题。在稳定发展期，大学生基本适应了大学生活，新的心理平衡已初步建立起来，在此期间大学生表现出了极强的可塑性，每个人都按照自身独特的方式塑造着自己而逐步成长起来。准备就业期是大学生从学生生活向职业生活过渡的阶段，这使他们面对又一次环境变迁、角色变化，其心理上将又起波澜，但其适应社会的能力与刚入学时相比，已有了明显的进步，已经为走向社会做好了一定的心理准备。尽管大学生在各个不同时期会表现出不同的心理特点，但总的看来，他们在大学期间的心理特点可概括为以下几个方面：

1. 自我概念的增强与认知能力发展的不协调

自我概念是指人对自身的认识其与周围事物关系的各种体验。大学生所处的年龄阶段和所具有的文化水准，决定了他们注重对自己进行体察和分析，注重内省，自觉从各方面了解自己、塑造自己。此外，大学校园又十分强调独立、注重自我，使他们以大视角来关心社会的进步与提高；但由于生活阅历有限，社会实践能力不强，他们对自我及社会的认识表现出一定的片面性和幼稚性。

2. 渴望独立和仍旧依赖的矛盾

大学生的成人感迅速增强，他们渴望独立，强烈要求社会承认其成人资格。但他们又无法完全靠自己来处理各种实际问题，特别是经济上的不独立，他们仍然一靠父母二靠学校。所以在大学生身上，出现了独立性和依赖性的矛盾。

3. 心理的闭锁性与寻求理解的矛盾

大学时期是一个既渴望友情又追求孤独的时期。一方面，大学生爱对自己的内心世界进行细致而深入的探索、反省，追求闭锁；另一方面，大学生又害怕孤独，希望自己的情感有宣泄的对象，有可以共鸣的知己。这种心理上的二重性，使大学生的情感生活更为复杂。

4. 情感丰富而不稳定

从生理角度看，青春期高级神经活动的兴奋与抑制尚不平衡，往往兴奋占优势；从心理角度看，大学中环境、生活、个人地位的变化等引起很多心理矛盾，而大学生的社会经验和认识水平又未达到能真正独立、正确处理和调节自身行为的程度，这使大学成为一个极其敏感的群体，其内心体验极其细腻微妙。随着文化层次的提高和生活空间的扩大，思维空间急剧延伸，必然导致情感越来越丰富和深刻。但大学生的价值观念尚不稳定，时常处于波动、迷茫、抉择之中，心理成熟又落后于生理成熟，因而其情感不稳定，情绪变化起伏大，情绪冲突多。

5. 智力发展达到高峰

大学生一般思维敏捷，接受能力强，通过专业训练、系统学习，其智力层次含有较多的社会性和理论色彩。一方面，大学生由经验型思维转向理论型思维；另一方面，思维的独立性和批判性增强，敢于发表自己的独到见解；第三，思维具有一定创造性，但由于他们的辩证思维和识别能力还不高，观察分析问题易带主观片面性。

6. 性生理成熟与性心理发展滞后的矛盾

大学生的生理发育已基本完成，性意识日趋强化。一方面，性意识的发展促使其按性别特征来塑造个性和形象；另一方面，性意识的发展也带来了对异性的倾慕与追求。但性心理却远远落后于性生理成熟，会产生诸如不善于处理与异性间关系、渴望追求异性又缺乏勇气，失恋、性自慰、婚前性行为等，有许多痛苦与困扰。

7. 社会需求迫切

由于大学生要接受系统专业训练，比同龄人在校园呆的时间长，这使他们与社会有一定距离。正因为此，他们渴望加入社会的愿望更为迫切。他们身在校园，却十分关注社会，品评各种社会现象，希望能加入社会去改变各种令人不满意的社会现象，并把专业知识献身社会以体现自己的力量，实现自身价值。

总之，大学时期是心理“断乳”的关键期，在此期间，诸多矛盾冲突交织在一起，如果处理不当，就有可能产生心理问题甚至严重的心理障碍。

二、大学生心理健康的标准

1. 大学生心理健康的标准

根据大学生心理特征和大学生特定社会角色的要求，以及心理健康学的基本理论，大学生心理健康标准概括为以下 8 条：

（1）能保持对学习的浓厚兴趣和强烈的求知欲望

智力正常是人一切活动的最基本的心理条件。心理健康的学生珍惜学习机会，求知欲望强烈，能克服学习中的困难，学习成绩稳定，能保持一定的学习效率，从学习中体验满足与快乐。

（2）能保持正确的自我意识，接纳自我

自我意识是人格的核心，心理健康的大学生能体验到自己存在的价值，既能了解自己，又能接受自己，对自己的能力、气质、性格和优缺点能作出恰当的、客观的评价，有自知之明；对自己不会提出苛刻的、非分的期望和要求，对自己的生活目标和理想也能定得切合实际，因而对自己总是满意的，善于正确地“自我接纳”。

（3）能协调和控制情绪，保持良好的心境

情绪影响人的健康，影响人的工作效率，影响人际关系。

（4）能保持和谐的人际关系，乐于交往

心理健康的大学生乐于与人交往，不仅能接受自我，也能接受他人，能认可他人存在的重要性和作用。

（5）能保持完整统一的人格

人格指人的整体精神面貌，人格完整指人格构成要素的能力、气质、性格和理想、信念、人生观等各方面平衡发展，其所思、所言、所行协调一致。大学生人格完整具体表现为：既有积极进取的人生观，又能与社会的步调合拍，也能和集体融为一体。

（6）接受生活，乐于工作

心理健康的大学生能珍惜和热爱生活，积极投身于生活，能享受生活而不认为是重负，能从工作中获得满足和激励，并能从工作中积累知识、经验、技术，以使自己的工作更有成效。

（7）能保持良好的环境适应能力

较强的适应能力是心理健康的重要特征。心理健康的大学生，能和社会保持良好的接触，一旦发现自己的需要和愿望与社会需要相矛盾时，能面对现实，对环境作出客观的认识和评价，能迅速自我调节而不是逃避现实。

（8）心理行为符合年龄特征

心理健康的人认知、情感、言行、举止都符合他所处年龄段的要求，心理健康的大学生应该精力充沛、勤学好问，反应敏捷、喜欢探索。过于老成、过于幼稚、过于依赖都是心理不健康的表现。

2．正确理解大学生心理健康的标准

正确理解大学生心理健康标准，首先要了解身心健康的三个等级：

一是一般常态心理，表现为心情愉快，适应能力强，善于与人相处，能较好地完成同龄人身心发展水平应做的活动，具有调节情绪的能力，无须做心理咨询。

二是轻度或中度失调心理，表现出不具有同龄人所应有的愉快，和他人相处略感困难，生活自理有些吃力，甚至在一定时段表现出变态人格或人格异常，若主动调节或通过专业人员的心理学模式或临床医学心理学模式的干预，可恢复常态。很大部分大学生处于浅灰区，小部分大学生处于深灰区。

三是严重病态心理，表现为严重的适应失调，不能维持正常的生活、工作，如不及时治疗可能恶化成精神病患者，他需要的是完全医学模式的干预。“灰色区”理论所描述的，处于巨大的灰色区的大学生并非生活不正常，而是生活质量不高，太多的麻烦由自己造成而一时又难以自我解决，所以为维护和增进心理健康，心理咨询、心理干预人人需要，是极正常的事。

其次，正确理解和运用大学生心理健康标准还应注意以下几个问题：

第一，是否心理健康与是否有不健康的心理行为不能等同。心理不健康是指一种持续的不

良状态，偶尔出现一些不健康的心理和行为并不等于心理不健康，更不等于心理疾病。因此，不能仅从一时一事简单地给大学生下心理不健康的结论。

第二，心理健康与不健康不是泾渭分明的两种心理状态，而是一种连续状态，从良好的心理状态到严重的心理疾病之间还有一个广阔的过渡带。在许多情况下，异常心理与正常心理，变态心理与常态心理之间没有绝对的界限，只是程度的差异。

第三，心理健康的状态不是固定不变的，而是动态变化的过程。既可以从不健康转变为健康，也可以反之。因此，心理健康与否只能反映某一段时间内的特定状态，判断大学生心理健康状况应有发展变化的眼光。第四，大学生心理健康的基本标准是能够有效地进行工作、学习和生活。如果正常的工作、学习、生活难以维持，应该及时调整。

三、大学生心理健康与成才的关系

心理健康对大学生成才有着重要的影响，健康的心理状态是每个人正常生活和工作必备的条件。有一种“木桶理论”认为：一个木桶的容积由组成该木桶最短的那块木板所决定。同理，决定一个大学生未来成就大小的因素中，身体、心理素质是同等重要的，短缺了任何一个都不行。另外心理学者郑日昌有一个对“人”的精辟诠释：一个大写的人是由一撇一捺所支撑的，而这一撇一捺正是人所不可缺的两条腿——身体素质和心理素质，缺乏其中任何一项，这都是一个残缺的人，不但走不快而且是个残疾。可见，心理健康对大学生的成才何等重要。

1. 良好的心理品质是优良道德品质的基础和前提

优良品德与心理健康之间有着密切相关。如良好的性格结构是心理健康的重要特征，同时也是一个人品德面貌的具体体现。健康的性格特征可构成优良品德的基础，有的则直接转化为优良品德的组成部分。而扭曲的性格，如狭隘自私、狂妄自大等，是形成其政治意识模糊、思想落后和道德品质低劣的基础。

2. 维护心理健康有利于提高学习效率

现代教育很重视学习潜能开发。而人的潜能仅仅用了大约10%。世上不存在没有潜能的人，只有潜能没被开发出来的人。教育的目的就是要开发潜能，而要让如此巨大的资源发挥作用，人们越来越认识到，完美的个性与人格比智力和能力更重要。心理健康是有效学习的基础，一旦心理处于非健康状态，智力操作的基本功能将受到影响。健康的情绪、坚强的意志、良好的性格，对人的智力发展和成就的取得有推动作用。

3. 心理健康对促进身体健康具有积极意义

心理健康与生理健康互为因果、互相影响。一方面，身体缺陷或躯体疾病使人自卑、烦恼、忧虑，进而影响人的整个心理状态，甚至造成严重心理失衡；另一方面，心理上的长期不适，会使人长期处于应激状态而致内分泌失调，以至内生态环境失衡，久而久之免疫力下降必然带来躯体病变。如现实生活中男性比女性胃溃疡患者多，就和男儿有泪不轻弹有着很大关系，因为在这方面男性较女性压抑过多，心理能量不能得到及时释放。即所谓“心可致病，亦可治病”，个人心理健康的增进必然有助于身体健康。

四、大学生常见心理困扰

大学生常见心理困扰主要表现为五大类，依次为：

1．环境应激导致心理困扰

（1）学校环境的变迁。大学校园对大学新生来说，是陌生而充满新奇的，意味着他们必须独立生活，这给每个大学生都带来了不同程度的环境应激。

（2）学习条件和方法的变化。学习方法不当造成学习困难，大学与中学的学习模式和方法有很大不同，结果不少学生无所适从。

（3）生活习惯的变化。

（4）语言隔阂，极个别偏远地区学生因语言隔阂问题而导致学习困难和交往障碍等。

2．与自我有关的不适应

（1）理想自我与现实矛盾的不适应。

（2）在发展自我过程中的不适应。大学生有强烈的充实自我、发展自我和强化自我的需求，但追求自我发展可能不是一帆风顺的。

（3）自我同一性的确立及其混乱。自我同一性是指对自我存在意识的一种感受。大学生需要完成对某种职业的选择，对个人终生目标的确立和人生观的建立。在此自我同一性形成过程中，部分大学生会陷入混乱。

3．人际关系及人格中的问题

（1）人际交往中的障碍。大学生渴望交往，为将来进入社会作准备。但有些由于观念错误、自我封闭或人际交往能力较低，可能遭遇挫折。

（2）人格中的不完满。部分大学生在人格特质上存在不良方面，它会严重影响其学习、人际关系、社会性活动及自我完善，限制个体的顺利发展。

（3）对身体内部的发展变化不适应。处于大学阶段的青年，个体内分泌和自律神经机能都在发生变化，带来了心理需求的变化,部分学生陷入强烈动机冲突中，表现为焦躁不安，影响正常生活、学习和休息而产生心理问题。

4．与性有关的不适应

（1）性意识的困扰。随着性生理的成熟，大学生的性心理也渐趋成熟，同时也受到自我性意识的困扰。

（2）与性行为有关的心理问题。伴随性意识的是性行为，未婚大学生的性行为多停留在自慰性行为水平；而部分学生对性有不正当认识和理解，造成诸多心理压力；还有极小部分大学生有了婚前性行为，却又难以承担后果，造成巨大心理压力。

（3）性行为异常。在某些特定因素长期作用下，极少数大学生可出现性变态行为：如同性恋、恋物癖等。

（4）早年性经历带来的影响。在幼年或童年性启蒙后，一些较表面化的性行为，如游戏性性交，异性及同性间相互观察或触摸、手淫，可能至成年后仍遗留一些较严重的心理阴影。

（5）失恋造成的不适应。

5. 其他

（1）对重大丧失的不适应。在大学期间，一些严重的生活事件会对大学生各方面产生严重不良影响，继而出现心理问题，如严重外伤或疾病、亲人亡故或疾病、家庭遭受重大灾害、经济状况严重不良、丧失重要机遇等。

（2）早年灾害性体验带来的不适应。

五、增进大学生心理健康的方法

影响大学生心理健康的因素不外乎主观和客观两个方面。就客观来说，它不以人的意志为转移。因此，要维护心理健康，主要应在主观方面下功夫，重在自我维护。

（1）培养良好的人格品质。

（2）树立正确的人生观世界观。

（3）养成健康的生活方式。健康的生活方式指生活有规律，劳逸结合，科学用脑，坚持体育锻炼等。

（4）确立力所能及的奋斗目标。

（5）加强自我心理调节。

（6）积极参加课余活动。

随着大学生中各种心理困扰的增多，我们应该更加重视心理卫生，不仅要增进人际间的相互了解，也要重视对自己的了解。既要善待自己，也要善待别人。如果不幸被异常心理所困扰，则要正视它。解除心理障碍药有很多种：或许是一个好朋友，或许是一本好书，或许是一封信、一个电话、一声问候；或许是一面干干净净的镜子……

青春话题

请同学们根据心理健康的标准评判自己，说一说你的心理健康吗？为什么？你打算怎样使你的心理变得健康些？

点评：我们都有心理伤痕！人人都有可能出现心理健康问题！世界卫生组织最近的统计表明：中国约有 3 900 万人患有不同程度的抑郁症。换言之，平均每 100 个中国人中，至少有 3 个人需要接受心理咨询和治疗。每个人在一生中的某个时段都可能有心理困扰，出现烦恼、焦虑、抑郁、强迫等心理问题或心理障碍！因此，当我们心理出现问题时，不能回避，而应积极采取措施，力求使心理尽快达到健康。

欢乐课堂

1. 设计一个学生全面参与本次心理健康教学的活动，目的就是促使学生宣泄情绪并且协助有困扰的学生找到问题的症结。并且由老师安排实施程序。

（1）以小组为单位，学生们围成半圆形。

（2）发给每个学生一张白纸，要求学生写出目前所遭遇的三件不如意事情，并写出愿意倾诉的对象。

（3）请自愿出场的一位学生（倾诉者）站在小组的中央。请他告诉同学们，愿意倾诉的对象（即倾听者）。（在小组同学中寻找一位愿意倾听者）。

（4）倾诉者从三件不如意的事中选择一件尽情倾诉他的苦衷。倾听者，设身处地扮演他所当的角色。

（5）其他同学可自动地轮流在倾听者的背后，说他所不敢吐露的感受。

（6）小组成员每位轮流寻找倾诉对象，向他倾诉自己的苦衷。

（7）教师小结：请几位同学谈参与此次活动的感受，讨论这项活动是否达成发泄情绪的效用。鼓励学生们将来遇到不如意的事情时，应尽可能向好友倾诉，以得到别人的帮助，疏导不良的情绪。

2. 同学们齐声朗诵心理健康座右铭：

我们无法改变人生，但可以改变人生观！

我们无法改变环境，但可以改变心境！

我们不能改变容貌，但可以展现笑容！

我们不能控制他人，但可以控制自己！

我们不能预知明天，但可以利用今天！

我们不会样样顺利，但可以事事尽力！

3．全班齐唱《请让我来帮助你》(电视连续剧《请让我来帮助你》片尾曲)：

我的眼前总会有，一个很美的画面。
画面里的天很蓝，人也很简单。
他们每天都能做自己愿意的事。
他们的心都贴着脸，表情很坦然。
风吹日晒的这张脸，笑起来很灿烂。
春夏秋冬的这颗心，可从来不抱怨。
因为曾经风雨相伴泪洒过衣衫。
因为曾经有过誓言共同渡过难关。

一颗心在祝愿,那个画面会出现。
有一张脸在期盼,这个画面在今天。
让天空永远蔚蓝,白云在上边。
让笑脸更加灿烂,一笑没有恩怨。
让有情的人说完再见还能有缘。
让善良的心做完好事都能平安。

相关链接

1．如何进行心理调节

方法之一：改变思维

以下 8 种思维效应不利于心理健康：

（1）晕轮效应：当月亮蒙上一圈晕轮时，人们的视觉就会产生误差，容易把晕轮也当成实体的一部分。抑郁的人习惯于不切实际地否定自己，把自己的弱点加以夸大和泛化，并把自己的价值和某一件事的成败等同起来，无形中加大了自己的心理压力。

（2）墨镜效应：就像在头脑中戴上了一副滤色镜片，滤掉了所有积极的东西。晴天有如阴天，钻石等于泥尘，因心情灰暗而抑郁不乐。

（3）逆反效应：一听到有人赞扬你，就想到，“他不过是在鼓励我罢了，正说明我在这方面是很差劲的”，而不会想到你或许真有这种该受赞扬的优点。

（4）自责效应：一看到别人脸色不好，就想到自己是不是得罪了他。以为任何事只要自己沾了边，一旦办糟了就有自己的责任。生活在如此沉重的负担下，怎么能指望有开朗的心境和快乐的人生呢？

（5）禁闭效应：情感上自我封闭，总是感到内疚，永远是内疚，而从不采取行动。

（6）极端效应：因一次失误就推论自己的一生，思想走极端，不能调和自己内心激烈的冲突。一名一贯优秀的学生，因偶尔一次失败就否定自己的一生，跳楼自杀。这样的人永远也不会有心满意足的时候。

（7）倒置效应：“我心情抑郁内疚，一定是我干了什么不好的事。”这是本末倒置的最好例子。

（8）双筒望远镜效应：把缩小的一头对准自己的优点，把放大的一头对准自己的缺陷，然后感慨道：“我是多么的丑陋啊！”没来由的自卑使自己萎靡不振，形同瘫痪。

我们需要防微杜渐，警惕和防止以上不良思维效应发生在自己身上。

方法之二：调节情绪

情绪调适的四种方法：

（1）宣泄法：当你对生活环境感到极端厌倦、压抑时，应适当地发泄一下内心的积郁，使不快情绪彻底宣泄。你可以开怀大笑，也可以在无人处大声喊叫或号啕大哭，还可以向好朋友且与此事无关的人倾诉，诉说完后会感到一身轻松。

找人倾诉：

把所有的抑郁埋藏在心底里，只会令自己郁郁寡欢。如果把内心的烦恼告诉给你的知己好友或师长，心情会顿感舒畅。

（2）角色互换法：在心理上将自己与他人调换位置，设想自己是对方或是其他比你受伤害更重的人，将心比心地思考，摆正自己与他们的位置，找出自己在此次事件中应负的责任，这样就学会了理解别人，尊重别人，也不会再钻牛角尖。

心存感谢：

感谢我的朋友，是他们让我感受到了生活的美妙和友情的温馨友情是我心灵中的阳光将忧郁、哀伤、懦弱、失望等浓重的阴影驱散。正是因为有了可以相知相依的朋友，所以我才感受到了人生的丰富多彩，才感受到了朋友是生命岁月里一道不可缺少的亮丽风景 。

感谢当初曾弃我而去的恋人，是她使我的心如蚌孕珠般渐渐地明白了：爱只有在爱的枝上才能开出迷人的花朵；情也只能在情之树上才能结下成熟的甜果！所以我懂得了爱是一门精致的生活艺术，从这门艺术中我学会了爱一个人就是让彼此感受幸福和快乐。

感谢我的对手，在我前进的道路上，是他们的一次次挑战激发了我求胜的决心和内在的智慧，使我慢慢地学会了在克制和忍耐中的取胜之道;正是因为有了对手的存在，我才渴望改变自己“被猎者”的命运。

感谢我曾获得过的一次次的成功，是它让我享受到了奋斗的快乐和幸福，享受到了耕耘播种后丰收的甜美。剑须常磨砺才能保其锋利，人须常激励才能保其锐气。一个非常优秀的足球运动员说："我踢进的每一个球都让我心灵燃烧，并期盼着下一个球踢得更妙！"像这个足球运动员一样，每一次成功之后，我们不是也都在期盼着更大的成功。

感谢人生中的失败和挫折，是它让我看到了自己力量的不足和智慧的匮乏。失败和挫折也许会成为一些人逃避的借口，但我却渴望它成为我灵魂的溜冰场。虽然我会一次次地摔倒，但每一次爬起之后都将展现出我更优美、更成熟的舞姿。

（3）自我激励法：当自己被消沉、失望、自暴自弃等不良心理笼罩时，不妨对自己说："你难道就这样没出息吗？""一点小灾难就会把你击倒吗？"

然后再作出积极的回答。通过一些富于挑战性和刺激性的言语，激发起自尊心和自信心，增强克服困难的信心和勇气，把自己从不健康的心理状态中拔出来。

（4）转移目标法：有意识地将注意力转移到别的方面去，如在心情烦闷、焦虑不安时，就去参加各种文体活动，或将心思集中到劳动或学习中去，以使自己从中获得乐趣和满足，排遣心中的忧闷和烦恼。

方法之三：培养良好的性格

（1）少嫉妒、少猜疑、少好胜；

（2）多信任、多理解、多关心；

（3）谦虚谨慎、开朗大方；

（4）寻求社会支持；

（5）待人诚恳、友好和宽容。

2. 大学生心理健康案例分析

案例 1：江西中医学院科技学院 2006 级临床专业的学生李某，在其学校附近与男友杨某发生争执并提出分手，遭男友割断喉管后死亡。据目击者称，事发时，杨某拿着一把十余厘米的刀追死者，并朝其喉咙处割去，杀死女友后，杨某抱着死者久久不肯离去，直到 110 民警来到现场，将其带走。

专家分析：大学生心理发展尚未稳定，踏入大学，就相当于踏入半个社会，从而他们感到不适应，害怕失败、害怕拒绝，心理上的矛盾冲突尤为突出。这些矛盾解决不好，就可能成为大学生犯罪的心理基础。目前，大学生犯罪心理复杂多样，其突出表现在犯罪动机、价值观念、人格障碍、个体心理偏差等方面。种种原因表明，这些障碍与偏差导致的犯罪心理与社会就业、家庭经济、个人恋爱所造成的心态失衡、心理变态、心理疾病有关。

近几年来，大学生打架斗殴、杀人伤害、强奸之类的人身伤害犯罪案件时有发生并呈上升趋势，目前已是仅次于大学生盗窃犯罪的第二大类案件，这种现象值得关注和警惕。

心病终需心药医，心理专家呼吁：学校、家庭乃至社会都要在学习、生活、恋爱、就业等方面，更多地给予大学生一些心理关照和疏导，才能减缓和化解大学生的心理。大学生心理发展尚未稳定，踏入大学，就相当于踏入半个社会，从而他们感到不适应，害怕失败、害怕拒绝，心理上的矛盾冲突尤为突出。这些矛盾解决不好，就可能成为大学生犯罪的心理基础。目前，大学生犯罪心理复杂多样，其突出表现在犯罪动机、价值观念、人格障碍、个体心理偏差等方面。种种原因表明，这些障碍与偏差导致的犯罪心理与社会就业、家庭经济、个人恋爱所造成的心态失衡、心理变态、心理疾病有关。

案例 2：（减压无术）梁鹏是电影学院导演系的研究生，个子高高的，长得也很帅，但几年下来他有一个很悲观的想法：做导演需要出名，而真正出名的导演又有几个呢。而且自己家是外地的，从本科到研究生一路走来实在太累了，要协调各方面的关系，这种压力压得他喘不过气来。最终，他办理了退学手续。学校的老师、同学无不为他惋惜。

专家分析：大学生现在面临的压力过大，造成心理的落差比较大，与整个社会发展的形势和家庭的影响是分不开的。首先是大学生的就业问题，大学的扩招，让一些学生在上学的时候就对毕业后的就业问题产生焦虑。另外，自我和家庭对学生前途所定的目标过高，有的学生有一种为家长读书的想法，想的是将来要怎样报答家长，有的是给自己定了一个不太符合实际的目标，那么都可能在最终结果上产生很大的心理落差。这需要学生找准自己的位置，要正确评价和认识自己，无论怎样，知足常乐是不变法则。另外，不要好高骛远，要脚踏实地一步步走好自己的路。

案例 3：（性的迷惑）小樊与小路是高校"夫妻部落"中的一员，两人在校园附近租下一套房子，过起了同居生活。两人在接受记者采访时坦言，双方对未来都没有太明确的想法，目前生活在一起只是为了"相互取暖"。

最近一个对高校大学生的调查表明，在受调查的同学中，有13%的人坦言大学期间有过性行为。

专家分析：在现代教育体系下，青年人"知、情、意"不平衡。可能智商比较高，情商比较低，那么意志力就更弱了，不能很好地管理自己。那么在身体某方面曾经没有得到满足，就会产生缺失性需要，就会通过各种途径来获得满足。严重的可能有露阴癖，产生一种儿童心理。这是在某些压力下，人会回避退型，退回到儿童心理阶段，那么就会有这样一种行为发生。但这是极端的一种表现，在学生中存在的大多是性渴望、性焦虑等，这恰恰表现出在性教育问题上缺乏一定的指导。对于大多数学生来说，他们对性充满渴望，但是真正了解的并不多，也有的情侣因为是否需要发生性关系而闹翻，这些都很深地困扰着现在的大学生。学生们可能没有很强的意识，那就是爱和性不仅是一种心理和生理上的体验和感受，它背后还有一个严肃的责任问题。这些是不可回避的，那么对于学生来说，健康、科学地对待性问题，了解性问题，更要理智思考并约束自己的行为，是大学生精神健康很重要的一部分。

案例 4：某大学大三学生王某，坐在教室里看书时，总担心会有人坐在身后并干扰自己，有强烈的不安全感，以至于只能做在角落或者靠墙而坐，否则无法安心看书；对同寝室一位同学放收音机的行为非常反感，有时简直难以忍受，尤其是中午睡午觉时总担心会有收音机的声音干扰自己，从而睡不着觉，经常休息不好。但又不好意思跟其发生当面冲突，因为觉得为这样的小事发脾气，可能是自己的不对。很长时间不能摆脱这种心理困境，很苦恼，严重影响了自己的日常生活和学习。即将毕业，心中一片茫然，担心找不到理想的工作，有时后也懒得去想这个问题，怕增添烦恼。学习一般，在班上成绩中游，当看到其他同学都在准备考研究生，自己也想考，但是又不能集中精力学习。自卑，缺乏自信，生活态度比较消极，认为所有的一切都糟透了。家在农村，经济状况一般，认为自己有责任挑起家庭的重担，但又觉得力不从心。

专家分析：在该案例中，该生实际上其心理困境主要是由各种压力源造成的。首先，该生即将面临大学毕业，择业困难构成其压力源的核心。择业压力所导致的心理紧张和心理困境，其实质是由来访者自身能力与理想目标之间的落差造成的，落差越大，心理压力也就越大。学习成绩一般，对自己缺乏信心，但家在农村，又觉得自己责任重大，必须找到一份好工作，因此心理压力是相当大的，而且是与日俱增。其次，择业压力使来访者在心理上产生不安全感。

行为发生学认为，当人受到刺激时就会做出某种特定的反应。来访者面对压力，采取的是消极应对策略——回避。虽然不去想它，但是问题和压力却仍然存在，尽管只是一种茫然状态；再次，择业压力使来访者的心理变得异常敏感和脆弱，这一点在他的日常学习和生活过程中直接体现出来。哪怕有一点动静，在教室看书或者在宿舍睡午觉就会受到干扰；严重时，即使没有任何干扰，来访者也会怀疑、担心和害怕受到干扰；第四，择业压力和敏感的心态极易使来访者面临人际性冲突问题，这是来访者采取回避和压抑等消极应对策略的必然结果。在与同学相处时，尽管来访者自己也意识到只是一些很小的事情，但就是不能控制自己。当某件事情或某个人多次引起自己的反感和不快时，就很自然地把自我消极情绪固着在该事或该人，从而影响人际的和谐与沟通。实际上，这是由于来访者刻意回避主要现实压力，导致压力感（压力能量）转移的结果。

案例 5：小 A 与小 B 是某艺术院校大三的学生，同在一个宿舍生活。入学不久，两个人成了形影不离的好朋友。A 活泼开朗，小 B 性格内项，沉默寡言，小 B 逐渐觉得自己像一只丑小鸭，而小 A 却像一位美丽的公主，心理很不是滋味，她认为 A 处处都比自己强，把风头占尽，时常以冷眼对小 A。大学三年级，小 A 参加了学院组织的服装设计大赛，并得了一等奖，小 B 得知这一消息先是痛不欲生，而后妒火中烧，趁小 A 不在宿舍之机将 A 的参赛作品撕成碎片，扔在小 A 的床上。小 A 发现后，不知道怎样对待小 B，更想不通为什么她要遭受这样的对待？

专家分析：小 A 与小 B 从形影不离到反目为仇的变化令人十分惋惜。引起这场悲剧的根源，关键是两个字——嫉妒。

既然嫉妒心理是一种损人损己的病态心理，严重影响自己的身心健康，克服的方法有：

（1）认清嫉妒的危害，嫉妒别人的人一方面影响了自己的身心健康，另一方面由于整日沉溺于对别人的嫉妒之中，没有充沛的精力去思考如何提高自己，恰恰有继续延误了自己的前途。

（2）克服自私心理。要根除嫉妒心理，首先根除这种心态的“营养基”——自私。只有驱除私心杂念拓宽自己的心胸，才能正确地看待别人，悦纳自己。

（3）正确认知。客观公正地评价别人，也要客观公正地评价他人。一个人只要客观地认识自己的优势和劣势，现实地衡量自己的才能，为自己找到一个恰当的位置，就可以避免嫉妒心理的产生。

（4）完善个性因素。大凡嫉妒心理级强的人，都是心胸狭窄、多疑多虑、自卑、内向、心理失衡、个性心理素质不良的人。努力完善自己的个性因素，提高自己的心理素质，以健康的心态面对生活。

（5）树立正确的竞争意识。以公平、合理为基础的竞争是向上的动力，对手之间可以互相取之所长，共同进步；还必须建立正确的竞争意识。嫉妒是人类心灵的一大误区。

拓展阅读

享受生命中的自然

有一个青蛙哲学家看到一只蜈蚣在走路。

他心想着，用四只脚走路已经够麻烦的了，蜈蚣是如何用一百只脚在走路的呢？它怎知该是那只脚先走？那只脚后走？接下来又是那一只呢？于是它叫住了蜈蚣，并把自己的疑问告诉它。

蜈蚣说：“我一生都在走路，但从未想过这个问题。现在我必需好好思考一下才能回答你。”

蜈蚣站在那儿好几分钟，它发现自己动不了。摇晃了一会儿，然后它倒下来。它告诉青蛙："请你不要再去问其他蜈蚣同样的问题。我已经无法控制自己的脚了！"

星星无须"看"地图就能依照圆行的轨道运行，如果给它们圆规和尺子说不定它们反而不知何去何从，甚至会迷路。人若对自己的生命没有信心，需要靠经典、箴言的指引，有那么多的原则、那么多的箴言要被遵循，当分别心升起时，其结果与青蛙在蜈蚣身上所造成的影响是相同的。一样的无所适从。试着去享受生命中的自然。专心地走路、专心地吃饭、专心地爱。

平静、喜乐油然而生！专心走路的时候，也不要忘记偶尔停下来，看看四周的景物，让自己的心灵稍做休息，同时也确定未来要走的方向！[①]

打好手中的牌

美国前总统艾森豪威尔将军，年轻时一次和家人打扑克消磨时间，整晚手风不顺，抓的都是很糟糕的牌，连输好几局之后，便开始烦躁起来。当再一次看到必输的牌面时，他诅咒起这可恨的坏牌来。他的母亲静静地看了他一眼，然后说："你到底还打不打牌?上天给你的就是这样一副牌，如果你不想放弃就请打好你手中的牌。"

艾森豪威尔从母亲朴素的话里听出了某种人生哲学，听出了拼搏的真谛，这让他受益匪浅。从此以后，无论从军还是走入政界，他都会常常用"打好手中的牌"来激励自己，鼓励自己勇敢面对眼前的失败和挫折，坚定自己的理想和信念。

如果说我们把自己所处的环境，自己不能控制的局面，看成是上天发给我们的一副牌，那么"打好手中的牌"就是我们能够做出的最明智的选择了。

"上天"有时很偏心，发牌的时候，给个别人的是一副春风得意的牌，给大多数人的是一副让人沮丧的牌，如果我们幸运地拿到了一副不错的牌，我们一定要争取去赢；如果我们摊上了一副糟得不能再糟的牌，我们也要尽可能找出一两张还算不错的牌，用他做强项，使结局变得相对好一些。牌桌上不只我们一个人，只要把眼光改变一下，充分利用规则中有利于现有牌面的那一部分，我们完全可以让牌局精彩起来。走在人生漫漫路途上，让我们重新审视自己手中的牌，默念一遍：精彩与否，关键在我！打好手中的牌！[②]

克 服 自 卑

能否悦纳自己是衡量一个人的心理状态是否积极和健康的一项重要指标。悦纳自己是指一个人相信自己存在的价值，认同自己的能力，并在行为上表现出一种与环境和他人积极互动的心理定式。

有这样一个故事，说的是一个农夫有两个水罐，一个完好无损，一个有一条裂缝。农夫每次挑水，完好的水罐总能把水从远远的水溪运到主人家，而有裂缝的水罐回到主人家时往往只有半罐水。这使有裂缝的水罐感到无比痛苦和自卑。一天，它在水溪边对主人说："我为自己每次只能运送半罐水而感到惭愧。"农夫惊讶地说："难道你没有看见每次回家的路旁那些盛开的鲜花吗？这些花只生长在你那一边，而没有生长在另一只水罐的那一边，因为我早知道了你的裂缝，并利用了它，我在你这一边撒下了花种，于是每天我们从小溪回来的时候，你就浇灌了它们。如今，这些鲜花已经给我们一路上带来了许多风景。"这个故事告诉我们，如果能够坦然

---

① 摘自"中文善书网"。

② 成功就这么简单[M]．哈尔滨：黑龙江人民出版社，2002．

面对自己生命中的一些缺憾和工作中的不足，愉快地接纳自己，扬长避短，充分发挥自己的潜力，同样会带来“柳暗花明又一村”的美景。

社交中的七种不良心理

人生活在世上，就必然要参与社会交往，社交的范围与每个人的职业、爱好、生活方式及地理位置有很大关系。但现实生活中，为什么有些人在社交中总交不上朋友，或者是交了朋友没多久，朋友又离他而去，且平时和同事的关系也不融洽。究其原因，是这种人在社交中心理状态不佳，阻碍了人际关系的正常发展，而这种心理状态，实际上就是社交中的病态心理，较常见的有以下几种：

一、自卑心理

有些人容易产生自卑感，甚至自己瞧不起自己，缺乏自信，办事无胆量，畏首畏尾，随声附和，没有自己的主见。这种心理如不克服，会磨损人的独特个性。

二、怯懦心理

主要见于涉世不深、阅历较浅、性格内向、不善言词的人，由于怯懦，在社交中即使自己认为正确的事，经过深思熟虑之后，却不敢表达出来。这种心理别人也能观察出来，结果对自己产生看法，不愿成为好朋友。

三、猜疑心理

有些人在社交中或是托朋友办事，往往爱用不信任的目光审视对方，无端猜疑，捕风捉影，说三道四，如有些人托朋友办事，却又向其他人打听朋友办事时说了些什么。结果影响了朋友之间的关系。

四、逆反心理

有些人总爱与别人抬杠，以说明自己标新立异，对任何一件事情，不管是非曲直，你说好，我就认为坏；你说对，我就说它错，使别人对自己产生反感。

五、作戏心理

有的人把交朋友当作逢场作戏，朝秦暮楚，见异思迁，处处应付，爱吹牛，爱说漂亮话，与某人见过一面，就会说与某人交往有多深。这种人与人交往只是做表面文章，因而没有感情深厚的朋友。

六、贪财心理

有的人认为交朋友的目的就是为了“互相利用”，见到对自己有用、能给自己带来好处的朋友才交往，而且常常“过河拆桥”。这种贪图财利，沾光别人的不良心理，会使自己的人格受到损害。

七、冷漠心理

有些人对各种事情只要与己无关，就冷漠看待，不闻不问，或者错误地认为言语尖刻、态度孤傲、高视阔步，就是“人格”，致使别人不敢接近自己，从而失去一些朋友。

社会大舞台

活动主题：校园调查——撰写大学生心理健康调查报告

1. 思维训练：下面是心理症状及评估测试题（以下问题回答中 0～4 表示从无到非常严重），

请你对自己的心理进行测试，针对自己的症状思考如何使不良症状得以改善？

（1）对异性的兴趣减退	0　1　2　3　4
（2）感到自己的精力下降，活动减慢	0　1　2　3　4
（3）想结束自己的生命	0　1　2　3　4
（4）容易哭泣	0　1　2　3　4
（5）感到受骗、中了圈套或有人想抓住您	0　1　2　3　4
（6）经常责怪自己	0　1　2　3　4
（7）感到孤独	0　1　2　3　4
（8）感到苦闷	0　1　2　3　4
（9）过分担忧	0　1　2　3　4
（10）对事物不感兴趣	0　1　2　3　4
（11）感到前途没有希望	0　1　2　3　4
（12）感到任何事情都很困难	0　1　2　3　4
（13）感到自己没有什么价值	0　1　2　3　4
（14）对旁人责备求全	0　1　2　3　4
（15）同异性相处时感到害羞不自在	0　1　2　3　4
（16）感到别人不理解你，不同情你	0　1　2　3　4
（17）感到人们对您不友好，不喜欢你	0　1　2　3　4
（18）感到比不上他人	0　1　2　3　4
（19）当别人看着你或谈论你时感到不自在	0　1　2　3　4
（20）感到对别人神经过敏	0　1　2　3　4
（21）感到在公共场合吃东西很不舒服	0　1　2　3　4

2. 师生互动：案例分析。

案例材料：李某，男，19岁，家住在偏僻的山村，曾以全县文科状元的身份被某重点院校外语系录取，入学后发现他的分数在全班几乎是倒数后几名，特别是外语成绩落后一大截。以前的优越感不再有，相反心理压力极大，总感到比其他同学差，上课抬不起头，怕老师知道成绩低，与同学交往也极少，总一个人独来独往，一个学期下来，外语笔试勉强通过，口语得了倒数第一，曾经辉煌的他，在大学却变得如此落魄，他接受不了这样的现实，内心十分痛苦。

请同学们思考以下问题：

（1）李某是一种什么病态心理？

（2）产生这种病态心理得原因是什么？

（3）应如何克服这样病态心理，增进心理健康？

点评：这是典型的焦虑症，如果长期这样，会转为抑郁症，强迫症的。

产生这种病态心理的原因就是外在条件发生了改变，而内在条件没有变化，导致了落差心理。李某不考虑客观因素，强迫自己进行比较，结果心理失去平衡。李某应该认清自我，让自己成为一个局外人，来看待自己的问题。高中时比别人好，大学时比别人差，那是因为参照“物”不同，而实际上自己并没有变得不好。李某应该端正自己的态度，不要产生自卑的心理，要把注意力放在如何提升自己的能力上，这样，即使追不上其他同学,自己也会有很大的提升。如果患者继续内心痛苦，长时间沉浸在郁闷中，就没有时间和精力去提升自己,这必然导致恶性循环，后果可想而知!

3. 社会实践：让学生做一个关于大学生心理健康问题的调查，然后写一份调查报告。

视频资料

1. 大学生心理健康讲座（http://www.baidu.com）。
2. 大学生心理健康周。
3. 马加爵受审判。

网上冲浪

1. 大学生心理健康问题探讨。http://www.glzx.net.cn:9999/jxky/uploadFiles/200708/2007083115806406.ppt。

2. 中国大中学生心理健康教育在线：http://www.psyhealth.cn/。

www.psyhealth.cn
中国大中学生心理健康教育在线

3. 高校大学生心理为何如此脆弱？http://www.psy525.cn/art/2010/05/13/00084385.html。

专题七 诚实做人到永远

——践行公民道德

诚实是你人生永远最美好的品格。

——高尔基

知识目标

1. 掌握公民基本道德规范的主要内涵及基本要求；
2. 明确加强大学生诚信道德建设的重要意义及主要途径。

能力目标

1. 能对自己和他人的行为做出正确道德评判，并提出改进意见；
2. 能自觉地践行公民基本道德规范。

情感目标

引导大学生在践行公民道德基本规范中，使自己的思想情感得到丰富，精神生活得到充实，道德境界得到提高，从而促进自身全面发展。

“百行以德为首”，道德建设是一个永恒的课题。在社会主义市场经济快速发展的条件下，社会生活中确实存在着道德失范、诚信缺失、假冒伪劣、欺骗欺诈现象，这对于涉世未深、世界观正处于确立时期的大学生来说，犹如在改革大潮中行船，稍有不慎，便会迷失方向。因此，充分调动同学们的情感、认知自己的行为、学会自律和他律，才能身体力行弘扬社会主义道德，才能恪守以诚信为重点的公民基本道德规范，锤炼个人道德品质。

情境导入

大学生校园内创办“诚信小铺”挑战“诚信危机”

2012 年 2 月 29 日下午 1 时多，在安徽广播影视职业技术学院教学楼前，一个方方正正的货架孤零零地立在寒风中，标着价位的小纸牌不时地被风吹起，货架上整齐地摆放着一块印有“诚信小铺”的铜牌，以及橡皮、2B 铅笔、笔记本、矿泉水等学习、生活用品，在它的一旁是一个红色箱子，上面写着“诚信箱，零钱自找”。正值上课时间，来来往往的学生从货架边走过，不时有学生驻足挑选。

2011年11月24日，由该校新闻系青年志愿者协会创办的“诚信小铺”开始营业，至今已有三个月的时间。日前，该协会成员用盈利所得的83元买了一些文具，捐给了合肥市儿童福利院。

开业之初担心连货带箱被抱走

韩淑慧，“诚信小铺”的创办人之一，说起小铺成立之初的缘由，这个戴着黑框眼镜的女生笑着说，最初是在一次例会上，老师提出举办以诚信为主题的活动，加上自己此前见到过别处有类似的无人售货小铺，便萌生了这一想法，并迅速拟出方案。

说干就干，随后大家买来了货架、面巾纸、面包，以及签字笔等学习用品，“诚信小铺”热热闹闹地开张了。“其实，大家最初都比较担心，毕竟没有人看管，这些货物再不值钱加在一起也有两百多元钱，所以还是有点不放心”。韩淑慧说，开业之初，甚至有好心的同学提醒自己，没准货架会连同收银箱一起被人抱走了，但经过讨论，大家还是选择相信同学们，“也算是一种心理安慰吧”。

因为价格要比超市里便宜得多，而且很方便，开业后，小铺的生意还算不错，第一天开张就有六十多元进账。“虽然大多数是我们协会成员自己来捧场买的，但也有不少学生来光顾。”韩淑慧说，学生上课时忘带笔记本了，就随手买一本;口渴了，就买瓶矿泉水带上;在食堂吃过饭了，会顺路捎包面巾纸。“今天早上我去上课时，还看到有两个男生买笔记本，两本八元钱，你看，这10元钱纸币还在这呢。”记者探头朝诚信箱一看，稀稀拉拉的零钱中，唯一一张的10元钱纸币非常显眼。

偶有买东西没投放钱的现象

截至目前，小铺开业已有三个月了，但中途因为寒假、连日阴雨等因素，小铺实际上真正营业只有14天。目前总采购已经花去522元，盈利83元。“平均一下，每天大概能营利约六元钱”。韩淑慧说，每天早上8时左右，学生们将货架子从办公室抬出来;下午5时多，将货架子抬回办公室，进出之前都会有检查登记，最少一天也会有五六元钱进账，基本上没有零收入的记录。

既然是无人看管，那么有没有学生买东西时没有投钱，或是没有找零?韩淑慧坦然地说，有时候晚上对账，也会发现少了几元钱，拿开业最初的那两天来说，每天大概损失几元钱，两天一共少了10元钱。“要想货品都能卖出去，一分不少是不可能的”。韩淑慧说，像这样的现象毕竟是少数，同学们整体诚信状况还是不错的。

对于“诚信小铺”，该校新闻系编导专业学生潘礼军算是老主顾了，基本上隔一天就会光顾一下。“一般事先都会备好零钱，买水或者本子什么的。好比坐公交车投币一样，很正常，所以应该没有买东西不放钱的吧”。潘礼军说，大学生毕竟受过高等教育，整体素质应该都还好，既然货主选择相信大家，那么大家也要以实际行动对得起别人的信任。

担心无人接手小铺就此荒废

回顾开业至今的一幕幕，韩淑慧说，最大的困难当属学生们的不理解，“最初那几天，我们安排了两名会员在离小铺远点的地方看着，一方面是为了更好的经营管理，一方面是担心大家不明白我们的用意，好及时上前做好解释工作，但立马就有学生说了，既然是无人看管，为什么又派人盯着，不信任别人，为什么要取名‘诚信小铺’?”韩淑慧说，“诚信小铺”的所有盈利都将用来买一些学习用品、玩具之类的给合肥市儿童福利院送去，这本是一件好事，却滋生出这些“非议”，让大伙颇感委屈。

好在大家都坚持下来了，原本计划只开设一个月的“诚信小铺”因为方便、实惠，受到学生们一致的认可，使得小铺得以支撑到今天。但在韩淑慧的心里还有一个担忧：自己已经四年级了，下半年就要实习了，到时恐怕无人接管。“小铺虽小，但意义重大，而且做起来也很不容易，不希望就这样荒废了”。韩淑慧说，自己正在物色能干的会员，希望将自己所有经验都教授给他们，说罢，将货架上的学习用品一一对齐摆放好，神情专注而复杂。

小铺成功考量了学生的诚信

对于“诚信小铺”的存在，该校电子商务专业教师兰辉表示，这绝对是校园里面的一道亮丽的风景线，在诚信日渐缺失的今天，它的存在是一种警示作用。“像现在的大学生在考英语四六级时，都需要签订诚信承诺书，教师写论文也需要签诚信保证书，在一定程度上，人们的诚信都是靠条条框框在约束着”。言语间，兰辉对小铺一再表示认可。

该校新闻系团总支书记汪海表示，近年来，关于诚信缺失的报道屡见不鲜，但诚信问题更多的是道德层面上的，没有什么明文规定，要想做到诚信，更多的要靠人们自身的意识，是一种自发行为，“诚信小铺”的存在恰恰在唤醒着人们这种意识，提醒大家保持做人的原则。

“单从小铺目前的盈利状况来看，这是对当前在校生诚信状况的一次成功的考量，是一个活生生的例子，比我们预料的要好”。汪海说，每逢新生入学，学校都会与学生签订诚信保证书，毕业时也会要求学生客观真实地向用人单位提供个人信息，不随意离职，通过“一进一出”的教育，让诚信教育深入人心。

采访中，韩淑慧说，自己曾听说过省内其他院校也曾搞过类似的活动，但都不了了之，甚至有的院校的货架被学生搬走，相比之下，他们的“诚信小铺”让她倍感自豪。

点评：在市场经济条件下，在社会、观念多元化的今天，我们每个人在金钱面前都难免会发生一些动摇，而且最危险的就是守不住自己的道德底线，导致诚信缺失，害人害己。作为当代的大学生，我们应该如何认识诚实守信，如何剖析诚信缺失现象，如何在我们的学习、生活中做到诚实守信呢？

知识导航

一、什么是诚信

诚信有两层内涵：其一，诚实不欺。这是一个人对自己内在的德行的一种要求，是他对自己应有的态度。其二，信守承诺。承诺可以分为制度性承诺与人格性承诺。就人格性承诺而言，它有心诺和言诺两种。心诺就是在内心应允他人的要求而并未向他人表白的承诺，言诺就是一个人当面答应别人的要求的承诺。制度性承诺是现代社会最为普遍的承诺形式，它与人格性承诺的不同在于：第一，它侧重在诚信中的“信”，这种“信”并非指其内容上可信，而是指态度上守信；第二，它是通过合同、契约形式表现出来的；第三，它是一种有限度的承诺，即以合同、契约所规定的内容为限度。这种承诺是依靠制度来保障的，是由制度化行为来实现的。

在发达国家，企业也好，普通百姓也好，都有张必不可少的“身份证”——信用记录。信用已经成为发达国家公民的“第二身份证”，一旦个人的信用有不良的记录，便给个人的生活、经营活动带来极大困难。曾经有一对中国留学生夫妇，在美国遇到了一起车祸，肇事者是个单亲家庭的刚满 16 岁的男孩，由于生活困难汽车没有买保险。法庭判决男孩的母亲必须赔偿他们 1 500 美元。那位母亲流着眼泪对他们说，她付不起这笔赔款，如果一定要她偿还的话，她只能宣布家庭破产，而失去7年的信用，会使他们的生活更困难。这对留学生夫妇明白信用对一个美国家庭意味着什么。尽管1 500美元不是个小数目，够他们两个月的生活费，但最终他们还是放弃了赔偿的要求。仁爱之心超越了金钱、超越了国度，也超越了文化。因此，在发达国家，大多数人视信用为生命，十分珍惜和维护自己的信用。由此可见，一个影响个人生活的信用体系是最好的制约手段。诚信在发达国家，已经成为人们赖以生存和发展的最基本的条件，也应成为我们的立身之本。

二、大学生的诚信缺失现象

（1）作弊——最普遍的不诚信行为。各种考试和测试作为衡量学生学习和教师授课效果的一种手段，对学生来说是经常发生又是最需要严肃对待的事，不容许有半点虚假成分掺入其中，否则不仅使分数体现成绩毫无意义，还会造成整个教学活动的混乱无序。遗憾的是，一些学生由于平时学习不认真，学习态度不端正，考试作弊、伪造实验报告、抄袭作业、剽窃科研成果已经成为学生应付学习的手段。多年来，考场管理尽管采取严格的监考措施，却仍有学生甘冒风险，作弊现象屡禁不止，作弊手段层出不穷，而且更趋“高明”。

（2）违约——最容易造成恶劣影响的不诚信行为。大学生是社会主义现代化国家建设的栋梁，诚信也是我们必须具备的基本道德素养。但由于大学生在法律知识方面的缺乏，经常造成一些违约的现象，最典型的就是就业合同的违约。有些毕业生与用人单位签订就业协议不是真正想去工作，而是把协议单位当跳板，严重影响用人单位的招聘计划和人才培养计划，挫伤了用人单位的积极性，不利于毕业生就业市场的稳定与发展。当然也有个别的用人单位不讲诚信，招聘宣传与实际情况不符，毕业生报到后感到上当受骗，所以学生还应该拿起法律武器与这些不守信用的虚假行为作斗争，维护自身的合法权益。

（3）做假——不诚信行为的最常见手段。社会上贩假制假的不良风气悄悄侵蚀着我们的校园，人们纯洁的心灵被蒙上了虚假的阴影。伪造证件、篡改成绩单在大学里比较普遍。为了出游享受半价，更换学生证上的照片，更改乘车区间；为找工作，篡改成绩，买假英语证书、计算机证书、学位证、毕业证；更有甚者自己犯错误，为了逃避家长批评，出现了假家长。

（4）网络——大学生不讲诚信最隐蔽的空间。随着互联网的发展，网络道德对大学生诚信道德建设产生越来越重要的影响。从正面影响看，网络道德以其内容丰富、观点鲜明、诚信观念新颖等特点对学生的健康成长产生积极作用。但是，网络具有“数字化”“虚拟化”运行的特点，学生网上的交流与沟通以字符为中介，可以“相逢对面不相识”，因而表现出非常自由、难以控制的虚拟人格，可以做出许多与现实人格不相适应的事情，表现出与现实社会诚信道德规范不相符合的状况，这对缺乏分辨力、判断力的学生诚信道德观念也产生着不可小觑的负面影响。如盗看别人的电子信件、发布虚假消息、浏览黄色网站、制造病毒等时有发生，严重影响了正常的网络秩序。

（5）虚荣——最容易引发不诚信行为的内因。一些学生家庭条件并不宽裕，但出于虚荣心，相互攀比，追求高消费，向父母提出超越实际可能的生活要求，这也是不诚实的表现。长此以往，后果不堪设想。当父母无法满足其要求时，在虚荣心的驱使下，他们有可能通过偷盗、诈骗来达到目的。走上工作岗位，他们可能会利用工作之便，贪污受贿，到那时，不再是诚实与否的品德问题，它已经触及了法律。近年来，经济犯罪呈年轻化、高科技化的趋势，党和政府也深刻感受到了在学生中加强诚实守信教育的紧迫感。

三、如何构建诚信教育体系

（1）广泛开展诚信教育实践活动。开展以诚信为主题的征文或演讲比赛、"诚信承诺"万人签名活动、网上"诚信论坛"等，以营造出人人讲诚信的教育氛围，引导学生把目光放到自己和周围人身上；聘请事业成功的校友"现身说法"，让学生感受诚信对事业成功的作用；定期召开关于诚信的主题班会、讨论会，让学生自己解析诚信，关注诚信；对受到社会资助、得到国家助学贷款的同学进行诚信讲座，加深他们对社会的责任和回报意识；对于诚信表现好的学生，要及时表彰，树立宣传典型等。鼓励广大学生走向社会，积极参加社会实践活动，在实践中开展批评和自我批评，在实践中检验自身的诚信素养，从而真正将诚信教育贯穿于大学生的学习、生活和工作之中。这些都会对学生诚信观的培养起到积极的作用。

（2）建立诚信档案。高等院校较之社会有许多独特的优势，可为每个学生建立相应的诚信档案，对全体学生进行诚信评定，并与评优、贷款、就业挂钩，给不合格者以一定的限制，以引导学生牢固树立诚信为本的做人准则。诚信档案的建立，使学生有了第一个信用记录，这是大学生的一份宝贵的资源，更是一笔无形的资产、财富，这会使学生产生珍惜它、维护它的愿望，使学生时刻注意自己的行为，培养自我、调整自我、完善自我，努力做诚信的事，得到良好的诚信记录，不断提高自己的诚信度。诚信档案是一种特殊的隐性教育方法，大学生诚信档案建立的过程就是确立诚信教育的目标、目标内化、学生自我教育、学生诚信反馈（自我评价）、学生诚信调节（自我调整或老师指导）、学生诚信再反馈（如肯定，则诚信意识形成；如否定，则继续调节）、学生诚信意识形成的过程。作为一种写实的档案，在学生毕业时，这份信用档案将跟随学生的人事档案一并交给用人单位，从而将学生的信用纪录延伸到社会。

（3）将诚信教育活动与大学生生活实际相结合。在对大学生进行诚信教育的时候，要切实坚持理论与实际相结合的原则，关注大学生的思想，关注大学生的日常生活，将解决思想问题，开展诚信教育，渗透到处理大学生生活实际问题中去。针对大学生在日常生活中所遇到的生活、学习和思想压力加重等现象，采取有步骤、有计划的诚信教育措施，通过了解学生的思想状况和生活状况，做耐心细微的思想工作，帮助大学生减轻各种压力，正确面对生活挑战，保持乐观、向上、健康的精神状态，养成"言必行、行必果"的习惯，从而切实提高诚信教育的实效性。

（4）创办诚信教育网络。诚信教育可以进入网络，利用多种方式参与网络活动，使网络诚信教育活动成为教育广大学生的生动教材。可以建立以诚信教育工作为目的的专题网站和网页，有针对性地直接发布有关信息和资料，达到以正确的思想理论教育人和引导人的目的。另外积极开展富有知识性和趣味性的诚信教育软件，用人们喜闻乐见的网络形式，寓教于乐，寓教于知识和科学技术，在潜移默化中影响和转变网络使用者的思想。

诚信是由行为中的诚信上升到行为习惯和生活方式的诚信，再上升到到信念和人格的诚信的过程。大学生的诚信意识、诚信行为、诚信品质，关系到良好社会风尚的形成，关系社会主义和谐社会的构建，在一定意义上关系中华民族的未来。因此，把诚信作为人格和信念，永远是大学生的高尚的人生追求。只有把诚信当成一种行为习惯或生活方式，使之成为一种信念，才能成为高素质的人才，才能承担起社会责任和历史使命。

青春话题

话题一：请同学们分析以下两组材料

（1）一个生意人因恪守诚信而亏本了，他的邻居却因制假贩假拥有了灯红酒绿的生活；一个学习刻苦、追求真才实学的大学生成绩只在中上，另一个大学生凭着临时突击、甚至舞弊却拿了奖学金。

（2）有人说诚信是一种理想化的美德，现实生活中做不到，讲诚信者往往吃亏；也有人说我是想讲诚信的，但别人不讲，我也只好不讲了。

讨论：你如何看待以上的现象和观点？诚信对大学生而言意味着什么？

点评：诚信问题是一个历史问题，也是现实问题。诚实守信，是一切道德的基础和根本。古人云："言而有信，君子也"，"仁、义、礼、智、信"是人们倡导并力求遵循的行为准则。在长期的社会实践中，中华民族形成了重承诺、守信义的道德传统，留下了不少如"千金一诺"的美谈佳话。在《公民道德建设实施纲要》中，"明礼诚信"写进了中国公民的20字基本道德规范，这一规范在思想道德领域犹如一石击浪，在全国引起了强烈反响。然而近年来，弄虚作假的风气在社会上弥漫，这股风气也弥漫到了大学校园，考试作弊、恶意拖欠学费、制造虚假履历……大学生诚信危机越来越多地浮出水面。诚信，是大学生树立理想信念的基础、全面发展的前提、进入社会的"通行证"，大学生的诚信意识、诚信行为、诚信品质，关系良好社会风尚的形成关系社会主义和谐和会的构建，在一定意义上关系中华民族的未来。大学生要在诚信道德建设的实践中自觉加以抵制和改进。

话题二：我们应该如何来践行公民道德——"道德银行"引发的争论

人们印象中，"道德"意味着无私奉献、不求回报，而"银行"则总和金钱联系在一起。浙江一所高校却将这两个截然不同的概念联系在一起，创办了一家"道德银行"，将道德行为折合成"货币"的形式依存起来，并可支取申请相关帮助或享受相应待遇。道德银行一成立，立即引发了诸多争议。

2012年3月21日，新华网刊登了黄玉婷先生的一篇文章，名为《"道德银行"，创新还是作秀？》。内容如下：

据媒体报道，湖南长沙理工大学城南学院参照国外成熟义工制度，成立湖南省高校首家"道德银行"，让学生在帮助别人的活动中获得"道德币"，积累道德财富，增强服务意识。

"道德币"的出现，是创新还是作秀？自"道德银行"创办之日起，各界争议不止。有人质疑，"道德"意味着无私奉献、不求回报，而"道德银行"却通过"道德币"来量化好人好事，一存一取之间，似乎"道德银行"催生的"道德富翁"，是功利的产物。

但笔者认为，"道德银行"此举不虚，其做法不过是借助"银行存取"这种形式，将无形的道德资本变成有形的道德资产，鼓励学生积累"道德资本"，形成良好的道德习惯。其实是为道德建设的提供了一个很好的平台。

一方面，它改变了原有的空喊道德口号的教育方式，化无形为有形，将崇高的道德品质量化成看得见摸得着的东西，形式新颖，能够吸引学生参加，并营造一个良好的氛围；另一方面，"道德银行"与学生互利互惠，对学生做好事产生激励，平时，学生可以凭借积攒的"道德币"获得评先评优的资格，还可以支取"道德币"换取听讲座、看演出的门票，何乐而不为？

据说，为配合"道德银行"建设，该学院专门修订了《学生手册》，将一学年获得10个道德币作为学生评优、评奖、评先和获得助学金的基本条件。奖罚机制的持续发力，取得意想不到的效果，有的学生从为获得“道德币”做好事而过渡到主动献爱心，甚至做好事不留名，催生了一系列好人好事。这才是“道德银行”的真正目的所在。

当然，“道德银行”能否坚持下去，还有待进一步观察。毕竟，近年来各种加强道德建设的新点子、新创意不断涌现，但大多是昙花一现，不了了之。况且，“道德银行”也并非培养学生道德观念的唯一途径，一味积攒“道德币”也不等同于“道德高尚”。高校的学生道德建设能否充分激发自律的作用，还应有更多有效的配套措施。

对于“道德银行”的尝试来讲，其示范作用不应止步于现有的存取模式，一方面，高校需要不断总结经验，使这项制度得以坚持下去，另一方面，还需要不断丰富“道德银行”的产品设计，增强教育引导能力。“道德银行”最大的可取之处在于，它尝试着搭建一个人人都能登得上去的平台。

关于道德银行的话题从出现以来从未断过。2002 年 4 月 7 日，郑州青少年道德银行成立，仅报名的前几天，前来“开户”的就有 2000 多人。可 3 年后却发现，许多当年参加活动的志愿者，其“道德银行”存折仅用过几次，“道德银行”真正的“业务”运转，持续时间没有超过一年。2003 年 11 月 5 日，位于杭州钱塘江畔的浙江工业大学之江学院举行了简单而隆重的启动仪式，宣布道德银行正式成立并运行。学院有几千名大学生成为道德银行的储户，其中多名储户已获得第一笔“道德币”。

你如何看待道德银行？用好人好事换取道德币，这是否是对道德的亵渎和公开挑战？

点评：银行存取金钱，以营利为最大目的；道德所追求的最高境界是无私奉献。“道德银行”鼓励人们把所做的每一件好事都记载下来，用好人好事换取“道德币”。这种做法强烈地冲击着传统观念，同时对传统的道德评价体制也提出了很大的质疑。但是，同时我们也应该看到其进步意义，对奉献者的回报是社会对他们的一种尊重和认可，这体现了公民道德建设要与社会主义市场经济相适应，要正确理解和运用物质利益原则，更何况这只是一种激励而并非是支付真正意义上的对待报酬。“道德银行”通过志愿者志愿服务的方式，倡导一种“多予少取、多予不取、无私奉献”的道德理念，将道德行为由自发转变为社会普遍关注的行为。总之，道德银行这种市场化运作形式，符合国际潮流，是与国际上的“义工制度”“志愿者制度”相对应的一种制度。在它的实施过程中，一定要注意引导学生把注意力集中到道德银行的创新性和进步性上来，不要人为地夸大其功利的色彩。

应该看到，道德银行目前只是在高校校园这样一个特定的环境里实行，大学生思想活跃，关于将理论与现实结合起来。我们应该引发学生对道德问题作更深层次的认识和思考，在传统课堂德育教育的理论基础上，让高校的道德教育得到具体化、实践化的发展。这应该成为道德建设的突破点和平台，在此基础上，进一步寻求更好的适合全体社会普遍范围开展的公民道德建设活动。

欢乐课堂

一、问卷调查：

1. 你觉得自己是个值得信赖的人吗？（　　）

   A. 当然是　　B. 基本上可以　　C. 我做不到

2. 你许下的承诺一般会兑现吗？（　　）

   A. 尽力兑现，不能言而无信　　B. 看情况，不兑现也无所谓

C. 很少兑现，只是随便说说

3. 你怎么看待撒谎？(　　)

A. 人绝对不能撒谎　　B. 可以撒谎，但一定要是善意的

C. 撒谎没什么大不了的

4. 你对和别人的约定怎么看？(　　)

A. 我一向信守约定，最讨厌不守约的人

B. 我经常不守约，但都是有原因的

C. 我经常无缘无故爽约，也觉得没什么

5. 假设你撒谎或者欺骗别人被人揭穿了，你有什么感觉？(　　)

A. 感到很羞愧　　B. 无所谓

C. 对揭露我的人心怀仇恨　　D. 我从没有撒谎或者欺骗过别人

6. 若你答应别人保守秘密或者隐私，实际上能做到吗？(　　)

A. 尽力严守秘密和隐私　　B. 如果对自己有利，就会把秘密或者隐私说出去

C. 背着别人把这个秘密或者隐私说出去

7. 你有没有在考试的时候作过弊？(　　)

A. 有　　B. 没有

8. 你熟识的人群中有没有人为获得良好职位而伪造学历或获奖证书？(　　)

A. 有　　B. 没有

9. 你乘坐地铁、公共汽车有没有逃过票？(　　)

A. 有　　B. 没有

10. 你捡到东西是否都能做到物归原主？(　　)

A. 能　　B. 不能

11. 你买东西时对方多找给了你钱，你发现后会(　　)。

A. 若无其事走掉　　B. 把多找的钱退回去

12. 假设你向别人借了钱，你会(　　)。

A. 在承诺的期限内还钱　　B. 因为手头紧或特殊原因，在承诺的期限之后还钱

C. 何时有钱何时还　　D. 想起来就还，想不起来就算了

13. 你约会或者上班、开会的时候经常迟到吗？(　　)

A. 经常迟到　　B. 偶尔迟到　　C. 从不迟到

14. 你有没有因为不诚信的商家而买到假货？(　　)

A. 经常买到假货　　B. 很少　　C. 几乎没有

15. 你觉得你周围的人能做到守信用吗？(　　)

A. 大多数人可以　　B. 很少人能做到　　C. 几乎没有人守信用

点评：我们每一个人都在对别人进行着道德评价，我们自己的言行也常在别人的评价之中。通过调查及讨论，让同学们知道在日常生活中许多的看起来不以为然的事情其实都是“德行”的体现。只有学会自律和他律，重视道德品质，加强自身的道德修养，才能让我们生活的空间更加和谐、更加美好。

四、情景模拟表演

当我经过漫长的人生跋涉，走到这个渡口的时候，我可以非常自豪地说我这一生是成功的！我肩上的七个行囊,装满了健康、美貌、机敏、诚信、才学、金钱、荣誉。（坐船人拍着胸脯，晃着脑袋，一副得意洋洋的神态）渡口只有一只小船，一位须眉皆白的老艄公正坐在船头悠闲自在地吸着烟，望着远方……

坐船人：（走上前去，深鞠一躬）劳烦船家，摆渡过江多少钱？

老艄公：（转过头来，打量一番，目光停留在诚信的行囊上，慢慢露出笑脸）一口价，三个铜钱，包你安全到岸！

坐船人：好！一言为定。

（开船，起初江面风平浪静，过了不久风气浪涌，小船开始上下颠簸）

老艄公：（叹了口气）唉，船小负重，客官须丢弃一个行囊，方可安渡难关。

坐船人：（面露难色）这……哪一个不是我辛劳所得？我怎舍得丢弃？

老艄公：有弃有取，有失有得。

坐船人咬紧牙关，狠下决心，把诚信抛进了水里。

老艄公稍一愣，面露失望之色。

（过一会儿，风平浪静。）

坐船人：（面露喜色）老人家，趁着浪小，快快摇船吧！

老艄公瞥了一眼坐船人，停了船桨，径自坐在船头。

坐船人：老人家，你这是……

老艄公：要我摇船也可以，不过要用你那一袋金钱来充当船费。

坐船人：你……（气得说不出话来，但四周水天茫茫，何处是岸？只得气急败坏地将金钱扔给老艄公）

（行了不久）

老艄公：（摇头叹气）哎哟，人老身子骨不好，没力气摇船了——除非你把健康给我，不然……

坐船人：事到如今，我就把健康给你。

老艄公：（伸伸懒腰，走到坐船人身边）喂，年轻人，你好人做到底，连同那几个行囊一同给我老头儿吧！

坐船人：你……（大声嚷）初上船时，你说三个铜钱包我到岸，可如今你却贪得无厌，一再勒索。你……你怎么如此不讲诚信？

老艄公：哈……（大笑不止）诚信？你不早将诚信抛入水中了吗？与你这等不诚信的人还讲什么诚信？快将行囊拿来，现在我可比你健壮多了！

坐船人一愣，只得乖乖将行囊给了老艄公。

老艄公：我可先走一步喽！（扑通一声，老艄公跳进水里，不见踪影）

坐船人暗自想起被抛弃的诚信，后悔莫及，不禁落下泪来。

老艄公：（突然湿淋淋地爬上船来，将七个行囊抛到坐船人身边）年轻人，我给你把诚信捞回来了，记住，从今往后，无论何时，也不能抛弃诚信呀！

坐船人：（惊喜交加）你是……

老艄公：（指着自己）我就是诚信。诚信才是人生真正的摆渡人啊！

点评：诚信就像一个路标，它将一个人的人品、修养引入了纯洁的圣地。诚信体现在点点滴滴的小事上，一份承诺，一份责任都是一种诚信。我们讲诚信就是要说真话，求真知，做真人。这就要求我们在追寻人生理想的道路上踏踏实实，一步一个脚印，在日常为人处世之中，真诚待人、严格自律。

相关链接

公民基本道德规范

公民基本道德规范涵盖了社会生活的各个领域，适用于不同的社会群体。公民基本道德规范的主要内容包括：爱国守法、明礼诚信、团结友善、勤俭自强、敬业奉献。

1．爱国守法

爱国作为公民道德规范，基本内容应当包括两个方面：一是牢固树立中华民族的意识和国家利益至上的意识，自觉维护国家的独立、统一、尊严和利益；二是为把中国建设成为富强、民主、文明的社会主义国家做出力所能及的贡献。

守法作为公民道德规范，其基本内容应当包括：知法、守法、护法。作为公民道德规范，"守法"强调公民遵守法律，不只是出于对法律的畏惧，更主要的是出于对法律的自觉认同。因此，一个有道德的公民，不应当将法律简单地认为是消极的行为规范，而应当积极自觉地学法、懂法和守法。

2．明礼诚信

明礼是指待人接物时言谈举止要讲文明礼貌。明礼作为公民道德规范，基本内容包括两个方面：从狭义上讲，明礼就是讲究起码的礼节、礼仪和礼貌，无论是在公共场合还是在职业场所和个人家庭生活中，行为举止都要得体、适宜；从广义上讲，明礼就是讲文明，特别是注重公共场合中言谈举止的文明，如爱护公共财物、维护公共秩序、遵守交通规则、不随地吐痰、不乱扔垃圾、不大声喧哗等。

2007 年 8 月 21 日，外交部在其官方网站发布《中国领事保护和协助指南（2007 年版）》，提醒我国公民出国时的注意事项，如在公共场合要表现平静，不要大声说话，避免突出自己；不要在公共场所参与他人的争吵等。

诚信有两层内涵：其一，诚实不欺。这是一个人对自己内在的德性的一种要求，是他对自己应有的态度。其二，信守承诺。

3．团结友善

团结作为公民道德规范，基本内容是强调在追求共同理想目标的基础上，公民通过弘扬集体主义精神和团队精神，形成各个行业、各个部门、各个单位、各个人群的凝聚力，最终汇集为全民族、全社会的凝聚力。

联系实际，在校园里同学之间要团结互助，正常交往，真诚相待，不起侮辱性绰号，不闹无原则纠纷，不歧视有生理缺陷的同学，发生矛盾严于自我批评，在社区，要正确处理邻里关系，与邻居团结友爱，和睦相处，邻里有困难主动关心，热情帮助。在日常生活中，要严于律己，宽以待人，不随意打断别人的讲话，打扰他人学习、工作和休息，妨碍别人要道歉；未经允许不进入他人房间，动用他人物品、翻阅他人信件和日记。我们只有这样从身边的点滴做起，才能养成团结这种高尚的道德品格。

友善作为公民道德规范。基本内容是友好、友谊、友情、善良、与人为善等。

一个和谐的企业，亲切友善的人际关系和工作氛围非常重要。如果同在一栋大楼或一个办公室里做事，大家见面都冷冰冰地相互视而不见，谁有个什么事也都冷漠地袖手旁观，每天在这样的环境中工作，心情将会多么糟糕。同事间随时随地互相帮助，一个友好的微笑，几句善意的小玩笑，都能让人感到心情舒畅，工作的烦累也随之消散。

人类的爱心与责任心，首先表现在热爱生命，尊敬生命，关怀生命。我们今天强调以人为本，也首先要以生命为本。当一个人面临死亡，生命受到严重威胁时，倘若对此无动于衷，见死不救，那就谈不上有什么爱心与友善。

4．勤俭自强

勤俭作为公民道德规范，基本内容是勤劳、勤奋、勤快、俭朴、俭节等。古人认为"勤能补拙，俭以养廉"。

从"勤能补拙"来看，一个人在事业上的成就，最重要的就是竭尽能力，持之以恒不断努力。中国古代思想家荀子在《劝学》中也说："锲而舍之，朽木不折，锲而不舍，金石可镂。"又说"故跬步而不休，跛鳖千里；累土而不辍，丘山崇成"。所有这些格言和古训，都告诫和劝勉人们，只有勤奋努力，坚持不懈，才能取得事业的成功。

当然，提倡勤劳节俭、艰苦奋斗，并不是反对提高生活水平，也不是要求人们都去做不食人间烟火的"苦行僧"，而反对的是奢侈享乐之风。

自强作为公民道德规范，其基本内容是自立、自信，自尊，生命不止，奋斗不息。苟安者弱，拼搏者强；自强者昌，自弃者亡。生活要自立，人生当自强。所以，学会做一个自强的人显得尤为重要。

"宝剑锋从磨砺出，梅花香自苦寒来""不经一番彻骨寒，怎得梅花扑鼻香"。自强不息的精神就是生命里的阳光，照亮人们前行的路。正是有这种精神，保尔可以在瘫痪在床的情况下，依然写出振奋人心的巨著《钢铁是怎样炼成的》；张海迪高位截瘫的情况下依然创作了 5 部长篇小说，自学了四种语言……在他们身上，自强闪烁着耀目的光芒。

5．敬业奉献

敬业作为公民道德规范，其基本内容是忠实地履行职业责任，用一种恭敬严肃的态度对待自己的工作。认真负责，兢兢业业，精益求精，甚至在必要时不惜以身殉职。

敬业与奉献是紧密联系在一起的，一个具有奉献精神的人，必定能在工作中做到爱岗敬业。

今天我们讲奉献，并不是讲付出劳动不要报酬。而是讲一种精神，在公与私、义和利、奉献和索取之间，把前者放在首位。如果把自己从事的职业作为谋取个人私利的工具和手段，那么在工作中就会套上无形的枷锁，摆脱不了名利的羁绊，最终将一事无成。只有树立起奉献社会的精神，培养自己对工作岗位的深厚感情，干一行爱一行，爱一行钻一行，精益求精，乐于为人民服务，在工作中才会有所建树。

拓展阅读

一次"免费早餐"

早晨，浙江林学院学生和往常一样来到学校食堂吃早饭，当他们打好饭菜后却遇到了一件从来没有遭遇过的事情：停电了，食堂金龙卡服务器全部瘫痪。由于该校食堂全部采用金龙卡付款，从不收现金，面对排着长队等吃饭的学生，怎么办？学生要上课，必须先吃饱饭！

该校后勤领导果断决定：让学生先吃饭，至于饭钱，等中午来电金龙卡恢复使用，学生们再来打卡。

于是，大学生们吃到了“免费早餐”，顺利地上课去了。学生们吃过早饭，午饭的时候他们还会来付早饭的钱么？学校又没有在卖饭菜的时候记录每一个买饭菜同学的姓名和饭菜的价格，如果学生买了早餐不来付款怎么办？

到了中午，在学校食堂负责人心里搁了一上午的担忧很快就化成了欣喜：午饭时分，来自动打卡付早餐钱的同学越来越多，直到午餐供应结束，该食堂经过计算卖出早餐的份数和中午来打卡同学的个数，并参照以前的收入，发现所有领取“免费早餐”的同学都来补上了早餐的费用。

一名已经在校外吃过午饭的同学还专门来打卡，“我可不想为了贪这点钱，而损害我的诚信分数，虽然没有人知道我是否买了早饭或是否已经付钱，但我自己知道，如果我今天不来付款，它会像一块石头搁在我的心里。”该校旅游学院旅游管理 031 班学生吴某这样认为。

浙江林学院后勤集团党总支书记说：高校的服务和社会服务不同，高校后勤更应该相信学生，服务学生。这次意外的事故也证明我们的学生是讲诚信的，我们的后勤也是相信学生的。高校后勤不应该形成一个“我服务，你监督”的对立层面，而要通过良好的服务，加强后勤人员与学生之间相互交流，让学生了解后勤，从而创立一个团结、协助、融洽的大家庭，在这种相互理解中，弘扬服务文化，提高服务质量，从而为培养学生综合素质服务。

其实，除了“免费早餐”的“考试”以外，林学院近年来参加各类关于诚信的“考试”成绩也相当不错：

学生会开设的无人售报，报款的回收率全部 100%；学生毕业填就业简历，从没发现有学生做假；学生参加各类考试，作弊的同学也很少发现；学校有关部门设立的“真情雨伞”，为没有带雨伞而碰上雨天的师生提供，让他们免费使用，师生都能及时归还；部分贫困学生欠学校的学费，一旦他们有能力就积极还上；学校图书馆允许学生带书包、带自己的书进去看，很少发现图书有遗失现象——几乎所有的“考试”学生都能顺利通过，而且“考试”成绩越来越好。

点评：案例体现了大学生践行诚实守信的良好典范。大学生也只有身体力行自觉加强诚信道德建设，把诚实信用作为高尚的人生追求、优良的行为品质和立身处世的根本原则，才能肩负起社会主义和谐社会建设的历史使命。

4 名大学生骗领信用卡透支近 10 万元

据报道，四名 80 后的大学毕业生，均有着较为稳定和体面的工作，却干起了信用卡诈骗的勾当。近日，江苏苏州市虎丘法院审结了这起信用卡诈骗犯罪和妨害信用卡管理犯罪的刑事案件。

心术不正，违法代办信用卡

王某是国内一家大型银行信用卡中心的职员，其在开展业务过程中结识了时任苏州某电子公司生产部课长的沈某，因嫌单位的待遇不够高，两人前后于 2008 年下半年离职。两人一心想找个清闲又高薪的职位，但始终没有如愿。王、沈二人便和当时也没有找到合适工作的张某、李某共同谋划替他人代办信用卡，以收取办卡人手续费赚钱。

四人立即专门租了一个房间，购置了打印机、纸笔、账本等办公用品。为了替办卡人提供虚假证明材料，他们还私刻了沈亮所在公司的印章、购买了不用登记身份证的电话卡、伪造了工作证明和工作牌，并对信用卡申办的各项任务做了具体分工。由于王某从事过信用卡业务，对办理信用卡的流程和手续非常熟悉，因此由王某对代办的各项手续进行审核。每办一张信用卡，收办卡人 10%的费用，赚到的钱四人平分。就这样，他们前后用虚假的单位证明和收入证明替十几个人代办了信用卡。

财迷心窍，骗领信用卡套现后挥霍

沈某好赌，身负赌债。在代办信用卡业务做了一两个月后，他认为代办信用卡赚钱不多，提出可否使用他人身份证明骗领一些信用卡，然后自己使用。由于此举获利巨大，四人经商量后均表示同意。经验丰富的王某还为此支招：信用卡套现透支后，只要用其他信用卡套现的金额按时垫还，银行就不会发现，就不会出事。财迷心窍的四人就分别行动了起来。

沈某曾是公司生产部主管，王某曾在银行信用卡中心工作过，他们轻而易举就找来了很多人的身份证复印件，并以沈某所在公司员工的名义申领信用卡。沈某、王某和李某在各家银行都有熟人，再加上银行员工有办卡业务指标，四被告人先后成功骗领到数十张信用卡。信用卡办好后就寄到沈某之前的公司，再由沈某去领取。沈某拿到卡之后再找到专门从事信用卡套现的人，以支付手续费的代价进行套现，先后所得资金达人民币 73969.5 元，全部被其用于偿还赌债和挥霍。

恶意透支，屡催不还终案发

沈某在之前曾以自己身份证明领取的中国银行等七家银行信用卡也均透支超期未还，累计达 24346.7 元。在银行的一再催收下，沈某以更换手机号码、外逃等各种方式逃避还债。2011 年 3 月 11 日，中国银行苏州分行向公安机关报案，公安机关在对其他报案材料梳理过程中发现孙某（被沈某等四人冒用身份证明者之一）名下的中国银行信用卡有被他人冒用的嫌疑，其信用卡申请表中书写笔迹与沈某中国银行信用卡申请表笔迹相似，并且办卡人为同一工作单位，公安机关故对此并案侦查，对沈某进行网上追逃，后在常熟将沈某缉拿归案。公安机关顺藤摸瓜，王某、张某、李某随后归案。

罪责难恕，天之骄子沦为阶下囚

虎丘区法院经审理查明，沈某以非法占有为目的，使用以虚假的身份证明骗领信用卡以及恶意透支信用卡，实施信用卡诈骗，已构成信用卡诈骗罪；王某、张某、李某共同使用虚假的身份证明骗领信用卡，妨害信用卡管理，均已构成妨害信用卡管理罪。据此，法院根据四被告人犯罪情节和具体事实,依法对四被告人判处了有期徒刑五年三个月至拘役三个月不等的刑罚，并处了人民币五万至一万元不等罚金。

点评：市场经济条件下，“钱”似乎总是惹上各种各样的麻烦，而因为钱也总出现各式各样的问题。信用，是一辈子的投资，无论对自己，还是他人，希望每一名大学生能够认真对待。

社会大舞台

1. 思维训练：给自己建立一份诚信档案。

2. 师生互动：以“大学生与诚信教育”为主题，举办主题演讲。

3. 社会实践：践行公民道德，从我做起。印发不文明行为榜单及公民道德宣传资料，倡导大家共同创建和谐社会。

视频资料

1. 百家讲坛于丹《论语》——感悟《诚信之道》。
2. 第三届全国道德模范评选表彰颁奖典礼——《德耀中华》。
3.《新闻深一度》：翻版彭宇案。

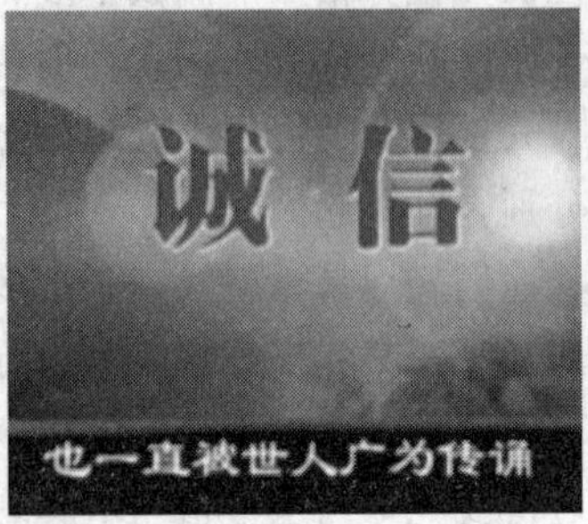

网上冲浪

1. 道德观察官方网站——道德就是一种力量：http://space.tv.cctv.com/podcast/daodeguancha。
2. 道德力量大家谈：http://www.people.com.cn/GB/shizheng/252/6742/index.html。

专题八 落红不是无情物，化作春泥更护花

——感悟职业道德

实际上，每一个阶级，甚至每一个行业，都有各自的道德。

——恩格斯

知识目标

1. 明确职业道德基本规范；
2. 理解职业道德的重要作用；
3. 了解养成良好的职业道德的途径和方法。

能力目标

能用基本的职业道德规范提炼本专业的职业道德规范，做好在校期间的职业道德训练和准备。

情感目标

培养学生爱岗敬业的意识，增强职业责任和道德意识，使他们在职业生涯中做一个遵守职业道德的从业者。

一个中国留学生在日本东京一家餐馆打工，老板要求洗盆子时要刷6遍。一开始他还能按照要求去做，刷着刷着，发现少刷一遍也挺干净，于是只刷5遍；后来，发现再少刷一遍还是挺干净，于是又减少了一遍，只刷4遍并暗中留意另一个打工的日本人，发现他还是老老实实地刷6遍，速度自然要比自己慢许多，便出于“好心”，悄悄地告诉那个日本人说，可以少刷一遍，看不出来的。谁知那个日本人一听，竟惊讶地说：“规定要刷6遍，就该刷6遍，怎么能少刷一遍呢？”

如果你是老板，你希望用哪种心态的员工？

国外一家调查显示：学历资格已不是公司招聘首先考虑的条件，大多数雇主认为，正确的工作态度是公司在雇用员工时最优先考虑的，其次才是职业技能，接着是工作经验。毫无疑问，工作态度已被视为组织遴选人才时的重要标准。

现代文明社会中，每个人以相应的身份和角色参与社会的活动，都会被要求遵守社会公德和相应的职业道德。随着现代社会分工的发展和专业化程度的增强，市场竞争日益激烈，整个社会对从业人员的职业道德要求越来越高，大学生是国家各行业未来的高级专门人才，要学习、掌握职业生活相关的道德,培养一定的职业道德素养，为未来的职业生活奠定基础。

情境导入

母亲的遗画

凯瑟琳的母亲是在她5岁那年因车祸不幸去世的。那天是周五，凯瑟琳要和母亲一起到道斯先生的渔具店去买鱼钩，他们约好了周末全家人一起到海边去钓鱼。凯瑟琳的父亲是镇上最棒的脑科医生。那天，他有个非常重要的手术，所以他就将购买鱼钩的重任交给凯瑟琳的母亲了。早上，凯瑟琳很早就醒了，她催促着母亲赶紧出门，晚了，道斯先生店里最好的那个金色的渔钩恐怕就要被别人买走了。

母亲驾车带着凯瑟琳出了门，那天早上的雾很大，途中，一辆很大的卡车从拐弯处直直地朝着她们的汽车冲过来，连喇叭也没按。母亲为了保护凯瑟琳，向右猛打方向盘，车子撞到了右边的大树上。母亲因此受到剧烈撞击，导致脑颅内大出血，被送到了医院。

母亲的伤势很重，必须马上做开颅手术。而镇上的医院规模不大，整个医院只有两个脑科医生可以做这种手术：一个是正在邻镇度假的马丁内斯医生，一个就是正在为病人做手术的布鲁尔医生——也就是凯瑟琳的父亲。

可正在手术中的父亲拒绝停止手术，母亲就在等待马丁内斯医生从邻镇赶回的途中去世了。

凯瑟琳不明白父亲为什么不愿意救母亲，而就这样眼睁睁地看着母亲死去，她幼小的心灵里充满了对父亲的怨恨。凯瑟琳执着地认为，是父亲害死了母亲。从那天起，凯瑟琳不再和父亲说话，不管父亲如何对凯瑟琳解释那天的事情，凯瑟琳就是拒绝回应。她在用沉默对父亲施以无声的惩罚。

凯瑟琳就这样把自己封锁在了自己和母亲的世界里，除了母亲的照片，她甚至看也不看别人一眼。两年后的一天，一个叫阿曼达的女人以继母的身份走进了凯瑟琳的生活。阿曼达是个很漂亮的女人，对凯瑟琳也非常好，可凯瑟琳就是不喜欢她。看到这个女人住着母亲曾经住过的房间，用着母亲曾经用过的厨具，凯瑟琳的心里就有一阵阵的刺痛。她的脾气变得越发古怪，到最后，凯瑟琳甚至拒绝再开口对任何人说话。

父亲对凯瑟琳的自闭无可奈何，他用尽各种方法想帮助凯瑟琳走出心理阴影，可始终只能看到凯瑟琳毫无变化的表情。

这天，凯瑟琳又抱着母亲的照片呆呆地坐在阁楼里。门外传来了一阵脚步声，是阿曼达，她轻声地问凯瑟琳：“嗨，凯瑟琳，我能进来吗？”凯瑟琳没有答理她，她讨厌在这个时候看到阿曼达。阿曼达推门进来了，她用轻柔的语气微笑着对凯瑟琳说：“我在卧室里找到了一个木匣子，看来是你母亲留给你的。”一听是母亲的东西，凯瑟琳立刻从阿曼达的手中接了过来。她紧紧地抱着那个雕着花纹的木匣子，贪婪地闻着，仿佛其间正散发着母亲芳香的气息。阿曼达知趣地离开了阁楼。

凯瑟琳迫不及待地打开了木匣子，里面装着一幅画和一封信。这是一幅很美的油画，画的是一轮海边的夕阳，就好像他们在两年前约好前去买钓鱼钩的海边一样美丽。油画里渲染上了所有美丽的中用得最多的颜色，金光夺目……

凯瑟琳记得，母亲曾经学过一段时间的画画，可因为老是画不好，就放弃了。她却从不知道，母亲还画过一幅这么美的画呢。信其实是母亲在画后写给凯瑟琳的随感，信里这样写道：

亲爱的凯瑟琳：

我不知道你什么时候才能看到这封信，因为现在你还小，可能还不能明白其中的意思。等你稍大些，也许就会看到这封信了。我原以为自己这辈子也画不出一幅好画了，因为我试了那么多次，却总是失败。这幅画原是一幅放弃的初稿，我画的是海边的夕阳，可在今天，我看到海边的朝阳时，灵感突发，竟发现这幅放弃的初稿其实是幅佳作。完成这幅油画，让我突然之间有了一种顿悟：一件事情，如果能学会从另一个角度去看待，也许就能走出困境。在你心情沮丧的时候，你看到的是夕阳，可当你充满希望的时候，你就会看到一轮朝阳，纵然你看到的其实是同一幅画。

其实，生活也是一样。上帝赐予你的从来都不曾改变过，只看你如何去对待。你的态度不同，也许就会是截然相反的两个结果。孩子，我的凯瑟琳，我真心希望你看到这幅画时，看到的是一轮充满希望的朝阳。如果你有什么不开心，就看看这幅画吧，挖掘出自己生命中的每一个希望。

母亲的信让凯瑟琳一下子找到了生活的意义，她告诉自己，绝不能辜负母亲的期望。为了母亲，她不会再自暴自弃。她一改从前，十分努力地学习和生活着，而每当她不开心的时候，就会拿出母亲的那幅画，寻找母亲当年坚持的痕迹，给自己渡过难关的力量。

时光如梭，凯瑟琳很快长成了一个亭亭玉立的大姑娘，而岁月的沉淀也让凯瑟琳明白了许多生活和生存的道理。她终于懂得了父亲当年为何会做出那样的抉择：虽然手术室外躺着的是自己的妻子，可一个医生的职业道德让他选择了继续手术。凯瑟琳为有这样的父亲而自豪。

“对不起！”当凯瑟琳极其内疚地对父亲说出这声迟到了多年的道歉时，她听到了父亲喜极而泣的哽咽声。

周末，凯瑟琳和父亲来到了久违的海边，他们用金色的渔钩钓鱼，而阿曼达为他们准备可口的食物。

闲聊中，凯瑟琳无意间提到母亲的那幅关于朝阳的油画时，父亲的脸上满是惊讶。他告诉凯瑟琳，母亲当年因为久学不成，早就放弃画画了，他一点儿也不知道，母亲还画过什么朝阳。倒是阿曼达，她曾经画过一幅名为《最后一抹夕阳》的作品，而且还在她的家乡引起过轰动呢。只是不知为什么，在凯瑟琳7岁那年，阿曼达就扔掉了画笔，不再作画。她说是因为自己的创作灵感已经枯竭，而且还不允许人再在她面前提起画画的事情。

瑟琳这时才明白，阿曼达当年是如何为了挽救一个走进误区的孩子，而牺牲了自己的事业的。她抬起头，看着海边那一轮金色的夕阳，正缓缓地落向蓝色海岸的另一边。那一刻，凯瑟琳泪如雨下。

故事中小女孩的妈妈受伤时爸爸没有及时抢救而死亡，小女孩不明白父亲为什么不愿意救母亲，而就这样眼睁睁地看着母亲死去，她幼小的心灵里充满了对父亲的怨恨。并执着地认为，是父亲害死了母亲。在继母阿曼达的帮助下，小女孩明白了许多生活和生存的道理。她终于懂得了父亲当年为何会做出那样的抉择：虽然手术室外躺着的是自己的妻子。可一个医生的职业道德让他选择了继续手术。

这个故事启示我们，要坚守职业道德，有时要付出多大的代价甚至承受多大的压力。然而，正是这种坚守，让我们的生活更精彩，让我们的社会更美好。因此，在我们未来的职业生涯中，我们必须坚守和践行自己的职业道德。

知识导航

一、社会主义的职业道德的基本要求

（一）爱岗敬业

爱岗敬业，反映的是从业人员热爱自己的工作岗位，敬重自己所从事的职业的道德操守。

表现为从业人员勤奋努力，精益求精，尽职尽责的职业行为。这是社会主义职业道德的最基本要求。在社会主义条件下，对自己工作岗位的“爱”，对自己所从事职业的“敬”，既是社会的需要，也是从业者应该自觉遵守的道德要求。爱岗敬业所表达的最基本的道德要求就应当是：干一行爱一行，爱一行钻一行，精益求精，尽职尽责，“以辛勤劳动为荣、以好逸恶劳为耻”。这是社会对每个从业者的要求，更应当是每个从业者对自己的自觉约束。

（二）诚实守信

诚实守信，不仅是做人的准则，也是对从业者的道德要求，即从业者在职业活动中应该诚实劳动，合法经营，信守承诺，讲求信誉。诚实守信是人类千百年传承下来的优秀的道德文化遗产，在社会主义社会中应该坚持诚实守信并使之发扬光大。诚实守信不仅是从业者步入职业殿堂的“通行证”，体现着从业者的道德操守和人格力量，也是具体行业立足的基础。缺失了诚信就会失去人们的信任，失去社会的支持，失去发展壮大的机遇。诚实守信作为社会主义职业道德的基本要求，具有很强的现实针对性。

（三）办事公道

办事公道，就是要求从业人员在职业活动中做到公平、公正、公道，不谋私利，不徇私情，不以权害公，不以私害民，不假公济私。这也是社会主义职业特征的体现。在阶级对立和等级森严的社会中，职业有明显的高低贵贱之分。在社会主义制度下，职业的差别不再是地位高低贵贱的象征，而只是所从事的工作不同，不仅从业者之间而且从业者与服务对象之间都是平等的社会公民。所以，以公道之心办事就必然成为职业活动所必须遵守的道德要求。办事公道，就要求做事讲原则，无论对人对己都要坚持实事求是，出于公心，不挟私欲，按照必须遵循的道德规范、法律要求和行为准则来处事待人。

（四）服务群众

服务群众，就是在职业活动中一切从群众的利益出发，为群众着想，为群众办事，为群众提供高质量的服务。社会主义道德的核心是为人民服务，职业场所是体现这一核心要求的重要领域，职业活动使得为人民服务获得了具体的内容和表现形式，为人民服务的道德要求也在职业活动中表现出强大的生命力。在社会主义社会里，每个公民无论从事什么工作、能力如何，都能够在本职岗位上，通过不同的形式为人民服务。每一个从业人员在职业活动中，都自觉遵循服务群众的要求，整个社会就会形成一种人人都是服务者，人人都是服务对象的良好秩序与和谐状态。

（五）奉献社会

奉献社会，就是要求从业人员在自己的工作岗位上树立起奉献社会的职业理想，并通过兢兢业业的工作，自觉为社会和他人做贡献，尽到力所能及的责任。这是社会主义职业道德中最高层次的要求，体现了社会主义职业道德的最高目标指向。爱岗敬业、诚实守信、办事公道、服务群众，都要体现奉献社会的精神。

职业道德的五个方面，是不同层次的要求。

（1）爱岗敬业、诚实守信是对从业人员的职业行为的基础要求，是首先应当做到的。做不到这两项要求，就很难做好工作。

（2）办事公道，服务群众比前两项要求高了一些，需要有一定的道德修养做基础。

（3）奉献社会，则是这五项要求中最高的境界。一个人只要达到一心为社会作奉献的境界，他的工作就必然能做得很好，这就是全心全意为人民服务了。

二、如何增强职业道德意识

（一）提高职业道德认识

职业道德认识是反映人们对各种职业道德价值的认识，只有对职业道德有了全面深刻的认识，才能正确对待和处理职业活动中的各种现象，并做出正确的判断。

（二）陶冶职业道德情感

职业道德情感主要包括对所从事职业的荣誉感、责任感，热爱本职工作、敬业乐业。孔子曰："知之者不如好之者，好之者不如乐之者"，良好的职业道德情感会积极影响人们的职业道德行为。

（三）磨炼职业道德意志

职业道德意志是指从业人员在履行职业道德责任和义务过程中，表现出来的自觉克服困难和障碍，做出抉择的力量和坚持的精神力量。道德意志坚强的人在任何情况下都能严格要求自己，保持高尚的道德情操；道德意志薄弱的人易受诱惑，经不起考验，容易丧失道德理想。

（四）养成职业道德习惯

职业道德习惯是指从业人员在职业道德认识、情感、意志支配下形成的相对稳定的道德行为特质。良好的职业道德行为习惯的养成，往往对一个人的事业有关键作用，也可使每位从业者各司其职，共同建设社会主义事业。

三、大学生职业道德素质的培养

古人云：德，才之帅也。德才兼备才是真正的人才。古人把人分为四种：德才兼备为圣人；无德无才为愚人；德胜过才为君子；才胜过德为小人。大学生要成才，首先要成"人"，即要具备良好的思想道德素质，否则，所谓的"才"可能成为为非作歹的工具。俗话说："三百六十行，行行出状元"。现在的行业远远不只三百六十行，成功的机会很多。但能否成功，很重要的是看思想道德素质。大学生的职业道德素质的培养，需要着重抓好如下环节：

（一）努力学习职业道德知识

只有首先通过职业道德知识的学习和积累，才能够掌握现时代职业道德的基本内容，明白职业活动的基本规范和目的，从而提高自己的认知能力和判断能力。在大学学习阶段，同学们应当将职业道德纳入自己学习成才的规划中，有计划、有目的地学习掌握相关知识。

（二）努力提高职业道德意识

大学生要提高自己的职业道德素质，不应当停留在对道德知识的记忆和背诵的层面上，仅仅成为一个装载知识的“容器”，而应当内化为自身素质的组成部分，提高到自觉意识的层面，并体现在职业活动中。

（三）努力锻炼实际履行职业道德规范的能力

大学不是与社会隔绝的“象牙塔”，它有通向社会的多种渠道。在大学学习虽然不是一种职业，但是也有许多做“职业人”的机会，所以，同学们应当积极利用假期或实习的机会，到职业领域寻找实践和锻炼的机会，多接触社会，多接触职业生活，使自己的知识、意识、能力在服务社会的过程中得到升华和提高。

青春话题

话题一：如何看待频繁跳槽？

【案例】小张20世纪80年代毕业于名牌大学的现代企业管理专业，毕业后十年间在五家大公司工作过。后来到处找工作，没有公司愿意招聘此人。其中一位面试此人的人力资源部门的招聘主管说“我们对这个人的经验和学历都很感兴趣，可根据他的记录，我们不相信他会是一个忠诚的职员。”

某一个500强企业的招聘负责人在接受记者采访时坦言，很多500强企业需要大量进行技术开发和企业中高层管理的人才，这些研发和销售、管理岗位并不需要最聪明的人，而需要勤勉的人、愿定下心来干好一件事的人。“公司花大量时间和资金培训新人，但有的新人这山看着那山高，往往没在岗位上干熟，就想着往外蹦，这是公司最忌讳的。”

点评：正确的跳槽应该是人生的一次华丽转身，而不是让职场积累的能量减少、归零甚至成为负数，更不是让自己在跳槽中越跳越迷茫，越跳越杂乱无章，甚至是毁了自己。告诉职场人要想避免跳槽的失败，那就需要认认真真做好跳槽的规划，比如确定好跳槽的目标、做好跳槽的准备、规避好跳槽的风险、巩固自身的专业技能、把握跳槽的时机、控制好跳槽的频率等。

话题二：高职生能够成功吗？怎样理解“干一行，爱一行”？

上海有一对大学教授夫妇，他们的儿子连普通高中都没考上，最终只能上了职高，专业学习做面点。教授夫妇培养出个烤面包的！在大多数人看来，这绝对是件面上无光的事情。这对教授夫妇曾经也这么认为。可就是这个职高毕业的儿子，非常爱好这个行业，并且非常用功，在上海的轻工手艺制作面点比赛中拿了第一名，当一家家的五星级宾馆抢着要他，连外国宾馆也来邀请他时，曾经为他只上了职高而懊恼不已的教授夫妇转而为儿子感到自豪。

【点评】职业只是分工的不同，没有高低贵贱之分，都是为人民服务。俗话说：“三百六十行，行行出状元”。现在的行业远远不只三百六十行，成功的机会很多。但能否成功，很重要的是看你是否干一行，爱一行；爱一行，钻一行；精益求精，尽职尽责。只有你“干一行，爱一行”你一定会成功。

欢乐课堂

播放第三界全国敬业奉献道德楷模，2011年感动中国十大人物杨善洲的事迹，让学生在心灵的触动中，说说自己是如何理解他的行为的。

“杨善洲，杨善洲，老牛拉车不回头，当官一场手空空，退休又钻山沟沟；二十多年绿荒山，拼了老命建林场，创造资产几个亿，分文不取乐悠悠……”这首流传于滇西保山市施甸县的民谣，不仅唱出了当地群众对云南省原保山地委书记杨善洲的敬重，还生动地向世人诠释了一名共产党人六十年如一日对理想信念的坚守。

杨善洲走了，不仅给家乡人民留下5.6万亩郁郁葱葱的山林，更留下一笔宝贵的精神财富。这笔财富，启迪广大领导干部和党员在工作和生活中，如何以脚踏实地的行动和坦荡无私的精神，在人生路上书写正确的群众观、权力观、名利观。

杨善洲一辈子爱和群众一起劳动，被群众称为“草帽书记”。他担任领导干部30多年，工作思路、工作方法是典型的“从群众中来，到群众中去”。

他很少呆在机关，一年大部分时间都在乡下跑。顶个草帽，穿双草鞋，随身带着锄头、镰刀、嫁接刀等各种农具，碰到插秧就插秧，碰到收稻就收稻，哪块地里的草长高了就锄两把，谁家需要嫁接苗木就帮着嫁接。地里看过了，群众访问过了，这才到乡上县上。

群众觉得他没有“官架子”，劳动中和他唠家常、诉委屈，就像邻家老农一样。在深入基层、深入群众中，他发现问题，剖析矛盾，提出了许多切合实际并受到群众认可和欢迎的发展生产、改善生活的有力措施。

杨善洲说：“我与农民群众一起劳动是了解基层、了解农民疾苦很重要的方式，和农民在一起了解到的情况最真实。”

杨善洲深入基层的精神启示我们，不同时期群众工作的特点和具体方法不尽相同。但不管怎样，“同那里的人民结合起来，在人民中间生根、开花”，坚持思想上尊重群众、感情上贴近群众、工作上依靠群众，从群众中汲取智慧和力量，永远是做好群众工作的坚实基础。

杨善洲一辈子顾大家，舍小家。他去世后，人们整理他的文稿时读道：我对家庭欠债很多……但当时只有如此选择，不然，革命不成功，家庭无从说起……

情景剧表演：要饭碗还是要正义？

案例：西南林学院2004级毕业生小舟毕业后第一份工作只干了两个月，离职后被原单位称为“偷盗者”。他以名誉侵权起诉了这家单位。不久，小舟拿到了昆明市五华法院判他胜诉的一审判决书。该单位已向小舟赔礼道歉。

小舟说，他工作过的这家单位名义上是“科技有限公司”，而实际上还开展民办教育业务，对外以云南某财经院校的名义招收中专和大专学生。

2004年7月，小舟到该公司应聘。“面试时他们只问了我两个问题：能教哪门课程？愿不愿帮他们去招生？”虽然小舟与该公司签订过“招一个学生给多少劳务费”这样的协议，后来也招来了好几个学生，但“公司以各种借口没付给我1分钱劳务费”，小舟说，“我进入公司后发现，那段时间他们每周都会找很多人来面试，叫大家去帮他们招生，但最后能进来工作的没几个。”

直到2004年9月，该公司才与小舟签订了试用合同。“我担任招来的两个班中一个班的班主任，教语文和哲学两门课程，同时兼任会计和团委书记，月薪1400元。”小舟说，“这等于是拿一个人的工资干两个人的活。但我愿意，年轻人嘛，刚从学校毕业，能多做点就多做点。”国庆节学生多放假了，小舟还被安排值班，还要做账。公司承诺的每周至少一天的休息保证不了，就连生病请假也不批准。这段时间，小舟瘦了近 30 斤。

“最终促使我离开的事，很多事情我理解不了。”小舟说，比如，他上大学的时候是学会计专业的，但还没有会计资格证，该公司挂另一个人的名义要他做账，而且是“两本账”，“我认为这是违法的”。

“除了我。班上有的学生原来中考时分数很低，大专班很多学生可以先上课再参加成人高考，他们管这叫‘先上车后买票’。当初招生时承诺开设 3 个专业，因招生人数不够，兑现不了。教室是租来的，学生上课在一个地方，吃饭在一个地方，住宿又在另一个地方，学生怨言很大。这些，他们都要求我去向学生作解释工作。”小舟说，“要饭碗还是要正义，我确实很难抉择。我一直认为大学生没有工作是耻辱的，但这样的工作我不能再干下去了。”

2004 年 10 月初，小舟向该公司提出辞职，但未被批准。“他们承诺将另找一个人来顶替我的会计工作，但迟迟未兑现。后来，又说我丢失了公司营业执照副本、机构代码副本、银行印鉴卡原件。我提出办理挂失并愿意承担相关费用，他们也不肯，就是不让我走。我便在办理了移交账本等会计手续后，自行离开公司回广西老家去了。”小舟说。

回到老家广西忻城县，小舟去一家银行做勤杂工。2004 年 10 月 21 日，原来的那家公司发了一式五份公函给小舟家乡的县人事局、银行、乡政府、派出所和村委会 5 个单位，另外还送了一份给小舟的母校西南林学院，称他盗走公司营业执照副本、机构代码副本、银行印鉴卡原件各一份，还曾经到总经理办公室行窃，拿走了学生交的班费、学生证工本费。

“农村人对红色的公章特别相信，当村委会拿着这份公函到我们家时，家人都信以为真。”小舟拿着相关资料说，“特别是当派出所打来电话要我去说明情况时，家人更是为我担忧。”2004 年 11 月，小舟离开家乡回到昆明，起诉了这家公司。昆明市五华法院判决认为，该公司称小舟偷盗是“凭主观推断”行事。客观上造成了小舟的名誉受损。

现在，小舟在昆明仍没有固定的工作。他打电话给家乡的那家银行，被告知他原来的位置已经有人顶替了。“大学生毕业找工作很难，但一定要擦亮眼睛，单位选择你，你也可以选择单位。”小舟说，“如果要总结这件事的话，给我最大的教训就是当初求职心切，不够慎重。”

根据这个案例学生分组编写和排练一个情景剧，观看情景剧后让学生思考讨论：

1. “要饭碗还是要正义，我确实很难抉择。我一直认为大学生没有工作是耻辱的，但这样的工作我不能再干下去了。”这句话蕴含着小舟怎样的人生观和职业道德标准？

2. 结合案例主人公小李的职业操守，谈谈你对“以诚实守信为荣、以见利忘义为耻”荣辱观的理解。

相关链接

职业道德与企业

一、职业道德是企业文化的重要组成部分

1. 企业文化：它是一个企业的经营之道、企业精神、企业价值观、企业目标、企业作风、企业礼俗、员工科学文化素质、职业道德、企业环境、企业规章制度以及企业形象等的总和，是在一定环境中，全体职工在长期的劳动和生活过程中创造出来的物资成果和精神成果的表现。

2. 企业文化的内容：企业环境——视觉形象；企业规章制度；企业价值观——核心；企业经营之道；企业目标；企业作风；企业礼俗；企业职工科学文化素质和职业技能；企业职工职

业道德；企业形象。

3. 企业文化的功能和价值：自律功能、导向功能、整合功能、激励功能。

4. 职业道德在企业文化中占据重要地位：

（1）企业环境需要有职工来维护和爱护。

（2）职工要有严格遵守规章制度的觉悟。

（3）实现企业价值观、经营之道和企业发展战略目标的主体是职工。

（4）企业作风和企业礼仪是职工职业道德的表现。

（5）职业道德对职工提高科学文化素质和职业技能具有推动作用。

（6）企业形象是企业文化的综合表现。

二、职业道德是增强企业凝聚力的手段

1. 职业道德是协调职工同事关系的法宝。职工同事间要保持和谐、默契的关系，遵守的准则：

（1）自觉接受和分担任务，不可有怨言；工作认真负责，精益求精，尽量避免因失误和疏忽而给同事带来被动和麻烦，若出现要及时予以补救并诚恳的道歉。

（2）尊重隐私，谅解缺点和不足，维护同事的利益和荣誉。

（3）合作使用工作用具和设备时，要多替同事着想，多给同事方便。

（4）关心和信任对方，积极帮助对方解决困难。

（5）对感情不融洽的同事，在工作上仍应积极配合。

（6）不要在上级和同事面前诋毁和贬低他人，不在大庭广众对他人品头论足。

（7）必要时可诚恳的请求他人帮助，对于别人即使是微不足道的帮助也要记在心上，并予以酬谢。

（8）对同事不经意或非故意的伤害，要以宽容之心予以谅解；对故意的诽谤或伤害，要通过组织途径恰当的予以解决，千万不能鲁莽从事，以避免造成严重的后果。

（9）不要因同事取得优异成绩受到嘉奖或晋升而产生嫉妒心理，不要讽刺、挖苦、打击同事。

2. 职工与领导是一种表面上不平等的关系，很容易发生冲突，职工应遵守以下行为准则：

（1）认真履行自己的工作职责，保质保量地完成自己应予承担的各项任务；工作要踏实认真，一丝不苟，精益求精。

（2）严格遵守企业的各项规章制度，不要给领导惹麻烦。

（3）对领导的指令不甚了解，切忌含糊，能干的工作要毫无怨言的认真完成，不能干的工作要如实向领导讲清原因，不能误时误事。

（4）尊重领导的隐私，对领导有意见，应寻找恰当的时间、恰当的场合、恰当的机会向领导当面直陈，既不当众指责领导，也不在私下讨论，更不能在背后贬低、中伤、诽谤领导。

（5）充分发挥主观能动性，积极给领导提出合理化建议，帮助领导排忧解难。

（6）虚心接受批评，认真改正自己的缺点和不足。

（7）信任领导，维护领导的威信，一般不越级报告。

3. 职业道德有利于协调职工与企业之间的关系。协调职工与企业关系应遵循准则：

（1）正确处理个人利益与企业整体利益。

（2）认真履行自己的工作职责，保质保量地完成自己的工作任务。

（3）严格遵守企业的一切规章制度，保守企业秘密。

（4）积极参加企业组织的各项社会公益活动、义务劳动以及文体娱乐竞赛活动等。

（5）刻苦钻研业务，熟练职业技能，努力提高自己的业务水平，积极为企业的技术革新、工艺改进以及新产品的开发作出自己的贡献。

（6）关心企业的发展，积极为企业的生产、经营、组织、管理提出合理化建议。

（7）服务顾客，务必做到热情、大方、礼貌、周到、细致、耐心，确保顾客满意。

（8）服从企业安排，不挑肥拣瘦。

（9）对企业有意见，要尽可能通过工会等组织，通过协商、谈判等手段妥善解决，要尽可能避免借助法律起诉、甚至罢工等手段来解决问题。（当然，如果企业侵犯了职工的利益，通过协商等手段无法解决时，为了维护职工自身的合法权益，职工有权利也有必要通过法律起诉等手段来解决。）

三、职业道德可以提高企业的竞争力

1. 职业道德有利于企业提高产品和服务的质量。企业要提高产品的质量，给顾客提供优质的服务，就必须重视职工职业道德的教育和提高：

（1）掌握扎实的职业技能和相关专业知识，是提高产品和服务质量的前提。

（2）职工工作的认真态度和敬业精神，是提高产品和服务质量的直接表现。

（3）忠于企业，维护企业形象，力争为企业创造更大的利润，为企业生存和发展做出自己的贡献，是提高产品和服务质量的内部精神动力。

（4）严格遵守企业的规章制度，服从企业的安排，是提高产品和服务质量的纪律保证。

（5）奉献社会，真正以顾客为"上帝"，全心全意为顾客服务，为顾客提供方便，让顾客满意，是提高产品和服务质量的外部精神动力。

2. 职业道德可以降低产品成本、提高劳动生产率和经济效益。要降低产品的成本要求职工有较高的职业道德：

（1）有利于减少厂房、机器、设备的损耗，节约原材料，降低次品率。

（2）有利于降低企业作为整体的协调管理费用。

（3）会改善企业形象，有利于降低企业与政府、社会和顾客的谈判交易费用。

（4）有较强的时间观念，有利于提高企业在市场上的竞争力，有利于企业获得更高的利润，有利于工人工资的提高。

3. 职业道德可以促进企业技术进步：

（1）是职工提高创新意识和创新能力的精神动力。

（2）是职工努力钻研科学技术、革新工艺、发明创造的现实保证。

（3）是企业保守科技机密的重要条件。

另外职业道德有利于企业摆脱困难，实现企业阶段性的发展目标，也有利于企业树立良好形象、创造企业著名品牌。

拓展阅读

生命的最后一分钟

1999 年 3 月 14 日晚 7 时左右，黄志全在驾驶中突然心脏病发作，在生命的最后一分钟，他强忍剧痛，做了三件事：

（1）把巴士缓缓地靠向路边，并用最后的力气拉下了手动刹车闸；

（2）把汽控车门打开，让乘客依次安全地下了车；

（3）将发动机熄灭了，确保巴士和乘客的安全。

黄志全极其艰难地做完了这三件事，然后他才趴在方向盘上停止了呼吸。当时车上的 20 多位乘客不知道发生了啥事情，见司机伏在方向盘上一动不动，问他咋回事儿也不‘出声’。乘客们以为客车发生故障，于是纷纷下车走了。”5 分钟后，从后面驶来的 702 路 4201 号车司机看到这一异常情况，马上停车登上 4227 号车。“黄师傅当时趴在方向盘上，已经人事不醒了，他的右手却还紧紧地攥着手动刹车闸！”原来黄志全在行车途中突发心脏病，当时已经不能说话，但是他以顽强的毅力将发动机熄火，并且拉上手动刹车闸，从而避免了一起车毁人亡的惨剧的发生。

【点评】在生命的最后一分钟里，黄志全，这个平凡而普通的公交车驾驶员，在生命的最后一刻，把对别人的负责，看得比自己的生命还重要，他没有忘记自己的责任，就这份责任心，避免了一起车毁人亡的惨剧的发生，挽救了许多人的生命！

修锁的人，有一把不能打开的锁

老锁匠技艺高超，可惜年事已高，为了不使技艺失传，他准备把手艺传给弟子。弟子甲、乙两人都异常聪明，老锁匠无法取舍，最后决定以一场考试来决定衣钵传人。考试内容就是让两个徒弟去打开两个相同的保险柜，谁用的时间最短就可能得到老锁匠的真传。徒弟甲轻而易举地打开了保险柜，乙在极短时间内也打开了，但似乎稍逊于甲。老锁匠没有立即表态，只是若有所思地问大徒弟：“保险柜里面有什么？”徒弟甲兴奋地说：“里面全是钞票，一百元一张的。”老锁匠接着又问乙同样的问题，乙徒弟支吾了半天，才木讷地说：“你只让我开锁，所以没有看里面有什么。”结果，老锁匠让乙徒弟继承了衣钵。为什么选乙呢？老锁匠说：“我收徒弟就是要把他培养成一个高超的锁匠，必须做到心中有锁而无其他，否则心有私念就会起贪心。因为，登门入室对锁匠而言易如反掌，如果以此为获利捷径，最终违法犯罪，害人害己。我们修锁的人，心上要有一把不能打开的锁。”

【点评】有一句话说得好：在锁匠的心中，有一把锁是永远也不能打开的，那就是贪婪。这个故事告诉我们：在德与才的权衡之中，修养更为重要，正所谓做事先做人。诚实守信，遵纪守法不仅是做人的准则，也是对从业者的道德要求，从业者在职业活动中应该诚实劳动，合法经营，信守承诺，讲求信誉。诚实守信不仅是从业者步入职业殿堂的“通行证”，体现着从业者的道德操守和人格力量，也是具体行业立足的基础，缺失了诚信就会失去人们的信任。

战斗在抗击“非典”的最前沿——钟南山院士先进事迹

2003 年 2 月，钟南山临危受命，被任命为广东省非典医疗救护专家指导小组组长。他日夜为寻找病源和治疗方法奔波。2 月 18 日下午 6 时，已整整 38 小时没有合过眼的钟南山终于因过度劳累病倒了。然而，他仅仅在家休息了两天，一退烧马上又投入工作。2 月 18 日，北京有关权威部门发布消息：引起广东非典型肺炎的元凶是“衣原体”。而钟南山坚持认为不能盲从这一结论。实践证明，钟南山据理力争是有科学根据的。4 月初，由钟南山牵头的广州和香港专家的合作取得突破：初步认定，冠状病毒是本次非典的重要病源！4 月 16 日，世卫组织正式宣布：确认冠状病毒的一个变种是引起非典型肺炎的病原体。非典谣传四起之际，钟南山郑重宣称：非典型肺炎“可防、可控、可治”，赢得了人们的信赖。4月，有些人一再宣称“疫情已得到有效控制”。钟南山以科学的态度提出“遏制论”，为政府的正确决策提供了科学依据。

钟南山独白：“我一直在追求着一位医生和一位共产党员的最佳结合点。一位医生如果不能成为医生群体的最好代表，那么他也说不上是一位共产党员。说实话，我是有点累。但我心里一直有两样东西支撑着：一是现在全国、全社会都给我们寄予了很大期望；二是我们要把自己的经验更早地向社会发表，所以我不会停下来……一位白衣天使，必须时刻记住，最重要的是把病人当作亲人般看待……作为一个党组织，作为一名党员，还有什么比拯救生命更大的政治？”钟南山，这位屡创医学奇迹的呼吸病专家，这位在天冷时要把听诊器焐热了才给病人诊听的仁爱长者，当致命的疫病袭来时，毅然挑起重担，站到了抗击病魔的第一线。他果断地提出有效的治疗方案，为控制疫病打下了基础；他奔忙于各家医院之间，抢救危重病人；他带头组织多方协作，努力探寻发病源头；当流言四起时，他亮相于媒体，讲解疫病，安定人心；当自己也染上疾病时，他以家为病房，悄悄自我治疗……非典重症患者梁先生在逃离死神后，深情地回忆：在与死神抗争的日子里，他很多时候处于昏迷状态。然而，每次恍恍惚惚醒来，总会看到一个瘦长的身影在眼前晃动，他要么俯身专注地观测患者呼吸机上的参数，要么神情严肃地在与其他医生在讨论着什么，汗水浸透了他厚厚的隔离服。这个瘦长的身影，成了梁先生那段阴暗日子里的一缕阳光，他坚毅的面容和专注的眼神，传递着一种信心和力量。脱险后，梁先生才从护士嘴里得知，这个人就是大名鼎鼎的钟南山院士。研究所里，跟随钟南山多年的医护人员众口一声地笑称，在钟所长的心目中，“病人最大”。不管什么时候进入研究所工作的医护人员，只要一踏入这个领地，就马上知道所长有一个雷打不动的规矩——每周两次亲自查房，即使在他当今高龄，即使在他当今地位，即使在这场生与死的抗非搏斗中。

没有谁比钟南山更早意识到非典病人的传染性，也没有谁不知道他已是年近花甲的老人，但在面对病人的时候，他只剩下一个角色——医生，把病人利益看得高于一切的医生。央视名嘴王志在对他采访之后，感慨地说“也许，我这一辈子再努力也达不到钟南山的境界，他是我梦寐以求要成为的那种人。他是一个敢于忘我的、不辱使命的可亲可叹的长者，也是一个完美的酷哥。”

思考：看了这则事迹，你认为钟南山的人格魅力体现在哪里？

当代工人的模范——许振超

在青岛港，许振超这个名字可谓尽人皆知，2004年4月11日中央电视台《焦点访谈》介绍了他的事迹。许振超只读过初中，但自从1974年参加工作以后，就一直坚持自学各种专业知识，并注重将所学的知识运用到生产实践中去。在工作的第二年，他便被选中去操作当时最先进的起重机械。数年后，青岛港引进世界一流的大型装卸设备——桥吊，他又成为操作桥吊的第一人选，并被任命为桥吊队队长。上任后，他还通过刻苦钻研编写了一本桥吊司机操作手册，组织队员学习，从而使整个桥吊队的业务水平有了大幅度的提升。之后，许振超又给自己提出了新的要求，不但要懂桥吊，还要能维修桥吊。他用了4年时间，将10多块关键的电路板的详细电路图研究透彻，为检测故障提供了极大的便利，同时也大大降低了桥吊的维修成本。世界航运市场的竞争日趋激烈，许振超又提出青岛港装卸要创出世界一流业绩的目标。他对桥吊操作技术精益求精，通过反复摸索和勤学苦练，练就了一手吊装精湛技艺，将吊装速度提高到了世界极限，同时确保操作安全无事故，并且毫不保留地将技术传授给同事，终于在2003年4月27日，他和工友们创造出每小时完成吊装381个自然箱码头装卸效率，被交通部认定为世界最新纪录。这一业绩被青岛港领导命名为“振超效率”。在振超效率的带动下，青岛港2003年完成了港口吞吐量一亿四千万吨，比上年有了大幅度提高。

【点评】许振超三十年如一日，刻苦学习，勤奋钻研，精益求精，拼搏创新，敬业奉献，在他的身上集中体现了坚忍不拔的学习精神，执着的创新精神和奋斗拼搏精神，他是一名学习型、技术型、创新型、实干型和奉献型的先进典型。他爱岗敬业、追求卓越，体现了带领团队团结协作的精神，在平凡的工作岗位上创造了非凡的业绩。

社会大舞台

活动主题：职业风采展

1. 思维训练：阅读《蒙牛内幕》，怎样理解蒙牛的老总牛根生说过的一句话：小胜凭智，大胜靠德。

2. 师生互动：让学生以自己的专业为基础，编排小品，表达职业中的礼仪和道德规范。

3. 社会实践：利用假期参加社会实践，体验职业道德的要求，并写出体会。

视频资料

1. 人民的好军医华益慰（2006年感动中国十大人物）：
放映华益慰医生视频资料。

2. 电影《杨善洲》。

网上冲浪

大学生职业生涯规划网站：eie0101.student.gdcc.edu.cn。

参考资料：

1. 中央电视台2009～2011年《感动中国十大人物》。
2.《思想道德修养与法律基础》教学参考书（2008年高等教育出版社）。
3. 百度网《职业道德》。

专题九 铸就事业的辉煌

——漫谈择业与创业

"创业其实首先就是创新。我们要有一个真正创新的点。这个创新的点，并不是你随便想出来的一个小窍门或是比较有意思的想法，并不是这么简单的。当你有了创新点后，需要考虑的就是如何把你的能力或是企业的能力与创新相结合。"简晶如此说。

——李永胜、张思、公维锋《三十而谋》

知识目标

1. 了解当前我国的就业形势;
2. 明确树立正确的择业观和创业观的基本要求。

能力目标

具有能正确分析的当前就业形式，并结合自身实际和当前就业形势做好自己的职业规划能力。

情感目标

树立科学的择业观与创业观，培养吃苦耐劳，勇于开拓的精神。

职业是人生的基石，是人们赖以生存的手段，也是实现人生价值的必由之路。我们习惯于把事业和家庭作为人生的两项最为重要的内容，于是就有"成家立业"之说。而立业则需要就业和择业，选择一个理想的职业，是每位大学生都十分关心的问题，因为从某种程度上说选择职业就是选择未来。它直接影响到个人的前途，关系到个人才能的发挥和对国家社会的贡献。

当今社会，大学生就业难已是不争的事实，在世界金融海啸的情势下更是如此。最近几年，各媒体频繁报道大学生人才招聘会人满为患、水泄不通的场面，以及几千人竞争一个岗位的案例，给人们留下深刻的感性印象。而政府权威部门所发布的数据，也从理性层面印证了"大学生就业难"的客观事实。中国社会科学院发布的2009年《经济蓝皮书》称：到2008年底，有100万名大学生不能就业。而2009年高校毕业生规模达到611万人，近几年全国普通高校毕业生规模持续增长，2010年达到630万，2011年达到660万人，2012年将达到680万人，所以当前高校毕业生就业形势非常严峻，工作任务仍然艰巨。大学生就业被普遍认为进入30年来最艰难的时期。面对这严峻乃至残酷的形势，我们大学生该如何应对呢?

情境导入

1．寻找适合你的工作

小李是北京某重点大学的工程物理系核物理专业硕士研究生，家境不错，是个生活得无忧无虑的北京男生。由于成绩优秀，他本科毕业后免试读研。转眼间，已是研究生二年级的他，不得不面临就业的问题。

刚开始时，他像很多名校的高才生一样，目标都朝着著名大型企业、公司去，但由于在读书期间，没有相应的实习经历，他根本没做过任何兼职。英语水平不高的他，至今六级还没通过，再加上自己所学专业不太热门，所以，他投去的简历很少收到回音。一直安逸地深处“象牙塔”中的小李，在就业这个现实面前，觉得他以前的很多想法都被颠覆了。

其实，小李之所以一直不参与社会实践，就是因为总觉得自己很优秀，不愁找不到好的出路。虽然同大多数优秀学生一样，他也投了简历给很多全球500强的外企，但他其实从心里并不太看得上，他说“外企每天连续‘转’十几个小时，要拼命地投入工作，没有属于自己的生活，性价比也不怎么样。”

其实，他学的核物理专业还是有一些比较“对口”的出路，但单位大多集中在中西部等偏远地区，“太苦了，谁受得了把自己关在沙漠里，几年不回家见不着家人？”在他看来，作为北京人，肯定是要留在北京的，他甚至都没考虑南方。经过3个月不断投简历但仍杳无音讯后，父母开始替他着急了。“为什么现在有文化的人赶不上有技术的人好找工作？都研究生毕业了，还要和本科生甚至学历更低的人在一起竞争？”小李很“纳闷”。

高校毕业生就业制度逐步实现了与社会主义市场经济的接轨，大学生在以择业主体的姿态投身社会，选择理想职业的过程中承受着日益沉重的择业竞争压力。当你在选择别人的时候，别人也在选择你。心存大志固然应当鼓励，但不切实际的想法更容易让人想到四个字：心比天高。我们不光对小李能否谋得一份合适的工作担忧，更为他今后能否成才、怎样成才而忧虑。

2．大学生到农村大有作为

——记湖南科技职业学院2007届毕业生、耒阳市大学生村官肖志龙

肖志龙，2007年毕业于湖南科技职业学院网络3042班，在校期间曾任院报记者站站长，毕业后在长沙《电脑报》社担任记者。2008年，当听到从大学生中选拔村官的消息后，来自农村的他多次回校要求去农村创业。通过村官选拔后，他毅然辞去记者工作，听从组织的安排，到耒阳市马水乡湖德村任党支部书记助理、团支部书记。他扎根基层，艰苦创业，取得了可喜的成绩，2009年初，肖志龙被中共耒阳市委组织部评为“优秀大学生村官”，新耒阳报、衡阳党建网、人民乡镇在线等媒体都报道了他带头创业的事迹。

转变角色，做农民群众的贴心人

学生干部到村官需要一个适应过程。任职伊始，肖志龙用40天时间走访了群众250余户，与农民交流谈心，了解他们的生产生活状况，了解村风民情，记下笔记数万字，并形成调研报告10余篇。在这些报告中他对计划生育、农业生产等工作进行了探索性思考，为以后工作开展打下了坚实的基础。

肖志龙把自己定位为一个普通的农民，与村民们同吃同住同劳动。农忙时节，他挽起裤腿，上山下田，早出晚归，与村民一起干农活；茶籽成熟了，他不惧遍野荆棘，将一袋袋茶籽从山上搬到山下，皮肤晒黑了，手上结起了厚茧，累得筋疲力尽。劳动的艰辛没有让他产生丝毫的怯意，却让他体会到了群众生活不易，更坚定了他扎根基层，改善农村基础条件，带领农民开创致富门路的决心。

从事村级事务管理、基层民主党建等工作对于刚毕业的肖志龙来说是陌生的。为了尽快适应角色，他主动学习，每天坚持浏览网页搜索有关涉农方面的新闻和消息，阅读有关村级组织建设的书籍；积极协助村、支两委写材料，搞宣传，调解群众纠纷，在实际工作中学习村主职干部的办事风格和方法；定期向乡党委、政府领导汇报思想和工作情况，悉心倾听指教。在日常工作和生活中，他始终保持谦虚好学的态度和积极肯干的作风，很快地融入了村、支两委班子之中，实现了从学生到农民、从学生干部到村官的角色转变。

开拓思路，做创业致富的带头人

作为一名大学生村官，要想扎根农村，就必须真正干出一番事业，让群众信服，肖志龙从到湖德村任职起就在深深地思考着。

水稻是湖德村的传统作物，在一次与村民谈话中，一个村民向肖志龙算了一笔账：一亩田产稻谷 1 000 斤，按照每担 90 元计算，收益是 900 元，除去农药、化肥、除草剂、耕作和收割等成本，每亩只能赚 200 元，遇上天旱收成不好的话还要亏本，种地难以致富。能不能改种其他经济作物让农民增产增收？通过调查，肖志龙发现，过去湖德村有零星种植烤烟的传统，但没有形成规模。根据了解，种烤烟每亩能有 3 000 多元的收益，除去成本，每亩还可赚 1 000 元以上，因此，肖志龙认准种植烤烟有广阔的发展前景，他决定带头种植烤烟，带领群众脱贫致富。

然而，肖志龙刚来湖德村，人生地不熟，什么事都要从头开始，创业谈何容易？种烟一没烤房，二没耕地，三是请谁做事，如何管理？面对困难，肖志龙没有退缩，他不顾父母的反对，贷款 10 万元，通过租赁的方式承包了 100 亩耕地，新建了两座密集式大型烤房，办起了种烟公司。公司建成后，将每年可上交烤烟 35 000 斤，实现产值 30 万元，并可为农村富余劳动力提供 50 个就业岗位。同时，种烟公司还可收购加工、销售其他村民种植的烟叶，让村民免去后顾之忧。在村、支两委的努力和肖志龙的带动下，大批群众包括许多外出务工返乡农民都纷纷加入到种植烤烟的队伍，2008 年，全村烤烟种植面积达 860 亩，交售烤烟 2 383 担，每亩平均收入近 3 000 元，实现产值 230 万元，比上年增加了 50 多万元。仅烤烟一项，就为全村增收 188.87 万元，烤烟生产真正成了该村的支柱产业。2008 年，该村烟叶总销售额和均价均居全乡乃至全市之首，被评为马水乡烤烟种植先进单位。

由于该村种植烤烟已形成良好态势，2009 年烤烟生产合同任务增加到 900 亩。面对更加艰巨的任务，该村村支两委不等不靠，迅速做好宣传发动。肖志龙更是天天深入农户和田间地头宣传种烟的良好形势，同时积极向烟民解读十七届三中全会关于土地流转的相关政策，鼓励烟农把大片富含有机物质和多种微量元素的田集中起来扩大烤烟种植面积，以形成规模化烤烟种植基地，并尽快培育出一批专业烟农。到目前为止，该村已经落实烤烟种植面积 920 多亩，超额完成了上级下达的目标任务。

天道酬勤。如今，肖志龙承包的100亩烤烟已经茁壮生长。站在田间，看着齐刷刷、绿油油的烟苗，肖志龙露出了灿烂的笑容。为了充分挖掘当地特色资源，肖志龙今年2月又承包了被雨雪冰冻灾害摧毁的乡镇林场—跃进林场，计划在2009年下半年发展400亩优质板栗、350亩油茶。“农村是个广阔的天地，创业空间很大，只要把握机会，勤奋努力，一定可以成为创业致富的带头人”，言语间，肖志龙充满了自信。

“不想当将军的士兵不是好士兵。”然而一时当不成将军怎么办？俄国文学批评家别林斯基的一段话是具有启发意义的“每个人不要做他想做的或应该做的，而是要做他可能做的。拿不到将军杖，就拿枪，没有枪就拿铁铲。”大学毕业生在选择职业和岗位时应有一个科学的定位，把理想和实际结合起来。肖志龙辞去城市的工作重返农村当村官，其可贵之处在于他一是思想观念的转变，敢于挑战自我，追求人生的最大价值；二是在于他的智慧和勇气，带领群众调整产业结构，做农民致富的带头人；三是在于他善于将拥有的知识和才能与实践相结合，服务新农村建设。肖志龙的事迹告诉我们，农村是个广阔的天地，大学生在那里大有可为。

3．大学生擦鞋擦出亮丽人生

在人们的传统观念里，擦鞋这个职业收入低下、地位卑微，甚至被排在72行之外。一位大学生却放着现成的白领不做，当上了擦鞋匠，而且擦鞋的事业越做越大，后来在全国开启了连锁店。这个“怪人”就是“罗记星级擦鞋”连锁店总店的创始人罗福欢。罗福欢说他擦过的鞋已不下10万双。回首创业路，他感慨良多。曾经的理想已经变成了现实：创造了家资百万的财富，创立了全国独一无二的品牌，开起了连锁店，与大品牌建立了合作模式……事业走上了坦途的罗福欢并没有停滞下来，他又有了新的理想：不仅要把擦鞋店做成知名品牌，还要努力将其推向世界。

这个故事告诉我们职业不分高低贵贱，只要你努力，肯放下架子，干一行爱一行，行行出状元，一定会走出一条属于自己的创业之路。

4．不要抱怨自己没机会

年仅21岁的南大学子张凯磊终止自己在南大数学系的学习，休学创业，成功融资500万，一举收购了问吧集团教育机构51%的股份，成为目前大学生中年轻的CEO。问吧教育在张凯磊接手一个月后，就签下了14万元的家教单子，目前问吧教育正在二期融资，经过融资后公司的业务规模会进一步拓展。他说，两年后，他将回南大继续他的学业。

张凯磊告诉记者，自己家在上海，从高二开始就在上海的一些新闻媒体做兼职记者，一干就是五六年。正是这份传媒经历，最终能成就今天的成绩奠定了良好的基础。2005年创业初期锁定的是IT产业，自己称之为ZONE计划，简单概括一下就是，把一个用户的QQ、MSN以及各个邮箱都集中在这一个平台上操作，这样用户每天只需登录这样一个界面就能看到自己所有的邮箱以及聊天朋友。一开始，自己拿出几万元的稿费做启动资金，但一个IT界的前辈提醒他，这个项目太庞大，得找风险投资商来进行融资。

张凯磊告诉记者，自己是通过参加投资峰会的形式来找到风险投资商的。在投资峰会上，他并没有一味地介绍这个项目前景、发展如何好，而是告诉大家这个项目是怎样来赚钱的。很多投资商对这个项目进行了评估后认为，如果要做成这个项目需要前期的投资在1千万美金左右。可面对张凯磊这么一个仅仅21岁的年轻大学生，投资商会的股东们还不敢轻易给他下注1千万美金。但是投资商很欣赏张凯磊这个人，“我们愿意为你提供风险金，但是你必须换个项目”，最后几经考虑和取舍，张凯磊选择了家教产业。“目前学校的粗放型公共教育只服务于80%的终端学生，还有相当一部分学生需要更精细的、更个性化的私人教育。包括最好的10%和学习基础薄弱的10%”。

对于家教产业，张凯磊信心十足，“我就是这个年龄段的人，我知道应试的学生要什么；我聘请的老师也是这个年龄段的老师，他们知道应该怎么和学生交流，私人教育是学校教育的有益补充，而天津恰恰缺乏规范经营的家教机构，我有信心能做到最好”。

点评：不要抱怨自己没机会,机会是自己创造的。张凯磊告诉记者，他最想告诉想创业的大学生们的是，不要总是抱怨自己没有机会，不要总是想着伸手要钱。只要踏踏实实地把你的事情做好，那么自然会有人为你来投资。

知识导航

一、调整就业观，找准自己的坐标点——树立正确的择业观

（一）树立崇高理想，重视人生价值实现

职业是为了个人的生存和发展或者是个人为了获得生活来源等而从事的一种社会劳动。职业还有为社会贡献的重要内涵，从这个角度说，我们树立崇高理想，重视人生价值的实现，其实是职业活动本身所规定了的，本身就要求了的。如果你不考虑这一点，择业时就会有困难。同时，还有一个问题，就是崇高。什么叫“崇高”，所谓崇高，就是指你的劳动，你的职业，是不是为社会，为他人做出了贡献，带来了利益，带来了好处。是不是促进了社会的发展，促进了社会的进步，是不是让他人受益。所以，对崇高，我们对它要有正解的认识和理解。

（二）服从社会需要，追求长远利益

在当前就业压力较大的情况下，大学生不能再固守“社会地位高”“收入高”等标准不放，否则将面临失业的危险。因为你可以选择职业，职业也可以选择人，这是一个双向选择的过程。大学毕业生有一定年龄及理论优势，但毕竟缺乏实践，尤其缺乏专业经验，这就要求其低调、低姿态，要抱着一种学习的态度，脚踏实地，由零开始，从基层开始逐步成长，坚决摒弃不切实际的空想，找准自己的坐标点和人生发展战略。因此，大学生在就业时，应顺从社会潮流，服从社会需要，注重自己潜能的发挥和人生价值的实现，即着眼现实，面向未来，以积极主动的态度面对就业问题。

（三）打下坚实基础，做好就业准备

就业难，这是不争的事实，而且似乎是越来越难。但是，无论形势如何，再好的高校也有人无法就业，再差的高校也有人找到工作，而且有的岗位还不错。这是因为用人单位在选择大学生的时候，往往是理性的，不唯学历，不唯品牌，注重专业技能和思想道德素质。这就要求大学生应当珍惜大学生活，努力学习科学文化知识，打牢专业基础，锻炼能力，提高素质，完善自我。

二、天下无难事，只怕有心人——树立正确的创业观念

（一）要有积极创业的思想准备

创业的意识是职业生活中积极态度的反应。对待职业生活有积极和消极之分，社会分工导

致创业空间很大，从2004年起，劳动和社会保障都建立了新职业信息发布制度，这就为大家提供了新天地。现在的社会分工越来越细，过去说三百六十行，现在已远远超过。社会分工越来越细，说明了创业的可能，就要有思想准备。

（二）要有敢于创业的勇气

对勇气的最大考验，就是看一个人能否做到败而不馁，创业的过程是艰难的，没有非凡的勇气和毅力，创业是不可能成功的。自古以来，“有志者，事竟成”，而且“天下无难事，只怕有心人”。因此，寒窗苦读十几年的学子们，要想“有位”，就要“有为”，首先是要有勇气，对自己有信心。俗话说，有信心就成功了一半，信心再加上勇气和毅力，当然就成功了一大半。

（三）要提高创业的能力

创业之所以难，就在于创业不仅需要勇气，它还需要知识、技能。想创业的同学还需要努力提高创业能力。为此，创业教育也被提到日程上来。创业教育被联合国教科文组织称为学习的“第三本护照”，和学术教育、职业教育具有同等重要的地位。据权威数据显示，21世纪全世界将有50%的大中专学生走上自主创业道路，年轻人将成为未来创业的主体。受全球经济发展影响，我国目前也正处于创业活跃期，平均每百人中有12.3人在创业，这些创业者的面孔也正日趋年轻，越来越多的大学毕业生加入到自主创业大军中，成为创业洪流中最引人注目的亮点。

青春话题

话题一：毕业的大学生，没有钱，如何创业？

很多人都想创业，但他们似乎有一个同样不创业的理由：我没有钱，我要是有钱的话，怎么怎么样……似乎只要有钱，他就一定能创业成功。可是崔万志创业经历告诉我们，没钱，同样可以创业，同样可以创出一番伟大的事业。

崔万志的百味人生

崔万志，1976年出生，安徽肥东人，因小儿麻痹症，造成下肢行动不便。一个身有残疾的安徽青年，大学时代就有商业头脑，毕业后求职却四处碰壁，那一年里，他经历了毕业、失业。而再次创业，是从一个月收入几百元的地摊小贩做起。而现在，他的公司在2011年被评为阿里巴巴全球网商30强，2011年，当选安徽年度新闻人物。他创办的蝶恋品牌服饰曾创下在一分钟内销售4 000件衣服的纪录。一个出生在农村并身有残疾的普通青年，历经种种现实的刁难，最终成就一番事业，他所承受的、付出的也自然比常人要多得多。

那一年的夏天

崔万志出生于安徽偏远的农村。由于自幼患小儿麻痹症，在求学的过程因此也备受冷落。他发奋通过读书改变生活的困境，最终他考上了距离家乡几千里之外新疆的一所大学。在读大学期间，崔万志通过做些小生意来维持自己的生活，用他同学的话说：“那时他就表现出了经商的天赋。”时光荏苒，转眼间到了1999年。在一片懵懂与憧憬中，腿脚不利索的他在那个炎热的7月完成了自己的大学学业，回到家乡合肥开始了长达几个月的求职生活。从7月到9月，为了找到一份足以谋生的工作，崔万志共投出了200多份简历。残酷的现实是，他被所有在人才市场的企业所拒绝的理由都只因为一条：残疾。印象最深的一次招聘会经历里，某家企业招聘一名雇员，共有200多人现场排队等着参加首轮的现场面试，崔万志当时排在第一位，但是面试主管看到崔万志的肢体不便时，当着招聘大厅里所有人的面，把他从人群里拉了出来。“走，一边去，别挡着别人！”红着脸走出人群的那瞬间，崔万志在心里默默许下誓言：“总有一天我会来这个展位招人！”誓言不是粮食，解决不了火烧眉毛的生计问题。在找了两个多月工作无果的情况下，崔万志无奈摆起了小摊糊口。

流动小商贩

城隍庙，合肥市最为著名的小商品集散地，崔万志事业的起点就是从那里开始。9月份，相信天无绝人之路的他，揣着四处筹借来的一点本钱，走进城隍庙小商品市场，开始了摆摊的小商贩生活。从天之骄子的大学生到小商贩，这种生活角色的巨大转变，让他一时难以接受。

那时，崔万志一边摆地摊，一边还注意着身边的商机。经过几个月的观察，他发现在合肥商校附近成排的小商店中，缺少一种在当时非常流行的“租书店”。于是在1999年12月，崔万志向亲戚筹借了一部分资金，再加上自己摆地摊3个月来的收入，全部投入到租书店的运营中。比起之前的摆地摊，开书店当然是较为“光鲜”的职业，但是在光鲜的背后，却有他人无法理解的艰辛。就这样，他的书店和他的人生都在摸索中前行。善于审时度势、抓住商机的他在接下来的两年里，还开过百货店，办过话吧。

2001年，当互联网以前卫潮流的姿态进入合肥时，崔万志感受到了网络这一新兴潮流对于大学生们的吸引力，于是便萌发了开网吧的想法，可是当时台式电脑十分昂贵，面对数额巨大的设备投入，崔万志有些为难。核算了一下成本后，崔万志离“网吧老板”只差4万元这个门槛，4万元已超出了家人们帮助的限度。不甘心浪费掉商机的他，做了人生中最为大胆的一个决定：借贷。他以比银行高出很多的利息，借得4万元现金。这家只有10台电脑的网吧，跻身合肥市首批网吧的行列，而崔万志在老板的身份外，又多加了一个“网管”的头衔。身兼二职的他，没日没夜地呆在网吧里，收钱、维护机器、解决顾客的各种问题。在来上网的人比较少的时候，他也会上上网借以打发无聊的时间。在这种偶尔的上网时间里，他的注意力被网络上开始兴起的电子商务所吸引。

于是在2007年5月，崔万志的网店便在一栋居民楼里开始上线。第一年的网店运营，只证明一句话：“理想是理想，现实是现实！”他赔掉了前几年开书店、百货店、话吧，甚至是网吧所赚的20万元积蓄。

在开网店过程中，最重要的工作就是找货源，可是这个过程却让他吃了不少苦头。最严重的一次是在广州，崔万志在进货时，因为无良厂家生产的产品与之前提供的样品严重不符，2万元的进货款变成了仓库里一堆无法销售的库存。痛定思痛之后，崔万志开始尝试一条前人从未走过的道路：依托网店的知名度，开创自己的品牌女性服装——蝶恋。此前的他好比一只无头的苍蝇乱撞，到处寻找机遇，而这时他似乎看到了未来的光明。

创办蝶恋

2008年，他拿出多年打拼积攒下来的积蓄，注册了蝶之恋公司。品牌定位于甜美可爱的小资风格，其目标是让更多渴望蜕变的平凡女人得到美的灵感和装点。公司成立初期的多少个日日夜夜，他没有一个假日，没有睡过一个懒觉，基本上都是工作到凌晨两三点才休息，他开玩笑说：“我的早上从中午开始……”创业的日子就这样一天一天地过去，总是想把一分钟当两分钟用，创业之初，他尝尽了种种苦头，找货源跑遍了大江南北，晚上就住20元一晚上的小旅店，还经常被人欺骗，但这些并没有击垮他，反而让他越挫越勇！

在时间的沉淀和酝酿中，他的公司从最初的5名员工发展到现在100多人的电子商务运营团队，随之也开了4家服装厂，厂区面积接近8 000平方米。“蝶恋”服饰已进入淘宝女装前20名，2011年的销售额达到了8 000万元。除此之外还推出了女装子品牌——尔朴树、亦心家园。尔朴树品牌已入驻淘宝商城，在全国已拥有几百家网络加盟商。

他的公司成为了安徽地区淘宝卖家里的领军队伍！对于未来，崔万志看得很远。他计划围绕女装外延来拓展的市场，包括内衣、鞋包、家居、化妆品等女性朋友的需求领域，打造女性一站式购物殿堂。2012年4月蝶恋旗下第三大品牌“雀之恋”旗袍华丽上线，专做中国旗袍，打造中国旗袍文化。

崔万志用自己的经历告诉广大残疾朋友，在人生的道路上，很多机会是靠自己去把握，没钱，同样可以创业，同样可以创出一番伟大的事业，门槛低、成本小、没有区域限制的网络创业是非常适合他们的。选择一个好项目，从提高信誉，提升知名度一步步做起，只要你永不放弃，不抛弃，你就可以取得成功

话题二：今天的你，为明天的创业、成才储蓄了什么？

复旦大学计算机专业学生顾橙勇，2002年毕业回农村卖鸡蛋。几年来，他进行了三项创新，成了“阿强鸡蛋”的负责人之一，成为业内的知名人士。

第一项，成功开发鸡蛋“身份证”。2002年底，顾橙勇凭着大学四年学到的计算机专业知识，以及对鸡蛋的初步了解，通过半年探讨、实验，研制开发出“阿强鸡蛋”的网上身份查询系统。这在上海所有农产品中属首家。从此，“阿强鸡蛋”的包装盒中多了一张薄薄的卡片，提醒消费者可以根据卡片上标明的查询号码和生产日期，到上海农业网上查询与这盒鸡蛋有关的产蛋鸡舍、鸡蛋周龄、鸡蛋品系，甚至还能看到鸡舍及员工消毒、喂养的视频画面。这让市民购买“阿强鸡蛋”更放心了。有了身份证的鸡蛋销量大增，仅2003年7月到年底的半年时间，“阿强鸡蛋”销量就比上年同期增长了2.5倍。

第二项，重新包装，打造品牌。顾橙勇从包装开始重新打造自家的鸡蛋品牌，他设计修改了“阿强鸡蛋”的包装，所有的鸡蛋都打上“阿强”两个字。

第三项，推出“头窝鸡蛋”。包装改得差不多了，2004年底小顾又推出阿强“头窝鸡蛋”，受到上海市民欢迎。由于“头窝鸡蛋”数量有限，价格也就比普通鸡蛋翻了一番。单凭“头窝鸡蛋”，公司一年就多赚35万元。

“猛将必拔于卒武，贤相必起于郡县”，自古是之。堂堂名校计算机专业的毕业生回乡卖鸡蛋，这种选择让许多人大跌眼镜，更让亲友觉得有失体面，觉得几年的大学不是白读了吗？顾澄勇自己知道自己几年的书没有白读，虽然自己和父亲同样是卖鸡蛋，但会走出不一样的路，因为他不仅仅靠母鸡，更靠知识与科技，靠自己的见识与理念。愿大学生能够以顾澄勇为镜子，走好自己的事业之路。

“起点越低越有发展空间！”顾澄勇的创业路径，又一次验证了一句老话：机遇总是垂青有准备的人。攻读什么专业、持有何种文凭、来自哪所学校，这些都不重要，重要的是，今天的你，为明天的创业、成才储蓄了什么？

话题三：大学生端盘子是历练还是悲哀？

“端盘子”是在校大学生打工时最常见、也最容易的活儿，可是能在四星级大酒店里端盘

子、经常看到“重量级客人”却是多数大学生难以想象的。扬州大学机械工程学院材料 0601 班的刘杰是个“幸运儿”，他在扬州花园国际大酒店“端盘子”，最高的时候，一个月能挣 5 000 块钱工资。小刘说，什么活都要人干，大学生端盘子并不“跌份”，也能得到令人羡慕的回报，也能“端”出成就感来！

第一次在四星级酒店端盘子，刘杰开始有些紧张，很快，刘杰的努力得到了回报，端盘子的动作在所有传菜员中最稳最标准，再加上热情亲和的形象，小刘很快被酒店管理人员“相中”，被任命为兼职领班，工资和奖金也自然涨了很多。

被“提拔”后，刘杰没有放松对自己的要求，而是更加努力工作，以更专业的举动服务宾客。酒店方面认准小刘的素质，提出可以让他挑选一些同学到酒店来。在他的推荐下，很多同学和朋友都在花园国际大酒店打工，累计有数百人。在小刘的“言传身教”下，个个干得有声有色且收入不菲。

“想打工找刘杰，到四星级酒店，还不收中介费！”在大学校园，刘杰的“名气”越来越大；在酒店，他的能力也越来越得到认可，酒店管理人员经常把一些重要的会议和活动任务交给他，除了端好盘子传好菜，刘杰还利用自己所学的知识把会场布置得非常整洁，甚至连所有水杯手柄的方向都严格一致。此外，刘杰还在很多大型招待晚会现场服务过。由于他的出色表现，收入也越来越高，一个月最多能超过五千块钱。刘杰自豪对记者说，三百六十行，行行有出息，“都说大学生就业难，只要你放下所谓的架子，用心去做，端盘子也能端出个‘白领’来！”

同样，武汉 2008 年 6 月举办首场餐饮企业专场招聘会，签约的 1 800 名应聘者中，大学生超过 1 000 人，令招聘单位大呼“意外”。

讨论：

一种观点认为：在大学生就业普遍困难的今天，他们能够放下身段，来到工作实践的第一线，无疑是个好现象。尤其是对于学习相关专业的大学生来说，除了暑期打工的收入外，能够更早地接触到相关领域的工作，对于日后就业有着不小的好处。如果工作出色，甚至能够被公司提前留用。

另一种观点认为：这种说法要么是一种阿 Q 式的自我安慰，要么是就业难问题没有妥善解决的美丽托词。如果是在找不到和本专业相关的工作而无奈做出的选择，这是教育的失败，抑或时代的悲哀。在一些大城市的某些岗位上，国家耗资数十万培养的人才，还在做着与自身所学知识极不相称的工作。这是一种典型的人才结构性浪费。

欢乐课堂

1. 小品表演：该死的金融危机

人物：

王志强：大三学生，城市家庭，不愁衣食。

李湘：大三学生，农村家庭，学习刻苦、做事认真踏实，是王的女友。

刘云：公司职员，生性活泼，待人热情大方。

刘总：公司总经理，严肃，有很强识人能力。

郑总：公司副经理，做事一丝不苟。

李湘：（四周望了一望，不见人影，拨通了电话）喂？你人呢？

王志强：（惊慌失措）马上，我下了“大话”就来！

李湘：都去面试了，你的臭毛病还不改啊？除了玩大话，还能干什么？都快……

王志强：（不耐烦地）行了，又来了，这就过去！

李湘：（挂了电话，在一旁踌躇。从提包拿出了自己的简历看了看）不知道今天行不行？

王志强：（慌忙跑上来）我说你怎么那么积极啊？

李湘：火烧眉毛了，谁像你，一大早就玩你的“大话”。

王志强：俺宿舍的都在睡呢，我表现的够可以了！

李湘：是，是，你们都是大仙，我看你们宿舍能有几个人找到工作。

王志强：都能找到！都大三了，做事要稳重、切忌浮躁！给人留下良好形象，这样才能找到工作。对不对？

李湘：我知道你的理论水平高。你是够稳重的，眼神透露出堕落、漂浮！

王志强：能说点别的吗？今天咱们去干什么？

李湘：干什么？应聘！前天招聘会不是说让我们拿着简历去面试吗？

王志强：你还真当回事了，真正有实力的是不会为之心动的。

李湘：你以为现在找工作容易啊！眼下赶上了金融危机，班里的同学十个应聘九个当幼师了。

王志强：你也去吧？我也想去。咱俩一块去不是正好！

李湘：你醒醒吧！你到底去不去？你不去我走了！

王志强：不是我不想去，压根就看不起那公司。我爸早就给我找好了！要不让我爸也给你……

李湘：（生气走下台）我不是你！

（王志强追了下去，舞台灯光暗，板凳四把、两张桌子摆在中间，桌上放着笔记本电脑。）

刘云：（走到舞台中间，对着公司的玻璃门照了照，然后坐在办公室玩电脑。看见主管公司生产和纪律的刘总走了进来，便面带笑容地）刘总上午好！

刘总：（气呼呼地）公司出钱请你是让你来玩的吗？嬉皮笑脸没个正经，知不知道公司的总台位置是公司的脸面。当客户看到你这个样子，便会认为我们公司没有组织纪律，便没有信心跟我们合作。现在正是金融危机时期，少了一家客户意味着什么？这么大的责任你能承担得起吗？

刘云：（惊慌地）对不起，对不起！

刘总：跟我说对不起有什么用？我也是为公司着想！这个月你的奖金扣掉一半，让你长长记性。（说完扬长而去）

刘云：啊！

（一本正经地走到办公桌坐下，没过多久，郑总大摇大摆走过来。）

刘云：（板着脸）郑总早！

郑总：跟你们说了多少次不要把个人情绪带到工作中来，为什么不听？知不知道总台小姐是公司的间接代言人，客户来我们公司，看到你这个神态，还以为我们不喜欢跟他们合作，连一个小职员都敢给他们脸色看了呢。金融危机时期，订单本来就难接，你们还跟着捣乱……

刘云：（委屈地）是刘总不让我笑的，他说嬉皮笑脸……

郑总：是公司重要还是刘总重要？到底是谁把你这种连轻重都分不清召进来，这个月你的奖金扣掉一半，当给你醒醒脑子。”

刘云：（看见郑总走后，哭笑不得）这该死的金融危机！

（刘云垂头丧气坐在电脑前，王志强和李湘上场。）

王志强：能不能再考虑考虑？

李湘：考虑什么？到了你进不进？

王志强：（抬头看了看笑了）电脑软件开发有限公司！嘿嘿，什么东西！

李湘：（头也不回了进去了）你回去吧！

王志强：（跟了进去，忙打招呼）大姐，你好！

刘云：（生气地）叫大妈！

李湘：（拉了王）你好！（王目无一切站在一旁）

刘云：你们是干什么呢？

李湘：面试！

刘云：哦，参加俺公司的应聘了？

李湘：是！

刘云：（看了看身旁王不屑一顾的样子）他呢？

王志强：我也是，那天招聘会上我还跟你说两句呢！

刘云：哦！有点印象。你们俩先座一下，我叫我的老总去！

李湘：（坐在一旁）能不能少说点废话！

王志强：（懒洋洋坐在一旁）有人下来了！

刘总：你们带简历了吗？

李湘：（忙从包里拿出来）带了！

刘总：好，小刘念一下！

刘云：（接过来）姓名：李湘，性别：女。学历：大专，政治面貌：预备党员，专业：电子计算机应用商务。社会经历：2006 年 9 月参加学院“爱中华，树新风”合唱比赛，2007 年参加校组织的慰问五保户老人社益活动！

刘总：（看了看）没想到你还是一个热心的姑娘啊？

李湘：刘总过奖了！

王志强：（笑了笑）什么啊！

刘云：2008 年 3 月参加了“雷锋精神”社会倡导活动。

刘总：好了，不错！我们要考察核实一下。小伙子你的呢？

王志强：（自信拿出简历）比你写得好。

刘总：小刘，念念！

刘云：（看了看，笑了）姓名：网管，性别：不好说，学历：大砖！

王志强：什么？胡说什么？

李湘：你想干什么！

王志强：不是！

刘总：（吃一惊）念下去！

刘云：（大声地）政治面貌：少先队员，身高：175m，专业：造谣烧砖。

王志强：（惊慌地）肯定是拿错了！（看看包了都一样，才知道被人家耍了。李湘生气坐在一旁一言不发。）

刘总：（失望地）是不是？

王志强：都一样，是这样的刘总……

刘总：不忙，听听下面的。

刘云：（更大声了）电子邮箱：wangguan.dahuaxiyou.com ，社会经历：2006 年 9 月与著名二胡家朗朗同台演出。

刘总：这个朗朗好像是个钢琴家啊，莫非二胡也不错！

王志强：（一脸羞涩）他——二胡很不错！

李湘：（哭笑不得）这会你死定了。

刘云：2007 年暑假去耶路撒冷挖泥鳅。2008 年寒假赴山西砖窑拉砖，进行烧砖运砖技术培训！

刘总：都是什么啊？乱七八糟的！行了。刚才你说他是什么专业？

王志强：是和她一个……

刘总：没问你！

刘云：（看了看）是造谣烧砖.

刘总：造谣烧砖。这个专业倒是新颖！不错，可是我们这不是砖头生产基地，你还是去找对口专业吧！

王志强：不是……

李湘：（拉到一旁）你发烧了？你爸是个开砖窑的吧？

王志强：不！是我宿舍他们几个搞的鬼，肯定是！

李湘：那你连看一眼都没？

王志强：我当时不是忙吗？

李湘："大话"是不是？现在说什么都晚了！

王志强：回去，我找他们算账！

刘总：（看了看）李湘！你叫李湘是不是？

李湘：是我。

刘总：你呢？我们都需要考虑一下。我给你考虑时间。至于他吗？刚才我说过了找个对口的。（说完叹了一口气上，刘云恭送刘总上楼。）

王志强：湘，让我爸给你找个吧？挣钱多少无所谓，关键是咱们俩……

李湘：志强！现实一点吧！大学三年转瞬即逝，走向社会，和学校不一样。找工作不能太理想化了！这份工作我很满意。

王志强：看你这点出息！那个老总一看都不是好鸟！

李湘：闹够了没有？正经点行不行？咱俩不可能在一起！

王志强：什么意思？你不会像别人一样给我……

李湘：没那么严重！最少我们还是好朋友。

王志强：（惊慌地）为什么？为什么我们不能沿着可持续道路发展下去？

李湘：志强，给你说实话吧！咱们不合适。

王志强：（焦急望了望）你说是今天我……

李湘：（意味深长地）你是从小在城市长大的，家庭条件殷实不愁工作！我不是你，我的家在农村，在农村如果没文化，没有拼搏奋斗向上的精神，永远走不出贫穷、落后的深潭！

王志强：可是，我和别人不一样！

李湘：这个我知道，在农村婚姻最讲究门当户对。你们门宽户高我……

王志强：什么啊！封建没落的农村家族。

李湘：这是事实！你不懂！

王志强：是，我不懂，我懂的爱情！

李湘：爱情？眼下这金融危机，爱情能调和这一切，爱情能让一个公司重振雄风，爱情能让你我都能找到好工作！

刘总：说的好！我没看错人，姑娘你考虑好了吗？

刘云：是的！

王志强：不能再商量了？

李湘：你回去吧！以后少玩点游戏，有工作了好好干，毕竟现在金融危机找一份工作不容易！

刘总：是啊,小伙子，看得出你有那个聪明劲，别用错地方了。姑娘说得不错，现在是金融危机工作不好找，前天我这下岗了两位。所以你……

王志强：够了！金融危机什么东西？（沮丧走下台）金融危机……该死的金融危机抢走了我的女朋友！

刘总：哎！金融危机太厉害了，直接波及年轻人恋爱家庭自由组合。你的品质和个性我很欣赏，刚来的公司需要慢慢了解，在这儿好好干，金融危机再厉害也埋没不了真才实学的应届生！

李湘：谢谢刘总对我的信任！绝不辜负您对我的期望。

提示：由学生自己模拟表演，引起学生对自己就业观进行反思。通过小品表演，让学生在欢乐的课堂中明白了一个道理：为了明天的择业与创业必须从现在开始要积极准备和思考。

相关链接

加强高校毕业生就业工作的七项措施

第一，鼓励和引导毕业生到城乡基层就业。到农村基层和城市社区工作的毕业生，给予薪酬或生活补贴；到中西部和艰苦边远地区县以下农村基层就业，并履行一定服务期限的毕业生，实施相应学费和助学贷款代偿；对应征入伍服义务兵役的高校毕业生实行学费补偿和助学贷款代偿。

第二，鼓励毕业生到中小企业和非公有制企业就业。对企业招用非本地户籍普通高校专科以上的毕业生，直辖市以外的各地城市要取消落户限制。

第三，鼓励骨干企业和科研项目吸纳和稳定高校的毕业生就业。

第四，鼓励和支持毕业生自主创业。对高校毕业生从事个体经营符合条件的，免收行政事业性收费，落实税收优惠、小额担保贷款及贴息等扶持政策。

第五，强化毕业生就业服务。高校及教育、人力资源社会保障部门要采取多种方式为毕业生提供免费就业信息和各类就业服务。

第六，提升毕业生就业能力。所有高校都要确保毕业生在离校前都能参加学习实践活动。从 2009 年起，用三年时间组织 100 万未就业高校毕业生开展见习。在高等职业院校实施毕业证书和职业资格证书“双证书”制度。

第七，建立和完善困难毕业生援助制度。积极为离校后未就业回原籍的高校毕业生提供就业服务，将登记失业的高校毕业生纳入当地失业人员扶持政策体系。

高职生的就业优势

2008 年，全国共有高职高专院校 1 168 所，在校生近 880 万人，占全日制普通高校本专科在校生的 47%，占全国高校的 68%，俗称“半壁江山”。高职生的就业有以下优势：

1. 实践能力更强，具有直接上岗工作的能力

高职生与市场需要联系更紧密，实践能力更强，毕业生具有直接上岗工作的能力。以某学院为例，开设的专业均为社会所急需的专业，有利于学生毕业后择业。教学强调理论教学与实践训练并重，突出“应用型、技能型”的人才培养。各专业均设立校企合作，指导教学、制定高职生的知识、能力、素质结构和培养方案，建立了稳定的校外实习基地。

2. 订单培养，更具竞争优势

“校企合作、订单培养、定向就业”人才培养模式。订单培养贴近市场，职业证书含金量高，动手能力强，心态踏实，岗位适应时间短，这些成为高职生在就业寒冬凛冽之际走俏市场的重要因素。

原来企业招聘要求学生有工作经验，这样可以节约培养成本，但经过一段时间后，发现用工质量低，员工跳槽的多，而频繁招人对企业工作效率有影响。现在企业更注重联合办学，企业自己培养，学生对企业有感情，留得住人。

3. 就业寒流来袭高职生就业热度不减

高职学生近几年来一直是招聘市场上的香饽饽，就业率和就业质量一直居高不下。京、沪、渝等城市近几年的统计信息显示，高职生就业率已开始超过本科生。特别是汽车、电子、计算机、维修、工程等技术含量比较高的一线技术岗位，高职生经过短时间的适应就可以上手，高职生就业率为 84%，抗就业风险能力强于本科生。

大学生应该如何面对金融危机中就业形势解决就业问题

1. 要调整好心态

保持处乱不惊的清醒的头脑，既然“寒潮”已经袭来，就要有“过冬”的准备。认真分析近几年的就业形势，转变观念，正确审视自己。因为你可以不了解别人，但必须了解你自己，对自己剖析的深度和广度比以往时候更重要，如自己的优点、缺点、能力、性格及弱点，切忌好高骛远。凡事“预则立、不预则废”，尤其需要改变错误的自我认知和社会认知。诚然，由于受压力、焦虑、浮躁等情绪影响，仰或没有时间和心情去思考这个问题，但必须甚至挤出时间去思考这个问题，绝不能茫茫然不知所措或是自怨自艾。

2. 准确的职业定位

近年来，“职业定位”“职业生涯规划”已经不是什么新鲜名词，多数大学生在走进校门的第一天就被辅导员灌输了“职业生涯”的理念。每个职业人都要有一个适合自己的职业定位，大学生正处于职业发展的探索期，在择业方面容易迷茫，更需要有一个适合的正确职业定位。

职业定位要结合自己的性格、兴趣、价值观、能力等综合信息进行分析考虑，大学生在为自己

进行职业定位时，不能抱着完美主义的想法，一开始的要求不能过高，最好是围绕自己的专业，不要做自己不喜欢的工作，或者不要从事自己不适合、不擅长的工作，那是没有发展空间的。

3．要注重掌握专业技能

如今，很多企业在招聘中越来越注重实际操作能力，对于大学来说主要就是专业能力，而非学历。一般来说，学历仅意味着更雄厚的理论基础和技能，然而，对于那些学历不高或学校一般的大学生，如果能在大学期间利用业余时间加强专业技能的学习，并参加专业的培训，其实际技能并不一定比名牌大学的学生差。而很多的企业在用人方面是很实际的，会综合考虑一个人学历和技能。所以，大学生在大学期间要把自己的专业技能的提升作为重点来考虑，不断强化自己专业能力，从而提高就业的含金量。

4．提高社会实践经验

很多公司在招聘都有一条“要有几年的工作经验”，这是现在社会的就业准则，很多公司都希望能招到能马上胜任工作的人。因此，大学生在掌握专业技能的同时，一定要能把理论技能应用到实践中，一定要参加社会实践。大学生要围绕自己的就业目标来参与目标行业或职业的实践，通过实践提升自己的专业能力和素质。这样就能以学生的身份提早踏入社会实践，在毕业之后就有了更为积极有效的措施来面对激烈的职场竞争。

5．提升综合素质

虽然学习和专业知识很重要，但社会中需要的是复合人才，职业中更是非常看重情商和逆境商。如果能力太单一，那么职业发展也会很受限制。所以，大学生还需要掌握其他综合能力。如掌握一些工具类的技能，如网络、外语、谈判等。提高自己在人际交往、沟通协作方面的能力。大学生应该通过几年的学习，让自己能真正独立和成熟起来，能通过在学校中参与处理各种关系，参加各种活动来提升自己的沟通技巧、人际能力、团队协作能力等，让自己具备自信、谦让、果断、责任心等美德，以良好的形象进入职场。

金融危机虽然给全世界带来了恐慌，失业人口增加，就业压力增大。理性选择，就业没有想象中那么难。尽管金融危机会给毕业生就业带来不利影响，但我国政府出台的大力度拉动内需政策，将带来不少新增就业机会和岗位供毕业生选择。同时，农村基层岗位和中西部地区对高素质人才的需求缺口依然给就业开辟了新的途径，只要毕业生能正确认识自己，找到能施展自己才华的舞台并不困难。金融风暴不可怕，可怕的是你没有信心到社会中去竞争，去博弈，去接受新的东西。正如总理所说“信心比黄金重要”，谁能经得住考验，谁就是最终的胜利者。

拓展阅读

从一片废墟到创造500亿财富——史玉柱

史玉柱的创业史可以分为上下两个半场，1997年之前的巨人和1997年之后的巨人。1997年之前是天不怕地不怕，高呼口号“要做中国的IBM”，横冲直撞，最后惨败。留下一栋荒草肆虐的烂尾楼，外加几亿元巨债。死过一次后，才知道死亡的滋味。1997年以后，史玉柱如履薄冰，小心翼翼，卖脑白金，投资银行股，进军网络游戏，在一片废墟上，转眼成就了超过500亿元的财富。史玉柱为何能在下半场“惊天逆转”?是的，他的确掌握了一套独创的看家秘籍，为自己打造了几样纵横江湖的“顶级装备”。

史玉柱，1962 年出生在安徽北部的怀远县城。1980 年，史玉柱以全县总分第一，数学 119 分（满分 120 分）的成绩考入浙江大学数学系，毕业后分配到安徽省统计局，时年 24 岁。由于工作出类拔萃，被作为第三梯队，送往深圳大学进修。

可是，读完研究生之后，史玉柱决心辞职创业。当他登上飞机飞往深圳的时候，身上全部的家当就是东挪西借的 4 000 元钱，以及他耗费 9 个月心血开发出来的 M-6401 桌面排版印刷系统。

1989 年 8 月 2 日，他利用报纸《计算机世界》先打广告后收钱的时间差，用全部的 4 000 元做了一个 8 400 元的广告："M-6401，历史性的突破"。13 天后，史玉柱即获 15 820 元；一个月后，4000 元广告已换来 10 万元回报；4 个月后，新的广告投入又为他赚回 100 万。

这一年，史玉柱产生了创办公司的念头，他想："IBM 是国际公认的蓝色巨人，我办的公司也要成为中国的 IBM，不如就用'巨人'这个词来命名公司。"

1991 年 7 月，"巨人"实施战略转移，总部由深圳迁往珠海，"珠海巨人新技术公司"迅速升格为"珠海巨人高科技集团公司"，下设 8 个分公司。这一年，M-6403 桌面印刷系统共卖出 2.8 万套，盈利 3 500 万元。到 1993 年 7 月，"巨人集团"下属全资子公司已经发展到 38 个，是仅次于"四通公司"的全国第二大民办高科技企业，拥有 M-6405 汉卡、中文笔记本电脑、手写电脑等 5 个拳头产品。

1994 年初，巨人大厦动土。这座最初计划建 18 层的大厦，在众人热捧和领导鼓励中被不断加高，从 18 层到 38 层、54 层、64 层，最后升为 70 层，号称当时中国第一高楼，投资也从 2 亿增加到 12 亿。史玉柱基本上以集资和卖楼的方式筹款，集资超过 1 亿元。

同样是 1994 年，史玉柱发现，计算机发展日新月异，汉卡早已失去了存在的必要，如果继续从事软件，扛不过猖獗的盗版，于是把一部分注意力转向了保健品，脑黄金项目开始起步。

1995 年，巨人发动"三大战役"，把 12 种保健品、10 种药品、10 几款软件一起推向市场，投放广告 1 个亿。史玉柱被《福布斯》列为内地富豪第 8 位。

1996 年巨人大厦资金告急，史玉柱决定将保健品方面的全部资金调往巨人大厦，保健品业务因资金"抽血"过量，再加上管理不善，迅速盛极而衰。巨人集团危机四伏。脑黄金的销售额达到过 5.6 亿元，但烂账有 3 亿多。

1997 年初巨人大厦未按期完工，各方债主纷纷上门，巨人现金流彻底断裂，媒体"地毯式"报道巨人财务危机。不久，只完成了相当于三层楼高的首层大堂的巨人大厦停工，直到现在。随着"巨人倒下"，负债 2.5 亿的史玉柱黯然离开广东，"北上"隐姓埋名了。

这个背着 2.5 亿元巨债的"中国首负"，在 1997 年完成了一生中最重大的转变。这个转变进而成了他再度崛起，成就更大事业的"老本"。

那么，史玉柱的"老本"是什么？就是史玉柱为自己制定的三项"铁律"，一是必须时时刻刻保持危机意识，每时每刻提防公司明天会突然垮掉，随时防备最坏的结果；二是不得盲目冒进，草率进行多元化经营；三是让企业永远保持充沛的现金流。在此之外，史玉柱还有一个最大的收获，那就是懂得了研究消费者。正是研究消费者这种能耐，让史玉柱奇迹般地起死回生。

幸运的是，受到重创的史玉柱，除了缺钱外，似乎什么都不缺——公司 20 多人的管理团队，在最困难的时候依然不离不弃，没有一个人离开。而且史玉柱手上已经有两个项目可供选择，一个是保健品脑白金，另外一个是他赖以起家的软件。

史玉柱算了一笔账，软件虽然利润很高，但市场相对有限，如果要还清 2 亿元，估计要 10 年，保健品不仅市场大而且刚起步，做脑白金最多 5 年。

1998 年，山穷水尽的史玉柱找朋友借了 50 万元，开始运作脑白金。史玉柱推出了家喻户晓的广告“今年过节不收礼，收礼只收脑白金”。这则广告无疑已经成了中国广告史上的一个传奇，尽管无数次被人诟病为功利和俗气，但它至今已被整整播放了 10 年，累积带来了 100 多亿元的销售额，这两点的任何一个都足以让它难觅敌手。

在脑白金上市前，史玉柱与 300 位潜在消费者进行了深入的交流，对市场营销中可能遇到的各种问题摸了个通通透透。终于，史玉柱心里有底了，他信心十足地在公司对大家说：“行了，我们有救了。脑白金这个产品年销售额很快就能做到 10 亿元。”

2000 年，公司创造了 13 亿元的销售奇迹，成为保健品的状元，并在全国拥有 200 多个销售点的庞大销售网络，规模超过了鼎盛时期的巨人。

不到三年，史玉柱又重新站了起来。2000 年秋天，他做了一个轰动一时的决定，他悄悄还了所欠的全部债务。

无债一身轻。2001 年 2 月 3 日晚上，史玉柱因还债“义举”而接受采访，他终于堂堂正正地递出了自己的名片，从 1997 年“巨人倒下”后，他一直没用过名片;他也终于可以摘下自己的墨镜，昂首挺胸在大街上行走了，再也不用担心别人认出他是史玉柱。

2002 年末，史玉柱开始玩陈天桥的盛大公司开发的在线游戏《传奇》，并很快上了瘾，在游戏里，史玉柱是个沉湎其中的玩家，但他从来没有失去作为一个商人的嗅觉和敏锐，他意识到：“这里流淌着牛奶和蜂蜜!”

2004 年春节后的一天，史玉柱把几个高管召集在一起开会，讨论再投入网络游戏行业晚不晚。当时中国的网络游戏行业已经高速发展了 3 年，国内的盛大、网易、九城等三家公司呈现三足鼎立之势，来自日本、韩国的游戏也有不小的市场份额，市场竞争形势不容乐观。但史玉柱还是说服了大家。2004 年 11 月，史玉柱的征途公司正式成立。到 2007 年 10 年后史玉柱从一片废墟到创造 500 亿财富. 今天的史玉柱仍经常反思那场“著名的失败”，他说“我人生中最宝贵的财富就是那段永远也无法忘记的刻骨铭心的经历。”他还说：“成功经验的总结多数是扭曲的，失败教训的总结才是正确的。”

梁稳根的起家史

1983 年，中南工业大学（现中南大学）材料学专业毕业的梁稳根，在别人羡慕的目光中，被分配到原兵器工业部涟源洪源机械厂工作。但不安分的梁稳根，经常在抬石头、挖土方、搬机器设备、爬上半空架设高压电缆的工作之余，和别人议论时事，讨论国有企业的出路。渐渐地，唐修国、毛中吾、袁金华和梁稳根相识，并成了好朋友。1984 年梁等 4 人开始谋划自己的事业，最初，他们经历了贩羊的失败。

1986 年，4 人从亲戚朋友那里凑齐 6 万元钱，成立了涟源茅塘焊接材料厂。经过无数次的实验和失败，他们的第一个产品——105 铜基焊料问世。梁稳根把它寄给辽宁一个工厂，可不久，梁稳根便收到了第一批退货——105 铜基焊料的质量不过关。

为确保来之不易的创业结出成果，梁稳根回到母校，请恩师翟登科教授来现场指导。经过多次实验和失败，105 铜基焊料的各项指标抽样检查终于达到了国家质量要求，并填补了省内的一项空白。1986 年 9 月，他们收到了第一笔货款——8000 元。4 人欣喜若狂，紧紧地抱成一团，热泪盈眶。

1991 年，梁稳根在当地已小有名气，企业名称也已改为了三一。此时，有人将 4 个人的姓氏连起来——梁、袁、毛、唐，谐音恰好是“涟”“源”“茅”“塘”，说 4 个人天生就是大富大贵之人。梁稳根等一笑了之，在他们看来，富贵是要靠自己去争取，而不是上天赐予的。这时候的他们，开始思索如何走出去。他们注意到当时国家巨大的基础建设投入带来的无限商机——“基础建设我们虽然不懂，但基建行业的设备我们还是懂的。”梁稳根毅然决定冲入这个向来只有国有企业敢做的行业——重工制造领域。

这年 3 月，梁稳根等 4 人来到涟源。当时，人造金刚石并不很景气，但出人意料的是，梁稳根看到了当时许多人没有看到的商机：由于国际市场上的重要变化——苏联的解体，低档人造金刚石的出口由年 3500 万克拉急降到 500 万克拉，给人造金刚石压机市场带来广阔空间。梁稳根迅速组织数十名专家、工程师先后组建起人造金刚石压机厂和金刚石厂，生产压机和人造金刚石，以领先的技术和过硬的质量，向大吨位压机进军，迅速打开市场。

1993 年对于梁稳根来说是非同寻常的一年，他不仅将企业更名为“三一集团”，涟源的材料基地改造为“三一材料集团有限公司”，并将总部搬到了湖南省会长沙。随着市场的扩展，梁稳根又开始研制混凝土输送泵等工程建筑机械产品，并将行业里的著名专家请到公司任职或做顾问。而这个领域面对的将是海外企业的竞争，梁稳根感慨地说：“我们要学习外企在资金、技术和人才以及企业运作和管理模式方面的长处，这是十分必要的，但也要看到海外企业的弱点，我们只有利用自己的优势来扩充自己，才能取得胜利。”这一年是梁稳根个人创业史上的奠基之年，也是今天的三一重工股份有限公司的奠基之年。

社会大舞台

活动主题：职业畅想——职业生涯设计

1. 思维训练：让学生制订职业生涯规划，明确自己职业目标。
2. 师生互动：高职学生择业与创业有哪些优势和劣势？（讨论）
3. 社会实践：进行《就业意向调查问卷》，写出调查报告。

视频资料

1. “拇指姑娘”顾伊劫职场求职。
2. 俞敏洪：大学生创业。
3. 破解大学生就业创业难题。

网上冲浪

1. 大学生创业网：www.studentboss.com。
2. 中国大学生创业网：www.chinadxscy.com。

专题十 心有灵犀一点通

——感悟爱情

爱情不是花荫的甜言，不是桃花源中的蜜语，不是轻绵的眼泪，更不是死硬的强迫，爱情是建立在共同理想的基础上的。

——莎士比亚

知识目标

1. 理解爱情的本质；
2. 明确恋爱中的道德；
3. 摆正爱情和学业的关系。

能力目标

能用正确的恋爱观、爱情观指导大学阶段的恋爱实践。

情感目标

正确认识和对待爱情，澄清恋爱问题上的错误观念，树立正确的恋爱观。

“春花和秋月最美丽，少年的情怀最珍惜”。当我们徜徉在大学的校园，那厚重的文化和蓬勃生机既让我们肃然起敬，又让我们心情激荡。我们漫步在知识的长廊，涌动着对未来的畅想；我们萌动着青春的情愫，期盼着爱的伊甸园。的确，青春一族相聚在一起，是很容易碰撞出爱情的火花的。于是，恋爱成了大学校园里一道亮丽的风景。但是，当我们平静地回首校园爱情就会发现，能最后携手走向婚姻殿堂的却是寥寥无几。是什么造成了校园爱情的变化多端、扑朔迷离？是什么让大学高墙内演绎着一幕一幕的爱情悲喜剧？ 这不能不引起我们的思考。

情境导入

盲目的爱带来的伤害

毕业两个多月了，李忆好不容易找到一份售后咨询的兼职工作，每个月400元的浮动工资。在同班同学中，她是现状最为悲惨的。而大一时，她曾是大家羡慕的对象，拿了两次奖学金，各种社团活动也能看到她的身影。

大二时，学长蒋枫闯入她的生活，一切都发生了改变。

相识几个月后，蒋枫带李忆回老家见父母。坐公交车时车窗关不上，担心风吹疼她的脸，他伸手帮她挡风；下车后怕她走不惯田间小路，他一直牵着她的手不放开——这样的甜蜜让李忆觉得很幸福，甚至已经把自己当作了蒋家的儿媳妇。

返校后，大三的蒋枫打算考研，李忆觉得他宿舍环境不好，于是找了出租屋，还承担了全部的花销。为了支付日常生活开支，李忆辞去了所有的社团职务，找了3份兼职。

“恋爱以后她再也无缘奖学金，英语四级拖到毕业也没过。刚开始她还有点伤心，毕竟是有些傲气的女孩子。”她的好友丽丽曾过劝她该收心用功了，但蒋枫反驳说打工能积累宝贵的工作经验，李忆对他的话深信不疑。

为了让蒋枫生活得舒服点，李忆想搬去条件更好的房子，她又给自己增加了两份兼职工作。待遇好的工作要求太高，她只想尽快挣些钱，餐厅服务员、发单员、抄写员、促销员等容易应聘的岗位她都尝试过，甚至还去幼儿园当“临时阿姨”。同学笑称她是“兼职专业户”。

每天下班，李忆都要拖着疲惫的身体回家做饭。以前从没进过厨房的她，很快成了烹饪高手。别人考研都瘦了，而蒋枫却越来越壮实。蒋的同学阿凯说：“他常跟我们炫耀，每顿饭都是荤素搭配，3菜一汤，夏天时每天可以吃2个西瓜，我们都知道那些钱是李忆辛苦挣来的”，阿凯叹了口气，继续说“李忆把自己的青春全耗在那场感情里了，没有给自己留一点退路。”

蒋枫每晚看书到深夜，李忆对光线很敏感，明晃晃的灯光让她无法入睡，蒋枫却不愿意让步。“毕竟他的前途重要，我当然要为他考虑，晚上我就陪他熬呗，反正我已经豁出去了！”

“那你有没有考虑过自己的前途？”我有些惊讶。

李忆低头不语，过了好久才出声：“我也不知道那时怎么就认定会跟他一辈子了，只要他好我就无所谓，其他的都没有考虑。”

晚上无法好好休息，白天精神自然不好。最初李忆还会坚持去上课，到后来，她干脆不进教室了。不打工的时候，她就在家里睡觉或者料理家务。

丽丽曾专程去找她，“我知道你今天不用去打工，怎么还逃课？”

“即使今天去了也听不了什么啊。”她一脸无谓。

“老师点名了！”

“点就点了，以前不是有人被点吗，也没怎样吧。”

“这学期专业课多，你再这样下去……是谁说过每个学期都要拿奖学金的，你看看你现在成什么样子！当自己是蒋枫的保姆啊？”

“我知道现在这样可能是个坑，跳下去就起不来，可是我还是心甘情愿！何况，这个坑是我自己挖的，两个人在一起，总要有人要做出牺牲。”

听了这话，丽丽彻底失望了，再也没有理过她。

2005年初，蒋枫的考研结束，李忆的期末考试成绩也出来了——7门课程不及格。接到预警通知，李忆不得不把时间和精力重新集中到学业上。没有那么多时间去打工挣钱了，两人的生活开始捉襟见肘。

逛街时李忆看了一条裙子几眼，蒋枫嘀咕：“现在伙食都没原来好了，还买这些东西干什么？又不是没有衣服穿”，李忆很生气：“我以前为你付出我说过什么吗？买条裙子你凭什么说我？更何况，花的是我自己的钱！”就这样，两人在街上大吵一架，蒋枫扔下李忆，独自回了学校。

蒋枫是学校里的风云人物，快毕业了，饭局很多。按惯例，大家都要带上各自的恋人。而此时蒋枫发现，李忆让他丧失了很多优越感。别人的女友光鲜靓丽，而李忆不会打扮也算不上不漂亮；大家在一起聊天，少言寡语的李忆也永远是被遗忘的角色。李忆英语四级都没有通过，这也成为他“很没面子”的理由。阿凯告诉记者：“蒋枫跟我说过，他真希望有两个女友，一个本本分分地在家操持家务，另一个要既漂亮又能干，他好带出去炫耀。”

不久，蒋枫偷偷见起了女网友，而请客、吃饭的钱，都是他平时以买书为名找李忆要的……

矛盾越来越多。终于，在蒋枫毕业前，两人分了手。

一年后，李忆也走出了校园。她满以为自己兼职经历丰富，不难找到工作。可招聘单位有自己的看法：“虽然在工作经验上你有优势，但这些兼职技术含量太低，像专业能力、英语水平等方面的东西，我们都很重视！”这些话又一次刺痛了她的心。

李忆说，每次经过母校大门，她都不敢往里看，哪怕是校园里的一棵树，也让她觉得不堪回首。她不清楚，不敢看的是这些草木，还是曾经盲目的爱情。

李忆为了男朋友置自己身体、学业于不顾，丧失自我，牺牲的一切，这是不是真正的爱？爱情的真谛是什么？大学期间应怎样处理爱情和学业的关系？恋人间应该建立怎样的关系？保持爱情长久的秘密又是什么？

知识导航

一、问世间情为何物——爱情是什么？

爱情是什么？什么是爱？有人说爱情是产生于男女之间的，使人获得特别强烈的肉体和精神互相倾慕和交往的情怀；它是一份激情、一份浪漫、一份思念、一份缠绵，更是一份痛苦。爱情就在自己一个人的时候，第一个想到的是他,在自己受到挫折的时候,一个想到的是他对自己的鼓励,在自己心情不好的时候,最想得到他的安慰……

爱情是什么？什么是爱？有人说爱情是两个人之间互相尊重,为了未来去努力,一个人是另一个人的动力。爱就是两个人牵手到老不管生老病残，爱就是不管贫穷与富贵相依相偎不离不弃；什么是爱，爱就是包容对方一切的优点和缺点，爱就是执子之手与子偕老。有人说爱是，你回家进门时已经摆好的拖鞋。爱是，你早起是送到你嘴边的第一杯牛奶。爱是，当你要犯错误是第一个打醒你的人；爱是，当你唠叨时微笑听完你所有故事的人……

什么是爱情？古往今来，众说纷纭。

虽然人们对爱情的诠释各不相同，但真正的爱情都包含三个基本要素：即性爱、理想和责任。

性爱是爱情萌发的自然前提和生理基础。性爱是以性欲为基础的对异性的倾慕、亲近的情感。爱情基于性爱，但却不等于性爱，它更多地体现在人与人之间的全面接近、心理的亲密、精神的融合上。男女双方如果缺乏在思想、情操、志向、趣味等方面的共鸣，就不会有真正、持久的爱情。所以，爱情还包括理想和责任两个要素。

理想是维持爱情存在的一种强有力的精神纽带。可以说，男女双方对社会、人生的共同认识，对理想的共同追求，对美好未来的共同向往，这才是爱情最本质的东西，是爱情的灵魂。相反，仅仅满足于本能的性爱，缺乏共同的理想，爱情大厦的基础就会变得很不稳固。

爱情也是与责任紧密联系在一起的。真正的爱情不是自私地占有对方的感情，而是自觉自愿地为对方付出感情、担当责任。因此，爱情是男女之间基于共同的生活理想，在各自内心形成的相互倾慕，并渴望对方成为自己终身伴侣的一种强烈、纯真、专一的感情。

二、相爱容易，相处难——保持爱情长久的秘密

遵守恋爱道德，就是在现实生活中去维护真正的爱情，这是保持爱情长久的秘密所在。恋爱中的道德包括：

（一）尊重人格平等

恋人间彼此尊重人格的表现，主要是尊重对方的独立性和重视双方的平等。恋爱的双方在人格上都是独立的，如果把对方当作自己的附庸，或依附对方而失去“自我”，都是对爱情实质的曲解。恋爱双方在相互关系上是平等的，都有给予爱、接受爱和拒绝爱的自由，放纵自己的情感或者对对方予以束缚或强迫，都不符合恋爱的道德要求。

（二）自觉承担责任

自愿地为对方承担责任，是爱情本质的体现。无论对方处在顺境还是逆境，是富裕还是贫穷，是健康还是伤病，爱一个人或接受一个人的爱，就要自觉地为对方承担责任。责任的担当，不是单纯的“我的心中只有你”的反复吟唱，而是需要见诸行动的自觉。责任常常体现在生活的点点滴滴之中，如相互激励，自强不息；督促对方搞好学业，为未来的事业打好基础；促进双方能力和素质的全面发展等。车尔尼雪夫斯基说：“爱情的意义就在于帮助对方提高，同时也提高自己。唯有那因为爱情而变得思想明澈、身手矫健的人才算爱着。”

（三）文明相亲相爱

文明的恋爱往往是恋爱双方既相互爱慕、亲近，又举止得体，相互尊重，而绝不是在态度、举止、语言等方面的粗俗和放纵。

恋人在公共场所出入，要遵守社会公德，不要对他人生活和公共生活造成不良影响。恋人之间独处，也要讲文明、讲道德。

三、爱情诚可贵，学业价更高——摆正爱情的位置

爱情是美好的，人生需要爱情，但人生更需要事业。爱情与事业是人生的两大支柱，没有爱情的人生是不完满的，没有事业的人生更是空虚的。事业永远是人生的第一主题，爱情只能是第二主题。培根说过：“一切真正伟天的人物（无论是古人、今人，只要是其英名永铭于人类记忆中的），没有一个是因爱情而发狂的人，因为伟大的事业抑制了这种软弱的感情。”

大学是事业的摇篮，处理好爱情与学业的关系，不仅关系到大学生活是否充实，还关系到以后的事业是否成功，人生是否幸福。大学生风华正茂，思维敏捷，想象力丰富，精力旺盛。一生的事业在大学里打下基础，生命的历程从这里开始起飞。这一时期知识、品德和能力的培养，不但有利于事业的成功，还是爱情赖以存在的基础。但有的同学由于缺乏远大的人生目标，把爱情摆在人生的第一位，在大学里“全心全意”地谈恋爱，花大量的时间、精力、金钱去追逐爱情。一谈上恋爱就如痴如醉、神魂颠倒；一旦失恋，就悲观失望，认为“没有爱情，活着没啥意思”。这种倾向，不但荒废了学业，不利于身心的健康发展，还可能会断送自己美好的前程。

大学是座科学的宫殿，储藏着人类文明的精华。大学生应当充分利用自己登上这一殿堂的良好环境和条件，把主要精力放在学习上，为将来事业成功打下基础。当爱情与学业发生矛盾时，应理智地使爱情服从学业，保证完成学业。学业有成，莫愁前路无知己；学业荒废，爱情便可能随之飘去。因此大学生要摆正爱情与学业的关系，把学业放在第一位，爱情放在第二位，不能因为爱情牺牲学业，更不能因为爱情而丧失自我。

四、有一种爱叫放手——如何对待失恋

爱情是美妙的，但爱情绝不是生活的全部！人生当中有比爱情更重要的东西。鲜活的生命、至爱的亲人还有通过努力换来的学业……但当一场爱情走到了尽头，我们应懂得放弃，千万不要像案例中的学生做出伤人害己的事情来。从热恋关系中断裂出来，对大多数人来说是痛苦的。但遭遇失恋，不要一蹶不振，更不该自毁、毁人。而应该做到失恋不失态、失恋不失德、失恋不失志。要积极地战胜消极颓废的情绪，把情感转移到更广泛的领域，倾注到对生活的热爱和对事业的追求中去，做到“失之东隅，收之桑榆”。沉痛之后，分析失恋的具体原因，总结经验教训，勇敢地走出失恋的泥潭。

有一种爱叫放手，那么在什么情况下应该放弃呢？

（1）当双方性格无法相容时；

（2）当双方矛盾无法调解时；

（3）当双方在一起成为负担时；

（4）当双方在一起影响学业时。

青春话题

话题一：大学生谈恋爱是利大于弊还是弊大于利？

经过高考的洗礼，同学们终于来到大学，过上渴望已久的大学生活，都说大学是培育爱情的温床，而不少学长们告诫自己：走过、路过千万不要错过，所以很多大一的学生都跃跃欲试、有的甚至迫不及待的投身到恋爱的洪流中去，对于大学生恋爱，人们众说纷纭，有人说大学生谈恋爱都是利大于弊？有人说大学生谈恋爱弊大于利呢？对于这个问题你是怎么看的呢？

弊大于利：

观点一：　大学生世界观、价值观和人生观尚未定型，还没有深刻理解恋爱的意义和爱情的真谛，难以缔结纯洁完美的爱情。

观点二：有人恋爱就是为了跟风，为了满足虚荣心，或者为派遣寂寞，既没有真的投入感情用心关爱对方，又没有共同学习、共同奋斗，只是共用了时间和金钱，浪费了宝贵的大学时光。

观点三：大学生心理不成熟，理智脆弱，易冲动，承受挫折的能力差。一旦失恋，往往无力自拔。很多恋人，一日不见，如隔三秋。一旦恋人不在身边，就坐立不安，精神恍惚，严重影响正常的学习和生活。

观点四：谈恋爱有时需要不少花费，针对贫困生而言，恋爱是个承重的经济负担。

利大于弊：

观点一：恋爱充实了大学生的学习、精神生活，锻炼大学生在爱情方面的心理素质和心理

承受能力。

观点二：爱情中学习的东西课堂无法给予，恋爱它能为我们以后融入社会提供了必需的情感磨炼和社交技巧。

观点三：爱人是一面镜子，让你更清楚地看到自己。没有谁像恋人那样更加关注自己，自己的一举一动，优、缺点往往最容易被对方发现，通过对方的赞扬或者批评，都能让自己更清楚地看到自己；而且为了让自己在对方心中留下良好的形象，恋人们往往努力发扬优点改正缺点，使自己更有修养、更有智慧，从而不断完善自己。

观点四：压抑爱情会造成扭曲的心灵。

话题二：如何看待“网恋”？

随着互联网的发展，通过上网结识网友已经成为年轻人的时尚，不少大学生乐此不疲，出现了网恋、网婚等新鲜事物，对此你怎么看？

点评：网络是虚拟的世界，《纽约人》杂志中津津乐道的史丹尼卡通有一张是这样的：一只杂种犬坐在计算机屏幕前，用前脚玩键盘，并对旁边的狗说：“在 Internet 上，没有人知道你是一只狗”。如今，这句话有了更进一步的说法：“在网上没有狗知道你是一个人”。处在青春期的青少年判断能力比较差，通过网上接触异性，并与异性会面，极易上当受骗。网络生活并不真实，过多地沉浸在虚拟的世界里，将严重影响现实生活。所以，大学生应以理性的眼光看待网恋。

欢乐课堂

1. 我的心里只有你——描述你心目中的他（她）

把自己心目中的他（她）写在纸上，不需要写自己的名字，老师任意抽出几个念给大家听，看学生在寻找恋人时看重什么？

提示：爱情的基础是双方的志同道合。在选择恋爱的对象上，最重要的一个标准就是双方的思想品德、事业理想和生活情趣等方面的大体一致，爱情应该是双方理想、道德、义务、事业和性爱的有机结合。如果在追求来恋爱的基础上偏离了这个基础，追求金钱和美貌，地位和名利的话，是不可能获得真正的爱情的。

2. 聆听配乐诗朗诵《致橡树》

我如果爱你——
绝不像攀缘的凌霄花，
借你的高枝炫耀自己：
我如果爱你——
绝不学痴情的鸟儿，
为绿荫重复单调的歌曲；
也不止像泉源，
常年送来清凉的慰藉；
也不止像险峰，增加你的高度，衬托你的威仪。
甚至日光。
甚至春雨。

不，这些都还不够！
我必须是你近旁的一株木棉，
作为树的形象和你站在一起。
根，紧握在地下，
叶，相触在云里。
每一阵风过，
我们都互相致意，
但没有人
听懂我们的言语。
你有你的铜枝铁干，
像刀，像剑，
也像戟，
我有我的红硕花朵，
像沉重的叹息，
又像英勇的火炬，
我们分担寒潮、风雷、霹雳；
我们共享雾霭、流岚、虹霓，
仿佛永远分离，
却又终身相依，
这才是伟大的爱情，
坚贞就在这里：
爱，不仅爱你伟岸的身躯，
也爱你坚持的位置，足下的土地。

提示：诗人追求的是什么样的爱情？对我们有什么启示？

3. 聆听配乐诗朗诵《我愿是一条急流》

我愿是一条急流，
是山间的小河，
穿过崎岖的道路，
从山岩中间流过
只要我的爱人
是一条小鱼，
在我的浪花里，
愉快地游来游去。

我愿是一片荒林，
坐落在河流两岸；
我高声呼叫着，
同暴风雨作战

只要我的爱人
是一只小鸟，
停在枝头上啼叫，
在我的怀里作巢。

我愿是城堡的废墟，
耸立在高山之巅，
即使被轻易毁灭，
我也毫不懊丧
只要我的爱人
是一根常春藤，
绿色枝条恰似臂膀，
沿着我的前额攀缘而上。

我愿是一所小草棚，
在幽谷中隐藏，
饱受风雨的打击，
屋顶留下了创伤
只要我的爱人
是熊熊的烈火，
在我的炉膛里，
缓慢而欢快地闪烁。

我愿是一块云朵，
是一面破碎的大旗，
在旷野的上空，
疲倦地傲然停立
只要我的爱人
是黄昏的太阳，
照耀我苍白的脸，
映出红色的光焰。

相关链接

人类历史上的三种爱情观

超理性主义的爱情观

以柏拉图式的爱为典型代表。主张把性欲完全排斥在爱情之外。认为性欲是低级的兽性，爱情是一种丝毫不带兽性的高尚精神活动。这种主张非肉体的完全的精神的结合，是欧洲中世纪封建禁欲主义的产物。

自然主义即泛性论的爱情观

以斯宾诺莎、休谟和庸俗纵欲主义者的“杯水主义”为代表。他们完全以性本能来定义男女之间的爱情，认为“性欲付诸实践叫爱情”，满足性欲和恋爱的要求就像喝杯水那样容易。“性解放”论正是这种爱情观的典型。18世纪19世纪这种爱情观在西方曾一度盛行，20世纪下半叶，随着性解放造成诸多社会问题，特别是艾滋病的蔓延，引起西方理论界的重视，西方开始了对性解放的批判。

性爱与情爱相结合的爱情观

以沃尔斯特、沙赫特等为代表，马克思、恩格斯也赞同这种爱情观。他们认为爱情是男女双方之间真挚诚实、相互爱悦的，渴望对方成为自己终身伴侣的一种最强烈、最深沉、最稳定、最专一的高尚感情。爱情是情爱与性爱的统一，是灵与肉的有机的高度和谐的结合。因此，既没有理由将她庸俗化，也不必要把她神圣化。

失恋后的心理调适

失恋的痛苦深沉而剧烈，只有让自己从失恋的痛苦中挣脱出来，才能恢复心理平衡、保持心理健康，所以失恋后应尽快做好心理调适，失恋后的心理调适可以从以下几方面着手：

1．行动

失恋最怕瘫痪不起，任何自我照顾的行动都是良药：去打球，去狂舞，去山上、海边大叫，去遛狗，去公园晒太阳，去看电影。很多人借由仪式来完成心理的哀悼，比如烧毁昔日信函，此类告别行动颇有疗伤的效果。

2．转念

失恋最怕钻牛角尖，特别是算旧账，悔不当初，其实于事无补。想想情圣们的金玉良言：“得之我幸，不得我命”“天涯何处无芳草”“往者已矣，来者可追”……把美好的回忆收藏，用祝福为这段因缘画上句点。

3．倾吐沟通

失恋最怕自我退缩、封闭，将自己禁锢在悲伤孤单的城堡。找人说、自己写，网上和网友诉诉心声，情绪要有出口，不然会决堤。然而因为怕说了更惹伤心或“心丑不可外扬”，怕别人笑话，干脆封口，殊不知说出来就是一种治疗，能说代表心理上已经可以坦然面对。

4．转移

失恋最怕陷在泥淖无法自拔，抽离心情的方法很多，离开伤心地去旅行，听段音乐，看看书，祈祷，或把爱转移，去帮助那些需要爱的流浪狗，去关怀身边的老人、小孩、常用上网、电视、聊天来转移。

拓展阅读

吴大猷和阮冠世的爱情故事

1928年，正在南开大学读大4的吴大猷爱上了美丽聪慧的阮冠世。阮冠世什么都好，只是身体比较纤弱。吴大猷毕业后留在学校当助教，这时阮冠玉被诊断出患有肺结核病，这在当时的医疗条件下是很难治愈的。亲朋好友一再劝吴大猷三思而行，爱护他的师长也担心他事业前途受影响，连阮冠世都怕自己会拖累才华出众的大猷，曾含泪提出分手。面对关心自己的亲朋好友和师长，吴大猷一再表示："生活里如果没有她，我就不会幸福！"

1931 年吴大猷获奖学金赴美留学，阮冠世与他同行，两人共用一份奖学金。她经常生病，医药费是一笔很大开支。当时美国经济大萧条，想找份工作十分困难。正好有个单位要突击完成一项工程研究，吴大猷去了。每天晚上 8 点到实验室，一分钟不停地干，一直干到次日清晨 6 点。走出实验室就去上课，下午回住处想休息一下，但屋里热得像蒸笼，无法睡觉。吃过晚饭又匆匆来到实验室。这样一连干了三天，没合一下眼。每晚工作 10 小时，每小时的报酬是 50 美分。三天下来共挣了 15 块美元，这笔钱虽然不多，但对他俩来说却是很大的收入。到了假期，同学们有的去避暑，有的去旅游，只有吴大猷仍得打工。吴大猷获博士学位后，北京大学发来聘书。而此时阮冠世因病住在纽约郊区疗养院，吴大猷想接她一起回国，但医生不允许她出院。

吴大猷回国后，阮冠世止不住对吴大猷的思念，病刚有所好转便回国休养。阮冠世家中兄弟姐妹众多，父母年迈，养病条件不是很好。吴大猷想给她更多的爱护。于是向病床上的阮冠世求婚，同时把自己的想法告诉了母亲，说女友患的是肺病，这种病不能生育，但他俩深深地相爱了……母亲惊呆了！她 20 多岁丧夫，全部希望寄托在这个独生子身上。如今要娶一个不能生育的儿媳，断了吴家的香火，怎对得起早逝的丈夫和祖先啊！

同事、师长劝吴大猷，说他前程远大，要慎重对待婚姻大事。而他说："我爱她不是一朝一夕了。我所憧憬的未来都是和她在一起的未来。生活里如果没有她，再大的功名对我来说又有什么幸福可言？我要好好照顾她，而结婚是我今生能够照顾她的唯一方式。"这是吴大猷的爱情宣言。大家听了这番掷地有声的话无不为之动容，连坚持反对态度的母亲也只得让步了。经过 8 年苦恋，有情人终成眷属。

结婚后，吴大猷既要上课搞研究，还得照料阮冠世，干家务活儿。每天提着菜篮进课堂，下课后拿着篮子去菜市场。买不起牛肉，就捡些牛骨头回家为病妻熬汤。

1979 年，阮冠世去世了，享年 71 岁。从少女时代就痼疾缠身的她，是在爱神的呵护下，才得以活过古稀之年。2000 年 3 月 4 日，国际著名物理学家吴大猷病逝。吴大猷说"我一生没留下遗憾"。的确，他在为人类做出卓越贡献的同时也为爱妻奉献了一切。

点评：

爱情不只是花前月下的浪漫，更是风雨中的相互温暖、困难中的相互鼓励、艰难中的相互支持。吴大猷和阮冠世的爱情故事告诉我们——爱是需要担当责任的，只有经得住艰难困苦考验的爱情才是真正的爱情。这样的爱情，虽历经磨难，但历久弥新。

林徽因、梁思成、金岳霖的爱情故事

林徽因是个漂亮而且非常有才华的女子，她是著名的建筑学家，也是文学家和诗人，追求她的人不计其数，像大家熟悉的著名诗人徐志摩向她展开过热烈的追求，但是她最终选择了著名建筑学家梁思成，林徽因、梁思成夫妇都曾留学美国，加之家学渊源，他们中西文化造诣都很深，在知识界交游也广，家里几乎每周都有沙龙聚会。其中哲学家金岳霖是常客，金岳霖对林徽因人品才华赞羡至极，十分呵护；林徽因对他亦十分钦佩敬爱，他们之间的心灵沟通可谓非同一般。有一天，林徽因曾哭丧着脸对梁思成说，她苦恼极了，因为自己同时爱上了两个人，不知如何是好。林徽因对梁思成毫不隐讳，坦诚得如同小妹求兄长指点迷津一般。梁思成自然矛盾痛苦至极，苦思一夜，比较了金岳霖优于自己的地方，他终于告诉妻子：她是自由的，如

果她选择金岳霖，祝他们永远幸福。林徽因又原原本本把一切告诉了金岳霖。金岳霖的回答更是率直坦诚得令凡人惊异："看来思成是真正爱你的。我不能去伤害一个真正爱你的人，我应该退出。"从此林徽因和梁思成在爱的路上坚定地走下去，相互陪伴到老。正因他们相互信任、彼此坦诚、相互理解、相互包容，才成就如此伟大的爱情。

校园爱情——像雾像雨又像风

雾——多端变化的情感

对于年轻人来说，特别是大学爱情，恋爱初期，情绪冲动占主导因素，恋爱双方爱得很深，它使人激动，使人产生热情，这时感情是最美好的。随着时间的推移，本能的感情用事从高峰慢慢跌入深谷，双方没有以前爱得那么热烈，爱情像雾一样慢慢消散。

读大三的小菊已经谈过六个男朋友，她的信条是"不想天长地久，只愿曾经拥有。"她的情感是多变的，合则长久，让感觉上升到幸福的巅峰；不合则离，让情感当作废弃的垃圾。

当大一的新生还为成双成对的师兄师姐们感到"不可理喻"的时候，自己却不知不觉地走进了爱情的围城。"走过、路过、千万不要错过"这已经成为大一新生公开的秘密。对大一新生而言，面对这么多的新面孔，相互间充满了好奇，加之这一特定的时期远离父母，思乡心切，对大学的生活又不适应，若遇到有人关心，特别是异性的关心，是很难拒绝和自持的，也就拿不出，也不愿意拿出充足的理由去思考"爱情"，便已经开始了大学爱情生涯的跋涉。

能够持久的爱情，源于本能冲动的需要的合理，成熟于现状认识之后的情感，这是爱的升华；没能持久的爱情，源于本能冲动需要的不足，夭折于理性认识之后的情感不佳，这是爱的萎缩；真正的爱情是作为基础的激情冲动和情感升华的统一。

满是激情的大学生追求爱情无可厚非，然而，由于一些太过于简单的感情，往往难于把握，最后光阴虚度，身心疲惫。校园爱情只是看上去很美，但个中滋味只有当事人自己知道。

这样我们就不难理解，曾经美好的大学爱情为什么会令人无可奈何地像雾一样消散而去。

雨——走不出七月的怪圈

据说，每年的七月，大四宿舍楼里都隐隐约约地传来神秘的哭泣声。

大学爱情成功率较低，这是有很多原因的。面临越来越大的就业选择和社会竞争压力，大学生在婚姻和爱情问题上越来越务实起来。许多大学生大学期间谈恋爱，大多是出于青春期的萌动，出于精神的安慰和情感的需要，把婚姻当作目标将爱情进行到底的人很少。到了毕业，就业、深造、居所、户口、天各一方，种种问题接踵而来。经不起时间和困难考验的大学爱情，在现实面前也不得不犹豫起来。

小余和小文，一个来自南国，一个来自北疆，是从大一就厮守在一起的大学情侣。自从两人相互在心海里荡起一股从来没有过的爱的涟漪后，双方就黏在了一起，几乎连生活能力都不能"自理"，吃饭两人都要相互喂着吃，并在外租房同居。对此，家长着急，学校反对，社会贬低，但两人毫不介意。可是毕业的无奈，择业的去向，父母的干涉，两人不得不面对现实，最后只好洒泪而别，劳燕分飞，各奔东西，征程一路伤心雨。

一位今年刚毕业的师兄深有感触地说："四年来，教室餐厅，花前月下，我们形影不离，无意间四年时光灰飞烟灭。由于自己没有理性而现实地定位自己的爱情，对她过于迷恋。在大学四年中，几乎我的整个人际关系网都局限在她一个人身上，我放弃了考研，重修了两科，回想起来四年好像没有为自己真正做过什么。然而毕业后，彼此工作地相隔千里，在无声中我们各奔前程。”

七月是大学生收获的季节，完成了学业，拿到了学位，就要走向社会，然而能在收获知识的同时收获爱情吗？大部分走不出七月的怪圈，许多年以后会忆起曾经多情浪漫的大学爱情和忧伤感怀的七月雨季。

风——丘比特之箭的感慨

想来处于“水深火热”之中的恋人们，对丘比特这个名字并不陌生，他长着一对小小的翅膀，来去如风。

他让众生为了爱情死去活来，让爱情显得如此壮烈，大学爱情最最像极了爱情，大学里的情侣最最像极了情侣。平时卿卿我我，一旦有了矛盾，女的必定失声痛哭，一双眼睛肿得像核桃一样大，“帘卷西风，人比黄花瘦”。男的必定酒吧消愁，不醉不罢休，“如今识尽愁滋味，却道天凉好个秋！”

但不几天，你又会看到他们亲热到一块，一切都晴空万里，就像小爱神丘比特稚嫩的脸一样耐人寻味，他整天飞来飞去，形迹不定，飘忽如风。不正意味着爱情的不可捉摸吗？

爱情是浪漫的，而浪漫恰恰是一种病，它给你隐形的翅膀忘掉躯壳飞离现实，智商逐渐变低。

爱神之箭会不会射中你，不知道！出现在你面前的异性是谁？不知道！你的爱情之树究竟会结满欢乐还是痛苦，不知道！这不由得让我想起梁艳翎的一首歌：“你对我像雾像雨又像风，来来去去就像一场梦……”

点评：

校园爱情变化多端、扑朔迷离，大学高墙内演绎着一幕一幕的爱情悲喜剧。你的爱情鸟何时飞来？你的爱情之树究竟会结满什么样的果实？当你走向爱情的时候，你做好了准备吗？人生的道路漫长，但关键的只有几步。只有领悟爱情的真谛、遵守恋爱道德，处理好爱情与学业的关系，才能使你在大学期间在收获爱情的同时也收获知识，收获幸福。

网恋案例

就读于南京某大学二年级的徐同学是名网络迷，不久前在网上与一名叫云的女孩“邂逅”，两人颇有好感，于是相约在放暑假前见面。相约见面时徐手捧一束玫瑰花，云姑娘则穿白色连衣裙且手拿《南京晨报》，在一家快餐店前相会，其情况有如言情小说。如约而至，徐见一如天使般的白衣女子手拿晨报向他走来，但也立即发觉对方有些眼熟，走近一看，才发现云姑娘就是自己相恋已久的女朋友王姓同学，王同学此时也认出了徐，两人相见十分尴尬，不止王同学羞愧不已，徐亦自感无地自容，结果是两年的恋情禁不住网络的诱惑考验而告结束。

某大学一年级女生鲁某，结识了一位网友，对方自称是北京电影学院舞台设计系一年级学生。网上交往一段时间后，对方提出见面，并要求履行网上承诺奉献初吻为理由，将女生骗至郊区一个地方，将其强奸，并在女生不备的情况下，将女生书包手机、钱包盗走。后经公安机关调查，对方根本不是什么大学生，而是个无业游民。

点评：众多案例说明，网上交友、“网恋”的负面影响是不容忽视的，而且还可以看到，网上上当受骗的多数是女生。网络中人良莠不齐，非常复杂，青少年辨别能力比较差，通过网上接触异性，与异性会面，极易上当受骗，应该引起我们的高度重视。

社会大舞台

活动主题：爱的交响乐——举办爱情诗歌朗诵会

1. 师生互动：以“爱的交响乐”为主题，举办一次古今中外爱情诗歌朗诵会或故事会。
2. 社会实践：让学生做一个关于大学生恋爱问题的调查，然后写一份调查报告。

视频资料

1. 歌曲：《对面的女孩看过来》。
2. 配乐诗朗诵：《致橡树》。

3. 大学生情侣“跳楼”之谜。
4. 校园爱情剧：《爱情我浅尝辄止》。

网上冲浪

大中学生心理健康教育讲座（爱情篇）：http://you.video.sina.com.cn/b/20956450-1601740284.html。
爱情讲座：http://v.youku.com/v_show/id_XNTM1NDE4ODA=.html。

专题十一 滴水之恩，涌泉相报

——学会感恩

谁言寸草心，报得三春晖。

——孟郊

知识目标

1. 了解感恩节的由来；
2. 明确感恩的内涵；
3. 知晓感恩的途径和方法。

能力目标

能知恩图报，能感恩父母、亲人、老师、同学、朋友以及感恩整个社会。

情感目标

让学生懂得知恩图报是一种美德，并从感恩父母、亲人、扩展到感恩老师、同学、朋友以及感恩整个社会。

感恩，是一种能力，更是获取能量与成功的途径！感恩是实现成功人生最无价的宝贵财富！感恩是一种处世哲学，是生活中的大智慧。人生在世，不可能一帆风顺，种种失败、无奈都需要我们勇敢地面对，旷达地处理。当你遇到困难时，是一味地埋怨生活，从此变得消沉、萎靡不振？还是对生活满怀感恩，跌倒了再爬起来？

在现代社会生活里，有不少人患有“情感冷漠症”，他们只知索取不知奉献，面对生活中许多的人和事，他们总是以一种旁观者的心态冷漠地看待。英国作家萨克雷说：“生活就是一面镜子，你笑，它也笑；你哭，它也哭”。你感恩生活，生活将赐予你灿烂的阳光；你不感恩，只是一味地怨天尤人，最终可能一无所有！成功时，感恩的理由固然能找到许多；失败时或不幸时更应该感恩生活。感恩，使人们在失败时看到差距，在不幸时得到慰藉，获得温暖，激发我们挑战困难的勇气，进而获取前进的动力。

知恩图报是中华民族的优良传统，也是我们社会的一种美德。作为当代的大学生，如何领悟爱的纯洁、无私和伟大，如何抒发自己的真实情感来构筑健全的人格， 如何学会感恩，并从感恩父母、亲人、扩展到感恩老师、同学、朋友以及感恩整个社会，是现代社会寄予我们的厚望和期待。

情境导入

一碗馄饨的故事

一天，女孩跟妈妈吵架了，一气之下，她转身向外跑去。她走了很长时间，看到前面有个面摊，香喷喷热腾腾，她这才感觉到肚子饿了。可是，她摸遍了身上的口袋，连一个硬币也没有。面摊的主人是一个看上去很和蔼的老婆婆，她看到她站在那边，就问："孩子，你是不是要吃面？""可是……可是我忘了带钱。"她有些不好意思地回答。"没关系，我请你吃。"面摊主人很热心地说："来，你坐下，我下碗馄饨给你吃。"很快，老婆婆端来一碗馄饨和一碟小菜。她满怀感激，刚吃了几口，眼泪忽然就掉了下来，纷纷落在碗里。"你怎么了？"老婆婆关切地问。"我没事，我只是感激！"她忙擦着泪水，对面摊主人说："我们又不认识，而你就对我这么好，愿意煮馄饨给我吃。可是我自己的妈妈，我跟她吵架，她竟然把我赶出来，还叫我不要再回去！"老婆婆听了，平静地说到："孩子，你怎么会这么想呢？你想想看，我只不过煮一碗馄饨给你吃，你就这么感激我，那你自己的妈妈煮了十多年的饭给你吃，你怎么不会感激她呢？您怎么还要跟她吵架？"女孩愣住了！女孩匆匆吃完馄饨，开始往家走去，当她走到家附近时，一下就看到疲惫不堪的母亲，正在路口张望……母亲马上看到了她，脸上立即露出了喜色："你这个淘气包，赶快过来吧？饭早就做好了，你再不赶快回来吃，菜就凉了！"这时，她的泪水又开始掉了下来！有时候，我们会对别人给予的小惠"感激不尽"，却对亲人的一辈子恩情"视而不见"。之所以"感激不尽"，是因为那点恩惠是出乎意料的；之所以"视而不见"，是认为那些关爱都是理所应当的。

当你在感激一碗馄饨的同时，是不是也要以感恩的心态，对待我们身边的每一个人？

表演形式：情景剧，由学生自己模拟表演，引起学生思维的火花；通过情景表演，引起的共鸣。

故事中的女孩对老奶奶的一碗馄饨感激不尽，却对父母的关爱视而不见，从出生到现在父母的爱一直伴随我们成长，我们不断地向父母索取，父母总是尽其所能，而我们总是那么心安理得地接受。草木为了感激春天的到来，吐露新芽，鲜花为了感激夏天的到来竟相开放、硕果为了感激秋天的到来而挂满枝头，雪花为了感激冬天的到来而将大地母亲银装素裹。自然界尚且如此感恩，我们人更应该具有感恩之心。

知识导航

（一）感恩节的由来

在英语中有一个单词 Thanksgiving Day，它的中文含义是感恩节。1863 年，美国总统林肯将每年 11 月份的第 4 个星期四定为美国的国家法定假日——感恩节。在感恩节不论何种信仰何种民族的美国人都会庆祝这一传统的节日。人们按照习俗，前往教堂作感恩祈祷。

（二）感恩的定义

牛津字典对感恩给出的定义是："乐于把得到好处的感激呈现出来且回馈他人。"汉语词典对感恩的定义是："对别人所给的帮助表示感激。"我们中国也有着感恩的传统美德，像"滴水之恩，涌泉相报""投我以木桃，报之以琼瑶""谁言寸草心，报得三春晖"都是很好的写照。

（三）学会感恩

没有阳光，就没有温暖；没有水源，就没有生命；没有父母，就没有我们自己；没有亲情、友情和爱情，世界就会是一片孤独和黑暗……这些都是浅显的道理，没有人不懂，但我们在生活中理所当然地享受着这一切的同时，却常常缺少了一颗感恩的心。

“感恩”之心，就是对世界所有人和事物给予自己的帮助表示感激，铭记在心；“感恩”之心，是我们每个人生活中不可或缺的阳光雨露，一刻也不能少。无论你何等尊贵，或看似怎样卑微；无论你生活在何时何处，或是你有着怎样特别的生活经历，只要你胸中常常怀有一颗感恩的心，就必然会不断地涌现出诸如温暖、自信、坚定、善良等这些美好的处世品格。

感恩，是人性善的反映；感恩，是一种生活态度，是一种品德，是一片肺腑之言。如果人与人之间缺乏感恩之心，必然会导致人际关系的冷漠。不懂得知恩图报，反而忘恩负义之人，必是遭人唾骂的无耻之人。所以，每个人都应该会学感恩。学会感恩，就是要学会懂得尊重他人，对他人的帮助时时怀有感激之心；学会感恩，就是让你知道每个人都在享受着别人给予自己的快乐生活；学会感恩，首先要拥有一颗感恩的心，一个人只有懂得感恩，才会懂得付出，懂得付出后，才能获得感恩；学会感恩，要培养谦虚的品德，对待比自己弱小的人，要知道躬身弯腰伸出援助之手；学会感恩，要有奉献精神，无论做什么事，应以“公”为先，做一个大公无私、乐于奉献的人。

感恩可以消解内心所有的积怨，感恩可以涤荡世间一切尘埃。感恩是一种生活的大智慧，感恩是一切良好非智力因素的精神底色，感恩是学会做人的支点，感恩让世界这样多彩，感恩让我们如此美丽！

感恩是积极向上的思考和谦卑的态度，它是自发性的行为。当一个人懂得感恩时，便会将感恩化为一种充满爱意的行动，实践于生活中。一颗感恩的心，就是一粒和平的种子，因为感恩不是简单的报恩，它是一种责任、自立、自尊和追求一种阳光人生的精神境界！感恩是一种处世哲学，感恩是一种生活智慧，感恩更是学会做人，成就阳光人生的支点。从成长的角度来看，心理学家们普遍认同这样一个规律：心的改变，态度就跟着改变；态度的改变，习惯就跟着改变；习惯的改变，性格就跟着改变；性格的改变，人生就跟着改变。愿感恩的心改变我们的态度，愿诚恳的态度带动我们的习惯，愿良好的习惯升华我们的性格，愿健康的性格使我们收获美丽的人生！

感恩是爱和善的基础，我们虽然不可能变成完人，但常怀着感恩的情怀，至少可以让自己活得更加美丽，更加充实。而感恩是需要学习，需要培育的。西方的父母从孩子很小的时候就要求他们写感恩日记，感恩阳光、感恩自然、感恩一切给予微笑和爱的人。所以培育感恩情结，并非是一朝一夕的功夫，如果人人都有一颗感恩的心，那天天都是感恩节，这世界就会变得更加美丽。

但即使有感恩的心，人们也常常是只记得感谢给我们关心、帮助、掌声的人，在他们需要帮助的时候也会助一臂之力，而少有人去感激伤害、欺骗、打击过我们的人，我们常常对他们是报以怨恨。其实，对那些伤害过我们、带给我们疼痛的人，我们也应该记得：正是他们让我们对这个世界有了一个更深刻的认识，我们不仅要学会用一颗感恩的心去体会真情，更要学会用一颗感恩的心去驱逐伤害。

青春话题

敞开你的心扉，说出你此时此刻最想说的话语、最想感激的人

要求讲述父母、老师、朋友等对自己的无限深情。并表示要用自己的实际行动回报那些给

予我们恩情的人们。

提示：

（1）感谢父母，是父母给予了我们生命、给予了我们无尽的爱、给予了我们温暖的家。我们要用实际行动感恩父母、用一颗真诚的心与父母交流、用一颗宽容的心去体会父母的唠叨。

（2）感谢老师，是他们让我们从无知无识变得学有所长，让我们人生开始有梦想、让我们看到梦想与现实的差距需要不断努力不断追求、让我们的生命也因为追求梦想而更有意义。

（3）感谢朋友，是朋友给了我们友谊，让我们的生命旅程不再孤单。

（4）感谢挫折，让我们在一次次失败中变得坚强；感谢坎坷，让我们在不断完善自己中前行。

欢乐课堂

1．播放《感恩的心》的歌曲

在悠扬舒缓的音乐中，讲述这首歌背后的一个真实故事。让学生在心灵的触动中，在“感恩” 的初步感知中体验感动，升华灵魂，萌发感恩之心。

有一个天生失语的小女孩，爸爸在她很小的时候就去世了。她和妈妈相依为命。妈妈每天很早出去工作，很晚才回来。每到日落时分，小女孩就开始站在家门口，充满期待地望着门前的那条路，等妈妈回家。妈妈回来的时候是她一天中最快乐的时刻，因为妈妈每天都要给她带一块年糕回家。在她们贫穷的家里，一块小小的年糕都是无上的美味了啊。有一天，下着很大的雨，已经过了晚饭时间了，妈妈却还没有回来。小女孩站在家门口望啊望啊，总也等不到妈的身影。天，越来越黑，雨，越下越大，小女孩决定顺着妈妈每天回来的路自己去找妈妈。她走啊走啊，走了很远，终于在路边看见了倒在地上的妈妈。她使劲摇着妈的身体，妈妈却没有回答她。她以为妈妈太累，睡着了。就把妈的头枕在自己的腿上，想让妈妈睡得舒服一点。但是这时她发现，妈的眼睛没有闭上！小女孩突然明白：妈妈可能已经死了！她感到恐惧，拉过妈的手使劲摇晃，却发现妈的手里还紧紧地拽着一块年糕……她拼命地哭着，却发不出一点声音……

雨一直在下，小女孩也不知哭了多久。她知道妈妈再也不会醒来，现在就只剩下她自己。妈妈的眼睛为什么不闭上呢？她是因为不放心她吗？她突然明白了自己该怎样做。于是擦干眼泪，决定用自己的语言来告诉妈妈她一定会好好地活着，让妈妈放心地走……

小女孩就在雨中一遍一遍地用手语演绎着《感恩的心》，泪水和雨水混在一起，从她小小的却写满坚强的脸上滑过……

故事中的这个小女孩，她懂得珍惜自己的生命，用一首《感恩的心》去面对生命中的坎坷。

如果你有一颗感恩的心，你会对你所遇到的一切都抱着感激的态度，这样的态度会使你消除怨气。早上起来的时候，你看到窗外的阳光，你会感恩；吃一块面包，你会感恩；接到朋友的电话，你会感恩；在树上看到一只鸟在唱歌，你会感恩；看到猫咪睡在你床头，你会感恩；然后你的一天乃至你的一生，就在这感恩的心情中度过，那你还有什么不幸福的呢？你的生活还会不完美吗？

2．同学们合唱手语版《感恩的心》

我来自偶然，像一颗尘土。

有谁看出我的脆弱？

我来自何方我情归何处？

谁在下一刻呼唤我?
天地虽宽，这条路却难走，
我看遍这人间坎坷辛苦。
我还有多少爱?我还有多少泪?
要苍天知道我不认输。
感恩的心，感谢有你。
伴我一生让我有勇气作我自己。
感恩的心，感谢命运，
花开花落我一样会珍惜。

我来自偶然，像一颗尘土，
有谁看出我的脆弱?
我来自何方我情归何处?
谁在下一刻呼唤我?
天地虽宽，这条路却难走，
我看遍这人间坎坷辛苦。
我还有多少爱，我还有多少泪?
要苍天知道我不认输。
感恩的心，感谢有你，
伴我一生让我有勇气作我自己。
感恩的心，感谢命运，
花开花落我一样会珍惜。
感恩的心，感谢有你。
伴我一生让我有勇气作我自己。
感恩的心，感谢命运，
花开花落我一样会珍惜。

3. 同学们集体朗诵《感恩宣言》

感激生育你的人，因为他们使你体验生命；
感激抚养你的人，因为他们使你不断成长；
感激帮助你的人，因为他们使你渡过难关；
感激关怀你的人，因为他们给你温暖；
感激鼓励你的人，因为他们给你力量；
感激教育你的人，因为他们开化你的蒙昧；
感激钟爱你的人，因为他们让你体会爱情的宝贵；
感激伤害你的人，因为他磨炼了你的心志；
感激绊倒你的人，因为他强化了你的双腿；
感激欺骗你的人，因为他增进了你的智慧；
感激藐视你的人，因为他觉醒了你的自尊；

感激遗弃你的人，因为他教会了你该独立。

凡事感激，学会感激 ，感激一切使你成长的人！

通过同学们的深情朗诵，使同学们深刻感受到，感恩不一定非得是那种惊天动地的大事，可以是你的一句问候、一声呼唤、一丝感慨、一个微笑，而且感恩还是一种优秀的生活态度，是一种善于发现生活的美好，并积极维护创造美好的修养。老师希望同学们，在今后的学习和生活中，怀有一颗感恩的心，使自己正直、善良、上进，努力让世界充满爱！

4．聆听歌曲《感谢你》

感谢明月，照亮了夜空。
感谢朝霞，捧出的黎明。
感谢春光，融化了冰雪。
感谢大地哺育了生——灵。
感谢母亲，赐予我生命。
感谢生活，赠友谊爱情。
感谢苍穹，藏理想幻梦。
感谢时光长留永恒公正。
感谢你，我衷心谢谢你。
我忠诚，的爱人和朋友。
感谢你，我衷心谢谢你，
这旋转不息蔚蓝色的星球。
感谢生活，感谢和平，
感谢这一切，一切真的所有。
感谢，这美好的所有。

相关链接

感恩节的历史

只有感恩才会惜福，只有感恩才能聚福。“五月花”号的航行好像有天意相助，但真正承受磨难的是人而不是神，这次神奇之旅翻开了人类文明史新的一页，移民们的感恩之举教化了后人，也给了人们深深的启迪。

每年11月的最后一个星期四是感恩节。感恩节是美国人定下的一个古老的节日，也是美国人合家欢聚的节日，因此，每当美国人提起感恩节来时总是倍感亲切。

公元1620年的一天，英国的一个港口里悄悄地驶出了一条小渔船。船非常破旧，看起来并不适合用来远航。对这一点，船上的水手们都很清楚。但已经没有时间犹豫和深思熟虑了，也没有任何再延迟的余地了，因上船上搭载的是一群受迫害的人和落难者。在他们之中，有清教徒、破产者、流浪者——我们可以概括地称他们为“没有办法在这个世界的游戏规则中找到位置的人和没有办法实现梦想与抱负的人”。于是航船出海了，或者更准确地说，是小渔船出海了。

他们带着对新世界的梦想和随时可能葬身鱼腹的惶恐，向着不可预知的前途发也了挑战。这是一次充满危险的旅程，也是一次被载入世界史的光辉之旅。正是这次远航改写了世界文明史，但当时船上的人并不知道这一点，这艘破旧的渔船的名字是“五月花”。

航船满载着人们对不列颠的愤懑和对未来的殷切期待，离开了港口，当时船上共 102 人。

那时并不是航行的好季节。大西洋上风高浪大，寒流涌动。小小的渔船时而被抛向浪尖，时而沉落波谷。船上的人们不断地祷告着，无法克制的叫骂声和怨恨声充斥其间。当航船驶入那一望无际的大西洋时，粮食吃完了，疾病降临了，人们面临着共同的敌人——绝望。

就在进退维谷、粮食短缺、疾病肆虐的时候，船上的人空前地团结了起来。他们必死的决心和同绝望抗争到底的勇气全部调动了起来。那时，巨浪滔天，人们体能耗尽，有些人已经考虑该立遗嘱了，但抗争的勇气依然有在。

这样，30 天艰难地过去了，接下来，又是一个月过去了，大家都不约而同地感到生命已走到了尽头，随之而来的是无尽的疲惫和倦怠感。102 人中有一个人死去了。然而，他逝去的同时，船上的孕妇顺利地分娩了一个生命！船不知何时就将破碎，它已经再也经不起任何大风大浪了。

四天后，人们突然听到甲板上传来了世上最为悦耳的声音。他们一窝蜂地跑到船舷去观望。奇迹发生了——一快新大陆赫然展现在他们面前！

美丽的大陆海岸线像一条温驯爬行的长蛇伏在人们眼前！美洲大陆敞开怀抱，迎接着这批移民的到来，他们是美利坚民族的祖先。在他们之中，有今天名列世界 500 名企业的创始人，有哈佛大学的创立人，有美国历任总统的先人，就前任美国总统布什、前副总统克里的先人也名列在内。“五月花”号渔船上的人们历经了风暴、饥饿、疾病、绝望之后，竟能顺利抵达美洲，这是人类创造的又一个奇迹。

新家园就在面前，船上水和粮食短缺的程度已经达到了极限，然而这时小船却停了下来，船上的人们并非叫嚷着、急着上岸，他们认为有必要讨论一个问题：我们如何管理一个新世界？我们未来将依靠什么来管理这个崭新的世界？

这个重要的讨论在船上的 50 名男子中间展开，最后，被称为美国历史上第一部宪法的《“五月花号”公约》诞生了！

这 51 名男子笃信，是上苍之手，将他们从劫难中拯救出来。因此，人们对这块新土地充满了敬意。

但是，让他们没有想到的是，船上的日子并不是最糟的，这从死亡人数上反映了出来。“五月花”号共搭载了 102 人，途中死一人，后又生下了一个新生儿，到达新大陆的人数仍旧是 102 人，但在 1620 年和 1621 年之交的冬天过后，活下来的移民只有 50 来人，死亡人数已经接近了一半！

移民们遇到了超出他们想象的困难，他们终日饥寒交迫。就在这时，土著的印第安人给移民送来了大量的生活必需品，并派人教授他们狩猎、捕鱼和种植作物，最终，“五月花”上的移民战胜了种种磨难，迎来了丰收的日子。这时他们才松了一口气，“五月花”号上的移民们仰望着茫茫的上苍，欢庆着第一次的丰收。

移民们虔诚地选下了一个日子，并邀来给他们巨大帮助的印第安人，共同庆贺这来之不易的胜利。大家点起篝火举行了盛大的宴会。美国历史上的第一个本土化的节日——感恩节，诞生了。

现在，感恩节习俗仍旧完事地保留了下来，是一颗感恩的心帮助他们打开了智慧之门，使他们在日后对自然征服过程中无往而不胜，直至一个世界上强大的民族和国家呈现在世人面前。

感恩作为社会文化的一部分，带给美国人的福祉是无以言表的。无论是人伦教化，还是校正人们的心态，净化心灵，它都是一剂良方。它让人的内心更加深沉博大，更为从容。

在今天的美国人心目中，感恩节是比圣诞节还要重要的节日。首先，感恩节是一个长达 4 天的假日，足以使所有人尽情狂欢和庆祝。其次，感恩节也是传统的家族团聚的日子。感恩节期间，散居在他乡外地的家人，都要赶回家过节，这已经成了全国性的习俗。此外，美国人一年中最重视的一餐，就是感恩节这一天的晚宴。在美国这个快节奏的国家里，平日的饮食是极为简单的。美国的快餐流行世界，就是一个很好的说明。但在感恩节的夜晚，家家户户都大摆筵席，物品之丰盛，令人咋舌。在节日的餐桌上，上至总统，下至庶民，火鸡和南瓜饼都是必备的美食。这两味“珍品”为体现了美国人民回忆先民艰难开拓的经历，追思个感恩节的怀旧情结。

不论何种信仰、何种民族的美国人都会庆祝感恩节，它已成了一个传统节日。每逢感恩节这一天，美国举国上下热闹非常，人们按照习俗前往教堂做感恩祈祷，城乡市镇到处都有化装游行、戏剧表演或体育比赛等。劳燕分飞了一年的亲人们也会从天南海北归来，一家人团团圆圆，品尝美味的感恩节火鸡。

我们中国也有为数不少的传统节日，过节时的隆重程度也绝不亚于美国人过感恩节，我们的传统节日也充分体现了传统文化的深远含义。

拓展阅读

一棵苹果树的故事

有一棵苹果树，它深深爱着一个小男孩。每天，小男孩都会来和它玩。

他会忙着收集苹果树的叶子。然后织成帽子，装扮成森林之王。

他会从苹果树干爬上枝头，在上面摇晃、吃苹果。

有时，他们会一起玩捉迷藏。

当小男孩累了，他会躺在苹果树荫下睡觉。

小男孩好爱这棵树，苹果树好开心。

随着时间流逝，小男孩长大了……苹果树常常很孤独。

有一天，男孩出现了。苹果树说，来吧，爬上树来，吃个苹果，开心一下吧。男孩说，我长大了，不再爬树了，我想买东西，寻找乐趣，我需要钱，你能给我钱吗？苹果树说，很抱歉，我没有钱，只有叶子和苹果。这样吧，你把苹果摘去卖，你就会有钱，就会开心了。

男孩一听，就爬上树摘下所有苹果，走了。苹果树很高兴。

男孩又消失了很久。苹果树很伤心。一天，男孩又出现了。苹果树开心地摇着树叶，来吧，爬上树来，打打秋千，开心一下吧。男孩说，我太忙了，没空爬树。我需要房子取暖。我想结婚，想要孩子。你能给我房子吗？苹果树说，很抱歉，我没有房子，森林是我的房子。不过你可以砍去我的树枝造房子，你就会开心了。

男孩砍下所有树枝，抱去造房子了。苹果树很高兴。

又是很长时间，男孩一直没出现。等他又来时，苹果树非常高兴，几乎说不出话来，它轻轻说，来吧，我们一起玩。男孩说，我太老了，也没心情玩。我需要一只船带我远行，你能给我一只船吗？苹果树说，那你砍下我的树干去造船吧，这样你就可以远行，就会开心了。

于是，男孩砍下了树干，造船，远航了。苹果树很高兴，但并不是真的非常……高兴。

时间又过去了许久，男孩再次回来了。苹果树说，很抱歉，我已经没有什么可以给你了。我没有苹果了。男孩说，我的牙齿已经咬不动苹果了。我没有树枝，你不能打秋千了。我已经太老，打不动了。我没有树干，你不能爬上来了。我已经太累，爬不动了。苹果树叹了口气，我真的很遗憾，我希望自己能给你些什么，但我什么也没有了，我只是一个老树桩，真的很抱歉……

男孩说，我现在也不需要什么了，只想在一个安静的地方坐坐，休息一下。我太累了。

这样呀？苹果树马上尽力挺挺身子，说道：来吧，孩子，老树桩是个适合坐着休息的地方，坐下来吧，坐下来，好好休息一下。

男孩坐下来了。苹果树很高兴。

点评：这棵树就是我们的父母。小时候，我们喜欢和爸爸妈妈玩……长大后，我们就要离开他们了，只在需要什么东西或者遇到麻烦的时候，才回到他们身边。无论如何，父母永远都在那儿，倾其所有使我们快乐。原来父母真的是为了我们用心良苦。我们一定要理解父母的这片苦心；一定要保留自己心里最真的那份情感——那就是对父母的情感；一定要懂的感念亲恩。

手术费＝一杯牛奶

一个生活贫困的男孩为了积攒学费，挨家挨户地推销商品。

傍晚时，他感到疲惫万分，饥饿难挨，而他推销的却很不顺利，以致他有些绝望。这时，他敲开一扇门，希望主人能给他一杯水。开门的是一位美丽的年轻女子，她却给了他一杯浓浓的热牛奶，令男孩感激万分。

许多年后，男孩成了一位著名的外科大夫。一位患病的妇女，因为病情严重，当地的大夫都束手无策，便被转到了那位著名的外科大夫所在的医院。外科大夫为妇女做完手术后，惊喜地发现那位妇女正是多年前，在他饥寒交迫时，热情地给过他帮助的年轻女子，当年正是那杯热奶使他又鼓足了信心。

结果，当那位妇女正在为昂贵的手术费发愁时，却在她的手术费单上看到一行字：手术费=一杯牛奶。

这个年头，人们很少感动了，对什么都不再感动了。即使他们还会感动，也只是感动于只有他们才会感动的对象。其实，这个世界是有些共同的东西的。

看了这几则故事丝毫不为所动的人，没有一点反思的人，他们的情感世界一定暂时缺少了一点很重要的东西，或者永远失去了一些最宝贵的东西！

感恩，是结草衔环，是滴水之恩涌泉相报。

感恩，是一种美德，是一种境界。

感恩，是值得你用一生去等待的一次宝贵机遇。

感恩，是值得你用一生去完成的一次世纪壮举。

感恩，是值得你用一生去珍视的一次爱的教育。

感恩，不是为求得心理平衡的喧闹的片刻答谢，而是发自内心的无言的永恒回报。

感恩，让生活充满阳光，让世界充满温馨……

陪娘看海

一对相依为命的母子，一个贫寒的家，故事的大幕就这样徐徐拉开。母亲一门心思拉扯孩子长大。数年后，孩子好不容易考上了外地一所大学。他的母亲砸锅卖铁供他去了大学，到了那儿，他才发现，他的母校门口就是一片茫茫水域，水是那么蓝，还有许多船在上面荡来荡去——他知道，这就是他母亲在他小时候就不止一遍提出过想看的海了。从此他不止一次想让母亲来看海，可就是在同学面前鼓不起借钱的勇气，甚至回家后都不敢告诉他的母亲他的学校门口便是海——他想，等自己赚了大钱再带他的娘来看也不迟。可是数年后，当他功成名就回到家乡，却只能趴在她的母亲遗体上痛哭不已。最后，他抱着母亲的骨灰，来到海边，在他的母亲骨灰前叩七七四十九个响头，然后将骨灰一把一把撒向大海……

"树欲静而风不止，子欲养而亲不待。"对父母的爱，在我们来不及回报时，便成为了一种永远的遗憾。

2005 年感动中国十大人物——丛飞的故事

阳光从窗外斜射进来，照在病房内的白墙上，留下斑驳的树影。一位穿绿色条格病服的人静静地坐在床上，静静地看着书。

这是深圳市人民医院肿瘤科的一间病房，两个月前他被诊断为胃癌。

在动手术的时候，医生发现他胃部的肿瘤已经与胰腺粘连。"胃癌已经扩散……"紧急会诊后，医生们决定将伤口立即缝合。

刚刚做完第三个化疗疗程，他的头发掉光了；疾病已经压迫到他的声带，他的嗓子嘶哑，疼痛。

他曾是深圳一位小有名气的演员。而现在，他的名字在更大范围内传播——按媒体报道，自 1994 年起，他开始资助贫困山区的贫困孩子，受他资助的孩子达到 178 人，累计捐助款 300 万元。

现在，他受到了深圳市民的敬仰，由于资助孩子散光了家财，人们纷纷为他捐款，医院也决定免收治疗费。

手机响了，是最让他无奈的催款电话："你不是说好要将我的孩子供到大学毕业吗？他现在还在读初中，你就不肯出钱了？你这不是坑人吗？"

"我病了好几个月都没有演出，所以暂时没法付款。""什么时候病能治好？"

对这个问题，病人也答不上来，因为自从住进医院，大夫就没有和他谈过出院的事情。

"我将自己送上了天梯，上去后却下不来，真是无力再往上走但也没有下梯之路。"他这样评价自己的助学之举。

1. 爱唱歌的"大崇"

丛飞，1969 年 10 月出生在辽宁省盘锦市大洼县庄台镇，11 年前，他从沈阳音乐学院毕业后来到南方闯荡，11 年后，躺在深圳的病床上的他最希望能回东北农村。

现在，村里的乡亲们还记得当年那位爱唱歌的"大崇"（丛飞昵称）。"有时我回家，就看见我们家的土炕上坐满了人，大崇拿着扫帚疙瘩当麦克风唱歌呢，"丛飞的母亲李彩凤回忆说："丛飞从小就喜欢唱，但他和爱唱东北二人转的父亲不一样，他学电视连续剧的插曲。《霍元甲》《上海滩》他听一两遍就能记住，大家都说他唱得好。"

对于丛飞的这项爱好，老两口并没有太在意，"我们希望他能搞点别的，找个正式工作。"几经周折，丛飞当上了银行的一名出纳，并且点钞点得"特溜"。

但丛飞的兴趣还是在唱歌上，后来他考上了沈阳音乐学院。

现在儿子散尽家财资助贫困儿童，母亲虽有些嗔怪但也接受了。多年前，她自己就收养了一名孤儿——大丛飞两岁的姐姐。"其实他爸也这样，老把乞丐往家里领，"

李彩凤说，有时她一回家就看见满院子晾着脏乎乎的垫子、衣服，一进屋，"妈呀，全是乞丐。"

丛飞从小就开始和时不时来"拜访"的乞丐打交道，"这孩子和一个山东的乞丐关系特别好。”李彩凤说，丈夫不仅一次次把乞丐领回家，还让儿子给他们端茶倒水，乞丐们逢年过节就来家里拜年，“大崇就把手头的饺子、点心主动给人。”

2. 桥洞里走出的歌手

1994年，丛飞从沈阳音乐学院毕业后来到了广州。

他曾向朋友描述那段经历，“睡在桥洞里，吃人家剩下的盒饭”，这让李彩凤非常心疼，“我是后来才听他说起的，丛飞刚来广州的前半年都没有和家里联系。

我想孩子，怕出了什么事情。“李彩凤说她当时常常拿着扫帚一边扫地一边就出起神来。

据丛飞的一位左姓朋友讲，1996年，丛飞在广州时，有个人发现丛飞有演艺才能，就带着丛飞搞演出赚钱。当年在深圳的一次大型演出中，他们赚了不少钱，但那人拿着钱溜了。丛飞当时身无分文，生活重新陷入困顿。这位朋友说，丛飞曾从深圳宝安机场徒步走回市区，这段距离坐车也需要一个小时左右。“但丛飞说他一点都不恨那个人，”因为他认为那个人给了他第一次演出的机会。

而据丛飞的朋友李雄兄弟称，丛飞到深圳后不久，就认识了他俩。“当时他很黑也很瘦，颧骨高高的。”形象不是很好，但这个年轻人卓越的表演能力与歌唱天赋，让他俩很惊讶，当即决定和他联合搞演出。李雄说，在一次大剧院搞的沙龙上，他们帮丛飞开了个人专场。“他唱得非常好，”此后，丛飞开始出入各种歌厅进行表演。从最初演唱一首歌挣80元，到渐渐涨到几百元。当时丛飞已经开始模仿名人的举止神态，常逗得观众笑个不停，现场气氛好，丛飞的节目常被放到下半场压轴。

李雄说，渐渐地，有人开始注意丛飞，并邀请他去表演。久而久之就有名气了。

3. 滚雪球似的捐助

有了名气的丛飞经常有演出机会，但朋友们发现，本来不该缺钱的丛飞却总是显得囊中羞涩。“后来才知道，他把钱都捐给山区的孩子了。”丛飞的一位朋友说。

丛飞资助贫困儿童的义举具体开始于哪一年，已经很难考证，各种版本的说法都有，因为丛飞病情的关系，也无法向他本人求证，但比较公认的是1994年，丛飞在重庆参加的一场为失学儿童重返校园的慈善义演改变了他的人生。

那次演出中，观众席上坐的是几百名因家贫辍学的孩子，丛飞当时毫不犹豫地把身上所有的2400元现金放进了捐款箱。主持人告诉丛飞：“你捐出的这笔钱，可以使20个孩子完成两年的学业！”

丛飞当时感觉到这是很有价值的事情。从此以后，他就开始不断地资助贫困山区的失学儿童，先后20多次赴贵州、湖南、四川等贫困山区举行慈善义演，为当地失学儿童筹集学费。

李雄说，丛飞也曾经询问过他们，该不该资助那么多孩子。“我们说这是好事，一定要坚持，”并劝丛飞尽量收养少数民族的孩子，“集齐56个民族的孩子最好。”

据官方消息称，现在丛飞资助的孩子总数达到178人，除了汉族外，还包括彝族、布依族、苗族、白族、羌族等少数民族的孩子。

丛飞曾这样解释他捐助的动机：“在山区时，我被他们的贫寒所震撼，看到他们穿不上衣，吃不上饭，我心里就难受，而当我听到这些孩子有书可读时我就高兴。”他说，他最主要的愿望是让孩子有书读，让社会少几个文盲，少几个法盲。正因为他爱上了这些质朴、憨厚、勤劳的山民，他的捐献才像雪球一样越来越大。

“其实他就是在滚雪球，不知不觉中雪球就越来越大，然后就慢慢开始觉得累了，觉得有些力不从心了。”

妻子邢丹说，“事实上，只要去贵州贫困山区看过的人，都会被那里的贫困程度所震撼，我也是在跟他去了一次后才理解他的所作所为的，每个人都会被那里的惨境震撼，都会伸出援手。丛飞没有什么特别的，所不同的是，他每年都会去那边，每年都会有义演，每年都会看到新的失学儿童，所以每年都会被新的资助对象所打动。”

4．17 万元外债

2004 年，丛飞在贵州毕节地区织金县认养了 32 名孤儿和贫困学生，资助的孩子总数达到 178 人。

贵州省织金县官寨乡副乡长徐习文是丛飞在贵州捐资助学的承办人，徐习文说：“丛飞对贫困山区人民的那颗赤子之心，常常感动得我们热泪盈眶。来贵州扶贫助弱的单位和个人也不少，但没有谁能像他这样达到了完全忘我的境界。他 6 次来织金县和安顺市为贫困生送学费，走时不但捐光了几万元甚至十几万元的钱物，还要向随行的朋友借钱捐，有几次甚至连身上穿的衣服都脱下来捐了，大冬天只穿着一件短袖内衣返回了深圳。”

“本来以丛飞的实力资助那么多孩子，其实没有太大的问题。”丛飞的朋友李雄说。在一些城市的商业演出中，丛飞已经小有名气，每场演出的出场费能够达到一万到两万元，多的时候一个月的收入可以到十几万元，资助孩子们的学费，对健康的丛飞来说，完全可以承担。但 2003 年非典后，丛飞的演出机会锐减，收入也就越来越少，给孩子交学费时资金也紧张起来。

按《深圳特区报》的报道，当时为了及时给一百多个孩子交上学费，丛飞从亲朋好友处先后借了 10 万元，在开学前如期给孩子们送去。

李雄说：“有一次他向我们借了 1 000 元钱，还死活要用录像机来抵押，到现在这个录像机还在我家里。”

从 2004 年春天开始，丛飞的胃部经常剧烈疼痛，还时常吐血、便血，丛飞的母亲李彩凤说，当时家里人和朋友们都劝他住院治疗。可丛飞拒绝了，只在门诊开了些口服药维持。2004 年 7 月，丛飞如约来到贵州，给孩子们送去了下学期的学费。只是，这笔学费中，有很大一部分是他再次从朋友们手中借来的。当时，丛飞已经背负上了 17 万元的债务。

李彩凤说，丛飞当时还安慰她说：“只要我多联系一些商业演出，还这十几万元钱不难。”但没想到的是，丛飞的胃痛日渐严重，嗓音也渐渐不如往昔，他再也无力靠演唱为孩子们挣得学费了，欠下的债务无法还上，成了压在他心头的沉重负担。

“为什么没有能力了还要坚持资助孩子呢？”家人朋友对此都不能理解：“助人为乐也要量力而行，哪能借钱捐助别人？”丛飞这样向他们解释说：“我曾向孩子们承诺要尽自己最大的努力供他们到毕业，怎么能说话不算数呢？”

5．人们眼中的丛飞

在捐助山区贫困孩子的同时，丛飞还是深圳市义工联合会的五星级义工，义工编号 2478. 杨华女士是丛飞进入义工联的引路人。1996 年底，杨华在深圳团市委举行的一个“帮困助乐”基金义演中认识了丛飞，杨华感觉到丛飞是个敬业、热情、具有深厚社会责任感的年轻人，因此在 1997 年初她就请丛飞加入义工联，并由他着手招募人员创建一个义工联自己的艺术团，由丛飞担任这个艺术团团长。丛飞马上就答应了，然后就开始组织人员培训，经过半年多将这个业余的艺术团创建起来。义工联艺术团在深圳的表演反响非常强烈，每年要演十多次大型演出。很多观众都是冲着丛飞的名头去的，而去了之后又都被他的魅力所折服。

“在这些观者眼中，丛飞是一个开朗、敬业、从不耍大牌，对观众很亲切的表演者。”杨华说。

现在深圳某网络公司任职的封女士也是义工联的成员，她与丛飞是在莲花北残疾人康复站中的义演活动中结识的，康复站在每年的春节、元宵、中秋等重大节日举办的活动，丛飞总是会过来参加，从来没有缺席过。他善于模仿名人，神态真实传神，让人惊叹，极受康复站的残疾人喜欢。在封女士眼中，丛飞是一个给身边的人带来太多快乐的人。

对于丛飞长期资助贫困孩子的行为，封女士认为，丛飞并没有图什么。他将这种行为看成是自己的一种责任，虽然他仅仅只是个普通的外来打工者，但资助孩子们时间久了，慢慢也就成了一种习惯。

“他这个人太认真，有时也絮叨。几个兄弟一起吃饭，他总是叨叨这顿饭能换多少贫困儿童的学费，我们都笑他。”丛飞的朋友左先生说。

丛飞一开始并没有告诉大家自己资助了贫困山区的孩子，“我们也是后来才知道的。”左先生说，丛飞做事不爱张扬，所以当很多人对他的行为表示怀疑时，他也懒得解释，只是笑笑。

据《深圳特区报》报道，1998 年 3 月 10 日至 16 日，丛飞为了资助深圳的贫困孩子读书，连续举办了 7 场“帮困助弱丛飞义演晚会”，将 50 多万元的门票收入全部捐献给了深圳市青少年事业发展基金会；1998 年 8 月 19 日，正在外地参加商业演出的丛飞接到深圳有关方面打来的电话，问他能否参加次日举办的“情系灾区抗洪救灾”大型义演，丛飞立即推掉了多场商业演出，自掏腰包买机票返回深圳，还把自己在湖南演出所挣的 2 万元全部捐献了出来。

丛飞住院后，来看望他的人有很多是素不相识的市民。一位张姓市民说：“我以为宣传报道太夸张，跑过来一看才发现原来是真的，他真了不起，是真正有爱心的人。”

“这和他小时候带我回家吃一碗饺子，分一块大饼的行为，其实一样，并没有什么大区别，”在丛飞小时候的同学赵先生眼里，丛飞资助贫困儿童读书的行为并非不可理解。“他也只是一个普通人，除了比其他人多些爱心，并没有什么特别的。”

6．家事

丛飞的家在深圳罗湖区翠竹路东的新港鸿花园，一套五六十平方米的房子。

房间内半面墙的书柜摆满了奖状与照片，CD 架上摆放着一些古典音乐与民族歌曲，“虽然小点，简单点，但还是很温馨的。”妻子邢丹说。

这位 24 岁的漂亮空姐现在理解了丛飞所做的一切，她认为丛飞是位有责任感的男人，并成为他的第二任妻子。

丛飞的第一任妻子是个缅甸人，在几年前与他离了婚，留给他当时年仅二岁的女儿睿睿。

实际上，结婚之初的邢丹对丛飞的做法有时难免也不理解，会发些牢骚。2004 年夏，丛飞带着她去贵州黔南贫困山区为所资助的孩子送衣物和学费。“那些孩子家里的贫困程度让我震惊，他们一年四季吃不起肉，玉米面还要掺上秸秆吃。许多人家五六口人冬天只有一床棉被。当看到那些可爱的孩子们搂着丛飞的脖子一个劲地喊着爸爸，孩子的家长拉着丛飞的手默默流泪，那一刻，我真正理解了丛飞的付出。”

邢丹此后辞去了空姐的工作，照顾着年幼的女儿睿睿，当起了全职的家庭主妇。

邢丹说她现在心态很好。“他想怎么样就怎么样吧，开心就好，至于钱财这东西，反正家境也没到吃不上饭，资助就资助好了，自己嘛够用就可以了。”

对社会上人们对丈夫的种种评价，邢丹说：“他超出自己能力的资助，在旁人看来十分夸张，在我看来，却很自然，他性格就是这样，看不得旁人受苦，又经不起别人的哀求，别说这些贫困山区的孩子，就是普通朋友，只要软语相求，开口要他帮忙，不管是不是钱是事，他都会当回事情去解决，不太懂得拒绝别人，是他的优点，但也是他的弱点吧。”

邢丹说，丛飞爱看电影，他们每个月都要去看好莱坞大片的首场，几乎场场不落，但如今他因为生病已经很久没有进电影院了。

在住院后，丛飞曾向好友留下了三方面内容的遗嘱：“邢丹嫁给我，一直跟我过着十分清贫的日子，还陪着我跋山涉水去贫困山区捐资助学，她为我吃的苦头太多了。如今她怀有4个多月的身孕，以后她一个人可怎么扶养这个孩子？请大家一起做通她的工作，拿掉这个孩子，以利于她以后的生活；我奔波多年，没有给家人留下任何积蓄，很对不起父母家人。我死后，让我的父母带着睿睿回辽宁乡下，那里的生活水平低，容易过活；我资助的一百多个孩子，有很多还是小学生，如果他们不能继续读书，等待他们的将是无望的未来，你们一定要多想想办法，让他们继续读书啊……”

《深圳特区报》记录了邢丹对丛飞遗嘱的反应：邢丹情绪激动得不能自制：“在这个世界上，他除了这个孩子，已经一无所有了，我怎么可以为了自己而将这个孩子打掉呢？无论如何，我都要把他生下来……”

7．愿你幸福

在病床上的丛飞每天仍能收到各地儿女们寄来的信，看信读信是他最大的乐趣和享受。

“爸，我要告诉您一件事，我从小就没有见过大海，我很想去看大海，等您病好了，等我大学毕业，我要和您一起去看海。爸请您放心，我会努力学习的，将来做一个对社会有用的人。”这是贵州省织金县罗燕艳信中的话。

她正在织金县一中读高二。

“丛飞的资助让我懂得了上帝在最起初并不薄待任何人，他总是给人相同质量守恒的人生，关键在于你的需要，你要多一点世俗的幸福，那么精神的愉悦就会酌情递减，反之亦然。”湖南省汉寿县《沧浪》主编胡诗词这样评价丛飞。患有小儿麻痹症的胡诗词累计接受丛飞捐助达到八万四千元，使他实现了上大学、当作家的梦想。他得知丛飞患癌症住院治疗，专程从汉寿县前来探望。

病榻上，丛飞仍然惦念着贫困山区的那一百多个孩子，惦念着他们这学期的学费还没有交上。5月17日，他把大家捐给他治病的钱留下3个疗程的化疗费用后，拿出2万元钱捎往贵州织金县贫困山区。他吃力地给贵州的“儿女们”录下了一段话：“孩子们：爸爸不能亲自来看你们了，但爸爸很想念你们，希望你们能好好学习，将来成为一名对社会有用的人……”

5月15日，丛飞手术后第二天，他向前来看望的有关领导交了一份写于一年前的入党申请书：“我是一个自由歌手，没有单位，写好的入党申请书一直没交，现在，我知道自己的日子不多了，请您把它交给党组织，希望我在有生之年能成为一名中国共产党党员。”5月27日上午，丛飞终于实现了自己的人生理想，成为一名中国共产党党员。

6月15日，丛飞在病榻上开了个家庭会，向父母家人提出了两点愿望：身后捐献眼角膜、有用器官造福他人，并将遗体捐献给医院做医学研究；拒绝接受深圳市住宅局送他居住的一套四房两厅住宅，家人何时何地都只能向社会奉献而不能向社会伸手。

“只要你快乐，只要你幸福，只要你圆上了好梦，我就不辛苦。只要你开心，只要你如意，只要你回头一笑，我就很知足。”丛飞轻轻哼起他自己作词的《愿你幸福》这首歌，脸上充满笑意。

提示：中国每年度都评选“感动中国十大人物”。他们为什么能够感动十三亿国人的心？这是因为，他们无一不是懂得感恩的人。像我们熟悉的洪战辉，当他还是孩子的时候，就对一个更弱小的孩子担起责任，撑起困境中的家庭，学会友善、勇敢、坚强。李春燕，她是大山里最后的赤脚医生，她提着篮子行医，一间四壁透风的竹楼成了天下最温暖的医院。徐本禹，这个原本走入研究生院的大学生，却义无反顾地从繁华的城市走近了大山，为大山里的孩子铺就了一条求知的道路、实现了他的人生价值。感恩不仅仅是感谢父母、老师、朋友，感谢那些曾经帮助自己的人，最主要的是施恩于那些需要帮助的人们。

从丛飞的身上我们应该明白每个人都要具备起码的道德素养，这些素养有助于我们形成完整的人格，有助于使我们成为于人于己，于家庭于社会都有用的人。每个人一生都应该把握一些基本的做人原则，这些最基本的原则应该包括：善良、真诚、宽容、感恩。让我们从自身做起，学会感恩，肩负起自己的责任，净化自己的灵魂，以积极的心态面对人生和社会。只要我们人人都有一颗真诚的感恩之心，这社会将会更加美好和和谐。

社会大舞台

活动主题：感恩的心——开展一次献爱心活动

1. 思维训练：公共汽车上，一名学生把自己的座位让给一个老奶奶，但这个奶奶却坚持把座位让给自己年轻的孙子坐，对这样的行为，你是怎样看的？说说自己的看法。

2. 师生互动：制作爱心卡，赠送给自己想要感谢的老师或同学，并当面说出自己的感谢的话语。

3. 社会实践：利用周末到福利院进行一次爱心活动，并根据活动活动写一篇感想。

视频资料

1. 歌手丛飞的视频资料。

2. 播放陶星和李春燕感动人心的图片，引发学生对感恩的进一步认识，让学生直接获得感恩的触动，从而再度引起心灵的震撼。

网上冲浪

1. 于丹《论语》感悟——孝敬之道：http://you.video.sina.com.cn/b/19355139-1595399280.html。

2. 感恩：http://baike.baidu.com/view/88692.htm。

3. http://www.owecn.com/感恩中国。

专题十二 遵守社会生活的红绿灯

——做有法律修养的高职生

我们要在全国坚决实行这样一些原则：有法必依，执法必严，违法必究，在法律面前人人平等。

——邓小平

知识目标

1. 初步理解我国社会主义法律的内涵；
2. 了解我国社会主义法律体系、运行机制和建设社会主义法治国家的任务；
3. 学习国家安全方面的法律知识。

能力目标

初步具备运用所学法律基础知识分析和判断实际法律问题的能力，为今后在工作生活中能够正确处理法律问题做好准备。

情感目标

使学生具备一定的法律修养，树立起社会主义公民意识和法律观念，能够自觉维护社会主义法律权威，与违法行为作斗争。

随着当今社会的快速发展，特别是近几年高校不断扩招，大学成为了各种矛盾、各种热点问题的集散地。大学生违法犯罪问题也日渐突出，且犯罪率呈逐年上升趋势。导致这种情况的出现主要是因为部分大学生的法律意识水平还很低，法律知识贫乏，法制观念淡薄。他们不懂得用法律武器来保护自己的合法权益，遇到问题往往采取过激甚至是违法的手段力求快速解决问题，这些问题现实地摆在我们面前，预防大学生犯罪也显得尤为重要。通过本专题教学情境设计和典型大学生涉法案例教学，初步培养社会主义法律思维方式，并让学生主动去了解相应法律制度，用法律规范指导自己的行为，自觉遵守法律规范；增强其法律意识，引导大学生正确认识社会，加强社会主义法律修养，进一步以自身的实际行动树立和维护社会主义法律权威，做一个知法懂法的高职生。

情境导入

社会生活的规则——法

在外行人看来，法律是遥不可及的东西：法律书籍那么厚，法律条文密密麻麻，记忆起来相当困难……其实，法律就在我们身边，在生活中。

比如，您早上出门打车，司机把你送到学校来，你支付司机一定车费，这之间就产生了法律关系，即合同法律关系，进一步说，是运输合同中的客运合同法律关系。

再如，家里买了个电视，抱回家才三天就没影像了，按照“三包”的规定，商家应当给予相应的修理，在三包期限内两次修理不好，应当调换，没有相应的产品时，则应当退货。可是商家就是不修也不换，这时维护自己权利就要用到法律了，这就是《消费者权益保护法》。

又如，一男子醉酒后跟人打架，拿酒瓶子将对方打伤，这个男子可能会涉及犯罪的问题，要接受刑法的制裁。

所以，说起法，我们都不陌生。我们可以说起一大串儿我们知道的法来，比如《民法》《刑法》《行政处罚法》等。如果非得给法下个定义，按照书上的说法就是“法是国家制定或认可的，并由国家强制力保证实施的行为规范的总和。”

简单地说，法就是一种规则。社会中的人跟足球场上的运动员一样，要形成一个良好的秩序，大家都必须遵守“游戏规则”。比如说，足球场上，运动员在禁区犯规，就有可能被罚点球；同样，运动员可以头球攻门，但用头攻击对方球员的身体，则犯规了，而且还可能被红牌罚下。

话说回来，社会中人的行为需要一定的规则来约束，从而形成国家所期望达到的良好秩序，这个规则就是法。比如，通常情况下杀人要被追究刑事责任，可能被判死刑；欠债也应当还钱，否则就要面临着国家强制力的介入。

我们现在可以从电视、广播以及网络上看到并知晓当前我们国家法律的情况，如果我们想了解更多一些，还可以从书店抱几本法律书回家好好看。总之，我们获得法律知识的途径是很多的。

有了以上对法的认识，相信同学们不会再觉得法是离我们很遥远而且深奥的东西了。接下来我们一起来看看法的内涵。

知识导航

一、我国社会主义法律的内涵

（一）法的一般含义

法是由国家制定或认可的，由国家强制力保证实施，具有普遍约束力和严格程序的行为规范的总和，是统治阶级意志的体现。

（二）法的特征

（1）法是调整行为关系的规范；

（2）法由专门机关制定和解释；

（3）法以权利义务双向规定为调整机制；

（4）法以国家强制力保证实施；

（5）法具有普遍约束力和严格的程序。

二、增强社会主义法治观念

（一）社会主义民主与法治观念

（1）宪法和法律至上的观念；
（2）公平正义的观念；
（3）平等自由的观念；
（4）保障人权的观念；
（5）安定有序的观念；
（6）良法善治的观念；
（7）共同富裕的观念。

（二）加强大学生法律权利与义务观念

法律的权利与法律义务的性质：

（1）从来源上看，法律权利和法律义务一般都来源于法律的明文规定。

（2）从基本内容来看，法律权利意味着人们可以作或不作一定行为，可以依法要求他人作或不作一定行为，人们获得合法的利益或自由。法律义务包括作为义务和不作为义务。法律通过规定义务，使人们承受某种约束或负担。

（3）从范围来看，法律权利和法律义务都有明确的界限。

（三）法律面前人人平等的观念

公民在法律面前一律平等，是保证社会主义民主和社会主义法制实施的一条基本原则。我国宪法第三十三条第二款规定："中华人民共和国公民在法律面前一律平等。"这就意味着，公民平等地享有宪法和法律规定的权利，平等地履行宪法和法律规定的义务，任何公民都不允许因其民族、种族、性别、出身、职业、宗教信仰、教育程度、财产状况和职务高低等的不同而享有超越宪法和法律的特权。在法治社会，人们之间的社会关系主要是由法律来调整的，人们的权利和义务体现为法律上的权利和义务，无论是政治权利和经济权利，还是文化权利和社会权利，最终都体现为法律上的权利，没有法律面前的平等，其他的权利就无从谈起。因此，法律面前一律平等，是公民实现其权利的基础，是公民平等参与社会生活的前提和条件。

法律面前一律平等，是建立社会主义法治国家的必然要求，是法治国家的重要标志，也可以说是法治国家必须坚持的一项宪法原则。作为一项宪法原则，公民在法律面前一律平等包括以下内容：

（1）任何公民享有宪法和法律规定的权利，同时必须履行宪法和法律规定的义务。也就是说，公民的权利和义务是一致的，不允许一部分人只享有权利，不履行义务；也不允许一部分人只履行义务，而不享有权利。国家平等地保护公民的法定权利，同时平等地要求公民履行法定义务。

（2）任何公民都要受到法律的约束，不允许有超越宪法和法律的任何特权，任何人违反了法律都要受到追究。

（3）所有公民在法律实施上一律平等，即遵守法律和适用法律上一律平等。

三、培养社会主义法律思维方式

（一）培养社会主义法律的思维方式

法律思维方式是否深入人心在一定程度上决定着法治国家建设的进程是否顺利。

1. 法律思维方式的含义

法律思维方式：按照法律的规定、原理和精神，思考、分析、解决法律问题的习惯和取向。

2. 法律思维方式的特征：讲法律、讲证据、讲程序、讲法理

讲法律：在处理法律问题时，应该首先以法律为准绳来评价行为，是合法还是违法，是一般违法行为还是犯罪行为。有时候，我们会遇到法与理、法与情的冲突，即合理不合法、合情不合法。此时，应以法为先。即使某些法律规定不合理、不合情，也不能漠视、违背法律。我们可以要求立法机关修改这些法规，但是在修改之前，我们应该遵守和执行法律。

讲证据：法律思维要讲证据，思考和处理法律问题要以证据为根据。

讲程序：程序是法律所规定的法律行为的方式和程序。程序告诉人们实施法律行为时先做什么，后做什么，以及如何做才是合法的。程序正义又叫看得见的正义，就是指涉及法律和权利问题的运作错成、方式和关系（统称为程序）符合正义原则。

讲法理：法律思维的任务不仅是得出处理法律问题的结论，而且要为法律结论提供充分的法律论证和理由。而且，这种理由和论证必须是公开、合法、有说服力的。与其说法律思维的任务是得出结论，不如说是寻求做出结论的法律理由，因为没有充分理由的结论是没有说服力从而也无法得到当事人的服从和遵守，也无法树立法律的权威。

3. 培养法律思维方式的途径

学习法律知识。只有了解法律规定的和法律规定背后的原理等法律知识，才能更好地领会法律精神，养成法律思维。

掌握法律方法。法律方法构成法律思维的基本要素，法律思维的过程就是运用法律方法思考、分析和解决法律问题的过程。

参与法律实践。只有参与各种法律实践活动，在实践中运用法律知识和合方法思考、分析、解决法律问题，才能养成一种自觉的法律思维。

（二）树立和维护社会主义法律权威

（1）真正的权威是来自于内在的。法律的权威不仅仅依赖于它的外在强制力，仅有外在强制力不可能形成真正的权威。法律的内在说服力既来源于法律本身内在的合理性，也来源于法律实施过程的合理性，正是这些法律才首任尊重、被人信赖、为人遵守。

（2）大学生维护法律的权威要做到三个方面：

① 努力树立法律信仰；

② 积极宣传法律知识；

③ 敢于同违法犯罪行为斗争。

青春话题

话题：是“见义勇为”还是“见义智为”

话题背景：日前，新修订的《北京市小学生日常行为规范》去掉了原来的“遇到坏人坏事要敢于斗争”，改为“遇到坏人坏事要主动报告”。原《北京市中学生日常行为规范》中的“见义勇为”也去掉了，改为“遇有侵害要善于斗争，学会自救自护”等。有人认为，这样更有利于保护未成年的中小学生，更能体现以人为本和尊重生命的意识，是一种进步。但也有人认为，这样修改是一种倒退。“见义勇为”是中华民族的优良传统，我们应该继承。再说，如果青少年不从小接受这方面的教育，将来怎会真的“见义勇为”呢？

观点一：首先要声明的是要一直提倡“见义勇为”，的确当今社会的确存在“见死不救”“冷眼旁观”，不过如果我们一方面感叹、责骂，另一方面遇事也“袖手旁观”，那只会任这种不良社会风气继续蔓延。生命权、健康权、安全权，这些基本权利在一个法治社会是不容以任何理由加以侵犯的，哪怕只是有侵犯的可能性。面对犯罪侵犯时，没有“勇”又怎么敢去“为”。

但作为中小学生，在法律上尚属无行为能力或限制行为能力，其无论智力、身体、心理都尚未成熟。我怀疑他们是否全都具备了辨别是非的能力，真的可以理解什么是“义”，什么是“坏人坏事”，怎样去“为”，如何去“斗争”。如果一时头脑发热，好心是要办坏事的。这样，不仅没有达到目的，也挫伤了他们以后真正“见义勇为”的积极性。所以对他们而言更强调的是“见义智为”。更何况，“主动报告”“善于斗争”等也不是“不为”，乃是真正的量力而为，不能什么事都“舍生取义”“虽万千人吾往矣”，让学生们怀有一颗善良、勇敢、正直的心，这就足够了！

观点二：“见义勇为”一直以来是中华民族的优良传统，我们应该去继承发扬。作为学生，我们从小就接受这样的教育，从而获得一种积极向上的道德观，这样对长大后成为一个明辨是非善恶的人是很必要的。现在我们身边经常发生这样的事，公共汽车上扒手偷窃事件时有发生，但众多目击者都漠然处之。现在有“见义勇为”的教育尚且如此，如果连“见义勇为”也在行为规范中消失，那我们的下一代还会不会有见义勇为的人呢 。

点评：

维护社会主义法律权威，既有赖于国家的努力，也有赖于公民个人的努力，正如我们上面所讨论的“见义勇为”的话题，主要是要敢于同违法犯罪行为作斗争。采用的方式是多种多样的，既包括事前采取有效措施预防犯罪行为发生，也包括事中和事后制止、检举、揭发违法犯罪行为。接下来我们来看看一个普通人以自己的行为树立怎样维护社会主义法律权威的先进典型。

欢乐课堂

模拟法庭

案情再现：2006年5月10日21时许，天津市南开区的王某与朋友张某和赵某在孙某经营的饭馆吃饭，4人均喝了一些白酒。22时许，张某因故离开，王某将其送走后继续与李某和赵某喝酒。其间，3人多次互相劝酒。李某结账后，王某突然脸朝下摔倒在地并开始呕吐。老板孙某与赵某及饭店服务员将王某放在用几把椅子拼起来的简易床上，并给王某盖了一床毯子。王某脸朝下趴在椅子上。之后，赵某离开了饭馆。次日上午8时许，老板孙某发现王某仍趴在椅子上一动不动，遂报警并拨打了120。120来后证实王某已经死亡。6月15日，天津市公安局出具尸检报告认定，王某系在大量饮酒后发生脑水肿的基础上，头部受外力作用加重脑水肿导致死亡。

当年 8 月 24 日，死者王某的家属将共同饮酒的张某、李某和赵某以及饭店老板孙某诉至法院，要求各被告一次性赔偿原告经济损失 10 万元以及精神损害抚慰金 5 万元。

双方争论点：顾客醉死饭馆，老板是否应赔偿?

形式：模拟法庭辩论环节，由学生自己模拟法庭辩论阶段。同学各自担任原告（诉讼代理人）和被告（诉讼代理人），法官，人民陪审员。原、被告双方对各自的诉讼请求提出相应法律依据，进行法理辩论。

辩论参考法条：《最高人民法院关于审理人身损害赔偿案件适用法律若干问题的解释》。

第一条：因生命、健康、身体遭受侵害，赔偿权利人起诉请求赔偿义务人赔偿财产损失和精神损害的，人民法院应予受理。

第二条：受害人对同一损害的发生或者扩大有故意、过失的，依照民法通则第一百三十一条的规定，可以减轻或者免除赔偿义务人的赔偿责任。但侵权人因故意或者重大过失致人损害，受害人只有一般过失的，不减轻赔偿义务人的赔偿责任。

适用民法通则第一百零六条第三款规定确定赔偿义务人的赔偿责任时，受害人有重大过失的，可以减轻赔偿义务人的赔偿责任。

第六条：从事住宿、餐饮、娱乐等经营活动或者其他社会活动的自然人、法人、其他组织，未尽合理限度范围内的安全保障义务致使他人遭受人身损害，赔偿权利人请求其承担相应赔偿责任的，人民法院应予支持。

因第三人侵权导致损害结果发生的，由实施侵权行为的第三人承担赔偿责任。安全保障义务人有过错的，应当在其能够防止或者制止损害的范围内承担相应的补充赔偿责任。安全保障义务人承担责任后，可以向第三人追偿。赔偿权利人起诉安全保障义务人的，应当将第三人作为共同被告，但第三人不能确定的除外。

通过课前学生对案件相关法律制度与法律程序的了解及准备，增加了他们的法律知识，培养学生法律思维方式；通过对案件关键问题的辩论，所有同学都能提高自己适用法律分析解决实际问题的能力。正如这种辩论活动所要求的，同学们活动前要准备和学习大量与案件相关法律法规，了解相应法律程序；在辩论过程中要运用法律方法思考、分析和解决法律问题，这就是通过参与法律实践来培养大家掌握法律思维方式。

播放视频法律案例

视频　许霆案

2006 年 4 月 21 日，广州青年许霆与朋友郭安山利用 ATM 机故障漏洞取款，许取出 17.5 万元，郭取出 1.8 万元。同年 11 月 7 日，郭安山向公安机关投案自首，并全额退还赃款 1.8 万元。经天河区法院审理后，法院认定其构成盗窃罪，但考虑到其自首并主动退赃，故对其判处有期徒刑一年，并处罚金 1000 元。而潜逃一年的许霆，17.5 万元赃款因投资失败而挥霍一空，今年 5 月在陕西宝鸡火车站被警方抓获。日前，广州市中院审理后认为，被告许霆以非法侵占为目的，伙同同案人采用秘密手段，盗窃金融机构，数额特别巨大，行为已构成盗窃罪，遂判处无期徒刑，剥夺政治权利终身，并处没收个人全部财产。许霆随后提出上诉，2008 年 3 月，广州中院认定许霆犯盗窃罪，判处有期徒刑 5 年。许霆再度上诉，2008 年 5 月，广东省高院二审驳回上诉，维持原判。

相关链接

“米兰达警告”

对于“米兰达规则”，中国人并不陌生。我们只要回忆一下许多国外的电影，就会对这样的告诫耳熟能详：“你有权保持沉默，否则你所说的一切将可能作为呈堂证供，成为对你不利的证据。你有权给你的律师打电话，会见你的律师，在你的律师到来之前，你有权保持沉默。如果你请不起律师，我们可以为你免费指定律师。”

说起“米兰达警告”，就不得不谈谈米兰达案。1963年美国青年恩纳斯托·米兰达因为涉嫌强奸和绑架妇女在亚利桑那州凤凰城被捕，警官随后对他进行了审讯。依据美国宪法第六条修正案条款及最高法院关于穷人律师权的判例，嫌犯被捕后，警方应立即为其提供律师。但亚利桑那州警方涉嫌违反规定，在没有律师到场的情况下审讯嫌犯，米兰达虽然供出了签字的证词，仍被视为无效证词。1966年该案诉至最高法院，1967年重审此案，大法官沃伦根据美国宪法第五和第六条修正案规定，公民不能“自证其罪”适用于任何场合及程序，判米兰达无罪释放。也就是说，没有律师在场的情况下，一个人交代自己有罪，是不被视为证据的。如果警方使用这类证词，嫌犯可以诉其为“非自愿供词”，犯罪嫌疑人完全可以说，我是遭受刑讯才不得不写证词的。如此一来，警方就会处于极其不利的位置。为此，沃伦法官规定，实施逮捕和审讯嫌犯时，警方及应时宣读以下提醒及告诫事项：

一、告诫疑犯有权保持沉默；

二、告诉疑犯他们的证词将会用来起诉和审判他们；

三、告诉疑犯受审时有律师在场的权利；

四、告诉疑犯如果请不起律师，法庭将免费为其指派一位。

任何一个国家的法制从不健全逐渐走向健全都有一段血腥的案例影响，譬如“米兰达案”。在此之前，由于缺乏制衡机制，美国各州警方执法犯法，滥用权力等成为屡禁不止的恶习，为及时破案，邀功请赏，警方经常对疑犯长时间刑讯逼供，打骂威胁，超长时间疲劳审讯及精神折磨，不择手段获取疑犯口供。至20世纪60年代，美国民权运动风起云涌，最高法院对平等保护公民权益日益重视，这是为什么当时一起普通案件最后会成为改写美国司法历史的里程碑式案例。当然，值得一提的是个人比较欣赏的——美国的法律援助机制。米兰达案最初在州际法官手里已经算是定案，米兰达被判投进监狱30年，指派为米兰达免费律师的莫尔先生却在这定了案的卷宗中抽丝剥茧，找出警方办案的漏洞，发现警方在逮捕疑犯之后立即进行审讯，违反了最高法院关于穷人律师权的规定。正是这一发现，最终使得该案件出现翻天覆地的变化。

“米兰达警告”的出现，有着其深刻的文化、政治、法律背景，那就是用私权来制约公权，以公民的权利来限制和制衡政府的权力、警察的权力。“米兰达警告”基于这样一种理论：每一种权力的诞生，都会产生如影随形的权力腐败。为了防止此种权力腐败，必须建立对此种权力的制约。而“米兰达警告”的出现，恰恰就是为了防止警察滥用权力，造成对公民人身权利的伤害。

拓展阅读

树立和维护社会主义法律权威

镜头一　王灿发：中国环保法律援助第一人

王灿发是一名学者，也是一名立法者，参与起草了《水污染防治法》。十几年来，这位学者带着他所创立的污染受害者法律援助中心，向污染受害者提供免费的法律咨询，帮助一百多起环境污染案件的受害者向法院提起诉讼，以法律人的冷静和理性，步履维艰却意志坚定地推动了中国环境法治的健全与完善。

镜头二　蒋汉生：一个检察官，用7年的努力，使一起13年的错案回归正义

蒋汉生是千千万万个对法律忠诚执着，对人民满腔热忱，恪尽职守，严于律己的执法人，是"公正廉明执法"的典范。蒋汉生从事检察工作20年来，对法律忠诚执着，对人民满腔热忱，恪尽职守，严于律己，先后办理各类案件200余起，成功主办56起抗诉案件，为维护法律尊严和社会公平正义作出了突出贡献，曾多次受到嘉奖，荣立个人三等功3次、个人一等功2次。多年来，他认真履行法律监督职能，本着"错案就要纠正""有罪的人必须受到追究"的执法理念，成功办理多起有影响的抗诉案件，取得了良好的法律效果、社会效果和政治效果。特别是胥敬祥被错误关押13年一案，经过他7年多的不懈努力，通过抗诉最终得以纠正，受到社会各界的广泛关注。

镜头三　葫芦岛400名"的哥"：倾城出动擒劫匪唱响正气歌

2006年12月8日晚，辽宁省葫芦岛市一名女出租车司机遭抢劫。听到电台的广播后，葫芦岛市出租车倾城而出，与警方一道，连夜搜寻围捕劫匪，最终协助警方将3名犯罪嫌疑人全部抓获。此次出租车司机协助警方追捕劫匪前后历时45个小时，参与出租车辆达400余辆。

镜头四　姜德志：多次扳倒腐败大鳄的巨星

姜德志，吉林省反贪局局长。他参加检察工作26年，其中从事反贪侦查工作20年，直接查办和指挥查办大要案200余件，县处级以上要案73人，其中厅级30多人，千万元以上案件十余件。成克杰、慕绥新等身处要职的腐败官员都栽在他的手下。

镜头五　张宝艳：一群志愿者，以爱的名义，为164个孩子找回丢失的世界

张宝艳，吉林通化人。"宝贝回家寻子网"创办人，两年前，自费开办公益网站"宝贝回家寻子网"并建立"宝贝回家"志愿者协会，目前成员2万余人，找回走失孩子160多个，2003年"两会"期间，协会通过人大代表、政协委员，提交修改相关法律的建议，体现了现代公民法律意识和社会责任感。目前张宝艳在家专职从事"宝贝回家"公益工作。曾经经历过一次孩子失而复得的张宝艳，2007年，和丈夫秦艳友一起创办免费的宝贝回家寻子网。从那时起，这张虚拟的网就承载起了现实世界这份最沉重的感情。这张网里每天都在发生让人悲喜交集的故事。目前，张宝艳和她的宝贝回家网站已经帮助寻找到162个。宝贝回家的志愿者已经发展到近三万人。

镜头六　邬敬民"闹事"："我是存心要把事情闹大"

2006年1月，在深圳导游年审培训大会上，当地小有名气的导游邬敬民出人意料地两次跳上讲台，呼吁大家共同净化旅游市场，维护导游的权益。"我是存心要把事情闹大的。"邬敬民说。就在上台"闹事"之前，邬敬民早已经跟当地的两家媒体联系。

不过，那次"闹事"的效果不好，他通知的那两家媒体根本就没在大会现场露面。就在这次"闹事"后不久，他就被原单位开除了。而在这之前，新加坡和泰国的几家当地旅行社已经将他封杀，因为他领队的团总是不购物。行内人称他"导游叛徒"。一次不成，邬敬民决定继续闹。他不断在网上发表披露旅游业宰客黑幕的帖子，其中一篇帖子"叫我如何不宰你——一个导游的自白”在网络上广泛传播，第一次把旅游业中的种种宰客伎俩暴露在公众面前。不仅如此，郧敬民还不断联系能想到的所有新闻媒体。当地媒体不理睬，他就联系中央新闻单位。单是中央电视台，他就联系了《实话实说》《焦点访谈》《面对面》等好几个栏目。一个很偶然的机会，他联系上了《面对面》栏目的主持人王志。让他喜出望外的是，三天之内，《面对面》栏目做好了对他的专访。10天后节目播出，全国舆论哗然，郧敬民一直期待的效果终于出现了。

镜头七　黄细花：质疑跨行查询收费的人大代表

自2006年6月1日起，四大国有商业银行与交通银行对银行卡ATM跨行查询，收取0.3元手续费。在该项收费执行伊始，全国人大代表、广东省惠州市环保局副局长黄细花向全国人大常委会建议，暂时叫停银行卡ATM跨行查询收费，并建议有关方面对银行中间服务收费加强法律审查。

镜头八　郑宜栋：67年里节衣缩食三度为父还债，被称为“诚信老人”

江西省上饶县的郑宜栋老人今年84岁，1942年因家庭遭遇飞来横祸而债台高筑。半个多世纪以来，老人节衣缩食，67年里三度为父还债。世界上最贵重的不是黄金，而是诚信。

85岁的老人，67年的时间偿还了父亲的债务。

他用一生遵行了公序良俗。

诚信，是构建法治中国的精神基石。

点评：以上介绍的这几位先进典型都是全国法制人物的代表。作为一名高职生，大家今后将会走向各自的工作岗位成为一位职业人，虽然你们的专业领域不同，但是都应该像他们一样以实际行动践行法律，努力去维护法律的权威。

社会大舞台

1. 思维训练：“公示小偷”是否合理合法

近年来，国内有极个别超市把小偷的照片贴在超市入口处的橱窗内，一旁还写有“严防扒手”几个大字，十分醒目。前来购物的顾客都会不时朝照片瞟上几眼，有的干脆停下来仔细观看，超市这种做法得到了许多顾客的认可。而据超市经营者介绍，此举是为了警示顾客，为保证顾客有一个良好的购物环境。超市特意和当地路派出所联系，收集了曾经在该超市多次作案的惯偷照片，并与派出所协商后，在超市“展出”。照片贴出后，超市的秩序有很大改善，这几天店里的偷盗比去年同期降低了一半以上。该事件被报道后，在社会上引起了强烈反响和争议。那么，从法律上看，你认为小偷的照片是否可以随便张贴呢？

2. 社会实践

“酒驾入刑”社区法制宣传活动。

背景：近年来，随着我国经济的高速发展，全国的公路通车里程、机动车以及机动车驾驶人的不断增加，导致我国的道路交通事故居高不下，因酒后驾驶造成车毁人亡的悲剧在我们身边屡屡上演。据有关部门统计数据显示，2009年1月至8月，发生酒后和醉酒驾车肇事3 206起，造成1 302人死亡。目前，交通事故已经成为危害社会发展的全球公害。

相关法律：2011年5月1日起，《中华人民共和国刑法修正案(八)》正式实施，醉酒驾驶作为危险驾驶罪被追究驾驶人刑事责任。“五一”期间，发现醉酒驾驶者，将对其进行刑事拘役，醉驾者一旦被查实，将面临最高半年拘役的处罚。同时，修改后的《道路交通安全法》也规定，饮酒后驾驶机动车的，处暂扣6个月机动车驾驶证，并处1 000元以上2 000元以下罚款。

活动策划：

（1）学生社团根据上述修订法律及图片制作宣传展板；

（2）迈出校门，走进社区，普及法律知识，宣传“酒驾入刑”新规。

网上冲浪

1. http://www.legalinfo.gov.cn/中国普法网。
2. http://www.law-star.com/中国法律信息网。
3. http://law.univs.cn/大学生在线—法律援助网。

专题十三 端起衡量正义的天平

——做依法维权的职业人

要讲法制，真正使人人懂得法制，使越来越多的人不仅不犯法，而且能积极维护法律。

——邓小平

知识目标

掌握宪法、民法和刑法、劳动法的相关法律基本知识。

能力目标

能够初步判断、分析自身学习、工作生活过程中遇到的法律问题；初步具有通过合法途径正确处理在政治权利、受教育权、财产权和人身权等方面法律难题的能力。

情感目标

使学生具备遵纪守法社会主义法制观念以及对社会主义法律制度的理性认识。

党的十七大报告明确指出："全面落实依法治国基本方略，加快建设社会主义法治国家。"并提出"深入开展法制宣传教育，弘扬法治精神，形成自觉守法用法的社会氛围。"大学生是青年中的一个精英群体，是中国特色社会主义事业的建设者和接班人，是推动"依法治国"方略顺利实施的重要力量。当代大学生要真正肩负起历史赋予的这一神圣使命，不仅需要具备良好的科学文化素质、思想道德素质和健康素质，同时还必须具备良好的法律素质。大学生法律意识的强弱将直接影响着我国社会主义法治建设的进程，对于国家的发展起着举足轻重的作用。

情境导入

案例一：某大学一男生宿舍，多次遭到窃贼的光顾，令同学们深恶痛绝，便设下埋伏，以期抓获小偷，功夫不负有心人，小偷终于被同学抓获，为解心头之恨，同学们你一拳，我一脚，对着小偷一阵猛打，致使小偷上医院治伤花去医药费共计 1 000 多元，小偷为此告到法院，要求打人的学生赔偿损失。

案例二：学生 A 在暑假进入一家公司打工。老板承诺半个月发一次工资，半个月后老板毫无发工资的迹象，学生 A 询问老板，老板回答说是等任务全部完成才发；（又过了十几天）学生把全部任务完成后，老板又说等 9 月份开学的时候给。开学后，学生 A 找老板要求支付工资，他竟然说，公司现在有新任务，学生必须留下来把新任务完成才给工资，否则就拒绝支付工资。请问学生们该怎么办？

两个案例都是我们生活中可能遇到的例子，案例一中小偷的偷窃行为固然可恨，但是对其偷窃行为的惩罚只能由相应的司法机关在法定的权限范围内和依照法定程序来处理。这些大学生可能不知道在小偷偷盗的犯罪行为结束后，他们在激愤的情绪下打击小偷已经触犯法律。可见，学生们必须在了解法律制度的前提下才能真正做到守法。

根据有关法律规定，学生暑期打工与雇主之间是不形成劳动合同关系的，通常认为是劳务关系。目前不仅《劳动法》，就连《劳动合同法》也没有对暑期工与雇主之间的关系作出明确规定。案例二中，为了保护自身的合法权益，学生应规避暑期打工的法律风险。至于暑假打工如何防范风险或遭受侵权后如何维权，律师指出：一是选择有资质、信誉好的职介中心；二是如果用人单位收取押金、扣押身份证或学生证，这都是违法的，学生有权拒绝；三是应尽量争取签订劳动协议，这样对自己维权有法律保障；四是如果学生在求职时遇到职介中心提供虚假信息或与用人单位合伙欺诈等，可立即向有关部门举报。举报职介中心可到工商部门举报，如果是事业单位可到省、市人事仲裁办公室投诉，若是企业则可到劳动部门投诉；五是学生在打工过程中遭受人身损害或其他权利被侵犯，可先到劳动部门投诉，如在劳动部门得不到解决，也可向法院起诉。

两个案例给了我们一个有益的启示：作为一个现代社会的有为青年，不仅要做一个有着良好道德情操的人，还应该了解基本的法律制度，知法、守法并以法维权，这样我们才能够更好的维护自身、他人以及集体和国家的合法权益。

知识导航

我国现行的法律制度体系主要包括《宪法》《经济法》《民法》《家庭法》《自然资源法和环境保护法》《劳动法》和《社会福利法》《文教科技法》《行政法和行政程序法》《刑法》《司法程序法》以及《军事法》等构成。下面我们对其中主要的法律制度介绍如下：

一、宪法法律制度

1.《宪法》的概念

《宪法》是国家法律体系的基础和核心，是集中体现统治阶级意志、确认国家制度和社会制度的基本原则、规定公民基本权利和义务，具有最高法律效力的根本大法。

2.《宪法》的基本特征

（1）《宪法》的内容是关于国家最根本、最重要的问题。

国家根本制度和根本任务这些问题都是立国之本。而普通法律所规定的内容，只涉及国家和社会生活某一方面的重要问题。

（2）《宪法》具有最高的法律效力，国家的一切法律、法规和规范性法律文件的制定都必须服从宪法，不得同宪法相抵触。

（3）《宪法》的制定和修改程序更为严格。

我国《宪法》规定："宪法的修改，由全国人民代表大会常务委员会或者五分之一以上的全国人民代表大会代表提议，并由全国人民代表大会以全体代表的三分之二以上多数同意才能通过。法律和其他议案只要全国人民代表大会以全体代表的过半数通过。”

3．《宪法》的基本原则

（1）人民主权原则；

（2）保障公民权利和自由原则；

（3）法治原则；

（4）民主集中制原则。

二、我国的国家制度

（1）人民民主专政制度；

（2）人民代表大会制度；

（3）中国共产党领导的多党合作和政治协商制度；

（4）民族区域自治制度；

（5）基本经济制度。

三、我国公民的基本权利和义务

公民是指具有一国国籍，并根据该国宪法和法律规定享有权利、承担义务的自然人。凡是具有中华人民共和国国籍的人都是我国公民。

（一）公民的基本权利

1．平等权

我国《宪法》规定：“中华人民共和国公民在法律面前一律平等。”任何公民都不得有超越宪法和法律的特权。

2．人身自由权

人身自由不受侵犯；人格尊严不受侵犯；公民住宅不受侵犯；通信自由和通信秘密受法律保护。

3．政治权利和自由

政治自由和权利包括两部分内容：

一是政治权利，含选举权和被选举权；二是政治自由，含言论出版自由、集会结社自由和游行示威自由。

4．宗教信仰自由

5．监督权和取得赔偿权

（1）监督权

公民对国家机关及其工作人员进行批评、建议、申诉、控告或者检举的权利。

（2）取得赔偿权

由于国家机关及其工作人员侵犯公民权利而受到损失的人，有依法取得赔偿的权利。

6．社会经济权利

社会经济权利的内容包括以下方面：

（1）劳动权

即有劳动能力的公民有获得工作并取得相应报酬的权利。

（2）休息权

休息权即劳动者为保护身体健康和提高劳动效率而休养生息的权利。国家发展劳动者休息和休养设施，规定职工的工作时间和休假制度，保障劳动者休息权利的实现。

（3）退休人员的生活保障权

国家依照法律规定实行企业事业组织的职工和国家机关工作人员的退休制度，并保障退休人员的生活水平不降低。

（4）物质帮助权

即公民在年老、疾病或者丧失劳动能力的情况下，有从国家和社会获得物质帮助的权利。国家建立待业保险、养老保险、社会救济、医疗卫生等社会保障制度，以保障公民享有和行使这一权利。

7．教育、科学、文化权利和自由

8．妇女、婚姻、家庭、母亲、儿童和老人受国家保护

（二）我国公民的基本义务

（1）维护国家统一和全国各民族团结；

（2）遵守宪法和法律，尊重社会公德；

（3）维护祖国安全、荣誉和利益；

（4）保卫祖国，抵抗侵略，依法服兵役和参加民兵组织；

（5）依法纳税。

四、我国的国家机构

国家机构是指统治阶级为实现国家职能而建立起来的国家机关体系。

我国的国家机构体系包括

（1）全国人民代表大会及其常务委员会；

（2）中华人民共和国主席；

（3）国务院；

（4）中央军事委员会；

（5）地方各级人民代表大会和地方各级人民政府；

（6）民族自治地方的自治机关；

（7）人民法院和人民检察院。

五、民商法律制度

（一）民法的概念和原则

民法是调整平等主体的公民之间、法人之间、公民和法人之间的财产关系和人身关系的法

律规范的总称。我国民法的基本原则有：

（1）平等原则；

（2）自愿、公平、等价有偿、诚实信用的原则；

（3）禁止民事权利滥用的原则。

（二）民事主体

民事主体是指在民事法律关系中独立享有民事权利和承担民事义务的人。

1．公民（自然人）

公民的民事行为能力。是指公民能够以自己的行为参与民事法律关系，取得民事权利、承担民事义务的能力。

我国《民法通则》根据公民的不同年龄和智力状况，将公民的民事行为能力分为三种：

（1）完全民事行为能力人

18周岁以上的公民，具有完全民事行为能力，可以独立进行民事活动，是完全民事行为能力人；16周岁以上不满18周岁的公民，以自己的劳动收入为主要生活来源的，视为完全民事行为能力人。

（2）限制民事行为能力人

10周岁以上的未成年人是限制民事行为能力人，可以进行与他的年龄、智力相适应的民事活动，其他民事活动由他的法定代理人代理，或者征得他的法定代理人的同意；不能完全辨认自己行为的精神病人是限制民事行为能力人,可以进行与他的精神健康状况相适应的民事活动，其他民事活动由他的法定代理人代理，或者征得他的法定代理人的同意。

（3）无民事行为能力人

不满10周岁的未成年人和完全不能辨认自己行为的精神病人，是无民事行为能力人，由他的法定代理人代理进行民事活动。

2．法人

法人是指具有民事权利能力和民事行为能力，依法独立享有民事权利和承担民事义务的社会组织。法人应当具备的条件：依法成立；有必要的财产或者经费；有自己的名称、组织机构和场所；能够独立承担民事责任。

（三）民事行为制度

民事法律行为是指自然人、法人以及其他组织以设立、变更、终止民事权利和民事义务为目的，具有法律约束力的合法行为。

根据我国民法通则的规定，民事法律行为的有效条件是：

（1）行为人具有相应的民事行为能力；

（2）意思表示真实；

（3）不违反法律和社会公共利益。

（四）民事权利制度

1．物权

包括财产所有权和与财产所有权有关的财产权利。财产所有权是指所有人依法对自己的财产享有占有、使用、收益和处分的权利。

2．债权

债的发生：

（1）合同所生之债；

（2）侵权行为所生之债；

（3）不当得利所生之债；

（4）无因管理所生之债。

3．人身权

人格权主要包括：生命权、健康权、姓名权、名称权、肖像权、名誉权、荣誉权、自由权。

身份权主要包括：

（1）知识产权中的人身权，如署名权；

（2）监护权；

（3）公民在婚姻家庭关系中的身份权。

4．继承权

5．知识产权

（五）民事法律责任

民事责任是民事主体违反民事义务，侵犯他人合法权益，依照民法所应承担的民事法律责任。包括违反合同的民事责任和侵权行为的民事责任。

1．违约责任的概念

违反合同的民事责任，亦称违约责任，是指合同当事人不履行合同义务或者履行合同义务不符合约定条件而应当承担的法律责任。

根据民法通则规定，违反合同承担民事责任的形式主要有以下几种：

（1）继续履行合同；

（2）采取补救措施；

（3）支付违约金；

（4）赔偿损失。

2．侵权责任

侵权行为民事责任是指行为人因自己的过错，实施非法侵犯他人的财产权利、人身权利及知识产权的行为，行为人在造成他人权益损害时，应对受害人负赔偿的民事责任。

（六）民事诉讼时效制度

诉讼时效，是指权利人在法定期限内不行使自己的权利，法律规定其胜诉权归于消失的时效制度。

我国民法通则规定以下四种性质的案件，其诉讼时效期间为1年：

（1）因身体受到伤害要求赔偿的；

（2）出售质量不合格的商品未声明的；

（3）延付或拒付租金的；

（4）寄存财物被丢失或者毁损的。

（七）合同法律制度

合同是指平等主体的自然人、法人、其他组织之间设立、变更、终止民事权利义务关系的协议。当事人订立合同的形式有口头形式、书面形式和其他形式。

订立合同的步骤：

（1）要约，是要约人希望和他人订立合同的意思表示，也称为订约提议、发盘或发价。

（2）承诺，是受要约人同意要约的意思表示，也称为接受提议或接盘。

合同的内容由当事人约定，一般包括以下条款：

（1）当事人的名称或者姓名和住所；

（2）标的；

（3）数量；

（4）质量；

（5）价款或者报酬；

（6）履行期限、地点和方式；

（7）违约责任；

（8）解决争议的方法。

（八）知识产权法律制度

知识产权是调整在创造、适用、转让和保护智力成果或工商业标志过程中发生的社会关系的法律规范的总称。知识产权包括著作权、专利权和商标权。

（九）商事法律制度

我国的商法是民商法的重要组织部分，包括公司、证券、票据、保险等法律制度。

六、刑事法律制度

（一）刑法的概念和原则

1. 刑法的概念

刑法是统治阶级为了维护其阶级利益和统治秩序，根据自己的意志，以国家的名义颁布的，规定犯罪、刑事责任与刑罚的法律规范的总和。

2. 刑法的基本原则

刑法的基本原则是指在制定刑法和适用刑法的过程中必须严格遵守的准则。我国《刑法》第 3 条至第 5 条明确规定了我国刑法的基本原则：

（1）罪刑法定原则；

（2）法律面前人人平等原则；

（3）罪责刑相适应原则。

（二）犯罪

1．犯罪的概念和特征

犯罪是指刑法规定的具有社会危害性并且应当受到刑罚处罚的行为。我国《刑法》第13条规定："一切危害国家主权、领土完整和安全，分裂国家、颠覆人民民主专政的政权和推翻社会主义制度，破坏社会秩序和经济秩序，侵犯国有财产或者劳动群众集体所有的财产，侵犯公民私人所有的财产，侵犯公民的人身权利、民主权利和其他权利，以及其他危害社会的行为，依照法律应当受刑罚处罚的，都是犯罪，但是情节轻微危害不大的，不认为是犯罪。"

可见，犯罪必须具备三个基本特征：即严重的社会危害性，这是犯罪的最本质的特征；刑事违法性；应受刑罚处罚性。犯罪的三个基本特征紧密相连，不可分割。

2．犯罪构成

犯罪成立的一般要件即犯罪构成。所谓犯罪构成是指我国刑法规定的、决定某一行为构成犯罪所必须具备的一切客观要件与主观要件的总和。任何犯罪都必须具备犯罪的客体、犯罪的客观方面、犯罪的主体、犯罪的主观方面四个要件。

（1）犯罪客体，是指我国刑法所保护的而为犯罪行为所侵犯的社会主义社会关系。

（2）犯罪的客观方面，是指犯罪活动的外在表现，包括危害行为和危害结果，以及犯罪的方法、犯罪的时间、地点等。危害行为是犯罪构成的核心要件，是任何犯罪不可缺少的，没有危害行为也就没有犯罪。

（3）犯罪主体，是指刑法规定的实施犯罪行为，并且承担刑事责任的自然人和单位。

（4）犯罪的主观方面，是指犯罪主体实施犯罪行为时，对其危害社会的行为及其危害社会的结果所持的心理态度。犯罪心理态度：犯罪故意、犯罪过失。

3．排除犯罪的事由

虽然行为人的行为在客观上造成一定的损害结果，表面上符合某种犯罪的客观要件，但实际上没有犯罪的社会危害性，不符合犯罪构成，依法不构成犯罪的事由。《刑法》明文规定了两种排除犯罪的事由，即正当防卫和紧急避险。

（1）正当防卫

《刑法》第20条规定："为了国家、公共利益、本人或者他人的人身、财产和其他权利免受正在进行的不法侵害，而采取的制止不法侵害的行为，对不法侵害人造成损害的，属于正当防卫，不负刑事责任。"正当防卫必须具备以下条件：必须出于防卫目的的正义性；必须是对不法侵害行为实行防卫；必须是对正在进行的不法侵害实行防卫；必须是针对不法侵害者本人实行防卫；不能明显超过必要限度造成重大损害。

对正在进行行凶、杀人、抢劫、强奸、绑架以及其他严重危及人身安全的暴力犯罪，采取防卫行为，造成不法侵害人伤亡的，不属于防卫过当，不负刑事责任。

（2）紧急避险

《刑法》第21条规定："为了使国家、公共利益、本人或者他人的人身、财产和其他权利免受正在发生的危险，不得已采取的紧急避险行为造成损害的，不负刑事责任。"紧急避险必须具备以下条件：必须是为了保护较大的合法权益；必须是对正在发生的危险而采取的；必须是在不得已的情况下实施的；避险行为不能超过必要限度造成不应有的损害。紧急避险不适用于职务上、业务上有特定责任的人。

轮船在海上遇到了风暴，为了保全船只和船员生命安全，把货物扔到海里。就是属于紧急避险。但警察不能为了自己的安全，而不顾行人的生命安全，借口紧急避险，逃避职责。所以紧急避险不适用于职务上、业务上有特定责任的人。

4. 故意犯罪形态

故意犯罪形态是指故意犯罪在其发展过程中的不同阶段，由于主客观原因停止下来的各种犯罪形态，即犯罪预备、犯罪未遂、犯罪中止与犯罪既遂。

（1）犯罪预备

为了犯罪，准备工具、制造条件的，是犯罪预备。对于预备犯，可以比照既遂犯从轻、减轻或者免除处罚。犯罪预备与犯意表示不同。

（2）犯罪未遂

已经着手实施犯罪，由于犯罪分子意志以外的原因而未得逞的，是犯罪未遂。对于未遂犯，可以比照既遂犯从轻或者减轻处罚。

（3）犯罪中止

在犯罪过程中，自动放弃犯罪或者自动有效地防止犯罪结果发生的，是犯罪中止。对于中止犯，没有造成损害的，应当免除处罚；造成损害的，应当减轻处罚。

（4）犯罪既遂

是指行为人故意实施的行为已经具备了某种犯罪构成的全部要件。

5. 共同犯罪

共同犯罪，是指二人以上共同故意犯罪。共同犯罪必须具备三个要件，两个以上的犯罪主体；共同的犯罪故意；共同的犯罪行为。

6. 犯罪种类

根据犯罪客体的不同，犯罪可以分成十大类，我国《刑法》的分则规定了十大类的犯罪，包括：危害国家安全罪；危害公共安全罪；破坏社会主义市场经济秩序罪；侵犯公民人身权利、民主权利罪；侵犯财产罪；妨害社会管理秩序罪；危害国防利益罪；贪污贿赂罪；渎职罪；军人违反职责罪。

7. 刑罚

刑罚，是指刑法规定的由国家审判机关依法对犯罪人所适用限制或者剥夺其某种权益的最严厉的法律制裁手段。刑罚目的，在于惩治和预防犯罪。

我国《刑法》所规定的刑罚体系包括主刑和附加刑两大类。

（1）主刑

是指只能独立适用，不能附加适用的刑罚。一个罪只能适用一种主刑，不能同时适用几种主刑。主刑包括：管制、拘役、有期徒刑、无期徒刑和死刑。

① 管制；

② 拘役；

③ 有期徒刑；

④ 无期徒刑；

⑤ 死刑。

（2）附加刑

是指补充主刑适用的刑罚方法。附加刑既可以附加于主刑适用，也可以独立适用。附加刑包括：罚金、剥夺政治权利、没收财产、驱逐出境。

① 罚金；

② 剥夺政治权利；

③ 没收财产；

④ 驱逐出境。

（3）刑罚的裁量

刑罚的裁量即量刑，是人民法院依据刑法在认定行为人构成犯罪的基础上，确定对犯罪人是否判处刑罚、判处何种刑罚以及判处多重的刑罚、并决定所判刑罚是否立即执行的刑事司法活动。

具体大量刑制度包括累犯、自首和立功、数罪并罚、缓刑等。

① 累犯，是指因故意犯罪被判处有期徒刑以上刑罚的犯罪分子，在刑罚执行完毕或者赦免后，在5年内再故意犯罪，应当判处有期徒刑以上刑罚之罪的犯罪分子。累犯应当从重处罚，但过失犯罪除外。

② 自首，是指犯罪分子犯罪以后自动投案，如实供述自己罪行的行为，或者被采取强制措施的犯罪嫌疑人、被告人和正在服刑的罪犯，如实供述司法机关还未掌握的本人其他罪行的行为。对于自首犯，可以从轻或者减轻处罚；其中，犯罪较轻的，可以免除处罚。

③ 立功，是指犯罪分子有揭发他人犯罪行为，查证属实的，或者提供重要线索、从而得以侦破其他案件等行为，分为一般立功和重大立功。犯罪人有立功表现的，可以从轻或者减轻处罚；有重大立功表现的，可以减轻或者免除处罚；犯罪后自首又有重大立功表现的，应当减轻或者免除处罚。

④ 数罪并罚，是指人民法院对一人犯数罪分别定罪量刑，并根据法定的原则和方法，决定应当执行的刑罚。我国刑法采用折中的原则进行数罪并罚。

⑤ 缓刑，是指人民法院对判处拘役、3年以下有期徒刑而且不是累犯的犯罪分子，根据其犯罪情节和悔改表现，认为暂缓执行原判刑罚，确实不致再危害社会的，规定一定的考验期，暂缓执行原判刑罚；在考验期内，如果符合法定条件，原判刑罚的制度不再执行。

七、劳动法律制度

为了保护劳动者的合法权益，调整劳动关系，建立和维护适应社会主义市场经济的劳动制度，促进经济发展和社会进步，根据宪法，制定中华人民共和国劳动法。

劳动法是规范劳动关系及其附随的一切关系的法律制度的总称。狭义的劳动法仅指《中华人民共和国劳动法》。广义的劳动法包括劳动法律、劳动行政法规、劳动行政规章、地方性劳动行政法规和规章，以及具有法律效力的其他规范性文件、劳动司法解释等。

《中华人民共和国劳动法》共十三章107条，于1994年7月5日第八届全国人民代表大会常务委员会第八次会议通过，自1995年1月1日起施行。

（一）劳动者的权利义务

劳动者享有平等就业和选择职业的权利、取得劳动报酬的权利、休息休假的权利、获得劳动安全卫生保护的权利、接受职业技能培训的权利、享受社会保险和福利的权利、提请劳动争议处理的权利以及法律规定的其他劳动权利。劳动者应当完成劳动任务，提高职业技能，执行劳动安全卫生规程，遵守劳动纪律和职业道德。

（二）劳动合同

订立和变更劳动合同，应当遵循平等自愿、协商一致的原则，不得违反法律、行政法规的规定。劳动合同依法订立即具有法律约束力，当事人必须履行劳动合同规定的义务。

（三）劳动标准和保障

国家发展社会保险事业，建立社会保险制度，设立社会保险基金，使劳动者在年老、患病、工伤、失业、生育等情况下获得帮助和补偿。

（四）劳动争议和法律责任

用人单位与劳动者发生劳动争议，当事人可以依法申请调解、仲裁、提起诉讼，也可以协商解决。调解原则适用于仲裁和诉讼程序。解决劳动争议，应当根据合法、公正、及时处理的原则，依法维护劳动争议当事人的合法权益。

用人单位制定的劳动规章制度违反法律、法规规定的，由劳动行政部门给予警告，责令改正；对劳动者造成损害的，应当承担赔偿责任。

青春话题

1. 在校大学生尚未步入社会，社会经验缺乏易上当受骗，没有防范意识。大学生在选择校外兼职工作需要注意什么

（1）主动学习相关劳动法规及劳动安全常识，用法律武器保护自己

兼职大学生应在参加兼职劳动之前，了解相关的法律规定和救济途径。在选择用人单位时，提高对用人单位合法性及协议书真实性的鉴别能力。在于用人单位达成用工协议后，按照法律程序将双方权利义务确定下来。以备日后出现纠纷，作为证据证明。在兼职劳动过程中，注意收集和保存相关的票据、材料，防止以后发生纠纷，为相关上级管理部门和人民法院提供确凿的证据。

（2）通过正规渠道寻找兼职用工信息

在利用中介机构寻找兼职时首先查阅中介公司营业执照，是否具备：

① 明确的业务范围、机构、章程、和管理制度；

② 有开展业务必备的固定场所、办公设施和一定数量的开办资金；

③ 有一定数量具备相应职业资格的专职工作人员；

④ 法律法规规定的其他条件。在交纳介绍费或押金等相关费用时一定要索取发票、收据等。

若发现职业介绍机构存在欺诈行为，应及时向工商部门或劳动监察部门反映情况，并保留证据。

（3）正确处理兼职工作与学业的关系

大学学习是人生中最为宝贵的时光，是学习知识的黄金时光。学生的主要任务是学习，掌握好专业知识和文化才是今后就业的基础，利用课余时间兼职工作不能和学习相冲突。兼职只能作为短期的社会实践，是对理论学习的补充。不能把时间全部花费在兼职工作上而延误了学业，明确先后主次。将更多的时间和精力投入到文化课的学习中去。来寻找兼职工作是尽量选择与自己专业相关的工作种类，在兼职工作中巩固自己所学的专业知识，而不是一味的追求经济利益。

2．即将毕业的学生，不知道具体该怎么签订劳动合同，签合同时该注意哪些问题

问题解答：劳动合同的条款包括必备条款和约定条款两部分，必备条款有：

（1）劳动合同期限。主要分为有固定期限、无固定期限和以完成一定的工作为期限等三种形式。

（2）工作内容。主要包括工种和岗位，以及该岗位应完成的生产（工作）劳务、工作班次等内容。

（3）劳动保护和劳动条件。主要包括劳动安全和卫生规程，女工和未成年人的保护规定，工作时间和休息休假等内容。

（4）劳动报酬。主要包括劳动者的工资、奖金、津贴和补贴等内容。

（5）劳动纪律。主要包括企业规章制度，劳动纪律等内容及其执行程序。

（6）劳动合同终止的条件。

（7）违反劳动合同的责任。劳动合同除以上规定的必备条款外，劳动合同当事人还可以通过协商订立约定条款。双方当事人可以就用人单位出资招收录用、出资培训、劳动者保守用人单位商业秘密等事项，约定双方的权利和义务。但双方的约定条款不能违背法律、法规和有关规章的规定。

在签订劳动合同时要特别注意以下几点：

（1）劳动合同约定的试用期是包括在合同期限内的，最长不得超过6个月。

（2）工作内容可以规定劳动者从事某一项或者几项具体的工作，也可以是某一类或者几类工作，但都要求明确而具体。

（3）用人单位和劳动者必须依据法律参加社会保险，这并不是可以通过合同约定加以排除的。

（4）用人单位不得将劳动合同的法定解除条件列为约定解除条件，借以逃避用人单位在解除劳动合同时应当承担的经济补偿义务。

（5）违反劳动合同的责任条款比较重要，因为《劳动法》和《违反〈劳动法〉有关劳动合同规定的赔偿办法》规定双方可以协商约定责任的认定、赔偿的范围、计算方法和承担方式，所以由用人单位提供的格式合同的“霸王条款”常见于此处，一旦发生纠纷用人单位常常持此“尚方宝剑”提请仲裁，而使劳动者处于不利的地位。

欢乐课堂

1．法在我心中

以“法在我心中”为题，师生畅谈学习本章节的感想收，提升学生对规矩、法律的态度，情感。价值取向，进一步树立起遵规守法的观念。

遵守法律，是现代公民的基本素养。现代社会是一个法治社会，法律就在生活中，生活中处处有法律。一个法盲将会在社会生活中到处碰壁，寸步难行，更谈不上成就什么事业。所以，我们应该从我做起；从现在做起，积极行动起来，去关注法律、学习法律、践行法律，争做一名守法、用法、爱法、护法的合格公民。

2．模拟法庭

（1）确定模拟扮演分工

从本班同学中选出若干人，分别扮演审判长、审判员、书记员、原告、原告律师、被告、被告律师等。不担任扮演角色的同学也作出分工，作为某具体角色的助理，参与学习、调查、研究和准备工作。扮演者准备服装（或者标志），由班干部作出安排并准备模拟法庭所用的简单道具。根据案情和角色需要，分别复习、查找与此案审判的有关法律知识。

（2）布置模拟法庭现场

① 开庭审理。审判长在核查诉讼参与人到齐之后，宣布正式开庭。遵照审判长的安排，原告宣读诉状，并出示有利于自己证据。原告辩护律师申述诉讼请求的法律根据。被告（或其辩护律师）作答或者提出反诉，并出示自己的证据。

② 法庭辩论。

③ 审判长宣判。

庭后小结：通过模拟审讯过程的对比，寻找三者之间的相同点和不同点，并通过法庭宣判，明确违反不同的法律要承担不同的责任，并对刑罚进行一定的知识补充（也可以在课外通过该组学生自己的了解，制作成宣传板，向别的同学做宣传）。

相关链接

法的传说

最早的“法”字写作“灋”。左边是“水”右边是“廌”和“去”。

“廌”，也称解廌或解豸（xiè zhì），是古代传说中的异兽，体形大者如牛，小者如羊，类似麒麟，全身长着浓密黝黑的毛，双目明亮有神，额上通常长一角，俗称独角兽。它拥有很高的智慧，懂人言知人性。它怒目圆睁，能辨是非曲直，能识善恶忠奸。发现奸邪的官员，就用角把他触倒，然后吃下肚子。当人们发生冲突或纠纷的时候，独角兽能用角指向无理的一方，甚至会将罪该万死的人用角抵死，令犯法者不寒而栗。帝尧的刑官皋陶曾饲有獬豸，凡遇疑难不决之事，悉着獬豸裁决，均准确无误。所以在古代，獬豸就成了执法公正的化身。

獬豸与法的不解之结，可从古代“法”字的结构得到解答，古体的“法”字写作“灋”，而“廌”即为獬豸，“廌法”二字合为一体，取其公正不阿之意，所以从水，取法平如水之意。獬豸作为法律象征的地位就这样被认定下来。由“灋”到“法”，“廌”字虽然已被隐去，然而它象征的中国传统法律文化并没有消失。

作为中国传统法律的象征，獬豸一直受到历朝的推崇。相传在春秋战国时期，楚文王曾获一獬豸，照其形制成冠戴于头上，于是上行下效，獬豸冠在楚国成为时尚。秦代执法御史带着这种冠，汉承秦制也概莫能外。到了东汉时期，皋陶像与獬豸图成了衙门中不可缺少饰品，而獬豸冠则被冠以法冠之名，执法官也因此被称为獬豸，这种习尚一直延续下来。至清代，御史和按察使等监察司法官员都一律戴獬豸冠，穿绣有“獬豸”图案的补服。

正义女神的雕像

在古希腊神话里，主持正义和秩序的女神是忒弥斯。按照《神统纪》，她是大神乌拉诺斯（天）和盖亚（地）的女儿，后来成为奥林匹斯主神宙斯的第二位妻子。她的名字的原意为“大地”，转义为“创造”“稳定”“坚定”，从而和法律发生了联系。早期神话里，忒弥斯是解释预言之神，据说她曾经掌管特尔斐神殿，解释神谕，后来转交给阿波罗。她还负责维持奥林匹斯山的秩序，监管仪式的执行。在古希腊的雕塑中，她的造型是一位表情严肃的妇女，手持一架天平。她和宙斯所生的女儿有贺拉（时序女神）、欧诺弥亚（秩序女神）、狄刻（正义女神）、厄瑞斯（和平女神）、莫依赖（命运女神）等，为她分担职责。其中和法律最有关系的是狄刻，据说这位正义女神掌管白昼和黑夜大门的钥匙，监视人间的生活，在灵魂循环时主持正义。她经常手持利剑追逐罪犯，刺杀亵渎神灵者。她的造型往往是手持宝剑或棍棒的令人望而生畏的妇女形象。古希腊神话中经常提到的另一位正义女神是阿斯特赖亚。她在地上主持正义，又升上天空为室女星座的主星“维耳戈”，纯洁无瑕。她的造型是一位清纯的少女，比上述的两位要耐看得多。

古罗马人接受了古希腊的诸神，并混入了罗马的诸神。在古罗马帝国时代，又将一些概念拟人化，“创造”出不少神灵，其中就有正义/司法女神朱斯提提亚，这位女神的造型混合了希腊的忒弥斯、狄刻、阿斯特赖亚诸女神的形象，一般都是一手持天平、一手持宝剑，而且都是紧闭双眼或者是在眼睛上蒙着布条。

拓展阅读

约法三章的由来

约法三章原指订立法律与人民相约遵守。后泛指订立简单的条款。其出 处是《史记·高祖本纪》：“与父老约，法三章耳;杀人者死，伤人及盗抵罪。”《汉书·刑法志》：“高祖初入关，约法三章。”

公元前206年，刘邦率领大军攻入关中，到达离秦都咸阳只有几十里路的霸上。子婴在仅当了46天的秦王后，向刘邦投降。刘邦进咸阳后，本想住在豪华的王宫里，但他的心腹樊哙和张良告诫他别这样做，免得失掉人心。刘邦接受了他们的意见，下令封闭王宫，并留下少数士兵保护王宫和藏有大量财宝的库房，随即还军霸上。为了取得民心，刘邦把关中各县父老、豪杰召集起来，郑重地向他们宣布道：“秦朝的严刑苛法，把众位害苦了，应该全部废除。现在我和众位约定，不论是谁，都要遵守三条法律。这三条是：杀人者要处死，伤人者要抵罪，盗窃者也要判罪!”父老、豪杰们都表示拥护约法三章。接着，刘邦又派出大批人员，到各县各乡去宣传约法三章。百姓们听了，都热烈拥护，纷纷取了牛羊酒食来慰劳刘邦的军队。由于坚决执行约法三章，刘邦得到了百姓的信任、拥护和支持，最后取得天下，建立了西汉王朝。

法 律 故 事

（一）

著名法学家边沁曾讲过这样一个故事：两人分一块饼。只能用刀来切，没有任何的尺子、天平什么的测量工具来保证一刀下去，饼能公平得被分成平等的两份。也就是说，两人都有可能在这次利益的分配中吃亏或者占到便宜，这次分割，将注定是难以达到实质公平的。那么，怎样做才能让两人心服口服呢？

边沁给了一个答案：一人切，另一人先拿。

几年前震惊全美的辛普森杀妻案就是这么审结的。日裔法官在“全美国都知道辛普森就是杀人犯”的情况下宣布汤普森无罪，并当庭释放。这位法官在宣判完以后自己一个人躲在办公室里哭了起来——他也知道辛普森就是杀人犯，连辛普森自己都曾供认不讳的啊！但是，他和那些自始至终都呼吁法院判处辛普森死刑的人，都接受了这个结果。那是一种真正的接受，怀着对法律的虔诚和尊敬的接受——因为这个判决是一个法律程序的结果。

法理曰：法的正义包含实体正义和程序正义。但两者不能兼顾的时候，我们要如何作出取舍？康德曾就此有过精彩的阐述，他说：“一次不准确的判决污染的只是水流，而一次不公正的判决污染的却是水源。”实体正义和程序正义，无论那一个，都不比另外一个距离真正的正义更近。但是，程序正义，却离法律的正义更近。

（二）

瑞士境内的阿尔卑斯山下有一条美丽的小溪。这里水流湍急，是大马哈鱼一年一度溯游而上，回到河上游产暖的必经之地。同时，这里也成为了钓鱼爱好者的理想渔场，每年因钓鱼给马哈鱼群带来的灾难性损失，据说是自然损失的好几倍。于是瑞士政府在河边立了块牌子，上面用各种文字写着：“禁止在此钓鱼”。可是，问题来了，不可以钓鱼，我是不是可以用其他方法捕鱼呢？于是就有当地居民在浅滩处设网捕鱼，据说每天都能满载而归。政府不依了，说这违反了法令，可捕鱼者也振振有词。说你只说不可以钓鱼，没说不能捕鱼啊。官司一直打到瑞士的最高法院，法官认为：禁止钓鱼是为了保护大马哈鱼群不受自然力以外的侵袭。而捕鱼对大马哈鱼群的威胁远甚于钓鱼，故禁止了一切对大马哈鱼的捕捞活动。捕鱼者还被判了监禁。

“法无明文规定不为罪”，这是所有法律的一个基本法理。但是，什么叫“明文”？是一定要写清楚罪名、犯罪构成、主客观要件等等犯罪个方面的条文才叫“明文”吗？法官只能依据这样的法条来判决案件吗？不！“明文”，是指那些透露着立法者意图的条文，在欧美法官的职权范围内，有一些诸如“自由心证”和“类推”的判案方法。说的是法官可以直接依据自己的正义观念和对立法意图的理解来判决案件。“法无明文规定不为罪”并不是叫人因循守旧，而是为防止司法权力的膨胀。试想，假如法律只规定了不准盗窃，那么就标志着你就可以去抢劫吗？

（三）

很久以前，柬埔塞民间曾流传着一个叫农金敦的法官智辨一个婴孩的亲生母亲的故事。

一天，在金边的一条大街上，有两个妇女为了一个婴孩而争吵起来。他们俩都高声地说自己是婴孩的母亲，争得面红耳赤，结果还是分不出个结果来。最后，这两个妇女决定去找当地著名的法官农金敦来判决。农金敦法官详细地听了这两个妇女的陈述，一时间也被弄糊涂了，忽然，这个聪明的法官想出了一个绝妙的考验办法。法官命令这两个妇女同婴孩站在法官面前（他派人在后面扶住婴孩），然后对她俩说：“你们俩谁能把婴孩拉到自己的身边，婴孩就是谁的。”这两个妇女每人拉着那个婴孩的一只手极力地把婴孩往自己的身边拉。婴孩疼痛难忍，挣扎着放声大哭起来。听到婴孩痛苦的哭声，其中一个妇女感到自己的心已无法忍受这种考验，拉着孩子的那只手渐渐地没有了力气，松开了。孩子理所当然地留在另一个妇女的手里，那妇人一见孩子已经在自己的手里，脸上不禁现出得意之色，骄傲地望着身边站着的法官。农金敦法官见状，当即宣布：“那个输了的女人赢了，这孩子是她的！”他继续解释说：“显然不忍心从另一个女人手里用力拉走孩子的女人是真正的母亲——对婴孩的爱怜使她放开了孩子，以使孩子不受损伤。”

最后，那个冒充的母亲被罚款，法官将孩子和罚金全都交给了真正的母亲。

法律趣闻

——动物“犯法”也要判刑

世界之大，无奇不有，有些地方，动物“犯法”也要受审坐牢，甚至处以死刑或流放。

在美国弗吉尼亚州普林斯顿，不久前有一只名叫“波”的狗在法庭上受审，它被3个居民控告咬伤了他们的狗。在受审的那一天，法官、陪审团辩护律师、被告、原告、证狗，应有尽有。在审讯过程中，“波”表现得很“温驯”。最后法官宣布“波”无罪，理由就是：以“波”在法庭上的表现来判断，它不是一条恶狗。

巴西有一匹马，因独自在繁华的大街上溜达，闯了红灯，造成事故，被法院以“违反公路交通规章罪”而判刑3个月，被送进了监牢。

1471年，瑞士有一只雏鸡生了一只蛋，由于“违反自然的法规”被判处了死刑。

1639年，意大利的鼹鼠被控“掘土为穴，毁坏庄稼”。由法院判决，“立即驱逐出境”。因为律师的干涉，法庭也就以“慈悲为怀”，决定对幼小的鼹鼠及有幼小子女的鼹鼠宽限14天。

在17世纪时，俄国有一只山羊，由于“有罪”被判处流放到西伯利亚。

1974年，在利比亚有一条狗，因为咬人，被判刑1个月，在服刑的时候，只准它吃面包和水，绝不能啃骨头。

社会大舞台

活动主题：维权卫士——组织一次法制宣传活动

思维训练：苏联教育家苏霍姆林斯基说过：“高校将一个无知（犯罪）的人送到社会，就是给社会增加一个危险分子。”在请你结合实际谈一谈，大学生应当如何加强自己的法律修养，树立社会主义法治观念，维护法律的权威。

师生互动：请法制教育专家来到课堂中进行法制教育讲座 ，并向专家咨询法律问题。

社会实践：布置学生收集案例、图片，准备宣传展板，横幅、海报，利用周末在街头进行法制宣传。

视频资料

网上冲浪

1. http://www.chinacourt.org/　中国法院网。
2. http://www.law-star.com/　中国法律信息网。
3. http://www.chinachild.org/　中国青少年维权中心。
4. http://www.zgnmg.org/　农民工维权网。
5. http://www.ldht.org/　劳动合同法网。

专题十四 伟大旗帜

——马克思主义中国化理论成果及其精髓

主义譬如一面旗子，旗子立起了，大家才有所指望，才知所趋赴。

——毛泽东

知识目标

1. 掌握马克思主义中国化的科学内涵；
2. 对马克思主义中国化的相关理论及其精髓有一个比较完整、准确的认识和了解。

能力目标

能运用实事求是的思想方法分析自身和现实生活中的问题，成为解放思想、实事求是、与时俱进的身体力行者。

情感目标

牢固树立唯物主义世界观，增强贯彻和执行党的路线、方针、政策的自觉性，老老实实做人，踏踏实实做事。

社会主义中国正在通过改革开放实现和平发展，综合国力与日俱增，国际地位和影响力迅速上升，焕发出勃勃生机与活力。中国为何取得如此巨大的成功，世界上几乎所有的国家都在研究和学习中国，那么中国当前成功的秘诀是什么？中国特色社会主义之所以能够在世界社会主义运动陷入低谷时焕发出强大的生命力，最根本的一条就是我们中国拥有马克思主义中国化的理论成果作为旗帜指引，也就是毛泽东思想和中国特色社会主义理论体系的指导，并且，我们党的几代领导核心在革命和建设的不同时期，都准确运用和发展了这一指导思想的精髓——实事求是。

对国家而言，指导思想的重要性不言而喻，对大学生个体发展而言，同样如此。不管从事何种职业，都需要科学的世界观与方法论。学习马克思主义中国化成果及精髓的意义在于一方面了解中国社会发展的指导思想，另一方面，也更为重要的是从中领悟"实事求是"的方法论，从而指导大学生自身的发展。

情境导入

观看视频《新世纪千年思想家马克思》。

讨论："谈谈你心中的伟人"。

1999年英国广播公司评选：马克思高居榜首，得票率高于分别名列第二、第三和第四的相对论的创立者爱因斯坦、万有引力的发现者牛顿和进化论的提出者达尔文。而后三者的科学成就正好是马克思主义哲学理论的最好注脚。因为相对论对应着马克思主义哲学中的对立统一规律，万有引力对应着联系的原理，进化论则对应着发展的原理。

评选栏目主持人布拉格说："马克思似乎对全世界的主要问题都给出了答案。马克思当选为最伟大哲学家有诸多因素，但是能够解释一切的理论是他夺冠的最重要原因。"

马克思是伟大的，马克思主义是光辉灿烂的，那么马克思主义中国化的理论成果——毛泽东思想和中国特色社会主义理论体系同样因为中国社会的发展成就而伟大。

知识导航

一、马克思主义中国化的科学内涵

马克思主义中国化，就是将马克思主义基本原理同中国具体实际相结合。具体地说，就是把马克思主义的基本原理进一步地和中国实践、中国历史、中国文化结合起来，使马克思主义在中国实现民族化和具体化。

马克思主义中国化的科学内涵包括三层意思：

第一，马克思主义中国化就是运用马克思主义解决中国革命、建设和改革的实际问题；

第二，马克思主义中国化就是把中国革命建设和改革的实践经验和历史经验提升为理论；

第三，马克思主义中国化就是把马克思主义植根于中国的优秀文化之中。

二、马克思主义中国化的理论成果

马克思主义的中国化形成了一系列的理论成果，包括毛泽东思想、邓小平理论、"三个代表"重要思想以及科学发展观，在中国共产党与时俱进的理论发展中，最终整理和提炼为"毛泽东思想和中国特色的社会主义理论体系"。

（一）马克思主义中国化成果之一 ——毛泽东思想

毛泽东思想是马克思主义中国化的第一个重大理论成果，是马克思列宁主义在中国的运用和发展，是被实践证明了的关于中国革命和建设的正确的理论原则和经验总结，是中国共产党集体智慧的结晶。

毛泽东思想在许多方面以其独创性理论丰富和发展了马克思列宁主义，构成了一个博大精深的科学思想体系。它有着坚实的中国化了的马克思主义哲学思想的理论基础，其核心和精髓就是实事求是。它在这一方法论指导下，紧紧围绕着中国革命和建设这个主题，提出了一系列重要的并被实践证明是正确的理论和观点。

毛泽东思想的基本内容有：关于新民主主义的理论；关于社会主义革命和建设的理论，关于革命军队建设和军事战略的理论；关于政策和策略的理论；关于思想政治工作和文化工作的理论；关于党的建设的理论等。

（二）马克思主义中国化成果之二 ——中国特色社会主义理论体系

十七大在总结改革开放近30年历史进程和宝贵经验的基础上，把我们党在新时期建设和发展中国特色社会主义的实践中相继形成的马克思主义创新理论成果——邓小平理论、“三个代表”重要思想以及科学发展观等重大战略思想整合为一个统一整体，统称为“中国特色社会主义理论体系”，并对此进行了科学阐释。这是十七大在理论上的一个重大贡献。

中国特色社会主义理论体系作为马克思主义中国化的最新成果，是对马克思列宁主义的继承和发展，是与马克思主义一脉相承，具有共同的理论基础、理论精髓、理论品质的。中国特色社会主义理论体系，坚持辩证唯物主义和历史唯物主义这一马克思主义的根本方法，创造性地运用它们分析当今世界和当今中国的实际，做出了一系列新的概括；坚持马克思主义关于无产阶级政党必须植根于人民的政治立场，贯彻马克思主义群众观点，对人民群众在实践中创造的新鲜经验进行了理论上的总结和升华；坚持马克思主义与时俱进的理论品质，体现了马克思主义理论创新的巨大勇气。这充分表明，这一理论体系既坚持马克思主义基本原理，又具有鲜明的时代特征，是坚持和发展马克思主义的典范。

十七大指出的“共同的理论精髓”就是指马克思主义中国成果的精髓，即实事求是的方法论。

三、实事求是是马克思主义中国化理论成果的精髓

（一）实事求是我党思想路线的核心

实事求是是马克思主义中国化理论成果的精髓，同时也是我党各个时期思想路线的核心。思想路线，亦称认识路线，指的是人们的认识所遵循的方向、途径、原则和方法。一个政党的思想路线，是指这个政党确定自己的指导思想并支配自己行动的认识路线。思想路线和理论精髓在指导实践的范畴里具有统一性。

中国共产党的实事求是的思想路线是由毛泽东在延安时期确立起来的。它曾指导党领导人民取得了新民主主义革命和社会主义革命的伟大胜利，社会主义建设也取得了伟大的成绩。在改革开放和社会主义现代化建设的历史时期，这条思想路线不仅被重新确立，而且获得了新的丰富和发展。

党的思想路线是一切从实际出发，理论联系实际，实事求是，在实践中检验真理和发展真理。党的思想路线的实在和核心是实事求是。

（二）实事求是是马克思主义中国化理论成果的精髓

马克思主义中国化的各个理论成果，其精髓都是实事求是。

一方面，正是由于把握和运用了这个精髓，才有毛泽东思想、邓小平理论和“三个代表”重要思想的形成和发展，才有十六大以来的理论创新；中国化的马克思主义和马克思主义一样，是来自实践又指导实践，并在实践中不断丰富发展的科学。另一方面，这个精髓，又体现在马克思主义中国化各个理论成果基本内容的各个方面。

从科学社会主义理论到实践，从社会主义一国实践到多国实践，从苏联模式的社会主义到中国特色社会主义，从毛泽东思想、邓小平理论、江泽民同志的“三个代表”重要思想到胡锦涛同志的科学发展观，马克思主义的发展历史充分证明，实事求是是中国化马克思主义的精髓，是马克思主义生命力的源泉所在。

青春话题

毛泽东思想、邓小平理论、“三个代表”重要思想，科学发展观，这一系列马克思主义中国化的理论成果的精髓都是“实事求是”。“实事求是”既是中国共产党革命和建设经验的精髓，也是马克思主义中国化理论的精髓，更是我们大学生个体发展必备的方法论精髓。

如果从个人的角度阐释“实事求是”，也可以把它理解为“务实求真”。这种行为处事的原则，对我们大学生有着非常重要的意义。

话题一：用实事求是的原则分析大学生就业难的问题。

视频：实事求是看待大学生求职。

大学生就业已经是中国近年来最大的社会热点之一，多方观点为此激烈争论，然而，不管用何种理论或理由去阐释大学生就业难的现状，对大学生而言，最直接的莫过于找到一份工作。

点评：

实事求是的面对大学生就业问题，可以发现其中有两对矛盾：社会需求与大学生素质的矛盾、人才机制与大学教育的矛盾。正确看待这两对矛盾，就必须运用实事求是的方法论。科学解决这两对矛盾，也必须运用实事求是的方法论。

话题二：用实事求是的原则分析当前社会贫富差距的问题。

社会贫富差距已经成为人们关注的问题，用实事求是的原则剖析这一社会现状对大学生的世界观、人生观以及自身的发展具有重要的启示作用。

视频：《金砖之国》系列片，实事求是看待贫富差距。

从实事求是的原则出发，我们必须要认识两点：

（1）贫富差距扩大已经成为中国社会的现实，这是中国改革发展的阶段性社会问题。

（2）贫富差距问题已经成为世界上诸多发展中国家的普遍难题，但中国的社会主义国家性质从根本上提供了解决这一社会难题的前提和基础。

相关链接

毛泽东思想——第一次实现了马克思主义的中国化

毛泽东思想中关于中国革命的理论是马克思主义中国化的系统表现。涉及革命道路、革命阶段等一系列重大的理论创新。军事上的马克思主义中国化就是毛泽东结合中国国情活学活用马克思主义的一大亮点。

1935 年 1 月在贵州遵义召开的中共中央政治局扩大会议，对于中国共产党及其领导的中国工农红军来说，是一次具有伟大转折意义的会议。在这次会议之前的 1934 年 10 月，由于“左”倾教条主义、冒险主义的错误，中央苏区红军未能打破国民党军队的第五次“围剿”，被迫实行战略转移，并实现北上抗日的目的。在战略转移时，“左”倾领导人又犯了退却中的逃跑主义错误。遵义会议前夕，中央红军和中央机关人员由长征开始时的 8.6 万人锐减到 3 万多人，前有重兵堵截，后有大军围追，陷入被动挨打、濒于全军覆没的危机。

遵义会议着重解决了当时最为急迫的军事路线问题，使红军由被动转为主动，成为长征走向胜利的关键一步。毛泽东通过实事求是地研究军事上的失利，遵义会议上从当时的实际情况出发，集中力量纠正军事路线的错误。遵义会议后，红军恢复了过去在毛泽东同志领导下作战的正确原则，迂回曲折地穿插于敌军重兵之间，四渡赤水、兵临贵阳、威逼昆明、巧渡金沙，彻底摆脱了长征初期的被动局面。

遵义会议后我们党更加自觉地实事求是、从实际出发选择战略转移的方向，这对于各路红军会师西北、促进国内革命战争向抗日民族战争的转变具有重大意义。党中央的战略转移方向的调整，完全是根据当时军事、政治、地理、居民条件和全国形势的发展作出的，其最终目的是保存革命力量，建立北上抗日的前进阵地。

遵义会议可以看作马克思主义中国化在实践中的第一次重大表现，党开始独立自主地解决中国革命和党内的重大问题，在政治上走向成熟，是以这次会议为标志的。以毛泽东同志为核心的第一代中央领导集体，是从这次会议开始逐步形成的。

视频：毛泽东与“实事求是”。

邓小平理论——回答了什么是社会主义、怎样建设社会主义的问题，开辟了建设中国特色社会主义的正确道路，推进了马克思主义的中国化

邓小平是我国改革开放的总设计师，邓小平理论也是中国改革开放的指导理论，邓小平为何要引导中国改革开放，源于他对当时国情实事求是的研究，邓小平理论为何能引导中国 30 多年来的社会发展，并取得举世瞩目的成就，源于该理论科学的方法论。

30 多年前，我们国家面临的是十分困难的局面：十年内乱给我们党和国家带来了极其严重的创伤，国民经济濒临崩溃的边缘，“文化大革命”遗留下来的政治、思想、组织等方面的混乱现象极其严重。而从粉碎“四人帮”到召开党的十一届三中全会前的两年间，党的指导思想上的是非并没有得到应有的澄清，拨乱反正呈现徘徊局面。与此同时，世界范围内新科技革命蓬勃兴起，发达国家纷纷进行后工业革命，许多发展中国家也加紧向现代化社会转型。1978 年的世界是怎样的？当时，世界上第一个试管婴儿已经在英国出生，美国、日本等发达资本主义国家在经济发展步入第二个“黄金时代”后，正掀起新科技革命的浪潮，这一年，当大多数中国人还不知道电视机为何物，美国家庭的电视普及率已经超过了 70%，世界上第一个移动电话通信系统已经开通。韩国、新加坡基本实现了经济起飞，而中国依然在贫困落后中徘徊。

所有这些，都对我们党形成了巨大压力。党要在如此严重的困境中重新奋起，是一件多么不容易的事情。面对困境和压力，我们党科学分析国内状况和世界大势，准确把握时代主题和人民愿望，以拨乱反正、改革开放的大智大勇，坚定地开辟建设社会主义的新路。

在这个问题上，我国改革开放总设计师邓小平同志说过三句振聋发聩的话。第一句是：“一个党，一个国家，一个民族，如果一切从本本出发，思想僵化，迷信盛行，那它就不能前进，它的生机就停止了，就要亡党亡国。”第二句是：“如果现在再不实行改革，我们的现代化事业和社会主义事业就会被葬送。”第三句是：“不坚持社会主义，不改革开放，不发展经济，不改善人民生活，只能是死路一条。”这就表明，我们党从“文化大革命”的严重曲折中深刻认识到，要摆脱我们当时所处的严重困境，要加快改变中国的面貌和改善中国人民的生活，必须果断结束“以阶级斗争为纲”，把党的工作重点转到以经济建设为中心上来；必须通过改革，解放和发展社会生产力、完善社会主义制度；必须通过开放，在独立自主的前提下勇敢参与国际经济合作和竞争。这是中国共产党人在新的时代条件下一个了不起的伟大觉醒。

以 1978 年我们党召开的具有重大历史意义的十一届三中全会为标志，改革开放历史新时期的序幕拉开了，全面改革的进程从农村到城市、从经济领域到其他各个领域势不可当地展开了，

对外开放的大门从沿海到沿江沿边，从东部到中西部毅然决然地打开了。

在邓小平理论的指导下，我国政治、经济、文化和国防各个方面都进行了实事求是的调整。

视频：邓小平与“实事求是”。

“三个代表”重要思想进一步回答了什么是社会主义、怎样建设社会主义的问题，创造性地回答了建设什么样的党、怎样建设党的问题，从而进一步推进了马克思主义的中国化

“三个代表”的核心是党的建设。这是对马克思主义建党理论的一大丰富。江泽民结合中国新时期新问题，实事求是地加以分析，形成了“提高党的执政能力、提高拒腐防变能力”的党建思想理论。

江泽民同志在抓党的建设中把党的执政地位与执政能力、执政本领紧密联系起来思考。1989年12月，他提出：“我们党是执政的党，党的领导要通过执政来体现。我们必须强化执政意识，提高执政本领。”在以后的一系列讲话中，他的这一思想逐步发展和深化。1997年9月，江泽民同志在党的十五大报告中提出党的建设中的两大历史性课题，即“不断提高领导水平和执政水平，不断增强拒腐防变的能力”。在以上认识不断深化的基础上，他于2002年11月在党的“十六大”报告中正式提出“加强党的执政能力建设，提高党的领导水平和执政水平”。正式提出了“执政能力建设”这个命题，并且与党的思想理论建设、组织建设、干部队伍建设和作风建设等几大建设并列。江泽民同志所作的报告，在党的历史上第一次明确地把“加强党的执政能力建设”列为党的建设的重要任务。报告指出：“加强党的执政能力建设，提高党的领导水平和执政水平。面对执政条件和社会环境的深刻变化，各级党委和领导干部要不辱使命、不负重托，就要适应新形势新任务的要求，在实践中掌握新知识，积累新经验，增长新本领。必须以宽广的眼界观察世界，正确把握时代发展的要求，善于进行理论思维和战略思维，不断提高科学判断形势的能力；必须坚持按照客观规律和科学规律办事，及时研究解决改革和建设中的新情况新问题，善于抓住机遇加快发展，不断提高驾驭市场经济的能力；必须正确认识和处理各种社会矛盾，善于协调不同利益关系和克服各种困难，不断提高应对复杂局面的能力；必须增强法制观念，善于把坚持党的领导、人民当家做主和依法治国统一起来，不断提高依法执政的能力；必须立足全党全国工作大局，坚定不移地贯彻党的路线方针政策，善于结合实际创造性地开展工作，不断提高总揽全局的能力。”

江泽民同志关于执政能力建设的思想，在中国共产党的历史上具有重要的地位。2004年9月，党的十六届四中全会专门作出了《中共中央关于加强党的执政能力建设的决定》，全面阐述和规定了执政能力建设的时代背景、历史地位、指导思想、总体目标和主要任务，把执政能力建设问题提高到一个新的高度。

视频：江泽民与“实事求是”。

科学发展观——继续推进着马克思主义中国化的发展进程

科学发展观的核心是以人为本。这是对马克思主义关于“人的全面发展”理论在中国特色社会主义初级阶段的具体化理论。科学发展观在中国中国由富到强的社会转型时期的意义重大，对中国社会的可持续发展意义重大。

胡锦涛总书记指出，“一个国家坚持什么样的发展观，对这个国家的发展会产生重大影响，

不同的发展观往往会导致不同的发展结果”。多年来，我国在经济快速发展的同时，也积累了不少矛盾和问题。这些问题必须高度重视而不可回避，必须逐步解决而不可任其发展 。而实事求是的研究这些问题，并重视这些问题就必然导入了“以人为本”科学发展观的提出，这是马克思主义中国化进程的最新成果。“以人为本”是发展型社会新阶段的客观要求。当前，我国已经步入发展型社会新阶段，社会矛盾阶段性特征的变化要求我们转变发展理念。突出强调“以人为本”，正是发展进入社会新阶段的客观要求。从我国进入发展新阶段面临的矛盾和国际发展经验来看，树立以人为本、全面、协调、可持续的科学发展观至关重要。

视频：胡锦涛与“实事求是”。

马克思主义中国化的理论成果就是运用马克思主义解决中国革命、建设和改革的实际问题，再把中国革命、建设和改革的经验提升为理论，它就是毛泽东思想和中国特色社会主义理论体系两大理论成果，包含着毛泽东思想、邓小平理论、“三个代表”重要思想和科学发展观。

这四个理论的共同点就是都科学体现了马克思主义中国化理论成果的精髓。所谓精髓，对于某一理论而言，指的是能使这一理论得以形成和发展并贯穿其始终，同时又体现在这一理论体系各个基本观点中的最本质的东西。马克思主义中国化的理论成果都是由我党非常优秀的领导人提出并发展的重大的理论成果。把他们理论的思维范式加以整理，结果发现了这些重大理论成果的一个共同的方法论特征——“实事求是”。

拓展阅读

传播马克思主义的第一人

1917年俄国十月社会主义革命的胜利，极大地鼓舞和启发了李大钊。他逐步地站到马克思主义立场上来，成为中国最早接受马克思主义的人。

1918年1月，李大钊任北京大学图书馆主任，随后还兼任经济学教授。他一到北京大学，就参加了陈独秀主办的《新青年》编辑部，一面研究理论，写文章，一面到师生和职工群众中去从事革命活动。1918年7月，他在《言治》季刊上发表了《法俄革命之比较观》，明确指出俄国十月革命是“立于社会主义上之革命”。11月15日，北京大学在天安门前举办演讲大会，李大钊发表了《庶民的胜利》这篇著名的演说。接着他又发表了著名的论文《布尔什维主义的胜利》。在这两篇文章中，他针对那种把第一次世界大战中协约国战胜同盟国说成是公理战胜强权的错误论调，指出这次胜利是劳工主义的胜利，是庶民的胜利。他宣称：人民是推动历史的主力，而一切历史的残余——皇帝、贵族、官僚、军国主义和资本主义，都要被群众的革命巨流彻底摧毁；“试看将来的环球，必是赤旗的世界！”

——摘自《革命烈士传》（1），人民出版社，1985年版

国际政要对改革开放的评价

“1978年邓小平决定让中国重新融入世界并开始进行经济改革是20世纪最重大的事件之一”，澳大利亚总理陆克文说。

埃塞俄比亚总理梅莱斯用“非常及时”“非常正确”和“具有世界历史意义”来形容中国1978年作出的改革开放抉择。他说，中国是世界上人口最多的国家，但其消除贫困的速度是世界历史上最快的，这是中国改革开放取得的巨大成就之一。“中国30年的变化非常戏剧化、非

常快，令人眼花缭乱”，梅莱斯说，他每隔几年就访问中国，但每次给他的印象就像是到了一个“以前他从未去过的国家”。

日本共产党中央委员会前主席不破哲三说，中国在经济、社会、外交等各领域取得了惊人的成功。同时，中国的发展对世界未来的发展来说也是重要的推动力。他说，他1998年首次访华时还在怀疑改革开放中的中国企业能否与发达资本主义国家的大企业竞争，但在4年后再次访华时，他就切身感受到了发展中的中国的经济实力。“通过市场经济发展社会主义，是一条前人没有走过、没有形成既有模式的道路。这样的政策转变是需要智慧和勇气的决断。”不破哲三说。

这些言辞共同表达了一个意思，中国改革开放的成就令全世界感到震撼。中国取得如此巨大的成就的根本原因之一，就是我们拥有另一面旗帜的指引，那就是中国特色社会主义理论体系。

社会大舞台

活动主题：缅怀英灵——参观伟人故里

活动目的：通过参观伟人故里，了解毛泽东、刘少奇、任弼时等湖湘英杰的人生道路，考察近代中国社会和湖湘文化对他们早期思想的影响，探寻伟人思想道德的发展轨迹，缅怀伟人在中国革命和建设中的丰功伟绩，学习他们伟大的思想风范和人格力量。

活动要求：

（1）以系部为单位进行活动，思想政治理论课部和系部团委联合组织进行学生参观

（2）参观前先让学生阅读毛泽东、刘少奇、任弼时等人的传记、书籍，对伟人有一定的了解。

（3）参观后，要求每个学生写一篇《参观伟人故里，缅怀伟人英灵》的文章，然后对文章进行评定，评定结果计入期末成绩当中。

参考资料：

（1）纪录片《中国出了个毛泽东》。

（2）电视剧《恰同学少年》。

（3）《我的父亲刘少奇》刘爱琴著，人民出版社出版。

（4）《任弼时》蔡庆新编著，中央文献出版社出版。

视频资料

1. 新世纪千年思想家马克思；
2. 实事求是看待大学生求职；
3. 从《金砖之国》看贫富差距；
4. 毛泽东与“实事求是”；
5. 邓小平与“实事求是”；
6. 江泽民与“实事求是”；
7. 胡锦涛与“实事求是”。

网上冲浪

1. 中国共产党新闻网：http://cpc.people.com.cn/GB/78780/82291/99021/。
2. 人民网：http://www.people.com.cn/。
3. 中国特色社会主义理论体系形成过程的历史回顾：http://theory.people.com.cn/GB/49150/49152/8144458.html。

专题十五 峥嵘岁月

——新民主主义革命

“中国革命的历史特点是分为民主主义和社会主义两个步骤，而其第一步现在已不是一般的民主主义，而是中国式的、特殊的、新式的民主主义，而是新民主主义。”

——摘自毛泽东：《新民主主义论》

知识目标

1. 解近代中国国情；
2. 掌握新民主主义革命的总路线和基本纲领的基本内容；
3. 了解中国革命走农村包围城市、武装夺取政权道路的必要性和可能性；
4. 理解新民主主义革命的三大法宝对中国革命的重要性及相互关系。

能力目标

能运用马克思主义的观点、方法，根据当前中国国情，认识到“三农”问题的重要性，关心农民切身利益；提高对三大法宝在当今中国社会主义建设环境下的价值新认识。

情感目标

培养学生的国情意识、忧患意识、创新意识；强化学生的爱国主义情感；激发学生为建设一个富强、民主、文明、和谐的社会主义强国而努力奋斗。

旧中国是半殖民地半封建的东方大国。在帝国主义、封建主义、官僚资本主义的统治下，国家积弱积贫，社会战乱不已，人民生灵涂炭人。四万万人齐下泪，天涯何处是神州！近代以来，为实现中华民族伟大复兴，无数仁人志士奋起寻求救国救民、振兴中华的道路，但都壮志未酬，他们虽有良好愿望，却找不到实现这一愿望的正确道路。问苍茫大地，谁主沉浮！中国到底向何处去，成了不少人思考的一个焦点问题。十月革命的胜利，使中国先进的知识分子走出迷惘，做出了走俄国人之路的历史性抉择，他们是中国第一批马克思主义者，是中国共产党的创立者。中国共产党的成立，使中国的命运从此发生了根本改变。

情境导入

聆听配乐诗朗诵 《七律·长征》：

《七律·长征》

一九三五年十月

红军不怕远征难，万水千山只等闲。
五岭逶迤腾细浪，乌蒙磅礴走泥丸。
金沙水拍云崖暖，大渡桥横铁索寒。
更喜岷山千里雪，三军过后尽开颜。

因为王明"左"倾错误的领导，使第五次反"围剿"失败，在南方的红军主力难以抵抗强大的国民党军队的进攻，1934 年 10 月，中国工农红军为粉碎国民党反动派的围剿，保存自己的实力，也为了北上抗日，挽救民族危亡，从江西瑞金出发，开始了举世闻名的二万五千里长征。长征是人类历史上空前的伟大壮举。毛泽东满怀豪情写下的这首壮丽的诗篇《七律·长征》是诗歌创作史上不朽的杰作。56 个字，负载着长征路上的千种艰难险阻，饱含着中国共产党的万般豪情壮志。它是中国革命的壮烈史诗，也是中国诗歌宝库中的灿烂明珠。无论对革命史而言，抑或对诗歌史而论，它都是一座里程碑。

知识导航

一、近代中国国情和中国革命的时代特征

（一）近代中国的国情

1．近代中国社会的性质

近代中国，已经沦为一个半殖民地半封建性质的社会，这是最基本的国情。

2．近代中国社会的矛盾

近代中国半殖民地半封建的社会性质，决定了社会主要矛盾是帝国主义和中华民族的矛盾、封建主义和人民大众的矛盾。而帝国主义和中华民族的矛盾，又是各种矛盾中最主要的矛盾。

3．近代中国社会的主要任务

近代中国社会的性质和主要矛盾，决定了近代中国革命的根本任务是推翻帝国主义、封建主义和官僚资本主义的统治，从根本上推翻反动腐朽的政治上层建筑，变革阻碍生产力发展的生产关系，为建设富强民主的国家、改善人民的生活、确立人民当家做主的政治地位扫清障碍，创造必要的前提。

（二）中国革命的时代特征

中国革命发生在十月革命后。使中国的资产阶级民主主义革命，从原来属于旧的世界资产阶级民主主义革命的范畴，属于旧的世界资产阶级民主主义革命的一部分，转变为属于新的资产阶级民主主义革命的范畴，属于世界无产阶级社会主义革命的一部分。

中国革命以五四运动为开端，进入到新民主主义革命阶段。

二、中国革命经验的概括和总结

中国共产党成立后及国民革命时期，认识到建立统一战线的重要性，并建立了国民革命阵线，中共四大上提出无产阶级领导权思想和工农联盟思想。

土地革命战争前中期，在创建农村革命根据地的过程中，毛泽东论述了中国红色政权存在和发展的原因及其条件；总结了实行“工农武装割据”的经验；提出中国革命应当先占乡村、后取城市的战略，

在抗日战争时期，毛泽东系统论述了新民主主义革命的基本问题、新民主主义革命的三大法宝、新民主主义基本纲领、人民军队建设、革命根据地建设和党的建设等理论，使新民主主义革命理论达到成熟。

在解放战争时期，毛泽东完整地表述了新民主主义革命的总路线，提出了从新民主主义向社会主义转变的思想。新中国成立前夕，毛泽东系统论述了人民民主专政的思想。

可见，中国的新民主主义理论是对中国革命实践的概括和经验的总结。

三、新民主主义革命的总路线和基本纲领

（一）新民主主义革命的总路线

1948 年，毛泽东在《在晋绥干部会议上的讲话》中完整地表述了总路线的内容，即无产阶级领导的，人民大众的，反对帝国主义、封建主义和官僚资本主义的革命。

它正确地解决了新民主主义革命的性质、对象、动力和领导等一系列基本问题，丰富和发展了马克思列宁主义关于民主革命的学说。

（1）新民主主义革命的对象——帝国主义、封建主义、官僚资本主义。

（2）新民主主义革命的动力——工人阶级、农民阶级、城市小资产阶级和民族资产阶级。

（3）新民主主义革命的领导——无产阶级和中国共产党。

（4）新民主主义革命的性质——新式的资产阶级民主革命。

（5）新民主主义革命的前途——社会主义。

（二）新民主主义的基本纲领

由于近代中国是个半殖民地半封建的社会，所以新民主主义所要革除的就是在这个社会中占统治地位的半殖民地半封建性质的旧政治、旧经济和旧文化，而要建设的则是能够体现新民主主义精神的新政治、新经济和新文化。

1. 新民主主义的政治纲领

新民主主义政治纲领的基本内容是：推翻帝国主义和封建主义的统治，建立一个无产阶级领导的、以工农联盟为基础的、各革命阶级联合专政的新民主主义的共和国。

国体——各革命阶级联合专政；

政体——民主集中制的人民代表大会制度。

2．新民主主义的经济纲领

新民主主义经济纲领的主要内容是：没收封建地主阶级的土地归农民所有，没收官僚资产阶级的垄断资本归新民主主义的国家所有，保护民族工商业。

“没收封建地主阶级的土地归农民所有”是新民主主义革命的中心内容。

“没收官僚资本归新民主主义国家所有”是新民主主义革命的题中应有之义。没收官僚资本，包含着新民主主义革命和社会主义革命的双重性质。

“保护民族工商业”是新民主主义经济纲领中极具特色的一项内容。在新民主主义条件下保护民族工商业，发展资本主义，是由中国落后的生产力和新民主主义革命的性质所决定的。

3．新民主主义的文化纲领

新民主主义文化就是无产阶级领导的人民大众的反帝反封建的文化，即民族的科学的大众的文化。在新民主主义文化中居于指导地位的是共产主义思想。

四、新民主主义革命的道路和基本经验

新民主主义革命的道路：中国革命走农村包围城市、武装夺取政权道路的理论。

新民主主义革命的基本经验：统一战线、武装斗争、党的建设。

（一）新民主主义革命的道路

中国革命道路理论是新民主主义革命理论的重要内容。近代中国国情决定了中国革命道路的特殊性。

1927 年，大革命失败以后，当中国共产党人从血泊中爬起来，踏上武装斗争的征途时，也开始了对革命道路的艰辛探索。俄国十月革命爆发，毛泽东曾经提出“十月革命一声炮响，给我们送来了马克思主义。走俄国人的路，这就是结论。”我们创建了中国共产党。大革命失败后，年轻的中国共产党在共产国际的指导下，以苏联革命为模式，屡屡在全国中心城市举行武装起义、武装暴动，却屡屡遭受失败。特别是蒋介石、汪精卫背叛革命后，中国共产党人连续发动以夺取中心城市为目的的南昌起义、秋收起义和广州起义，结果又遭到失败。走俄国人的路，是不是就意味着一定要遵循城市起义的模式？这是大革命失败后摆在中国共产党人面前的严峻课题。

毛泽东是中国革命道路最早也是最清醒的探索者，他集中了全党的智慧，及时总结了革命的经验和教训，勇敢地冲破了教条主义的束缚，把马克思列宁主义与中国革命具体实际相结合，探索出了一条适合中国国情的道路，这就是农村包围城市，最后夺取全国胜利的中国革命道路。农村包围城市道路理论的确定，奠定了中国革命胜利的基础。这一理论是马克思主义实事求是，一切从实际出发思想灵魂的具体体现。从某种意义上讲，它的理论和实践，不仅开辟了有别于俄国革命中心城市起义的另一条道路，而且开创了各国无产阶级革命道路多样性选择的先河，为国际共产主义运动的发展，开辟了更广泛的前景。

（二）新民主主义的基本经验

“统一战线，武装斗争，党的建设，是中国共产党在中国革命中战胜敌人的三个法宝，三个主要法宝。这是中国共产党的伟大成绩，也是中国革命的伟大成绩。”

“统一战线问题，武装斗争问题，党的建设问题，是我们党在中国革命中的三个基本问题。

正确地理解了这三个问题及其相互关系，就等于正确地领导了全部中国革命。”“十八年的经验告诉我们，统一战线和武装斗争，是战胜敌人的两个基本武器。统一战线，是实行武装斗争的统一战线。而党的组织，则是掌握统一战线和武装斗争这两个武器以实行对敌冲锋陷阵的英勇战士。这就是三者的相互关系。”

（三）新民主主义革命理论的意义

实践意义：解决了在一个以农民为主体的、落后的半殖民地半封建的东方大国，进行新民主主义革命的一系列问题，指导中国革命取得了胜利。

理论意义：新民主主义革命理论是马克思主义中国化的理论成果，极大地丰富了马克思主义的理论宝库。

方法论意义：既符合马克思主义的基本原理，也吸收了中国传统文化的积极成果，开辟了马克思主义中国化的发展道路。

新民主主义革命的理论揭示了中国革命的基本规律，是马克思列宁主义同中国实际相结合第一次历史性飞跃的理论。

青春话题

仰望星空，让五四精神在发展中传承

1919 年的五四运动，作为中国新民主主义革命的起点，中国青年在风雨如磐、民族危亡的历史时刻，为救亡图存、振兴中华奔走疾呼。他们身上所体现的爱国、进步、民主、科学的光辉思想成为了那一个时代的精神印记。

五四精神的要义是“救亡图存”，其核心内容为“爱国、进步、民主、科学”。那么，五四精神对当代青年是否仍具有启示和现实意义呢？温家宝总理对此作了明确回答并赋予了新的内涵：我们今天讲民主，就是要保障人民的民主选举、民主决策、民主管理和民主监督的权利，让每一个人都能在平等、公正、自由的环境中全面成长，并把发展民主和完善法制结合起来，建设社会主义法治国家。我们今天讲科学，就是要尊重知识、尊重科学、尊重人才，遵循经济规律、科学规律和社会发展规律，鼓励创新，建设一个创新型国家。

走过 90 多个春秋，虽然那段历史颇为遥远了， 但那份强烈的爱国情怀和社会责任感仍然在青年一代身上延续。例如：在抗击雨雪冰冻灾害、汶川大地震、北京奥运会、应对全球金融危机等事件中，广大青年都以实际行动来诠释“五四精神”。

2007 年 5 月 14 日，温家宝总理在同济大学演讲中的一首诗为我们如何传承五四精神做了深情地回答：我仰望星空，它是那样寥廓而深邃；那无穷的真理，让我苦苦地求索、追随。我仰望星空，它是那样庄严而圣洁；那凛然的正义，让我充满热爱、感到敬畏。我仰望星空，它是那样自由而宁静；那博大的胸怀，让我的心灵栖息、依偎。我仰望星空，它是那样壮丽而光辉；那永恒的炽热，让我心中燃起希望的烈焰、响起春雷。

如何看待帝国主义侵华

材料 1：

横须贺，位于东京湾入口，日本近代史就是从这里开始的。

1853 年 7 月 8 日，刚刚跻身于强国之列的美国，派出东印度舰队司令佩理率领四艘全副武

装的黑色大船，闯入了横须贺港。

为了开辟太平洋航线和抢占东方市场，佩理代表美国总统提出了开港通商的要求。这位不久前在美国和墨西哥的海战中大获全胜的将军十分自负，他对前来交涉的日本使者说，你们最好不要抵抗，因为一旦开战，结局只有一个，那就是美国必胜。

面对冒着黑烟的蒸汽战舰和盛气凌人的美国将军，日本人会做出什么样的选择呢？

出人意料地是尽管日本国内对选择开国还是开战有过争论，但最后还是做了很实际的考虑，日本人几乎是以欢迎的态度接受了佩理的要求。

2003年，横须贺，这座依山傍水、清秀怡人的小城举行了一次盛大的纪念活动，被纪念的是谁呢？曾经的侵略者——美国佩里将军。

这不就是“侵略有功”了吗？

材料2：

一个网友讲了这样一个故事——“羊的故事”，这个故事是这样的：“在一片肥美的草原上有一群羊，它们没有敌人，所以它们每天过着安逸悠闲的生活，但这样时间一长，它们的基因开始退化，物种开始衰退。直到有一天，一群狼来了，那些弱的，老的，病的羊都被吃光了，只有一些比较强的羊幸免于难，不过这样一来剩下的都是那些强壮的个体，它们繁衍出的后代就更加强壮，这反而有利于种群的发展。” 他就说从这个故事可以扩展到我们旧中国，如果没有帝国列强打开我们的大门，我们就像那群羊一样闭关自守，在封建社会中过着落后的男耕女织的生活，帝国主义列强就像狼，虽然带给我们一些伤害，但也给我们带来先进的西方技术与文化，促进中国向资本主义社会过渡。一句话概括，他的观点就是侵略反而有功了。

中国发展到今天，已经成为一个在世界上举足轻重的大国。根据上述两则材料，回顾历史，大家思考怎样正确看待帝国主义侵华的。

讨论：你是怎样看待帝国主义侵华的？

点评：在近代中国，帝国主义的民主压迫是最大的压迫，帝国主义是中国人民的第一个和最凶恶的敌人，帝国主义侵略中国的目的，绝不是要把封建的中国变成资本主义的中国，而是要把中国变成他们的殖民地。外国资本主义对中国的社会经济其了很大的分解作用，一方面，破坏了中国的自给自足的自然经济基础，破坏了城市的小手工业者和农民的家庭手工业者。另一方面，促进了城市商品经济的发展。这样资本主义，帝国主义的侵略又给中国资本主义的产生和发展造成了某些客观条件，但是这与西方殖民主义者叫嚷的“侵华有功”是截然不同的，首先这种作用是在客观上发生的，西方列强侵略中国的目的，绝不是帮助中国发展资本主义，其次，这种在客观上发生的作用是很有限的，如果说19世纪40～60年代有这种作用的话，那么到了70年代，随着西方列强对中国资本输出的“合法化”，随着中国资本主义的初步发展，这种作用不仅不存在了，而且成为阻碍中国资本主义发展的最主要障碍。第三，帝国主义通过野蛮的侵略战争，强迫中国签订不平等条约，在政治，经济，文化等方面控制，操作中国最终从中国获得最大的经济利益。

欢乐课堂

1. 观看纪录片《秋收起义》

1927年国民革命失败后，中国共产党在南昌、广州等中心城市发动了一系列武装起义。但是，由于敌我力量对比的悬殊等原因很快归于失败。在领导1927年9月湘赣边界秋收起义的过程中，毛泽东根据变化了的情况，果断地放弃了攻打中心城市长沙的计划，带领起义队伍向湘赣边界的山区农村转移，在实践上开辟了一条农村包围城市、武装夺取政权的革命发展的新道路。

《秋收起义》这部影片反映的是 1927 年 9 月由毛泽东同志领导的一场旨在反对地主阶级压迫和反对派统治的工农革命。虽然这场革命没有像预期的那样取得胜利，但毛泽东同志用自己敏锐、果断的军事智慧在严峻残酷的形式下保存了革命的火种，并且建立了第一块红色根据地——井冈山革命根据地。之所以能够在敌人强大的重压之下保存革命的力量并建立自己的根据地 ，这与毛泽东同志独到的军事思想是分不开。

2.《复兴之路》第二集：峥嵘岁月

北京天安门已经成为中国的一个象征。在中国近现代历史上，它是一个特殊的见证者。

九十几年前的一天，这里爆发了为挽救民族危亡而奋起抗争的五四运动。接着中国的各种社会力量都行动起来汇聚成自 1840 年以来涉及范围最广、参加人数最多的一次爱国运动。

中国为什么会爆发如此大规模的群众运动，辛亥革命后中国人对国家命运的思考发生了怎样的变化？陈独秀、李大钊、鲁迅等一批知识分子高举民主与科学的大旗，在中国社会进行了一场深刻的思想启蒙。

从 18 世纪以来，讲科学理性、讲自由、讲人权、讲法治、讲个人的尊严，这些价值通过五四运动得以传播。

新文化运动中，西方的各种政治学说和社会思潮纷纷涌入。成千上万的中国人在各种各样的“主义”中寻找着各自的信仰。中国已经醒来，但是，正如鲁迅所指出的“人生最痛苦的事，是梦醒了发现无处可走。”20 世纪早期的中国已到了国将不国的地步，军阀之间为争权夺利混战不断，外国人在华特权原封不动，一个迫切而又迷茫的问题是中国该往何处去？在这众多的主义和思想中哪一个能给中国带来光明。

就在这个时候，从俄国传来了十月革命成功的消息，世界上第一个社会主义国家诞生了，中国的先进分子在反复比较中坚定地选择了马克思主义。

1921 年 7 月，中国共产党第一次全国代表大会召开。在党的第二次全国代表大会上，打败帝国主义和封建军阀的革命纲领就被旗帜鲜明地提了出来。

所以中国共产党产生之后，毛泽东说是中国革命开天辟地的大事变，这就预示着中国反帝反封建斗争会走出一条正确的道路，会达到自己胜利的目标。

从 1922 年 1 月开始在中国共产党的领导组织和推动下中国掀起了第一个工人运动的高潮，显示了工人阶级的力量，扩大了党在全国的政治影响，也让中国国民党的领袖孙中山决心与共产党合作。

1924 年中国国民党第一次全国代表大会召开，会议重新阐释了三民主义，确立了联俄、联共、扶助农工的三大政策，第一次国共合作就此开始。由国共两党成员共同领导和组成的国民革命军从广州出发，开始了北伐战争，农民、工人被组织和动员起来，形成了历史上空前广泛而深刻的群众运动，史称大革命。

1927 年 3 月国民革命军攻占上海和南京，完全控制了长江中下游以南各省，北伐形势大好。但是共产党是代表广大工人、农民和劳苦大众利益的，是为大多数人谋利益的。国民党右派是代表大地主、大资产阶级利益的，是为少数人谋利益的。因为他们代表的阶级利益根本不同，所以第一次国共合作的破裂是在所难免的。蒋介石、汪精卫勾结中外反动势力积极策划反革命政变，工农运动被镇压下去。

大革命失败了，现实给年轻的中国共产党上了残酷的一课，毛泽东意味深长地说，枪杆子里面出政权，经过艰苦探索，中国共产党逐步走出一条农村包围城市，武装夺取政权的革命新道路，毛泽东将武装革命形容为“逼上梁山”。

1927年8月1日南昌起义爆发,8月7日中共中央确定了实行土地革命和武装起义的方针,1927年毛泽东在井冈山创建第一个农村革命根据地,1931年中华苏维埃共和国临时中央政府成立,1935年遵义会议确立了毛泽东在中国共产党和红军中的实际领导地位,1936年纵横十余省跨越二万五千里的中国工农红军长征胜利结束。

中国的问题就是农民的问题。当中国共产党深深植根于农村的时候，国民党正在城市发展资本主义，中国半殖民地半封建社会的性质没有改变，中国社会依然矛盾重重，危机四伏。

就在这10年间,世界局势发生了急剧变化。苏联通过实行计划经济迅速从农业国变成工业国,资本主义世界却从1929年起遭遇了一次前所未有的经济危机。欧洲上空，战争的阴云开始凝结，在亚洲，日本军国主义加紧实施其既定的侵华政策。1931 年日军入侵中国东北，1937年7月7日，日本全面侵华，中华民族到了最危险的时刻。

1936年底西安事变爆发，共产党为西安事变的和平解决尽了最大的努力，最后促成了西安事变的和平解决，第二次国共合作的初步形成，抗日民族统一战线初步形成。

中国共产党以自己的坚定意志和模范行动，在全民族抗战中发挥了中流砥柱的作用。1945年8月15日，日本宣布投降，中国取得了自1840年以来反抗外敌入侵的第一次完全胜利。

第二次世界大战结束后，苏联和美国成为世界两大阵营的首领。在社会主义阵营不断壮大和民族解放运动蓬勃发展的时代背景下，中国将以何种方式建国，建立一个什么样的共和国成为各种力量关注的焦点。

1945年10月10日国共两党签署《双十协定》，确认和平建国的基本方针。1946年1月10日政治协商会议在重庆开幕。但是中国人期盼已久的和平建国并没有到来,政治协商会议结束仅仅5个月后，1946年6月国民党挑起内战，中国共产党被迫面对一场不得不打的战争。但是最终的胜利者却是中国共产党。究竟是什么改变了两党的力量对比？共产党凭借什么赢得了胜利?

国民党的腐败、独裁、组织涣散是它的重大失败。共产党的领导人很明智，强调军队纪律的重要，强调服务人民的重要。

抗战胜利后，一些民主党派曾经试图在国共对立的纲领之外寻找第三条道路，提倡建立资产阶级共和国，但国民党的独裁统治使走资产阶级改良道路的幻想最终破灭。在1945年4月召开的中国共产党第七次全国代表大会上，毛泽东思想被确认为自己一切工作的指针。在毛泽东思想的指引下，中国的前途和道路日渐清晰。

1949年9月21日，第一届中国人民政治协商会议在北京召开，中国共产党和来自全国的民主党派、民主团体及无党派人士共商国是。在会上，民革中央名誉主席宋庆龄说：“这是一个历史的跃进”，民盟中央主席张澜说：“从今天起，中国人民真正做了自己的主人”。

1949年10月1日中华人民共和国成立，这标志着1840年以来中国面临的争取民族独立、人民解放这一历史任务的基本完成，是马克思主义同中国实际相结合的伟大胜利。它从根本上改变了中国社会发展的方向，为实现国家繁荣富强和人民共同富裕创造了前提、开辟了道路。

109年沧桑巨变换了人间，北京天安门曾在1900年见证了西方列强的野蛮，在1919年见证了中国人民的觉醒，1949年的秋天它终于迎来了一个崭新的共和国。为了这一天的到来，一代代中华儿女前赴后继，在这峥嵘百年中历经无数艰难坎坷，他们的业绩将永远载入中华民族伟大复兴的史册。

1949年9月30日，就在新中国宣告成立的前一天，第一届中国人民政治协商会议决定在首都北京建立人民英雄纪念碑，共和国第一任国家主席毛泽东亲自撰写了碑文：

三年以来，在人民解放战争和人民革命中牺牲的人民英雄们永垂不朽!

三十年以来，在人民解放战争和人民革命中牺牲的人民英雄们永垂不朽!

由此上溯到一千八百四十年，从那时起，为了反抗内外敌人，争取民族独立和人民自由幸福，在历次斗争中牺牲的人民英雄们永垂不朽!

相关链接

枪杆子里面出政权

1927年在党的八七会议上毛泽东着重谈到军事问题。他说，从前我们责备孙中山专做军事运动，而我们恰恰相反，不做军事运动，但蒋介石、唐生智等都是拿枪杆子起家的，而我们独不管，现在我们虽然注意了，但仍没有坚决的思想。毛泽东在会上尖锐提出，例如秋收暴动，就非依靠军队不可。为此，他提出这次会议应重视这个问题，新的政治局常委应更加坚决地注意这个问题。他着重地指出这次湖南所以失败，主要是由于主观上的错误。因此，他认为以后“要非常注意军事，须知政权是由枪杆子中取得的。”这句话发展成为后来的“枪杆子里面出政权”这个著名的论断。这是毛泽东高瞻远瞩、胜人一筹之处。

——摘自金春明、陈登才主编的《毛泽东思想发展史》，中共中央党校出版社，1993年版，第134页。

毛泽东提出“枪杆子里面出政权”的思想，不是偶然的，是和他对中国国情的深刻认识，是和他在国民革命斗争中的实践紧密联系在一起的。四一二反革命政变和“马日事变”后，大批优秀共产党员和革命群众被杀害，湖南的一些同志逃到武汉向他慷慨陈述。面对统治阶级的残暴现实，毛泽东对军事力量和武装斗争重要性的认识发生了质的飞跃。1927年9月，毛泽东亲自领导了湘赣边界秋收起义，从而将“枪杆子里面出政权”的思想付诸实践，在实践中解决了“八七会议”提出、过去长期未能解决的重大问题。此后，中国共产党的发展，人民力量的壮大，革命根据地的创立和建设，革命政权的建立和发展，直到全国政权的取得，都离不开武装斗争。因此，毛泽东将武装斗争称为中国共产党战胜敌人的三大法宝之一。

进 京 赶 考

毛泽东和中共中央其他领导人一开完七届二中全会，在三月二十三日离开西柏坡，进驻北平。在进行出发的准备工作时，毛泽东对周围的人说，同志们，我们要进北平了。我们进北平可不是李自成进北平，他们进了北平就变了。我们共产党人进北平，就要继续革命，建设社会主义，直到实现共产主义。出发前，毛泽东只睡了四五个小时，他兴奋地对周恩来说：“今天是进京的日子，不睡觉也高兴啊，今天是进京‘赶考’嘛。进京‘赶考’去，精神不好怎么行呀？”周恩来笑着说：“我们应当都能考试及格，不要退回来。”毛泽东说：“退回去就失败了。我们决不当李自成，我们都希望考个好成绩。”

——摘自金冲及主编，《毛泽东传》（下）中央文献出版社，1996年版，第916—917页

1949年春天，中国革命即将取得在全国的胜利。中国共产党即将由局部执政、全国范围的在野党转变为全国范围的唯一执政党。执政是革命胜利的最大成果，是大好事，但也是一种新的严峻考验。对此，毛泽东给予了足够的估计，及时敲响了警钟：我们决不当李自成，我们都希望考个好成绩。

同时，毛泽东也担心，因为胜利，党内骄傲情绪，以功臣自居的情绪，停顿起来不求进步的情绪，贪图享乐不愿再过艰苦生活的情绪，可能生长；因为胜利，人民感谢我们，资产阶级也会出来捧场。资产阶级的捧场则可能征服我们队伍中的意志薄弱者。可能有这样一些共产党人，他们是不曾被拿枪的敌人征服过的，他们在这些敌人面前不愧英雄的称号；但是经不起人

们用糖衣裹着的炮弹的攻击，他们在糖弹面前可能要打败仗。故此，在进京前的中共七届二中全会上告诫全党党员：夺取全国胜利，这只是万里长征走完了第一步，务必继续保持谦虚谨慎、不骄不躁的作风，务必继续保持艰苦奋斗的作风。

中国革命道路的选择

在中国近现代史上，面对中国的衰败和帝国主义列强的入侵，形形色色的人们提出过五花八门的主张 ：以慈禧为代表的地主阶级顽固派坚持祸国殃民的“祖宗之法不可变”，以龚自珍、林则徐、魏源为代表的地主阶级改革派倡导在维护封建统治前提下的“自改革”，以曾国藩、李鸿章为代表的洋务派官僚企图实行修补封建制度的“新政”，以洪秀全为代表的农民阶级期望建立平均主义的小生产的王国，康有为、梁启超等资产阶级改良派力主“维新变法”，伟大的资产阶级革命先行者孙中山提出了资产阶级共和国的方案,中国共产党则主张通过人民革命建立一个新民主主义的中国。然而，许许多多人们的选择都完全或基本上失败了，唯有中国共产党人的选择取得了辉煌的成功，使中国开始走上独立、统一、繁荣的康庄大道。

中国革命道路选择的事实充分表明，在社会历史发展的关键点上，往往具有种种极为不同的主体选择性，正是他们，正是各种人们的拼搏奋斗，构成了生动丰富、曲折复杂的历史图景。然而，在众多的选择当中，只有中国共产党最后真正挽救了中国，这又同时表明，虽然社会的发展离不开主体的选择，但并不是随便什么人的选择都能得到实现的。人在选择历史，而历史也在对人们的各种选择进行筛选，犹如大浪淘沙，历史不断淘汰那些不符合中国国情及其国际环境的任意选择，而只青睐那些适合中国实际及其外部条件的正确选择。这很好地证明了社会历史发展有着不以人们的意志为转移的内在机制包括规律。

拓展阅读

“世界历史”转折与民族命运的双重理论回响

毛泽东关于新民主主义革命理论，既适应了“第一次世界大战”和十月革命后“世界历史”变迁的形式，又科学地分析了中国的具体国情，是“世界历史”转折与中国民族命运的双重理论回响。

引发近代中国革命有两个主要因素，内部是中国的封建主义，外部是西方殖民主义和帝国主义。近代之初，中国正处于封建社会发展的末期。虽然内部的资本主义生产关系已经出现，但因封建制度的严重阻碍，发展极为微弱，致使社会生产力落后、政治腐败、制度衰败、阶级矛盾尖锐，人民生活极端贫困。这些都表明，封建统治者已经没有能力再继续统治下去，人民也不愿意在民不聊生的处境中生活下去。一场危及封建制度存亡的社会大变革已经势不可免。

当中国封建社会晚期一场新的内部社会危机正在潜伏暗蕴之际，人类历史的进程因资本主义生产关系和社会制度的确立，已经开始了民族史向世界历史转变的新纪元。以世界市场为纽带，资本主义政治经济文化制度以殖民的方式侵入了中国。中国的主权和领土完整受到极大的破坏，中国沦为一个半殖民地国家，中华民族面临着存亡续绝的严重民族危机。与此同时，中国几千年封建主义赖以存在的自给自足的自然经济基础瓦解了，中国迅速变为一种半封建的社会。而且，在帝国主义军事征服和财政借贷下，中国的封建统治者不得不臣服，并与其勾结而成为其在华利益的政治代表。于是，中国近代革命具有了双重内涵。它既想要实现民族史维度上反封建的民主革命，也同时需要实现“世界历史”维度上反帝国主义的民族解放。中国革命，

"就是对外推翻帝国主义压迫的民族革命和对内推翻地主压迫的民主革命"。"民族革命和民主革命这样两个基本任务，是互相区别，又是互相统一的。"

正因为如此，中国近代的民族历史变迁和人类社会的"世界历史"变迁，就成为了考察中国进代革命发展进程的两个最基本维度。正是由于世界历史进程中的世界革命和民族历史进程中的中国革命在五四前后都达到了一个崭新的水平，并在互动中形成"叠加"性的影响，才推动了中国革命从旧民主主义向新民主主义的历史性转变。

西方帝国主义的入侵，使中国脱出了由独立的封建国家和由封建社会内部的资本主义萌芽向资本主义发展阶段缓慢演变的常轨，逐步沦为半殖民地半封建社会。中国人民陷入受帝国主义、封建主义和官僚资本主义三座大山共同压迫的水深火热之中。中国近代革命具有了双重内涵。第一次世界大战与十月革命推动了中国革命从旧民主主义向新民主主义的历史转变。近代中国社会的发展和革命形势的变化，呼唤新的革命理论的产生。

以毛泽东为代表的中国共产党人建构起具有社会主义前途的新民主主义革命理论。它科学地分析了中国的具体国情，具有鲜明的中国特色，成为中国民主民主革命的理论指导，指导中国革命最终取得胜利。

社会大舞台

活动主题：红色记忆——红色影视评展

活动目的：

通过观看电影，重温我国革命光荣历史，直观地了解感受党艰苦卓绝、波澜壮阔的奋斗历程，理解在中国革命伟大征途中形成的井冈山精神、延安精神、红岩精神、西柏坡精神等革命精神，以此来弘扬爱国主义精神、提升民族自豪感。同时要把这些伟大的精神与自身实际工作联系起来，为更好地发展我国特色社会主义事业贡献力量。

活动要求：

1. 让学生收集红色影片画报，做一次红色影视画报专栏展览。
2. 和校学生会、校团委、校宣传部加强沟通，取得经费支持。
3. 以"追寻红色记忆，体验红色感动"为主题，举办一次讨论会。
4. 在9月18日或5月4日组织学生参观展览现场。

资料推荐：

1. 大型资料片：《铁道游击队》《地道战》《秋收起义》《百色起义》等。
2. 毛泽东纪念馆：http://mzd.chinaspirit.net.cn/。
3. 斯诺：《西行漫记》。

视频资料

1. 电影《秋收起义》；
2. 纪录片《圆明园》第三集：火烧圆明园。

网上冲浪

1. 武汉大学毛泽东思想教学网站：http://www.pspm.whu.edu.cn/jpkc/。
2. 中共中央党校：http://www.ccps.gov.cn/index.jsp。

专题十六 历史转变

——社会主义改造

从中华人民共和国成立，到社会主义改造基本完成，这是一个过渡时期。党在这个过渡时期的总路线和总任务，是要在一个相当长的时期内，逐步实现国家的社会主义工业化，逐步实现国家对农业、手工业和对资本主义工商业的社会主义改造。这条总路线是照耀我们各项工作的灯塔，各项工作离开它，就要犯右倾或"左"倾的错误。

——毛泽东

知识目标

1. 了解新民主主义社会的过渡性质，理解新民主主义向社会主义过渡的历史必然性；
2. 掌握过渡时期总路线的具体内容和中国特色的社会主义改造道路；
3. 领悟社会主义制度在中国确立的历史意义。

能力目标

1. 能独立归纳总结新民主主义向社会主义过渡的历史必然性和社会主义改造的历史经验；
2. 能正确分析"社会主义改造和社会主义改革"的关系，正确评价20世纪50年代中国的社会主义改造。

情感目标

使学生了解社会主义制度在中国的确立以及确立的历史意义，高度认同社会主义方向，坚定社会主义信念，拥护社会主义制度，立志于为中国特色的社会主义而奋斗。

1949年10月1日中华人民共和国宣告成立，同时也宣告了自近代以来中国面临的第一项历史任务的基本完成，实现了民族独立和人民解放，这为实现第二项历史任务：国家繁荣富强和人民共同富裕创造了前提，中国历史由此开辟了一个新纪元。

新生的共和国面对旧政权留下的满目疮痍，在这样一个人口众多、经济文化落后的国家，在建设的进程中将经历怎样的艰难曲折。以毛泽东为主要代表的中国共产党人，创造性地运用马克思列宁主义关于社会主义革命的理论，结合我国实际，系统地回答了中国为什么选择和怎样过渡到社会主义这一根本问题，形成了关于社会主义改造的理论。这一理论是毛泽东思想的重要组成部分，是对马克思列宁主义关于社会主义革命理论的丰富和发展。随着社会主义改造的完成，我国建立了社会主义的基本制度，实现了中国历史上最广泛最深刻的社会变革，由此开辟了一条实现中华民族伟大复兴的新道路。

情境导入

观看《开国大典》片段

1949 年 9 月 21 日，第一届中国人民政治协商会议在北京召开，中国共产党和来自全国的民主党派、民主团体及无党派人士共商国是。在会上，民革中央名誉主席宋庆龄说："这是一个历史的跃进。"民盟中央主席张澜说："从今天起，中国人民真正做了自己的主人。"

1949 年 10 月 1 日中华人民共和国成立，这标志着 1840 年以来中国面临的争取民族独立、人民解放这一历史任务的基本完成，是马克思主义同中国实际相结合的伟大胜利。它从根本上改变了中国社会发展的方向，为实现国家繁荣富强和人民共同富裕创造了前提、开辟了道路。

1949 年中华人民共和国成立，当毛主席在天安门城楼庄严宣布中华人民共和国成立了，中国人民从此站立起来了，这时我们是否进入了社会主义社会？对此有相当多的人一直存在错误的认识，即认为 1949 年 10 月 1 日后的中国就进入社会主义社会了。其实中国革命是分为两步走的，第一步是到 1949 年 10 月 1 日之前，基本上完成了新民主主义革命，建立了新民主主义社会。第二步是经过社会主义革命，中国才进入社会主义社会。

那么如何进行社会主义革命？这就是我们要学习的经过社会主义改造，我国实现了由新民主主义社会向社会主义社会的历史转变。

知识导航

一、新民主主义社会是一个过渡性的社会

1．新民主主义社会的性质

新民主主义社会不是一个独立的社会形态，而是由新民主主义到社会主义转变的过渡性的社会形态。

2．新民主主义社会的特点

（1）经济上：实行国营经济领导下的合作社经济、个体经济、私人资本主义经济和国家资本主义经济五种经济成分并存的新民主主义经济制度。

（2）政治上：实行工人阶级领导的各革命阶级联合专政的人民民主专政。

（3）文化上：实行马克思主义指导下的新民主主义文化，即民族的、科学的、大众的文化。

3．新民主主义社会的阶级构成

与新民主主义时期三种不同性质的主要经济成分相联系，新民主主义社会的阶级结构主要表现为三种基本的阶级力量。一是工人阶级，二是农民阶级和小资产阶级，三是民族资产阶级。这三种基本的经济成分以及与之相联系的三种基本的阶级力量之间的矛盾，就集中表现为资本主义和社会主义两条道路、资产阶级和工人阶级两个阶级的矛盾和斗争。

二、党在过渡时期的总路线

1953 年 6 月，毛泽东在中央政治局会议上正式提出了过渡时期的总路线和总任务。过渡时

期总路线的基本内容：从中华人民共和国成立，到社会主义改造基本完成，这是一个过渡时期。党在这个过渡时期的总路线和总任务，是要在一个相当长的时期内，逐步实现国家的社会主义工业化，并逐步实现国家对农业、手工业和资本主义工商业的社会主义改造。这条总路线的主要内容被概括为“一化三改”。“一化”即社会主义工业化；“三改”即对个体农业、手工业和对资本主义工商业的社会主义改造。

三、适合中国特点的社会主义改造道路

1. 农业、手工业的社会主义改造

中国的特点是农民占人口的绝大多数。如何将几亿农民的个体所有制改造成集体所有制，是一个历史性的难题。以毛泽东为代表的中国共产党人根据马克思列宁主义关于农业社会主义改造的基本原理，从我国农村实际出发，制定并实行了一整套适合中国特点的对农业进行社会主义改造的方针、政策和办法，开辟了一条适合我国情况的农业社会主义改造道路。

第一，积极引导农民组织起来，走互助合作道路。

第二，遵循自愿互利、典型示范和国家帮助的原则，以互助合作的优越性吸引农民走互助合作道路。

第三，正确分析农村的阶级和阶层状况，制定正确的阶级政策。即依靠贫农、下中农，团结其他中农，由限制到逐步消灭富农剥削的农村阶级政策。

第四，坚持积极领导、稳步前进的方针，采取循序渐进的步骤。

农业社会主义改造大体上经历了互助组、初级社和高级社三个发展阶段。

2. 资本主义工商业的社会主义改造

在推进农业合作化运动的同时，党和政府也有计划、有步骤地开展了对资本主义工商业的社会主义改造，创造性地开辟了一条适合中国情况的对资本主义工商业进行社会主义改造的道路。

第一，用和平赎买的方法改造资本主义工商业。

第二，采取从低级到高级的国家资本主义的过渡形式。所谓国家资本主义，就是在国家直接控制和支配下的资本主义经济。

对资本主义工商业的社会主义改造经历了三个步骤：

第一步主要实行初级形式的国家资本主义。

第二步主要实行个别企业的公私合营，属于半社会主义性质的企业。

第三步是实行全行业的公私合营。

第三，把资本主义工商业者改造成为自食其力的社会主义劳动者。

四、我国社会主义改造的基本经验

在进行社会主义改造、向社会主义过渡的进程中，中国共产党积累了丰富的历史经验。

第一，坚持社会主义工业化建设与社会主义改造同时并举，这是党在过渡时期总路线的明确要求。

第二，采取积极引导、逐步过渡的方式。

第三，用和平方式进行改造。

五、社会主义制度在中国的确立

（一）社会主义基本制度的初步确立

一是社会主义基本经济制度的确立。

社会主义改造的胜利使我国国民经济的所有制结构发生了根本性的变化。社会主义公有制经济成分已经占据了主导地位，构成我国社会主义的经济基础。

二是社会主义政治制度的确立。

1954 年 9 月，第一届全国人民代表大会在北京召开。大会通过的《中华人民共和国宪法》明确地规定了我国的国体是人民民主专政；政体是人民代表大会制度；基本的政治制度是中国共产党领导下的多党合作与政治协商制度。

三是我国阶级关系发生了根本变化。

帝国主义被赶走；官僚资产阶级被消灭；地主、富农被改造成新人；民族资产阶级被改造成自食其力的社会主义劳动者；工人阶级成为国家的领导阶级；农民和其他个体劳动者变成社会主义的集体劳动者；知识界组成一支为社会主义服务的队伍。劳动人民成为国家的主人。

四是我国主要矛盾发生了变化。

我们国内的主要矛盾，已经是人民对于建立先进的工业国的要求同落后的农业国的现实之间的矛盾，已经是人民对于经济文化迅速发展的需要同当前经济文化不能满足人民需要的状况之间的矛盾。

（二）确立社会主义基本制度的重大意义

社会主义制度的确立是中国历史上最深刻最伟大的社会变革，也是 20 世纪中国又一次划时代的历史巨变。

第一，社会主义制度的确立，为中国现代化的建设创造了制度条件。

第二，社会主义制度的确立，使广大劳动人民真正成为国家的主人和社会生产资料的主人。

第三，中国社会主义制度的确立，使占世界人口四分之一的东方大国进入了社会主义社会，这是世界社会主义运动史上又一个历史性的伟大胜利。

第四，社会主义制度的确立，是马克思列宁主义关于社会主义革命理论在中国正确运用和创造性发展的必然结果，是对马克思主义的又一次实践证明。

青春话题

如何正确理解社会主义改造和社会主义改革

社会主义改革与社会主义改造关系问题上，过去在改造时期，追求高度集中的计划经济体制，排斥商品经济和市场经济体制，所有制结构也过于单一。而现在改革又将计划经济体制改为市场经济体制，同时将单一的公有制改为公有制为主体，多种所有制经济共同发展。那么，如何正确认识社会主义改造和社会主义改革呢？

点评：

首先，社会主义改造是社会主义改革的前提。社会主义改造，是对旧的生产关系的根本性改变，解决的是基本经济制度问题。他使社会主义制度在中国建立起来，奠定了中国进步发展的基础。而社会主义改革，则是社会主义的自我完善，解决的是社会主义的具体运行机制问题。它是在社会主义基本制度的基础上，部分改变不适应生产力发展的旧体制。因此，没有社会主义改造，就没有社会主义制度，社会主义改革也就无从谈起。

其次，社会主义改革是对社会主义改造失误和不足的改正与弥补。对于社会主义改造的遗留问题，党的领导人在1956年底前后就有了一定程度的认识，并提出了一些改进措施。例如，毛泽东、刘少奇、周恩来、陈云等人提出要改善合作社的内部经营管理，实行各种不同形式的责任制；要纠正合作社集中过多的问题，适当给农民一些自由；要正确对待单干户；既要消灭资本主义，又要容许搞一些资本主义；以及“三个主体”和“三个补充”（在工商业经营方面，国家经营和集体经营是主体，个体经营是补充；在生产计划方面，计划生产是工农业生产的主体，自由生产是补充；在社会主义统一市场里，国家市场是主体，自由市场是补充。）的思想等。但是，这些可贵的探索遇到了一定的挫折。直到党的十一届三中全会以后，上述问题才重新引起党中央的重视，并在对社会主义的认识不断深化的基础上，通过社会主义改革逐步加以解决。

再次，社会主义改造的目的是一致的。社会主义事业是一项长期的事业，在通过社会主义改造建立起社会主义制度后，还要不断地进行社会主义改革，以解决生产关系与生产力、上层建筑与经济基础的矛盾，巩固和发展社会主义改造的成果，使社会主义制度始终充满生机和活力。因此，正如没有社会主义改造，就没有社会主义制度一样；没有社会主义改革，社会主义也就没有发展的动力。社会主义改造和社会主义改革都是社会主义事业不可缺少的重要组成部分，都是为了建立、发展和完善社会主义。

欢乐课堂

讨论：中国共产党对资本主义工商业改造有何意义？

同仁堂的新生

工商界人士听到改造资本主义工商业的消息时，心情是极其矛盾和复杂的。1953年，各家企业正是蒸蒸日上，大家想大干一场的时候，国家提出把私营企业改造为社会主义企业，具体来说就是要实行公私合营，这对大家的震动很大，思想上没有什么准备，心里真是“十五只吊桶打水七上八下。”有的人说：“1949年为什么不讲总路线？那时讲，人就都跑了。”还有的人说，“夕阳无限好，只是近黄昏。”

1953年，北京市地方工业局选择了同仁堂首先行公私合营，这对于同仁堂的经营者震动很大。同仁堂到这时已存在了几百年。它始建于清康熙八年（1669年）。北平解放前夕，北平同仁堂有职工190多人，奖金约80万元，年产值约16万元，年零售额约30万元，设备陈旧，管理落后。1949年北平解放时，同仁堂由乐氏十三世乐松生经营，他同时是天津达仁堂管理处总负责人。1950年抗美援朝开始，同仁堂向国家捐献99 000元。

同仁堂一直受到党和政府的重视和关怀。公私合营的消息传来时，对乐氏家族的震动很大，他们对经营了几百年的老铺，将要失去所有权，经营统治权和企业利润分配，确实十分痛惜。

乐松生经过反复考虑，认识到：这是大势所趋，人心所向，历史潮流，不可违背，而且，合营后，自己仍任经理，生活待遇也不错，因此决定，同仁堂带头公私合营。

公私合营后，企业发生了很大的变化。如同仁堂虽然是个大药店，但以往的经营管理方式陈旧，存在生产计划性不强，物资储存分散，领取手续不清，库存积压产品过多等漏洞。公私合营后，改善了经营管理，建立起各种规章制度，增加设备，改进技术，自行设计了粉碎机、汽锅等，改进了生产包装。销售额也不断上升。门市部抓药从每天几十服，增加到每天 200 多服。经理乐松生高兴地说："别家的流水逐日下降，咱们的流水逐日上升，原来担心合营工作会影响生产，没想到合营后业务发展这么快，这下可放心了。"

1955 年，毛泽东、周恩来在中南海接见了乐松生，询问了他生活、工作的情况，鼓励他为医药事业多做贡献。同年，他当选了北京市人大代表、市政协委员，出任北京市副市长。1956 年 1 月 13 日，北京国药业全行业公私合营，乐松生手捧大红喜报代表北京市工商界人士向毛泽东报喜。

案例讨论：中国共产党对资本主义工商业改造意义是什么？

案例点评：从案例中可看出，民族资产阶级接受改造中经历了疑惧、兴奋、较量和服从的过程。公私合营的消息传来时，对乐氏家族的震动很大，他们对经营了几百年的老铺，将要失去所有权，经营统治权和企业利润分配，确实十分痛惜。乐松生经过反复考虑，认识到：这是大势所趋，人心所向，历史潮流，不可违背。经过公私合营后,企业发生了很大的变化，销售额也不断上升。中国共产党采取的和平赎买政策得到了民族资本家的拥护。以毛泽东为代表的中国共产党创造性地开辟了一条适合中国特点的对资本主义工商业改造的道路并积累了丰富的经验。

相关链接

社会主义之花

河北饶阳县城南偏西 12 千米处，有一个叫五公的村子。合作化时期，该村因耿长锁建立的土地合作组被誉为"社会主义之花"而蜚声中外。五公村古称敬信乡。隋唐时期，因该村李氏家族的李敬族、李德林、李百药（《北齐书》的作者）、李安期、李宗臣连续五代世袭安平公，该村由此改称五公。时光飞逝，五公村千余年的辉煌已化为历史云烟。然而全国著名农业劳动模范耿长锁和他建立的全国第一个互助组却再一次让五公村名扬海内外。

耿长锁是在冀中抗日根据地最先响应毛主席"组织起来"的号召，成立互助组织的。1943 年冀中平原遭受严重旱灾，收获无几，加之日本侵略军经常"扫荡"，冀中抗日根据地军民生活异常艰难。危难之际，中共饶阳县委响应党中央和毛泽东主席关于"组织起来"的号召，提出"组织起来，生产度荒"的口号。耿长锁带头响应，他动员、组织五公村卢墨林、李砚田、乔万象三户贫农成立了土地合伙组，全组共 22 人，40 亩地。他们在没有牲口大车和农具不全的情况下，耿长锁带领土地合伙组的成员苦干巧干、历尽艰辛，为了粉碎敌人的抢粮企图，采取快收、快打的方法，第一年就获得了丰收，亩产量超过了一般中农户。他们还利用农闲之机开展起打绳作业，为全县"组织起来，生产度荒"树立了榜样。他们的行动，有力地支持了抗日战争，使五公村成为冀中平原上的红色堡垒村，他所建立的土地合作组被誉为"冀中花开第一枝"。

此后，合伙组也遂之扩大到 17 户，并更名为农业合伙组，他们成立了代表会，制定了合伙组的章程。按章程规定：组建合伙组的目的就是为了增加生产，解决大家的困难，做到人人有饭吃、有衣穿、有活干，共同发展。各户所有土地由合伙组共同经营，地权归原主所有。实行男女同工同酬，所产粮食及其他收入，除提 10%作公积金，其余按人 6 地 4 分配。入组自愿，退组自由。年满结账后退组，可照数分配，但公积金不分；中途退组，盈余不分，如有亏损，应补足应分担的亏空方可退组；组员犯严重错误，经教育不改被开除者，按半途退组处理。有愿意加入者，须经两个组员介绍，代表会同意才可入组；入组后应交纳一部分牲畜农具费（贫者可免），就可享有与老组员同等的权利。这在冀中解放区首创了互助合作的经营管理的模式，显示了“组织起来”的巨大威力，在冀中解放区树立了一面旗帜。

1951 年春，这个农业合伙组改名为“耿长锁农业生产合作社”，由 17 户发展到 18 户，共 82 人，土地 288 亩，骡子 7 头，马 1 匹，大车 3 辆，一般农具齐全。1950 年 11 月 28 日《河北日报》以“耿长锁领导的农业合作小组”为题，介绍了他们的经验。1951 年 10 月，河北省劳动模范代表大会介绍了耿长锁农业合作社的经验，成为全省办社的先进典型和榜样。1952 年 11 月 8 日，耿长锁农业合作社成立大社，入社农户 401 户（全村共 425 户），从此五公村成为全国合作化的一面旗帜。1953 年 12 月耿长锁农业合作社被河北省委、省政府誉为“社会主义之花”。

拓展阅读

“银元”“米棉”之战

新中国成立后，人民政府面临着迅速医治战争创伤、恢复国民经济的任务。由于社会经济改组和战争给工农业生产带来的破坏，一些地区的群众温饱问题没有解决，工商业者惶惶不安。中央人民政府下决心要扭转局面，改善人民生活，调整工商业，使工厂尽早开工，解决失业问题，并决定拿出 20 亿斤粮食，解决失业工人吃饭问题。

农业和交通成为恢复工作的重点，而在农业中又着重抓水利，在交通中又着重抓铁路。

同时，加强金融和市场管理，打击投机资本。当时，巨额的投机资本兴风作浪，囤积居奇。首先从捣乱金融开始，于 1949 年和 1950 年连续掀起 4 次大规模涨价风潮，上海的物价从 1949 年 5 月到 1950 年 2 月，上涨了一二十倍。在这关键时刻，陈云受党中央的委托，专程赶赴上海。首先打赢的是“银元之战”。

物价上涨，首先是从金银、外币开始的。新中国成立后不久，各地军管部门和人民政府都颁布了金银外币管理办法，禁止以金银计价，统一由中国人民银行限期收兑。同时宣布：中国人民银行发行的人民币为唯一合法的货币。但社会上的投机商人对此置若罔闻，公然蔑视政府法令，金银投机活动有增无减。从 1949 年 5 月 27 日至 6 月初短短的 13 天中，黄金价格上涨了 2.11 倍，银元价格上涨了 1.9 倍，市场物价也随之上涨了 2.7 倍。极为猖獗的金银投机活动严重冲击和动摇了人民币的地位，造成了市场物价急剧上涨。

新生的人民政府首先以经济的办法解决问题。集中大量银元拿到黑市上抛售，先把价格压低，再宣布禁止流通。6 月 5 日，人民政府曾向上海市集中抛出银元 10 万枚，但立即被吞没，银元价格仍继续上涨。人民政府一再向金银投机者发出劝告，但他们依然我行我素。在劝告无效的情况下，各地人民政府在中央的统一布置下，采取了断然措施。于 1949 年 6 月 10 日，上海市人民政府出动军警，查封了金银投机的大本营“证券大楼”，对首要投机分子逮捕法办。这就是解放初期有名的“银元之战”。

此后，投机资本家并不甘心认输，他们认为“银元之战”是人民政府靠政治力量取胜的。他们又将投机目标转向粮食、棉纱、棉布、煤炭市场。在他们的哄抬下，全国物价一日三涨。于是，中央人民政府再打“米棉之战”。人民政府依靠强大的社会主义国营经济，在全国范围内调运和集中足够的粮食、棉纱、棉布等重要物资，选择适当时机，集中抛售，给投机商人以毁灭性打击。许多投机商因亏损过多，不得不宣布破产，许多私人钱庄因借给投机商人的款项无法收回，亦宣告倒闭。这就是解放初期著名的“米棉之战”。从此，投机商人一蹶不振。

从1949年到1952年的短短3年中，在中国共产党的正确领导下，在全国人民共同奋斗下，终于在进行社会经济根本改组和抗美援朝战争的情况下，迅速恢复了国民经济，这是新中国建立后的一个伟大成就。

——摘自《回眸：共和国的50年》，上海人民出版社

被誉为“整个国家形象”的穷棒子社

20世纪50年代初，在全国的农业合作化运动中，涌现出了很多先进的集体，其中有一面我国农业合作化运动中的鲜红旗帜——河北省遵化县西铺村的“穷棒子”社。它以勤俭创业的非凡业绩，受到了毛泽东主席的表彰，被赞誉为“我们整个国家的形象”。

那是1952年初的时候，遵化县西铺村村民通过和邻近村的比较，发现办合作社的地方收成明显要好于自己，都纷纷要求办社。当地党委很快批准了西铺村办社的要求，并提出了稳步前进的方针，针对西铺社情复杂的情况，党委特别指示办社一定要注意坚决依靠贫雇农，从无到有，从小到大，坚持到底就是胜利。很快地，支部成员按照上级指示，分头深入下去做群众工作。对那些暂时还不愿入社的农户，采取说服教育和耐心等待的态度，决不强拉硬拽；而把贫下中农当作主要动员对象，凡是真心愿意入社的才吸收进来。经过几天的串联发动，报名入社的共有23户，绝大多数都是在旧社会扛活、讨饭、当劳工的贫苦农民。1952年10月26日，西铺的第一个农业生产合作社正式成立了，全社230亩土地，凑起来只有三条驴腿的牲畜股，没有农具，也没有车辆。

西铺村里的一些富裕户讥笑新生的初级农业生产合作社为“穷棒子社”，说什么“这群吃救济粮、领寒衣的骨干，凑在一块儿，早晚得穷得散架！”“浑水的泥鳅成不了龙”……面对这些冷嘲热讽，社主任在社员会上勉励大家：“有人讥笑我们是‘穷棒子’，我们就是‘穷棒子’，咱人穷志不穷，难不倒，穷不散！……咱只要发挥集体力量，把社办好，就自然听不到这种怪话了。”

有了雄心壮志，就有了迎战困难的勇气和办法。“穷棒子社”的社员打破了传统的旧习惯，变冬闲为冬忙，他们兵分两路：少部分壮劳力带领妇女老少做好春耕准备，三条驴腿不够用，就肩不离担，手不离锹，送粪、搂石、整地。以其余的壮劳力为主，组成一个19人的队伍，不顾天寒地冻，顶风冒雪，在隆冬季节远出30里外的王寺峪山上打柴，解决生产资料缺乏问题。他们在“没牛没马，从山上拉；没衣没米，从山上取”口号鼓舞下，吃的是稀粥白薯，穿的是开花棉衣，住的是透天草棚，十几个人合扯四条小被；有的人磨破了鞋，有的人扯破了衣，有的人碰伤了手脸，有的人甚至从坡上摔下来，但他们毫不畏缩，坚持苦干。20多天的战斗，凭

着 19 双勤劳的手，打回 4 万多斤柴，卖得 430 多元。打柴换来的钱，全部用在了添置生产资料上面，根据社内的迫切需要，买了一头骡子、一头牛、19 只羊。一辆铁轮车，还有一部分零星农具。从此，长峪山下出现了一派前所未有的大搞生产的动人景象：社干部劳动干在前头，专拣重的干，社员你追我赶，紧紧跟上。送粪缺车，扁担结队挑上山；耕地缺人，人拉箱子翻开地；春播缺种，求亲靠友来凑集，合作社终于适时种上了地。

"穷棒子社"从三条驴腿起家，依靠自己的力量，克服重重困难，赢得了第一个丰收年，用事实对那些散布合作社要"穷散架"的人，作出了强有力地回答。这一年粮食亩产达到 254 斤，超过互助组上年平均产量将近一倍，粮食总产量 45 800 多斤，扣除集体留粮以后，平均每户分配的收入达 190 多元。老贫农王生摸着那些几乎没地方盛的粮食，激动得热泪盈眶，他说："这是走毛主席、共产党指引的路才得到的，这条路我是走定了！""穷棒子社"一年中巨大变化的事实，使西铺村更多的农民看到了合作社的优越性，它像磁石一样，强烈地吸引着社外农民特别是那些比较贫困的农民的心。他们迫切地要求入社。按照党的过渡时期总路线的精神和上级党委的统一部著，西铺党支部积极领导扩社工作，到 1954 年秋天扩充增加到 148 户，除一户住在偏远山沟外，凡能入社的全取得资格，实现了全村合作化。历史从这里又揭开新的一页。

社会大舞台

活动主题：伟人风范——名人传记品读

活动目的：

"品"：品读伟人传记，拓展学习空间，逐步积累人文知识；

"悟"：感悟历史情境，

内化和升华思想和情感；

"行"：行动中锤炼思想和感情，指导学生参与社会活动，将人文思想和情感付诸社会实践中。

活动要求：

1. 从图书馆借阅关于"伟人风范——名人传记"的书籍。
2. 根据所读的名人传记，写一篇读后感。
3. 在班级开展"读名人传记，说伟人故事"的主题活动。

资料推荐：

1. 书籍《毛泽东传》。
2. 书籍《周恩来传》。
3. 书籍《我的父亲邓小平》。

视频资料

1. 毛泽东同民族资产阶级代表座谈；
2. 上海工商界代表荣毅仁等带着申请书参加公私合营大会；
3. 1952 年开展"三反""五反"运动；
4. 1952 年上海人民检举接待室成立后，前来坦白和检举的人排队等候个别接谈。

网上冲浪

1. 毛泽东纪念馆：http://mzd.chinaspirit.net.cn。
2. 邓小平纪念馆：http://dxp.chinaspirit.net.cn。
3. 遵义纪念馆：http://www.zy.gz.cn。

专题十七 拨云见日

——社会主义本质和根本任务

社会主义的本质，是解放生产力，发展生产力，消灭剥削，消除两极分化，最终达到共同富裕。

——邓小平南方谈话

知识目标

1. 掌握社会主义本质的科学内涵和根本任务；

2. 对发展是硬道路、发展是执政兴国的第一要务、代表中国先进生产力的发展要求、科学技术是第一生产力有一个比较完整、准确的认识和了解。

能力目标

能用全面的、发展的眼光看问题，能正确认识社会主义的本质。

价值目标

增强学生走中国特色社会主义道路的信念，积极投身到我国以经济建设为中心，促进国民经济又好又快发展的现代化实践中。

歌曲导入

奥运主题曲《我和你》

首先，播放 2008 北京奥运主题曲《我和你》。引导学生感悟歌曲意境的同时，提出问题：歌曲展现了怎样的理念？学生讨论发言。教师总结：《我和你》这首歌，体现了平等、参与的理念，也体现了中国倡导的和谐世界的外交和文化理念，顺应了当今世界和平与发展的时代主题。进一步设问：中国在申办奥运、举办奥运的过程中，是否一帆风顺？遇到了哪些阻碍？其背后的深层原因是什么?教师总结：奥运问题被政治化，深刻地说明了在中国建设中国特色社会主义的过程中，始终存在着资本主义和社会主义两种不同社会制度和意识形态的斗争，西方国家对中国“和平演变”从未停止过。

作为当代大学生，只有搞清楚“什么是社会主义”，才能搞清楚“怎样建设社会主义”，才能进一步自觉抵制西方“和平演变”战略的侵蚀和冲击，坚定社会主义信念，做社会主义事业的合格建设者和接班人。那么，究竟什么社会主义的本质？什么是社会主义的根本任务？社会主义本质理论有什么价值？

知识导航

一、中国特色社会主义建设道路的初步探索

探索中国特色社会主义道路的代表作之一：1956 年 4 月 25 日，毛泽东在中共中央政治局扩大会议上作《论十大关系》的讲话，一系列关于社会主义建设的重要理论观点，对我国社会主义建设具有长远的指导意义。

探索中国特色社会主义道路的代表作之二：1957 年 2 月，毛泽东作了《关于正确处理人民内部矛盾的问题》的讲话，创造性地提出了社会主义社会基本矛盾和两类矛盾的学说。1958 年，提出把党的工作中心转移到技术革命和社会主义建设上来。

以毛泽东为代表的中国共产党人在初步探索中提出许多重要的思想观点，尽管有的并未付诸实施，有的在实践中未能坚持下去，但他们都为后来的探索做了开创性工作，有着十分重要的理论和实践价值。

二、对社会主义本质的新认识

（一）社会主义本质理论的提出

邓小平从总结社会主义发展的历史经验教训入手，不断对“什么是社会主义”“怎样建设社会主义”的问题进行思考；通过对社会主义根本任务和原则的把握，逐渐揭示社会主义的本质；邓小平的南方谈话概括了社会主义本质。

（二）社会主义本质的科学的科学内涵

“社会主义的本质：是解放生产力，发展生产力；消灭剥削，消除两极分化，最终达到共同富裕。”

“第一，把解放和发展生产力纳入社会主义的本质”，赋予了社会主义以新的含义和时代内容”；

“第二，突出强调消灭剥削，消除两极分化，最终达到共同富裕”“指出了解放和发展生产力的手段和目的”（目标及其实现途径）。

胡锦涛深化了对社会主义本质的认识：“社会和谐是中国特色社会主义的本质属性”。

（三）社会主义本质理论的重要意义

社会主义本质理论，对科学社会主义理论既是坚持和继承，又是发展和创新。

第一，在理论上把对社会主义的认识提高到了新的科学水平。

第二，在实践上为探索怎样建设社会主义开辟了广阔的道路。

第三，在政治上反映了人民的利益和时代的要求。

三、社会主义的根本任务

（一）发展才是硬道理

（1）把发展社会生产力作为社会主义建设的根本任务，符合马克思主义基本原理，是巩固

和发展社会主义制度的必然要求。

这里“基本原理”的最根本观点？生产力是人类历史发展的最终决定力量。

（2）是对社会主义实践经验教训的深刻总结。

（3）是适应时代主题变化的需要。

解决社会主义初级阶段主要矛盾和各种问题需要不断解放和发展生产力。

“社会主义的根本任务是发展生产力，增强社会主义国家的综合国力，使人民的生活日益改善，不断体现社会主义优于资本主义的特点。”

（二）发展是党执政兴国的第一要务

（1）把发展作为党执政兴国的第一要务是由中国共产党的执政地位所决定的，是对执政规律认识的深化，也是党实现其所承担的历史责任的需要。

（2）坚持以发展的办法解决前进中的问题，是实行改革开放以来我们党的一条主要经验。

（3）坚持以人为本，全面、协调、可持续发展的科学发展观。

发展，既是指经济发展，又包括社会的全面发展；既是指当前的发展，又包括可持续发展；既是指社会全面进步，又包括人的全面发展。

（三）代表中国先进生产力的发展要求

（1）中国共产党是以中国先进生产力的代表走上历史舞台的；党的一切方针政策都要促进生产力尤其是先进生产力的不断发展。

（2）人类社会的发展，是先进生产力不断取代落后生产力的历史进程。

（3）先进生产力的发展是同生产关系、上层建筑的不断完善密切地联系在一起的”。坚持和深化改革，为先进生产力的发展打开广阔通途。

（4）人是生产力中最活跃的因素。

因此，发展需要以人为本，依靠人，为了人，为了一切人，为了人的一切。

（5）党要始终代表中国先进生产力的发展要求，还必须大力推进科技进步和创新，努力实现生产力的跨越式发展。

（四）科学技术是第一生产力

（1）科学技术是先进生产力的集中体现和主要标志；科学的本质是创新；创新的关键在人才。

（2）实施科教兴国战略、人才强国战略。

（3）世界新科技革命发展的迅猛势头与建设创新型国家的决策。

欢乐课堂

观看精彩视频资料：共同富裕——华西村

华西村位于江苏省江阴市华士镇，1996 年被农业部评定为全国大型一档乡镇企业，全村共有 380 户，1 520 人，面积 0.96 平方千米。2009 年，华西村入选中国世界纪录协会中国第一村，华西村创造了中国世界纪录协会多项世界之最、中国之最，是中国目前最富有的村子。

华西村从 2001 年起。吴仁宝和华西人创造性地提出了“一分五统”(一分，就是村与企业要分开，把新合并的16个村规划成12个村，合并后的原村委会还是由本村村民自治、选举。五统，一是经济由华西统一管理，二是劳动力在同一条件下统一安排，三是福利由华西村统一发放，四是村庄由华西统一规划建设，五是华西村党委统一领导。）和周边的16个村一起组成了大华西村，面积由原来的0.96平方千米扩大到30平方千米，人口由原来的2 000多人增加到3万多人。

华西村是全国农村走共同富裕道路的典型，2004年，华西村人均工资收入12.26万元。同年全国农民人均纯收入2936元、城镇居民人均可支配收入9 422元。华西人的收入是全国农民的41.76倍、城镇居民的13.01倍。

吴仁宝从20世纪60年代担任华西村的党支部书记，带领全村人走上了共同富裕的道路，2006年全村实现销售超3 000亿元，2010年超500亿元，每户村民的存款最低为600万元。

点评：

共同富裕是我们追求的目标，只要我们努力奋斗，这个目标是可以实现的，华西村的发展历程和成就，给我们提供了经验、树立了榜样。

青春话题

人才强国战略与大学生的机遇和素质能力的关系

进入21世纪，尤其是随着我国加入世界贸易组织，人才越来越成为决定性的因素。拥有优秀人才，拥有尖子人才，成为一个国家实现强国梦的必由之路。2003年我党提出了实施人才强国的战略，强调指出：在建设中国特色社会主义伟大事业中，要把人才作为推进事业发展的关键因素。要牢固树立人人都可以成才的观念，坚持德才兼备原则，把品德、知识、能力和业绩作为衡量人才的主要标准，不唯学历，不唯职称，不唯资历，不唯身份，努力形成谁勤于学习、勇于投身时代创业的伟大实践，谁就能获得发挥聪明才智的机遇， 就能成为对国家、对人民、对民族有用之才的社会氛围，创造人才辈出的生动局面。要牢固树立以人为本的观念，把促进人才健康成长和充分发挥人才作用放在首要位置，努力营造鼓励人才干事业、支持人才干成事业、帮助人才干好事业的社会环境，放手让一切劳动、知识、技术、管理和资本的活力竞相迸发，让一切创造社会财富的源泉充分涌流，以造福于人民。要充分开发国内国际两种人才资源，紧紧抓住培养、吸引、用好人才三个环节，努力把各类优秀人才集聚到党和国家各项事业中来，为全面建设小康社会提供坚强的人才保证和广泛的智力支持。

结合高职学生的实际，谈谈人才强国战略给我们带来的机遇和挑战及应对。

点评：

（1）本世纪头20年是我国发展的“战略机遇期”，也是同学们大展宏图的好时机。天生我才必有用。关键是要有“才”。

（2）打造自身的“核心竞争力”。

（3）一百多年前，梁启超在《少年中国说》一文中曾写道：“少年智则国智，少年富则国富，少年强则国强，少年独立则国独立，少年自由则国自由，少年进步则国进步，少年胜于欧洲，则国胜于欧洲，少年雄于地球，则国雄于地球。”如果把其中的少年换做大学生的话，在座同学们作为高知识群体肩负的责任则不言而喻。希望同学们能够抓住契机，努力学习，用知识和文化建设祖国。

相关链接

道路探索 60 年

中国共产党作为执政党，在领导中国人民进行社会主义建设半个多世纪的风雨历程中，一刻也没有停止对适合中国国情社会主义建设道路的探索，即使是在发生严重失误的岁月里也是如此。那成功与挫折错综交织的复杂情况，正是我们年轻的共和国刚踏上社会主义建设道路时艰难探索的写照。如今，在风雨锤炼中成熟起来的中国共产党，已带领全国人民走上中国特色社会主义的康庄大道，正在向全面建设小康社会的宏伟目标迈进。

探索中的理论与实践成果

1956 年社会主义制度建立后，我们党面临的第一个重大课题，是如何摆脱苏联模式，找到一条适合中国国情的社会主义建设道路。此前，在毫无经验可循、只有苏联模式可借鉴的情况下，许多体制只能模仿苏联。但在实践中，毛泽东逐渐发现苏联模式的一些弊端，提出搞社会主义建设不能照搬苏联模式，要找出在中国这块大地上建设社会主义的具体道路。

但这条道路在哪里？没有现成答案，只能靠实践摸索。于是，中共八大前后，党中央和毛泽东带领全党在许多领域探索，所取得的丰富思想成果集中体现在毛泽东 1956 年 4 月的《论十大关系》讲话和同年 9 月党的八大精神中。其主旨是，把党的工作重点从阶级斗争转移到发展生产力上来，以苏为鉴，探索在中国建设社会主义的道路。《论十大关系》提出政治、经济、文化方面的许多重要思想，也是探索中国自己的建设道路的开始。这种探索持续到“文化大革命”前。

在经济方面，毛泽东针对苏联、东欧一些国家片面发展重工业忽视农业、轻工业造成的市场货物不够、货币不稳定、粮食产量长期低下等教训，从中国农业大国的基本国情出发，创造性地提出了中国工业化道路。即以农业为基础，以工业为主导，以农轻重为序安排国民经济，以此为发展国民经济的总方针，实现由农业国向工业国的过渡。把发展农业放在重要位置，是中国工业化道路的重要内容和特点。提出中国一定要建立自己独立完整的工业体系和国民经济体系，实现经济独立以保障政治独立，并为此提出独立自主、自力更生的原则和自力更生为主、争取外援为辅的方针。毛泽东还创造性地提出了社会主义四个现代化的总任务及两步走的战略步骤。毛泽东在 1954 年 9 月一届人大一次会议开幕词中最早提出这一思想，以后几经完善，最终于 1964 年 12 月由周恩来在三届人大一次会议正式宣布。毛泽东还提出过对经济体制进行改革的思想。

同时，在坚持独立自主、自力更生，不损害国家主权的条件下，我们要努力打破封锁，争取外援，学习外国一切有益的东西，吸收外国资金和科学技术，借鉴外国的先进管理经验等。在政治方面，毛泽东针对苏联肃反扩大化的教训，提出要在国家制度上进行改革，扩大人民代表大会的权力，并吸收西方资本主义民主的某些形式和方法。

1956 年，毛泽东提出我们党发展文化科学的根本方针是“百花齐放、百家争鸣”，并说“这是一个基本性的同时也是长期性的方针，不是一个暂时性的方针”。毛泽东在对中国社会主义道路的探索中还提出过其他一些正确思想，如我国正处在“不发达的社会主义阶段”，要搞一点商品经济，要正确认识社会主义社会的矛盾等。有些虽未贯彻实行，但对以后改革开放政策的提出具有一定的借鉴意义。但遗憾的是，此后发生的“左”的错误，使他提出的许多重要思想和原则没能很好贯彻。

尽管由于时代条件的局限和实践经验的不足，毛泽东最终没能从根本上完全突破苏联模式，也没能成功地找到一条适合中国的社会主义建设道路，但他在当时的国际环境下率先提出突破苏联模式并付诸实践，是需要巨大勇气和智慧的。这种实事求是、勇于打破传统、开拓创新的探索精神，为党的十一届三中全会后冲破长期“左”的禁锢奠定了重要的思想基础。

新时期的新探索

党的十一届三中全会后，邓小平同志带领全党认真总结我国社会主义建设中的经验教训，运用马克思主义基本理论解决实践中不断涌现的新问题。同时，对20世纪80年代末90年代初国际社会主义实践出现的严重曲折进行深入思考。思考就集中在什么是社会主义、怎样建设社会主义这个根本问题上。这是邓小平理论产生的深刻历史背景。邓小平理论科学回答了在中国这样一个经济文化比较落后的国家，如何建设、巩固和发展社会主义的一系列基本问题，讲了许多马恩列斯毛没有说过的“新话”。在什么是社会主义、怎样建设社会主义的一系列重大理论问题上实现突破，创造性地发展了马克思主义。他第一次提出了社会主义本质论，第一次提出了社会主义初级阶段论，第一次提出了改革是解放生产力、发展生产力的第二次革命，第一次提出了科学技术是第一生产力，第一次提出了和平与发展是当代世界主题的理论，第一次提出了“一国两制”的理论等，从而逐步找到了一条适合于我国国情的社会主义现代化建设道路，为我国社会主义建设提供了正确的理论指导。这是我党思想理论上的极大成果，是马克思主义与中国具体实际相结合的又一次巨大飞跃。

拓展阅读

“共富”——一个世纪课题的求解

细心的人们或许会发现，当今社会出现了许多耐人寻味的提法，譬如“坚持用科学发展观统领经济社会发展全局”“更加注重经济社会协调发展”“更加注重社会公平”“积极促进社会和谐”“合理调节收入分配”“特别要注意就业机会和分配过程的公平”等，从这些浓笔着墨的字眼和提法中，人们不难解读出一个重要的信息：我国改革发展的指导思想有重大发展，改革发展的政策及价值取向正发生变化。追求共同富裕，实现科学发展，成为中国共产党执政治国的根本理念和方略。

势在必行的转变——由非均衡发展到统领全局

改革开放以来，我们走的是一条“让一部分人、一部分地区先富起来，带动和帮助其他人和地区共同富裕”的先富帮后富的非均衡的发展思路和模式。应当肯定，在我国刚刚从“左”的束缚下解脱出来，生产力非常落后，平均主义的“大锅饭”严重扭曲和压抑人们的积极性和创造力的情况下，用先富的模式和思路，通过政策引导，调动人们发展的积极性，激发人们创造财富的活力，实属必要。改革开放30多年来，我国经济快速增长，人民生活总体达到小康水平，综合国力大为提升。发展的成就证明，我们走的先富帮后富的非均衡发展之路，具有划时代的意义。

但是，当我们在享受改革发展所带来的丰硕成果时，以科学发展的眼光审视我们走过的发展之路，不容否认的现实是，非均衡的发展在给我们带来举世瞩目的成就的同时，负面的影响也显而易见，其表现在于，城乡差距、国民收入差距在扩大。

这种收入差距的扩大表现在城乡上最为明显，研究报告表明，中国城乡居民人均收入差距1984年是1.8倍，1995年为2.5倍，2004年达到3.2倍，如果把城市居民获得的各种补贴和非货币收入也计算在内，其差距可能达到5倍以上。

迅速扩大的贫富差距和分配不公，已成为阻碍我国经济社会发展，影响社会和谐不可忽视的矛盾。据统计测算，“十五”期间，中国各类社会案件数量急剧上升，诉讼金额占GDP的7%左右。1986年以来，中国治安案件的年均增长速度超过了10%。看来，解决贫富差距、收入分配不公问题已是势在必行。

无法回避的课题——总设计师的心之所系

晚年的邓小平在1990—1993年，曾先后四次谈到消除两极分化、实现共同富裕的极端重要性。

1990年7月3日，邓小平在视察国家奥林匹克体育中心场馆时警告说：“中国有十一亿人口，如果十分之一富裕，就是一亿多人富裕，相应地有九亿多人摆脱不了贫困，就不能不革命啊！九亿多人就要革命。所以，中国只能搞社会主义，不能搞两极分化。”他认为，现在有些地区，允许早一点、快一点发展起来，到一定程度就要调节分配。

1992年2月在视察南方的谈话中，邓小平尖锐地指出：“如果富的愈来愈富，穷的愈来愈穷，两极分化就会产生，而社会主义制度就应该而且能够避免两极分化。解决的办法之一，就是先富起来的地区多交点利税，支持贫困地区的发展。”他期望在本世纪末达到小康水平的时候，“就要突出地提出和解决这个问题”。

1992年12月邓小平在阅读了《中国将成为最大的经济国》和《马克思主义新挑战更加令人生畏》这两篇文章后指出，“中国发展到一定的程度后，一定要考虑分配问题”，“如果仅仅是少数人富有，那就会落到资本主义去了。要研究提出分配这个问题和它的意义”。他再一次期望“到本世纪末就应该考虑这个问题”。

1993年9月邓小平在与弟弟邓垦谈话时再一次讲到：“十二亿人口怎样实现富裕，富裕起来以后财富怎样分配，这都是大问题。解决这个问题比解决发展起来的问题还困难。”邓小平又警告说，“少部分人获得那么多财富，大多数人没有，这样发展下去总有一天会出问题。分配不公，会导致两极分化，到一定时候问题就会出来。这个问题要解决。”

世纪课题的答案——让全体人民共享发展成果

党的十六届五中全会的召开，为解决这一“世纪性课题”给出了答案。

十六届五中全会及其通过的《中共中央关于制定国民经济和社会发展第十一个五年规划的建议》(以下简称《建议》)，从最广大人民的根本利益出发谋发展，高度关注关系人民群众切身利益的一系列重大问题，其鲜明的特点，就是坚持用科学发展观统领经济社会发展的全局。

特别值得关注的是，鉴于当前收入分配领域存在的突出矛盾和问题，《建议》高度重视合理调节收入分配的问题。明确提出了逐步解决收入分配差距过大的原则和政策，强调要着力提高低收入者收入水平，逐步扩大中等收入者比重，有效调节过高收入，规范个人收入分配秩序，努力缓解地区之间和部分社会成员收入分配差距扩大的趋势。

实现共同富裕，让全体人民共享改革发展的成果，已成为党和政府制定大政方针的坐标和奋斗目标。这表明：我国经济社会的发展开始转入全面协调可持续发展的轨道；我国开始了一个新的发展取向：由“先富”到“共富”的转变；邓小平提出的“消除两极分化，实现共同富裕”的世纪课题，被提到了治国理政的重要议程。

社会大舞台

活动主题——探寻日本战后腾飞的秘密

活动目的：

通过日本的案例，让同学们感受科技实力和国民教育水平，始终是衡量综合国力和社会文明程度的重要标志，也是任何国家走向繁荣昌盛的两个飞轮。从而加深对科教兴国和人才强国战略的认识，并努力提高自己的科学文化水平和综合素质。

活动要求：

1. 通过上网查询、文献资料、观看影片、或访问观光，了解日本战后发展的历史。
2. 中日对比，写出一篇 1 000 字左右的感想文字。
3. 优秀文章交流分享。

资料推荐：

1. 大型资料片：《大国崛起——日本篇》。
2. 复旦大学日本研究中心：http://www.jsc.fudan.edu.cn/。
3. 书籍：《华南日本研究》，中山大学出版社。

视频资料

1.《社会主义本质理论的提出》——邓小平南方谈话之珠海资料片（4 分 23 秒）。
2.《社会和谐是社会主义的本质之一》——《走向和谐》（沧桑正道）（5 分 51 秒）。
3. 新乡村之路——华西村（29 分 45 秒）。

4. 复兴之路——历史的转折、继往开来。资料片（45 分钟）。
5. 大国崛起——日本篇。资料片（45 分钟）。

网上冲浪

1. http://www.xilu.com/　中国新锐解读网——西陆网。
2. http://bbs1.people.com.cn/　强国社区——人民网。
3. http://www.eywedu.com/　邓小平文集传记系列主题阅读。

专题十八 科学定位

——社会主义初级阶段理论

我们搞社会主义才几十年，还处在初级阶段。巩固和发展社会主义制度，还需要一个很长的历史阶段，需要几代人、十几代人，甚至几十代人坚持不懈地努力奋斗，决不能掉以轻心。

——邓小平

知识目标

1. 了解社会主义初级阶段理论的形成和发展的进程以及社会主义初级阶段的内涵和特征;
2. 了解社会主义社会的基本矛盾、基本路线、基本纲领及其发展战略;
3. 明确我国社会主义初级阶段的长期性。

能力目标

能正确、客观地分析目前中国的发展状况和水平，能用全面的、发展的眼光看问题。

价值目标

培养学生的危机感和责任感，使他们既立足国情，又脚踏实地，为国家的繁荣富强贡献自己的一份力量。

"社会主义初级阶段"，这看似简单的八个大字，它的出世和被人接受，却并不简单，它凝聚了几代中国共产党人的艰辛探索，经历了长达30多年的曲折历程，成了20世纪几乎所有的社会主义国家长期不能破解的一道世纪性难题。经过艰难的跋涉，痛苦的摸索，直到邓小平高瞻远瞩地指出："社会主义本身是共产主义的初级阶段，而我们中国又处在社会主义的初级阶段，就是不发达的阶段。一切都要从这个实际出发，根据这个实际来制订规划。"才使这一世纪性难题得到圆满解决。科学定位我国所处的基本国情，使我们对社会主义的认识从"天上"回到"地上"，从超越阶段的空想回到眼前的现实。"雄关漫道真如铁，而今迈步从头越"。我国正处于并将长期处于社会主义初级阶段，这样的历史进程，至少需要上百年的时间，一切均要从这个基本国情出发，来制定我们的路线、纲领、方针和政策，背离了这个基本国情，我们在工作中都会犯或左或右的错误。

那么出现在20世纪的社会主义国家大都犯了超越社会发展阶段的错误,这成了社会主义运动中长期不能破解的一道世纪性难题，问题的症结点究竟出在什么地方，为什么迟迟得不到解决呢？以邓小平为核心的第二代领导集体，是如何回答社会主义运动中这道长期未能破解的世纪性难题？我们应该如何去体会和珍视社会主义初级阶段理论的来之不易？社会主义初级阶段的主要矛盾和根本任务是什么？怎样理解社会主义初级阶段的长期性和艰巨性？我们应该制定什么样的路线方针政策、基本纲领和发展战略？

情境导入

回望2006年

节目导读：节目从“教育之重”“生的尊严”“生死抉择”和“不该遗忘”四个角度，关注这一年普通人的命运。

通过为子女上学而乞讨的父母、勤工俭学的大学生、高考12年的考生，展现“教育之重”。

通过华山的独臂挑夫，展现普通人对“生命尊严”的坚守。

通过临终关怀医院里的老人，表达人面对死亡时应有的“死的尊严”。

通过在长江大桥上自杀者和救助者以及一群艾滋病人互助互爱走向生命尽头的故事，表述冷漠把人逼入绝境、关爱才能获得重生的“生死抉择”。

通过一个老兵因84封没发出的阵亡通知书，疑问“谁在遗忘”“遗忘了谁”。

通过观看视频，使学生了解到我国人民生活还存在问题，理解社会主义初级阶段的长期性与艰巨性，引导学生就问题发表自己的认识，特别是对我国所处的初级阶段以及现阶段存在一系列问题的原因进行探析，以此导入新课，讲述社会主义初级阶段理论形成和确立的历史过程，社会主义初级阶段的科学内涵，以及社会主义初级阶段的长期性与艰巨性。

知识导航

一、解答世纪难题——对社会历史发展阶段的探索

何谓历史发展阶段，所谓历史发展阶段是指在同一社会形态内，由于历史条件和社会发展水平的程度不同，与另一时期相比表现出明显的差异和自身特点的一定时期，这些依次递进，又相互区别的一定时期即是不同的历史阶段。社会主义发展阶段问题是经济不发达的国家实现社会主义后提出的新问题，在马克思列宁的著作中没有这个概念，在谈到未来社会的发展问题时，马克思列宁都有一些重大的原则设想，但由于实践的局限，他们用了一些高度概括和抽象的名词，并没有来得及赋予这些词以确切的现实界定。社会主义制度的确立，遵循了马克思主义关于人类社会发展客观规律。但社会主义制度建立的条件，与马克思的设想不同，社会主义并不是发生在高度发达的资本主义国家，而是诞生于经济社会发展还相当落后的国家。现实的社会主义无法选择自己的历史起点，这就决定了现实社会主义所处的发展阶段不能简单照搬马克思主义的一般结论。从本国的实际出发，科学分析和判断现实社会主义的发展阶段便成为社会主义实践面临的首要问题。

党的十一届三中全会以后，在总结建国以来历史经验和改革开放以来新的实践经验的基础上，党对社会主义发展阶段问题进行再认识，逐步做出了我国现在还处于并将长期处于社会主义初级阶段的科学论断，准确地把握了我国的基本国情。正如苏联科学院远东研究所等七个研究所的学者在讨论这个理论的时候，有的认为，它的提出本身就标志着“放弃社会主义建设方

面的革命浪漫主义，从而过渡到革命的现实主义、回到历史唯物主义”。据此，我国提出社会主义初级阶段的基本路线、基本纲领和发展战略，成功地走出一条有中国特色的社会主义发展道路，取得举世瞩目的巨大成就，完满的回答了长期困扰社会主义运动健康发展的这道世纪性难题。

二、领会国情精髓——社会主义初级阶段的科学内涵

社会主义初级阶段这八个大字，既说明了社会性质，又说明了社会发展程度，是中国特色社会主义的社会性质与社会发展程度的统一，它包括两个方面的含义：一方面说明我国已经是社会主义国家，这实际是从生产关系的角度界定初级阶段的社会主义特定性质；另一方面又说明它不是已经得到充分发展的社会主义，而只是它的不发达不成熟的初级阶段，这实际上又是从生产力的角度强调这个社会主义初级阶段还很不发达。要将两者作为一个统一的整体加以把握，这两者不可偏废，缺一不可，既相互区别，又紧密联系，只有把社会主义社会的性质同它的发展程度有机地统一起来，构成一个科学概念，才能够深刻理解和把握我国的基本国情。

正确把握国情必须全面地把社会性质同发展程度统一起来。不了解我国的社会性质或者对社会性质作出了错误的判断，或者将社会性质与发展阶段割裂开来，都不可能正确把握国情，都会犯这样或者那样的错误。

三、任重道远——社会主义初级阶段的长期性和艰巨性

对社会主义所处发展阶段的过高估计，以及从一个阶段转变为另一个阶段的过急要求，都被实践证明是错误的，并带来了严重的后果。强调社会主义初级阶段的长期性，就是要从根本上克服急躁冒进的情绪，要实事求是地去建设好初级阶段的社会主义。其次，明确社会主义初级阶段的艰巨性，就要求我们埋头苦干，千里之行，始于足下。因此，我们不仅要正确的认识社会主义的发展阶段，还要对这个阶段的长期性与艰巨性有足够的估计。但是认识这个问题应当首先明确，我们所讲的社会主义初级阶段，不是泛指任何国家进入社会主义都会经历的起始阶段，而是特指我国生产力发展水平不高、商品经济不发达条件下建设社会主义必然要经历的特定历史阶段，是中国建设社会主义历史过程中的初始阶段。”因为，中国社会主义建设的起点低。旧中国是一个半封建半殖民地的社会，建国后经过60余年的发展，特别是改革开放以来30多年的发展，中国成为世界上经济增长速度最快的国家之一，增长率甚至高于同期世界各国，社会发展水平有了很大提高，但是仍然处于不发达状况，即邓小平所说的“不够格”的社会主义。从国际看，当前世界多极化和经济全球化趋势深入发展，国际环境复杂多变，综合国力竞争日趋激烈，影响和平与发展的不稳定不确定因素增多，我们仍将长期面对发达国家在经济科技等方面占优势的压力。从国内看，我国生产力水平低、地区发展不平衡，科学技术水平低，科技对经济增长贡献率低，经济增长的资源环境压力过大、人口悬殊与压力突出，经济体制正发生深刻变革，社会结构发生深刻变动，利益格局发生深刻调整，思想观念发生深刻变化。这种空前的社会变革，必然带来这样那样的矛盾和问题。种种情况说明,我们今天的社会主义与马克思主义创始人所设想的成熟的社会主义相比,仍然是不成熟、不发达的社会主义,仍然没有超出社会主义初级阶段。我们必须要经过一个很长的历史时期，去实现别的许多国家在资本主义

条件下实现的工业化和经济的社会化、市场化、现代化。

四、继往开来——社会主义初级阶段理论的发展与完善

事物不停发展，真理不可穷尽。在党的十三大上，“我国正处于社会主义初级阶段” 的论断，首次写进了党代会报告，在明确社会主义初级阶段基本含义的基础上，概括了社会主义初级阶段的基本路线，并从五个方面描述了社会主义初级阶段的基本特征。以江泽民为核心的第三代领导集体在坚持这一首要的基本的理论问题的稳定性和连续性的同时，将中国特色社会主义与初级阶段的社会主义联系在一起，第一次明确提出了“必须搞清楚什么是初级阶段的社会主义，在初级阶段怎样建设社会主义”这一历史性课题，回答了社会主义初级阶段究竟是一个什么样的历史阶段呢？在十五大的报告中，江泽民从社会主义初级阶段的根本性质、基本特征、主要任务和历史进程着手，从九个方面作了全面、系统、科学的回答，涵盖经济、政治、文化，体现了社会主义初级阶段物质文明建设，民主政治建设，精神文明建设和全面进步协调发展的要求，同时还从政治、经济、文化的角度提出初级阶段的基本纲领，对邓小平的社会主义初级阶段理论作了纵向延伸和横向扩展。江泽民曾指出，世界在变化，我国改革开放和现代化建设在前进，人民群众的伟大社会实践在发展，这迫使我们党以马克思主义的理论勇气，扩展新视野、做出新概括，在此基础上，以胡锦涛为总书记的第四代中央领导集体开创科学发展观，指明了社会主义初级阶段的发展之路。在党的十七大上，胡锦涛同志在世情、国情、党情发生重要变化的背景下，强调“两个没有变化”(第一，社会主义初级阶段的主要矛盾没有变化；第二，初级阶段的基本路线一百年不变)，科学分析我国当前的形势，列举我国现阶段8个方面的新特征，这是对中国国情新的深化。

青春话题

话题一：中国离发达国家到底有多远？

观点1：中国已经是发达国家了。在十七大召开的前一年，美国某报发表了一篇《没有“中国制造”一年》，撰写此文的普通美国家庭主妇萨拉·邦焦尔尼想看看自己家里是否能摆脱对中国产品的依赖。于是，她开始了一个实验：全家一年不采购任何“中国制造”的商品。在“抵制中国制造”近一年后她终于发现：没有中国产品的生活一团糟，代价会越来越大。后来，萨拉对采访她的新华社记者说：“从我收到的反馈意见看，大多数人也是支持这个观点的。”无独有偶，国际货币基金组织发表的《世界经济展望》报告说，中国正成为世界经济发展的最大推动力。

观点2：中国仍是经济欠发达国家，同发达国家相比还有很长的距离。据《瞭望新闻周刊》报道，中国现代化战略研究课题组发表的研究报告指出，中国仍然属于经济欠发达国家，到2050年，中国将成为世界中等发达国家，综合经济水平相当于2002年美国的水平，进入世界前40名；然后再用50年，进入世界前10名。在进行大量数据分析和科学比较后，中国现代化战略研究课题组指出，2002年中国综合经济现代化指数在世界108个国家中排在第69位。2002年，中国经济现代化水平相当于1858年的英国、1892年的美国、1957年的日本和1976年韩国的经济现代化水平。课题组负责人何传启说：“我们的结论，是在对

世界300年的历史进行科学分析的基础上得出的。我们必须面对现实，客观评价中国的经济现代化水平，在外界异乎寻常的赞誉面前保持清醒的头脑。”中国现代化战略研究课题组研究认为，到2050年前后中国要达到世界中等发达国家水平，也不是轻易能够实现的，中国经济现代化至少将面临经济质量、经济结构和国际经济竞争力三大瓶颈，其中“重中之重”的是提升经济效益和核心竞争力。

点评：

有人说，在世界经济交响曲中，“中国始终是一个高亢的音符”，就连一向用挑剔的眼光看待中国的人也不能不承认，对中国的发展找不到“悲观的结论”。的确，改革开放以来，我国的社会经济有了很大的发展引起了世人的关注，“中国奇迹”“中国速度”“中国制造”“中国道路”“大国崛起”“千年盛世”等声音不绝于耳，但是，我们真的已经是发达国家了吗？每一个中国人都不应该忘记，歪曲国情，超越阶段给这个多难的民族带来的深重的创伤。以史为鉴，警钟长鸣，在2007年3月8日，胡锦涛主席在十届全国人大五次会议上，语重心长地告诫各级官员，“要进一步增强忧患意识，始终保持开拓进取的锐气；要进一步增强公仆意识，始终牢记全心全意为人民服务的宗旨；要进一步增强节俭意识，始终发扬艰苦奋斗的精神”，并意味深长地说，“越是形势好了，越要保持清醒头脑；越是条件好了，越要发扬优良传统”。这是清醒和准确的把握国内国际形势之后做出科学判断，“是忧国忧民的至诚情怀，更是居安思危的至真理性。”

话题二：作为一个青年学子，你觉得有必要了解国情吗？

观点1：没有必要，国情离我们很远。

理由：国情“是大人物操心的问题，是政府官员的事儿，与我们无关”，我只关心同我切身利益有关的事，读一个好专业，找一份好工作，国情离我们太遥远了，了解没什么必要，反正我们也不能改变什么，何必废那个心思呢。

观点2：很有必要，国情就在我们身边。

理由：毛泽东曾经说过，“认清国情，是认清和解决革命问题的基本依据”，正因为毛泽东最了解本国国情，从本本主义和教条主义的桎梏中解放出来，制定了一系列符合本国国情的方针、政策，才取得了新民主主义革命的伟大胜利。天下兴亡，匹夫有责，古人尚且有身世飘零之感，家国兴亡之叹，更何况我们新世纪新青年呢？怎能不心系祖国，胸怀天下，为社会主义现代化尽一份自己的力量。

点评：

何谓国情？国情就是国之实情，就是一个国家不同于其他国家的特殊的环境、条件和情况，任何国家都是有自己的特殊国情，它包括自然环境和自然资源、科学教育状况、经济发展状况、政治状况、社会状况、文化传统、国际环境和国际关系七个方面。现阶段我国的基本国情是正处于并将长期处于社会主义初级阶段，这闪耀着真知灼见的理论昭示着对国情的理性回归，但我们的民族是在历史的磨难中不断战胜艰难困苦而发展进步的，在现代化的进程中，中国所遇困难之大、矛盾之多、问题之复杂、不是轻易能够认识也不是朝夕所能解决的，我们很难从国际上找到现成的发展模式和经验来解决中国的特殊发展问题，只能从中国国情出发。艰难困苦，玉汝于成，青年只有把握国情、了解祖国，才能热爱祖国，担负起民族复兴的大业。

欢乐课堂

1．观看视频《国情备忘录》

2．观看歌曲视频《小康路上》

作词：萨瓦；作曲：郃景坤；首唱：朱跃明。

歌词：

和谐的阳光/含笑的脸庞
挺起咱庄稼人的胸膛/走在小康路上

这真是有福不用忙/好日子都叫咱庄稼人赶上
科学育种保质量/农药一撒地不荒
拨收都是机器忙/粮价还给咱往上长
农闲的日子里咱还能改改行/就连那些农业税国家都给咱免
这一件件一桩桩/老祖宗想都不赶想
怎不叫咱庄稼人感恩阳光

这人逢喜事精神爽/好日子都叫咱庄稼人安享
医疗保险保健康/小楼一盖把酒烫
家用电器咱都有/农家忙活着新时尚
农闲的日子里/咱还能回课堂
就连那个互联网/也常去逛一逛
这一件件一桩桩/老祖宗想都不赶想
怎不叫咱庄稼人感恩阳光/挺起庄稼人的胸膛
走在小康路上

3．描绘一下你心目中的小康生活

要求学生描述一下他们心目中的小康生活是什么，引导学生从物质、精神文化、自然环境、社会和谐、幸福指数等多方面去描绘，再引导学生了解社会主义的发展战略。

提示：“小康”出自于《诗经》中《大雅·民劳》，本意为生活比较安定的意思，它作为一种社会模式，在《礼记·礼运》有完整的阐释。从邓小平首先用“小康”诠释了中国的现代化之后，小康在中国又有了三个称谓，小康、总体小康、全面小康。在2002年党的十六大，我党做出到2020年将全面建设小康社会的庄严承诺，距如今只有不到十个年头。在此时，和学生一起畅想一下小康生活，将激发学生的民族自尊心和自豪感，增强学生的使命感和责任感。

相关链接

一、马克思、恩格斯研究未来新社会的视角

马克思和恩格斯在思考和考察未来新社会的产生及其基本特征时，有两种研究视角，即逻辑的视角和历史的视角。他们对未来新社会基本特征进行研究时，首先是运用历史唯物主义的基本原理，在对资本主义社会内在矛盾运动及其发展趋势的深刻认识基础上，对未来社会的基本特征进行一般理论预测和基本逻辑推测。即从交换关系发展角度提出的人类社会发展的三大

形态中的第三种形态。即人对人的依赖关系的社会、人对物的依赖关系的社会、人的自由全面发展的社会。他们认为，他们提出的未来新社会的基本特征，只是一种理论和逻辑的预测，是有严格的历史和逻辑前提的，不是可以不考虑社会历史条件而随意照搬的。因此，他们从来没有并且拒绝描述未来社会的细节，他们从来没有而且拒绝提出“任何一劳永逸的现成方案”。

马克思和恩格斯还有另外一个具体考察社会主义社会生产的视角，即历史的视角。马克思和恩格斯特别强调，当要认识某个或某些具体国家向未来共产主义转变的具体发展道路时，必须从具体历史条件出发。1871 年马克思、恩格斯就在长期对东方社会发展特殊性的研究基础上，提出了俄国在特定的社会历史条件下有可能跨越资本主义“卡夫丁峡谷”而直接进入新的社会的新设想。但他始终认为，未来的新社会不能建立在落后的小生产基础上，东方落后国家只有把现代工业的生产力作为社会财产来为整个社会服务得失后，这些落后国家才能走上跨越资本主义发展过程的道路。

二、初级阶段概念的综合性

社会主义初级阶段是个综合概念，不应该偏重于从生产力和经济发展或者物质文明的角度去理解，应该从经济、政治、文化、的全面发展或物质文明、政治文明、精神文明统一的角度来理解和阐述其含义。要防止将社会主义与初级阶段对立起来、割裂开来的做法。要克服这种错误倾向，即讲社会主义初级阶段，更多的是看到生产力的落后，但对政治、思想、文化方面的问题注意不够，或者片面强调经济建设，忽视政治、思想文化领域里的工作的错误倾向。社会主义初级阶段不仅反映我国现实社会的经济状况，而且反映了我国现实社会的政治、思想、文化状况。

三、新中国成立之初的先天“营养不良”

在 1949 年之前，中国已沦为落后的半殖民地半封建性质的国家。共产党所要继承的历史遗产基础非常薄弱。

具体的讲，有以下五个方面的表现：

（1）农业生产方式基本上仍是以手工个体劳动为主的传统农业

1949 年，中国的人均耕地面积仅为世界人均占有量的一半，并且土地占有分配状态极不合理。此外，农业生产方式十分落后，劳动生产率低下。

（2）工业发展基础十分薄弱

新中国建立时，不仅机器工业产值在工农业产值中所占的比重很低，而且在工业中，为农业、轻工业和国民经济其他部门提供生产资料的重工业产值所占的比重也很低。同时中国工业门类很不起全，主要工业的产量都很低。

（3）基础设施受到破坏

新中国成立之初时，我国基础设施发展非常有限。例如，1949 年中国的铁路里程总长仅为 2.2 万千米，能通车的公路只有 8.07 万千米，且公路路况极差。

（4）人均国民收入很低，人民生活非常困难

1949 年中国的人均国民收入只有 27 美元，不仅不足印度 57 美元的一半，也远远低于当时整个亚洲 44 美元的人均收入。同时由于持续多年的恶性通货膨胀，加剧了人民生活的困难。

（5）文教卫生失业发展水平低下

教育很不发达，1949 年全国各级学校在校学生总数为 2 577.8 万人，占全国总人口的 4.76%。医疗卫生事业也很不发达。1949 年，全国卫生机构总共只有 3 670 个，每千人口医院床位数仅

0.15 张，每千人口医生数只有 0.67 人。

以上表明了中国不是像马克思所设想的那样，虽然跨越了社会制度，但并未跨越生产力发展水平。“先天的营养不良”决定了我们处于生产力水平较低的初级阶段中。

四、初级阶段的长期性与历史任务的艰巨性

初级阶段的历史任务——实现现代化。即工业化、城镇化等。

（1）工业的艰巨性

中国的实际情况是，我国 13 多亿人口八九亿在农村，基本上还处在较落后的生产力水平上。这不是工业化经济的典型格局。我国实现工业化的任务远远没有完成，且难度较大。具体体现是：

① 我们所处的工业阶段。

许多已经实现了工业化的发达国家，大体都要经历这样几个发展阶段：第一阶段，从传统农业经济过渡到落后农业与刚刚发展起来的工业同时并存的经济，或称农业—工业国；第二阶段，工业占优势，或称工业—工业国；第三阶段，现代经济或称工业国。

② 工业化先行者所用的时间。

发达国家的工业化都经历了很长的历史时期，英国用了 200 多年，美国用了 80 年，日本也用了 50 多年的时间。中国工业化所需要的资源、人力、和物力，在人类历史上都是空前的。因此，中国的工业化没有一个世纪左右的时间是难以完成的。

（2）资源和人口的制约

我国虽然是地大物博，但具体的情况却是：人均占有量很低，而且分布极不均衡。

① 地大物博的背后隐藏着危机。

以我国最丰富的煤炭资源为例，我国煤炭储量居世界第三，如果以人均占有量来计算，却只接近世界平均水平，其多分布在昆仑—秦岭—大别山一线以北，此线以南只有 6%。中国的土地面积和美国差不多，但人口是美国的 4.5 倍。中国大地上有效生存空间只有美国的 1/2 或 1/3。因而人均有效生存空间就只有美国的 1/10 或 1/15 左右。例如，中国人均耕地只有 0.08 公顷，仅为美国的 1/10，这是工业化和现代化的不利因素。

② 国民的科学文化素质。

中国的人口众多，并且科学文化素质比较低，也制约着现代化的实现速度。

③ 农业劳动力转移的难度。

中国人口众多使得城市化的任务极为繁重。西方发达国家现在的农业人口只在总人口中占很小的比例，最多不超过 15%，最小的只有很不足道的 3%。将农业劳动力从占总就业人口的 70%下降到 50%，日本花了 80 年的时间，美国花了 50 年时间。中国要使非农业人口占到总人口比例的大多数，譬如将农业人口降到总人口的 1/4 就要将 5 亿 ~ 6 亿农业人口转移的非农业领域，这几乎是欧洲的人口之和。如果每年转移相当于加拿大这么一个国家的总人口数，完全转移这些农业人口还需要半个多世纪，这还没有考虑到人口的自然增长因素。因此，如何为如此众多的农业劳动力提供非农业就业岗位，是一个历史性的难题。

综上所述，社会主义初级阶段的漫长和艰巨是显而易见的。

五、初级阶段的长期性与中国发展的实际水平

（1）新中国的物质基础薄弱，起点低

① 中国的家底不甚雄厚，因此负担非常沉重。

1949 年，我国的农业人口占全国总人口的 82.6%，农业产值占工农业产值的 70%，农业生产资料购买额占社会商品零售额的 4.8%。1949 年，农业总产值的构成情况为：种植业为 82.5%，林业为 0.6%，牧业为 12.4%，副业为 4.3%，渔业为 0.2%，种植中以粮食生产为主。但 1949 年全国平均粮食亩产量为 135 斤，棉花为 21 斤，人均占有粮食 418 斤，棉花 1.6 斤，油料 9.5 斤。全国虽有 80%的人口从事农业生产，但每年都需要大量进口粮食和棉花。

1949 年，我国钢产量为 15.8 万吨，是美国的 0.2%、日本的 5%，不到世界的 1‰，按人均算只有 0.25 公斤多。1952 年我国的工业水平实际低于 1800 年的英国、1980 年的法国，接近 1910 年的俄国，如果按人口平均，只及英国 18 世纪后期的水平；城市职工 809 万人，只占全国劳动力的 4.5%；现代工业在国民经济重的比重只占 10%。

② 横向对比我国与他国悬殊的差距。

1949 年的中国与西方国家的差距大体为 100 年至 200 年间，当时我国人均原煤量为 59 公斤，落后于法国 119 年、德国 109 年、英国 250 年左右、美国 160 年以上。人均生铁 0.46 公斤，落后于美国 89 年、德国 94 年、法国 106 年、英国 120 年以上。人均水泥产量为 1.22 公斤，也都落后于这些国家 70 ~ 120 年。

因此，1949 年的中国是一个典型的落后农业国，工业化和城市化都处于很不发达的阶段，社会主义的物质基础可以说几乎是一穷二白，这是决定我国社会主义需要一个长时期的初级阶段的根本原因。

（2）新中国的建设水平有待于进一步提高。

① 新中国 50 多年的成就举世公认。

经过新中国 60 多年的建设，我国经济和社会得到长足的发展。尤其是改革开放 30 多年来，国民生产总值平均年增长超过 7%，位居世界前列。我国工农业主要产品产量在世界上所居位次明显提高。我国已经是世界上重要的工农业产品大国。正如世界银行在《2020 年的中国——新世纪的发展挑战》研究报告中指出："中国只用了一代人的时间，在一个人口超过非洲和拉丁美洲人口总和的国家，取得了其他国家用了几个世纪才能取得的成就，这是我们这个时代最引人注目的发展。"

② 新中国 60 多年缩小差距的有限性。

新中国 60 年成就辉煌，但并未摆脱不发达状况，这突出表现在，与发达国家相比，我们在劳动生产率上差距比较大，我国只有少量的世界先进水平的技术，普遍的则是技术水平不高，例如，农业，一个农业劳动生产力生产的粮食可以供养的人口，美国大约是 70 个人，法国是 36 个人，西德和日本是 18 个人，而我国大约是 5 个人。

我国人均国民生产总值仍然位居世界的后列。居民的生活消费结构，有待调整。我国恩格尔系数为 0.596，其中城镇为 0.53，农村为 0.62。根据联合国农组织按恩格尔定律划分贫富档次，中国还处于贫穷的水平。

我国在社会发展的其他方面差距也比较大，存在的问题也不少，（1）国民经济整体素质和效益不高，经济结构不合理的矛盾仍然比较突出，特别是部分国有企业活力不强；（2）党风、政风、社会风气和社会治安的状况人民群众还不满意，贪污腐化、奢侈浪费等现象仍在蔓延滋长，官僚主义、形式主义、弄虚作假的问题较为严重；（3）收入分配关系尚未理顺，地区发展差距还明显存在，城乡部分群众生活比较困难；（4）人口增长、经济发展给资源和环境带来巨大的压力等。

结论：总体上说，中国的人口多，底子薄、生产力不发达的状况还没有根本上改变，中国目前在世界上还是一个典型的发展中大国，与亚非一些比较落后的国家处在同一发展水平线上。中国处于并将长期处于社会主义初级阶段。

六、千里之行 始于足下——把党的最高纲领与最低纲领统一起来

共产党人争取实现共产主义的奋斗历程，犹如攀登泰山，通过实现一个阶段又一个阶段的最低纲领，最后实现自己的最高纲领——共产主义。江泽民同志在庆祝中国共产党成立 80 周年大会上的讲话中指出："在革命、建设和改革的各个历史阶段中，我们党既有每个阶段的基本纲领即最低纲领，也有确定长远奋斗目标的最高纲领。我们是最低纲领与最高纲领的统一论者。"

（1）两个纲领缺一不可。

纲领，是一个政党奋斗目标和方针政策的集中概括。一个纲领就是一面公开树立起来的旗帜。它不仅指导着一个政党的全部行动，而且向外界展示着这个政党的形象。无产阶级政党都非常注意制定自己的纲领，用纲领来统一全党的意志、行动和步伐，用纲领来团结群众和组织群众。

实现共产主义是党的最高纲领。但是共产主义社会究竟是什么样子，有哪些具体特征，现在实践还没有发展到那一步，我们不可能对它进行详细的描绘，只能概括地说，共产主义社会，将是物质财富极大丰富，人民精神境界极大提高，每个人自由而全面发展的社会。

共产主义理想是共产党人的精神支柱，任何时候都不能动摇。想当年，千千万万的革命先烈，为了中国革命的胜利，爬雪山、过草地、抛头颅、洒热血，支撑他们革命的动力是什么？是共产主义的信念。"砍头不要紧，只要主义真，杀了夏明翰，还有后来人"。在敌人血淋淋的屠刀面前，夏明翰为什么能大义凛然、慷慨赴死呢？就是因为他心中有个"主义"，有坚定的共产主义理想，有心甘情愿为实现这一理想而牺牲的信念。他坚信会有更多的"后来人"继承自己的遗志，坚信崇高的理想一定会变为现实。这种共产主义的崇高信念唤人觉醒，催人奋进，成为一代又一代共产党人奋斗的号角，鼓舞着他们前赴后继，一往无前。

同时我们还必须清楚，正因为共产主义无比美好，所以共产主义事业也无比艰巨，实现共产主义是一个非常漫长的历史过程，需要进行长期不懈的奋斗，通过若干阶段性的具体目标，有步骤、分阶段地推进共产主义宏伟事业。在每个不同的发展阶段，都需要提出符合实际的理论、路线、方针、政策和策略，形成阶段性的行动纲领。例如，我们中国共产党有民主革命时期的纲领、向社会主义过渡时期的纲领、建设中国特色社会主义的纲领等，这些都是我们党在特定历史阶段的最低纲领。

最高纲领与最低纲领既有区别，又有联系，辩证统一于为实现共产主义奋斗的全部历史过程。最高纲领为最低纲领的制定指明前进方向；最低纲领为最高纲领的实现准备必要条件。没有最高纲领，最低纲领就会失去灵魂，偏离正确的方向；没有最低纲领，就不可能脚踏实地、循序渐进地做好当前工作，最高纲领就只能是美好的空想。任何时候都不能把最高纲领与最低纲领对立起来，割裂开来。

（2）历史经验值得重视。

中国共产党在处理最高纲领与最低纲领关系方面，既有成功的经验，也有失误的教训。

党的十一届三中全会重新确立了解放思想、实事求是的思想路线。以邓小平为核心的党的第二代中央领导集体，基于对中国国情和社会主义建设规律的深刻认识，提出了社会主义初级阶段的理论，制定了党在社会主义初级阶段的基本路线。以江泽民同志为核心的党的第三代中央领导集体，进一步提出了党在社会主义初级阶段的基本纲领，指出在社会主义初级阶段，我们要努力发展社会

主义市场经济，不断解放和发展生产力；要适应经济发展和社会全面进步的要求，在坚持四项基本原则的前提下，积极稳妥地推进政治体制改革，发展中国特色社会主义民主政治，建设社会主义政治文明；要以马克思主义为指导，以培育有理想、有道德、有文化、有纪律的公民为目标，发展面向现代化、面向世界、面向未来的，民族的科学的大众的社会主义文化。这个基本纲领，作为党的基本路线在经济、政治、文化等方面的展开，有力地推进了中国特色社会主义事业的发展。

温故而知新。总结中国共产党建党 80 多年的历史经验，可以清醒地看到，什么时候最低纲领与最高纲领这一关系处理得好，就能有力地促进革命、建设和改革事业的发展；什么时候这一关系处理得不好，革命、建设和改革事业就会走弯路。科学阐明和正确处理两者之间的辩证统一关系，是中国共产党在政治上清醒和成熟的重要标志。

（3）脚踏实地循序渐进。

中国古代“揠苗助长”的故事说明一个道理，万事万物都有自己的规律，违背了规律就会受到惩罚。一个政党在处理最高纲领与最低纲领的关系上也是如此。如果为了早日达到远大的理想目标，而不顾客观规律，一味超越阶段地蛮干，就会欲速则不达，甚至干出“揠苗助长”那样的傻事来。饭要一口一口地吃，井要一锹一锹地挖；一口吃不成胖子，一锹挖不成井。俗话说，要“大处着眼，小处着手”，也就是说既要看清前进方向，心中有个大目标，又要从小事做起，扎扎实实把当前的任务完成好，否则就会变成一个空想者。那么，当前我们的主要任务是什么？就是努力实现党在社会主义初级阶段的基本纲领。这个纲领的制定，是严格从社会主义初级阶段的实际出发，是完全符合当代中国国情的。党的十六大强调指出：“共产党员必须发挥先锋模范作用，牢固树立共产主义远大理想和中国特色社会主义坚定信念，脚踏实地地为实现党在现阶段的基本纲领而奋斗。”我们必须以全部精力、全部热情为实现党在现阶段的基本纲领而不懈努力，贡献出自己的智慧和力量。

拓展阅读

关于“社会主义初级阶段”的思考

要不是温家宝总理在全国人大记者招待会上指出中国仍然处于“社会主义初级阶段”，很多人也许已经淡忘了这个名词。现在重新把它提出来引起人们思考，很有必要。

“社会主义初级阶段”的说法，是在 1987 年 10 月中共十三大上首次出现的。由于中国经济底子薄弱，改革开放初期姓社姓资问题争论不休，中共领导才有“初级阶段”的设想。

对比今昔“初级阶段”的内涵与任务，人们会发现两者之间的变化。十三大规定的任务是“以公有制为中心大力发展有计划的商品经济”，使中国摆脱贫穷落后，由农业国变为工业国。而温总理现在的提法，则是要把“改善民生”“维护公平正义”“促进社会和谐稳定”作为经济建设的出发点。

在“国本主义”中注入“人本主义”

虽然两者都强调人的因素，但前者着重人民为国家奉献，后者反过来强调经济发展要造福于人民，实现“社会公正”与“人的尊严”。在原先的“国本主义”中注入“人本主义”因素，是与时俱进的新发展，表明对人的关怀成为高层决策的重要依据。

中国实行改革开放三十多年创造了世界经济奇迹。年平均增长率高达 9.8%，国民生产总值从占世界经济总量的 1.8%跃升为 7.3%，在世界上的排名从第二十几位上升到第二位。

这好比一场在田径场上的大国竞赛。中国从飞鸽牌自行车换乘上海牌汽车再登上神舟飞船，以最短时间和最快速度超越一个又一个发达国家，最后紧跟到跑在最前面的世界最强对手。

国力空前增长使中国人放眼全球扬眉吐气，增加了攀登世界高峰的信心。清末革新派文人梁启超在《少年中国说》一文中梦想中华之国将来会有“称霸宇内主盟地球，享有指挥顾盼之尊荣”的腾飞之日。尽管中国无意称霸，但“顾盼尊容”之日确已到来。这不但使中国人自傲之心不可抑制与日俱增，有的且迫不及待地想在国际事务中拔剑出鞘一试锋芒。

中国现代化至少还需百年

毛泽东早在 1956 年对外宾讲话中表示过担心，“现在中国人有谦虚态度，是因为我们没有本钱”，但“要预防将来，一二十年以后就危险了，四五十年后就更危险了”。半个世纪后的今天，这段话更富现实意义。

其实国家实力强弱并不完全取决于 GDP，也不仅在于物质变化的大小，还要看地区平衡、社会公平、财富分配、公民权利、法治效率、文明程度与持久稳定性如何。因此温总理认为，“上海和北京的发展不能代表整个中国”，“要建成一个中等发达的国家至少还要半个世纪”，而真正实现现代化，“还要上百年的时间以至更长”。

当白宫与华尔街得意欢庆美国独霸世界的大好光景来临不久，美国又很快陷入了两场打不赢的战争，和一场震撼全球的金融风暴之中。唯有 13 亿人口的中国一枝独秀坚挺于世备受瞩目，这又使世人想到了社会主义的好处。

今天的任务不是致富而是治富

仅仅一代人的时间，革新与复旧相互交替，中国的社会状况、人际关系与精神面貌竟然会变得如此难以辨认，真是不可想象。如果说过去中国的主要问题是治穷，那么今天的任务已经不是致富而是治富。这会比以前更困难，因为既得利益者是不会自动把财富拿出来与穷人分享的。而财富分配不均，将成为社会动乱的重要诱发因素。因此温总理警告说，分配不公与贪污腐败问题“足以影响社会的稳定，甚至政权的巩固”。

现在中国处于社会主义发展的初级阶段，对此不会有人异议。按照逻辑来说，它将来应当还要向中级和高级阶段发展。但值得疑问的是，既然初级阶段就发生了这么多向资本主义转化的现象，那么往后两个阶段又会如何呢？究竟什么才是社会主义建成的标志呢？

这又引导人们产生一种想法，就是世界发展到今天的地步，不要再拿资本主义与社会主义来划分一切事物和现象了。凡是好的就吸收推行。凡是不好的就改革废除。一切的一切，归根到底还是邓小平的话最有远见，最管用：“不管白猫黑猫，凡是能捉老鼠的就是好猫！”（华盛顿中国论坛社社长陈有为）。

点评：纠结于我国所处的社会发展阶段，究竟还有多大历史意义？社会主义初级阶段理论提出二十多年后，我们的领导者却在一遍一遍反复强调我国正处于并将长期处于社会主义初级阶段，一百年不动摇，这似乎与我党标榜的与时俱进与理论创新的主旋律不符。人类最会遗忘，二十年前还是空谷足音的理论如今已嫌陈腐；思维习惯简化，社会主义初级阶段的理论妇孺皆知，却又大都知其然而不知其所以然。

古人云，皮之不存，毛将安附焉，社会主义初级阶段理论就是“皮”，正本清源，科学定位，我国正处于社会主义初级阶段，抛弃这个理论谈何社会主义发展纲领、基本路线、发展战略、发展路径云云。但是过于纠结于这个理论的细支末节，纠结于社会主义初级阶段过程中社会主义与资本主义所占的比重到底孰轻孰重，社会主义初级阶段是否是变相的资本主义也大可不必。邓小平说，不争论，不是为了树立话语的霸权，不争论，是要我们脚踏实地，不仅仅只有嘴上的功夫，空谈误国，这样的教训不可谓不惨重。

遗忘自然可以让我们丢掉历史包袱，轻装上阵，但反思让我们思考更为厚重而有深度；简化并不可怕，理论的探究是学者们书斋里的革命，而我们要明白自己肩负的历史责任，发展才是硬道理，公平的发展，和谐的发展，科学的发展，才是解决中国所有问题的关键。只有记住了我国所处的历史阶段，我们才有可能既不妄自菲薄，也不夜郎自大，既不“左”也不右，在“左”与右之间找到一条适合中国发展的道路。

社会大舞台

活动主题——社会调查：了解家乡，认识基本国情

活动目的：

通过社会调查，使学生对家乡的情况有个基本的了解，管窥一斑，进而对整个中国国情有个比较理性的认识，以此加深学生对社会主义初级阶段理论的体会和理解。通过社会调查，进一步提高学生的社会参与能力，有助于学生开阔视野，助长才干。

活动要求：

1. 教师和老师共同设置几个问题，要求学生深入家乡或社区调查情况。

2. 学生整理资料，教师指导学生如何写调查报告，学生了解调查报告的基本格式和写作要求。

3. 要求学生课外观看《国情备忘录》，对比整个中国的国情现状，提升理论。

4. 要求学生撰写一份千字左右的调查报告，优秀论文，装订保存。

资料推荐：

1. 大型纪录片《国情备忘录》。

2. http://www.chinalcn.com 中国国情网。

3. http://www.phtv.ifeng.com 凤凰大视野——回望 2006（共五集）。

视频资料

1. 影片《一个都不能少》——张艺谋导演，魏敏芝、张慧科主演，时长 102 分钟。

2. 纪录片《大国崛起》之《大道行思》（45 分钟）。

3. 纪录片《复兴之路》之《中国新生 3》（14 分钟）。

4. 纪录片《国情备忘录》，分为中国之谜、人口大计、农字当头、苍茫大地、资源扫描、山水之间、民生纵横、创新元素，以及中国脚步九集，每集 45 分钟，就当下中国的人口、三农、耕地保护、资源环境、社会保障以及创新能力等我国国情中最基本、最核心的问题，进行了客观详尽的表现。帮助理解我国正处于社会主义初级阶段及社会主义初级阶段的长期性和艰巨性。

网上冲浪

1. http://finance.qq.com 改革之路，见证中国。
2. http://www.chinalcn.com 中国国情网。
3. http://www.xinhuanet.com 新华网特别专题：中国共产党十七次全国代表大会。
4. http://www.phtv.ifeng.com 凤凰卫视：凤凰大视野 2006 民生篇。

专题十九 宏伟蓝图

——中国社会主义的发展战略

“我们的伟大目标是，到我们党成立 100 年时建成惠及十几亿人口的更高水平的小康社会，到新中国成立 100 年时基本实现现代化，建成富强、民主、文明、和谐的社会主义现代化国家。只要我们不动摇、不懈怠、不折腾，坚定不移地推进改革开放，坚定不移地走中国特色社会主义道路，就一定能够胜利实现这一宏伟蓝图和奋斗目标。”

——胡锦涛在纪念党的十一届三中全会召开 30 周年大会上的讲话

知识目标

1. 掌握“三步走”发展战略和全面建设小康社会的内涵；
2. 了解党的十七大对我国发展提出的更高要求等内容。

能力目标

提高学生对我国社会主义发展战略的认识水平，增强对“三步走”发展战略和全面建设小康社会的制定背景和完成情况的科学认识和准确把握的能力。

价值目标

帮助学生坚定对建设中国特色社会主义的信心，从而积极投身到全面建设小康社会的伟大实践中。

20 世纪中叶，随着新中国的成立，对于全国人民来说，实现社会主义现代化和中华民族的伟大复兴已不再是遥不可及的梦想，中国共产党领导全国人民在探索社会主义现代化建设道路的过程中，取得了辉煌的成果，也遇到了挫折，但是我们应足以自豪的是，中国现代化的宏伟蓝图已经初步成型，其中包括邓小平同志提出的“三步走”基本实现现代化的社会主义发展战略，以及十六大以来所确立的全面建设小康社会的战略目标等，那么，就让我们一起来了解这幅壮丽的宏伟蓝图是如何描绘出来的吧！

情境导入

2011，你幸福吗

（来源：小康杂志 2011 年 11 月）

这样的问题，不同国家的人们，会给出不同的答案。

在深陷震灾的日本，一个住在安置点的老太太告诉中国记者，“海啸虽然来过，但樱花还是开了”。

在美国的金融中心，冲到华尔街的民众喊出了“We are the 99%”。

还有不堪骚乱的英国、洪水肆虐的泰国……

若是非要做一个横向比较，生活在中国的人们，是否会觉得相对幸福？

2011年10月，《小康》杂志社联合清华大学媒介调查实验室在全国展开的“2011中国人幸福感调查”得到了这样的数据：觉得现在“非常幸福”和“比较幸福”的参访者比例为60.2%。也就是说，超过60%的人，在2011年，感觉到了幸福。同时，经过对调查结果和国家有关部门的监测数据进行加权处理，得出2010—2011年度中国幸福小康指数为79.9，比上年提升0.4个百分点。幸福小康指数涉及身心状况满意度、家庭生活满意度、社会关系满意度、生活质量满意度、社会环境满意度等各方面。

本次调查覆盖全国31个省、自治区和直辖市的287个城市，参访者男、女比例为52%和48%，年龄介于20岁与60岁之间，涉及农民、公司职员、公务员、企业高管、国家机关/事业单位领导等10余种职业。为确保样本的代表性，调查利用NetTouch系统对参访者所在城市、性别、职业、收入等配额指标进行了后台控制，本次调查在95%的置信度水平上，可将估计误差控制在3.2%。

点评：对于一个不含水分、群众认可的小康生活，全民的幸福感是展现小康社会建设成果的一个“窗口”。幸福是人们对生活满意程度的一种主观感受，“幸福指数”是衡量民众这种感受具体程度的主观指标数值。我们党的根本宗旨是全心全意为人民服务。发展经济、社会、文化、政治的最终目的，说到底都是为了使老百姓幸福最大化。目前我国已经顺利地实现了邓小平提出的“三步走”战略的第一、第二步战略目标，人民生活总体上达到了小康水平，上述调查结果显示，目前我国全面建设小康社会也正在顺利进行中。

知识导航

一、“三步走”的发展战略

历史证明，振兴中华、实现社会主义现代化需要制定正确的发展战略。“战略”这个概念最初只应用于军事领域，是对“战争谋略”的简称，其含义是指对战争中整体性、长期性、基本性问题的计谋。20世纪60年代，“战略”一词开始引入到国家的经济社会建设领域。“发展战略”一般指经济社会发展战略，是指一个国家根据对经济、社会发展各种制约因素的分析，从全局出发制定一个较长时间内经济发展和社会全面发展达到的目标，以及实现这一目标的根本途径和方法。制定并贯彻执行正确的发展战略，是推动国家发展进步的重要前提。

我国目前社会主义初级阶段社会经济发展的战略目标，是到21世纪中叶基本实现现代化，把我国建设成为富强、民主、文明、和谐的社会主义现代化国家。

伴随着新中国的成立，中国实现现代化，实现中华民族的伟大复兴，已经从一种理想转变为实践。新中国现代化建设已走过漫长的半个世纪。我们党的历代中央领导集体，在规划和部署如何实现现代化上，经历了一次又一次的探索和抉择，虽然有失误有挫折，但更多的是丰富的经验和辉煌的成就，我们党终于走出了一条中国特色的现代化道路。

（一）毛泽东分两步走实现“四个现代化”

新中国成立后，以毛泽东为核心的党的第一代领导集体于1954年、1964年、1975年三次制定和规划我国实现现代化的战略目标和宏伟蓝图，提出在20世纪内，分两步把我国建设成为“四个现代化”的社会主义国家：第一步，建成一个独立的比较完整的工业体系和国民经济体系；第二步，在20世纪内，全面实现农业、工业、国防和科学技术的现代化，使我国国民经济走在世界的前列。

（二）邓小平的“三步走”发展战略

党的十一届三中全会后，邓小平在总结经验教训和深入调查研究的基础上，提出了著名的“三步走”发展战略。1987年党的十三大上，邓小平正式宣布了这一战略构想：第一步，实现国民生产总值比1980年翻一番，解决人民的温饱问题；第二步，到20世纪末，使国民生产总值再增长一倍，人民生活达到小康水平；第三步，到21世纪中叶，人均国民生产总值达到中等发达国家水平，人民生活比较富裕，基本实现现代化。

（三）江泽民的“新三步走”

江泽民在党的十五大上提出了21世纪前50年内实现第三步战略目标的三个具体步骤：到2010年实现国民生产总值比2000年翻一番，使人民的小康生活更加富裕，形成比较完善的社会主义市场经济体制；到建党一百年时，使国民经济更加发展，各项制度更加完善；到世纪中叶建国一百年时，基本实现现代化，建成富强民主文明的社会主义国家。

从我们党历代领导集体规划和部署社会主义现代化建设的过程中，可以体现出我们党对我国国情认识的深化，体现出我们党一切从实际出发，实事求是，矢志不渝的奋斗精神。目前，我们已经顺利地实现了第一、第二步目标，人民生活总体上达到了小康水平，现在正处于全面建设小康社会时期。

二、全面建设小康社会

（一）什么是“小康”

《辞海》对“小康”的解释是：经济比较宽裕，可以安然度日。据考证，“小康”一词源于《诗经》，其中有“民亦劳止，汔可小康”，其意是讲，老百姓终日劳动不止，最大的希望就是过上小康的生活。儒家把比“大同”社会较低级的社会称为小康。孔子在《礼记·礼运》中对“大同”和“小康”是这样描述的：“大道之行也，天下为公，选贤与能，讲信修睦，故人不独亲其亲，不独子其子，使老有所终，壮有所用，幼有所长，矜寡孤独废疾者皆有所养。男有分，女有归。货恶其弃于地也，不必藏于己；力恶其不出于身也，不必为己。是故谋闭而不兴，盗窃乱贼而不作，故外户而不闭，是谓大同。今大道既隐，天下为家，各亲其亲，各子其子，货力为己。大人世及以为礼，城郭沟池以为固，礼义以为纪，以正君臣，以笃父子，以睦弟兄，以和夫妇，以设制度，以立田里，以贤勇知，以功为己。……如有不由此者，在势者去，众以为殃，是为小康。“天下为家、财产私有、生活宽裕、上下有序、家庭和睦、讲究礼仪”是这个“小康”社会模式的特点。很明显，作为普通老百姓的理想生活水平，小康是指一种介于温饱与富裕之间的生活状态，即温饱有余而富裕不足。康有为写了一本《大同书》，书中提出了人类历史必然按照拨乱、小康、大同三个阶段的顺序而进化。孙中山在《建国方略》中提出的三民主义，很大程度也是受到了儒家小康社会和大同社会思想的影响，民主主义革命的根本问题，是解决农民问题，实现“耕者有其田”。中国历代思想家们，曾对理想中的小康社会做过许多设计，赋予它很多思想内涵，但都有其历史的局限性。古代思想家所说的小康社会，是一种建立在落后生产力和封建私有制基础上自给自足的小农社会，反映了长期处于贫困状态的普通百姓对于衣食无忧的生活的向往。正因为这样，人们才会向往小康，追求小康。古往今来，“小康”“小康之家”“小康生活”术语在民间得到广泛的流传，并且逐步地向人们基本生活状态转移，越来越多地被解释为“略有资产，足以自给”，“经济较宽裕，不愁温饱”等。

1979 年 12 月 6 日，邓小平会见日本首相大平正芳，当日本首相询问中国在 20 世纪末实现四个现代化的具体构想时，邓小平借用“小康”一词，描述了中国式的现代化进程。他指出：“我们要实现的四个现代化，是中国式的四个现代化。我们的四个现代化的概念，不是像你们那样的现代化概念，而是‘小康之家’。”邓小平提出的“小康”概念，是在继承中国传统文化的基础上提出的一个富有中国特色社会主义内涵的新概念。邓小平在提出“小康”概念后，曾多次指出小康社会的含义和标准，他说：“所谓小康社会，就是虽不富裕，但日子好过。”后来，他又用人均国民生产总值 800～1 000 美元作为小康的标准。1987 年党的十三大正式将“小康”列为“三步走”的第二步目标。

1991 年国家统计局与计划、财政、等 12 个部门的研究人员组成了课题组，确定了 16 个基本监测指标作为小康基本标准。具体包括：

（1）人均国内生产总值 2 500 元（按 1980 年的价格和汇率计算，2 500 元相当于 900 美元）；

（2）城镇人均可支配收入 2 400 元；

（3）农民人均纯收入 1 200 元；

（4）城镇住房人均使用面积 12 平方米；

（5）农村钢木结构住房人均使用面积 15 平方米；

（6）人均蛋白质日摄入量 75 克；

（7）城市每人拥有铺路面积 8 平方米；

（8）农村通公路行政村比重 85%；

（9）恩格尔系数 50%；

（10）成人识字率 85%；

（11）人均预期寿命 70 岁；

（12）婴儿死亡率 3.1%；

（13）教育娱乐支出比重 11%；

（14）电视机普及率 100%；

（15）森林覆盖率 15%；

（16）农村初级卫生保健基本合格。

到 2000 年底，除“农民人均纯收入”“人均蛋白质摄入量”和“农村初级卫生保健基本合格”3 项外，其余 13 项均完成或超额完成。国家统计局用综合评分方法进行测算，2000 年，反映物质生活和生活环境的指标的小康实现程度分别为 95.79%和 90%，全国小康实现程度约为 96.58%。人民生活总体上达到小康水平。

（二）全面建设小康社会

2002年11月，江泽民同志在“十六大”报告中，提出了全面建设小康社会的目标：“我们要在本世纪头二十年，集中力量，全面建设惠及十几亿人口的更高水平的小康社会，使经济更加发展、民主更加健全、科技更加进步、文化更加繁荣、社会更加和谐、人民生活更加殷实。”并从四个方面阐述了全面建设小康的目标体系：

① 经济建设与改革的目标：“在优化结构和提高效益的基础上，国内生产总值到2020年力争比2000年翻两番，综合国力和国际竞争力明显增强。基本实现工业化，建成完善的社会主义市场经济体制和更具活力、更加开放的经济体系。城镇人口的比重较大幅度提高，工农差别、城乡差别和地区差别扩大的趋势逐步扭转。社会保障体系比较健全，社会就业比较充分，家庭财产普遍增加，人民过上更加富足的生活。”

② 民主政治建设的目标：“社会主义民主更加完善，社会主义法制更加完备，依法治国基本方略得到全面落实，人民的政治、经济和文化权益得到切实尊重和保障。基层民主更加健全，社会秩序良好，人民安居乐业。”

③ 精神文明建设的目标：“全民族的思想道德素质、科学文化素质和健康素质明显提高，形成比较完善的现代国民经济教育体系、科技和文化创新体系、全民健身和医疗卫生体系。人民享有接受良好教育的机会，基本普及高中阶段教育，消除文盲。形成全民学习、终身学习的学习型社会，促进人的全面发展。”

④ 实现可持续发展的目标：“可持续发展能力不断增强，生态环境得到改善，资源利用效率明显提高，促进人与自然的和谐，推动整个社会走上生产发展、生活富裕、生态良好的文明发展道路。”

2007年10月，胡锦涛同志在党的十七大报告中指出：“在十六大确立的全面建设小康社会目标的基础上对我国发展提出新的更高要求。”具体包括五个方面的新要求：

“增强发展协调性，努力实现经济又好又快发展。”

“扩大社会主义民主，更好保障人民权益和社会公平正义。”

“加强文化建设，明显提高全民族文明素质。”

“加快发展社会事业，全面改善人民生活。”

“建设生态文明，基本形成节约能源资源和保护生态环境的产业结构、增长方式、消费模式。”

全面建设小康社会的目标，既体现了对邓小平小康思想的继承，又体现了时代特征，反映了“三个代表”重要思想的根本要求。这个目标的实现，将使我国经济更加发展、民主更加健全、科教更加进步、文化更加繁荣、社会更加和谐、人民生活更加殷实。有了这个奋斗目标，就有了凝聚全党和全国各族人民共同奋斗的基点和前进方向。

2011年12月，国家统计局公布了《全面建设小康社会进程统计监测报告》，据最新统计数据分析，2010年中国人均GDP近3万元，小康社会实现程度超过八成。全面建设小康社会的六大方面：经济发展、社会和谐、生活质量、民主法制、文化教育、资源环境的实现程度都有较大的提高。

三、我国实施的几个重要战略

（一）科教兴国战略和人才强国战略

科学的本质是创新，创新的关键在人才，人才的成展靠教育。科学技术实力和国民教育水平，始终是衡量综合国力和社会文明程度的重要标志，也是每个国家走向繁荣昌盛的两个不可缺少的飞轮。为此，党中央相继提出科教兴国战略和人才强国战略。

科教兴国战略是邓小平科学技术是第一生产力和优先发展教育事业思想的具体体现。1995年5月6日颁布的《中共中央国务院关于加速科学技术进步的决定》，首次提出在全国实施科教兴国的战略。江泽民在会上指出："科教兴国，是指全面落实科学技术是第一生产力的思想，坚持教育为本，把科技和教育摆在经济、社会发展的重要位置，增强国家的科技实力及实现生产力转化的能力，提高全民族的科技文化素质。把经济建设转移到依靠科技进步和提高劳动者素质的轨道上来，加速实现国家的繁荣强盛。"1996 年，八届全国人大四次会议正式提出了国民经济和社会发展"九五"计划和2010年远景目标，把"科教兴国"列为基本国策。

之后，江泽民同志提出的"人才资源是第一资源"的科学论断，人才强国战略的基本含义是：在建设中国特色社会主义事业中，把人才作为推进事业发展的关键因素，努力造就数以亿计的高素质劳动者、数以千万计的专门人才和一大批拔尖创新人才，积极参与国际人才竞争，通过人才的培养、吸引和使用，建设一支规模宏大、结构合理、素质较高的人才队伍，发挥各类人才的积极性、主动性、创造性，开创人才辈出、人尽其才的局面，把我国由人口大国转化为人力资源强国。

实施科教兴国战略和人才强国战略，首先要加快科技进步。其次，实施科教兴国战略，要把教育放在优先发展的战略地位。再次，实施科教兴国战略，还要把培养、吸引和用好人才作为一项重大的战略任务抓好。第四，实施科教兴国战略，要制定如"863"计划那样的科学和技术长远发展规划，还要加强科学基础设施建设。第五，实施科教兴国战略，坚持社会科学和自然科学并重，充分发挥哲学社会科学在经济和社会发展中的重要作用。第六，实施科教兴国战略，要"普及科学知识，弘扬科学精神""在全社会形成崇尚科学、鼓励创新，反对迷信和伪科学的良好氛围"。

（二）可持续发展战略

可持续发展的概念是在环境危及人类的生存和发展，传统的发展模式严重地制约了经济的发展和社会的进步的背景下产生的。第二次世界大战结束以后，世界大多数国家都确立了以经济增长为核心的社会发展观，即传统的经济增长发展现。这种发展观以国民生产总值或国民收入的数量增长为目标。然而，一味追求经济增长还造成资源和能源的大量消耗和浪费，带来的严重环境污染，危及人类自身的安全与健康。从20世纪60年代到80年代，在经历了一系列全球生态环境恶化对经济发展带来消极影响的痛苦之后，人类开始积极反思和总结传统经济发展模式的矛盾，探索能在提高经济效益的同时保护资源，改善环境的发展战略。于是一种新的发展观，即可持续发展观在全球范围内形成。1992 年6月，我国政府参加联合国"环境与发展"世界首脑会议。1994 年3月，我国政府发表《中国21世纪议程——中国21世纪人口、环境与发展白皮书》。1995 年9月十四届五中全会正式把"实现经济社会可持续发展"作为我国主要奋斗目标和指导方针的重要内容，载入党的正式文件。1997年党的十五大报告再次重申：“我国是人口众多、资源相对不足的国家，在现代化建设中必须实施可持续发展战略。”

1992年联合国环境与发展大会通过的《21世纪议程》给可持续发展下的定义为：既满足当代的需求，又不危及后代满足需求能力的发展。江泽民进一步指出“所谓可持续发展，就是既要考虑当前发展的需要，又要考虑未来发展的需要，不要以牺牲后代人的利益为代价来满足当代人的利益。”可持续发展强调经济发展与人口增长、资源利用、生态环境保持和社会进步的相互协调。胡锦涛在2004年召开的中央人口资源环境工作座谈会上指出，可持续发展，就是要促进人与自然的和谐，实现经济发展和人口、资源、环境相协调，坚持走生产发展、生活富裕、生态良好的文明发展道路，保证一代接一代地永续发展。

我国实施可持续发展战略主要是正确处理经济发展与人口、资源、环境的关系。第一，坚持计划生育的基本国策，协调发展与人口增长的关系。第二，正确处理经济发展与资源的关系，努力提高资源的利用率。第三，坚持保护环境的基本国策，正确处理经济发展与环境保护的关系。第四，转变经济增长方式，走新型发展道路。第五，增强全民环境保护意识，提高实施可持续发展的能力。

（三）西部大开发战略

加快中西部地区的发展，实施西部大开发战略，是党中央提出的推动生产力发展的重大战略决策。改革开放以来，由于受各种条件的影响，东、中西部地区经济在共同发展过程中，中西部地区发展相对慢一些。中西部地区特别是西部地区的发展，关系到全国的经济发展和社会稳定，不仅具有重要的经济意义，而且具有重大的政治意义。20世纪80年代，当改革开放和现代化建设全面展开以后，1988年，邓小平针对中国发展不平衡的特点，提出了“两个大局”的战略构想。一个大局，就是沿海地区加快对外开放，较快地先发展起来，中西部地区要顾全这个大局。另一个大局，就是当沿海地区发展到一定时期，要拿出更多的力量帮助中西部地区加快发展，东部沿海地区也要服从这个大局。1999年6月9日，江泽民总书记提出，加快中西部地区发展步伐的条件已经具备，时机已经成熟。1999年11月，中央经济工作会议部署，抓住时机，着手实施西部地区大开发战略。西部大开发的范围包括重庆、四川、贵州、云南、西藏、陕西、甘肃、青海、宁夏、新疆、内蒙古、广西等12个省、自治区、直辖市，面积为685万平方公里，占全国的71.4%。

四、抓紧重要战略机遇期，实现跨越式发展

党的十六大报告指出：21世纪的头20年，对我国来说，是一个必须紧紧抓住并且可以大有作为的重要战略机遇期。这个论断，是在对国际环境、国内形势和我国现在已经展现出来的发展态势作了科学分析后得出的结论。

第一，从国际格局和世界矛盾的全局上看，我们面临的国际环境仍然是机遇大于挑战。第二，科学技术迅猛发展，科学技术与经济社会日益融合，信息时代来临，为我们有所为、有所不为、重点突破，实现经济社会的跨越式发展提供了良好的机遇和条件。第三，经济全球化趋势的发展以及我国加入世界贸易组织，为我们在全球范围内配置资源，加快现代化建设创造了机遇，提供了条件。第四，社会主义市场经济体制不断完善，民主法制建设不断推进，巨大的

市场和大幅度增长的外汇储备，为我们进一步吸引外资、发展经济创造了条件。第五，党的路线、方针、政策正确，全国各族人民的团结、支持以及改革开放30年来积累的宝贵经验，为我们抓住机遇、大有作为的发展提供了强有力的保证。

这一重要战略机遇期之所以重要，还在于它是我国实现现代化建设第三步战略目标必经的承上启下的发展阶段，也是完善社会主义市场经济体制和扩大对外开放的关键阶段。2003年我国人均国民生产总值已达到1000美元，到2020年要达到3000美元以上。一些国家和地区的发展历程昭示我们：在这个机遇和挑战并存、希望与压力同在的黄金发展期、矛盾凸显期，如果举措得当，经济社会发展将实现新的跨越；如果应对失误，很容易导致经济徘徊、社会动荡。在当前国际国内形势下，我们面临的仍将是一个总体上有利于我们促进经济社会发展，但不利因素可能增多的环境。我们一定要牢牢把握和切实利用好这个重要战略机遇期，妥善应对各种挑战，完成社会主义现代化建设。

青春话题

我们现在的小康是真正的小康吗

通过分组查阅资料以及结合自己的亲身体会，以“我们现在的小康是真正的小康吗？”作为话题，让学生充分讨论，谈谈总体小康与全面小康的区别，各抒己见。

点评：

不可否认的是我们现在已经总体上实现小康，但总体小康还是低水平、不全面、发展很不平衡的小康。

① 总体小康是一个低水平的小康，全面小康是一个较高标准的小康。所谓低水平，就是指我国达到的小康还刚刚迈入小康社会的门槛，只是基本解决衣食无虞的生存需要，离宽裕还较远。

② 总体小康是一个偏重于物质消费的不全面的小康，而全面建设小康社会，是实现社会全面进步的小康，追求的是物质、政治、精神和生态文明的共同发展。

③ 总体小康是一个发展不平衡的小康，全面建设小康社会将缩小地区、城乡、各阶层的差距。

对于总体小康与全面建设小康社会的差距，以下数据可以作为参考：

2001年底，我国GDP总值已超过11590亿美元，位居世界前列，但人均GDP只有912美元，位于世界100位之后，属于中下收入国家的水平。而到2020年，我国人均GDP将达到4000美元左右，达到中等收入国家水平。小康水平有一个从低到高的发展过程。

我国在不同地区之间、城乡之间，以及不同社会阶层之间，收入和生活水平还存在很大差距。城乡差距：2005年全国农村居民人均收入不到城镇居民人均可支配收入的1/3；地区差距：2005年东部地区与中部地区的收入差距比上一年拉大462元，东部地区与西部地区的收入差距拉大545元；行业差距：2000年行业最高人均工资水平是行业最低人均工资水平的2.63倍，2005年增加到4.88倍；不同群体收入差距：2000年到2005年的五年间，城镇居民中10%最高收入组与10%最低收入组的收入之比从4.6倍上升到9.2倍，扩大了一倍。

欢乐课堂

观看纪录片《小康路上看昆山》

背景资料：江苏省的昆山市面积有900多平方公里，常住人口在105万左右。改革开放初期，昆山还是一个落后的农业县，经过十几年的努力，昆山发生了巨大变化，2005 年国家统计局公布的全国百强县排序中昆山位列第一。2003 年，江苏省制定了全面建设小康社会的指标体系，为了实现主要指标，昆山人提出了坚持率先发展，坚定不移地实施外向带动、民营赶超和服务业跨越“三大战略”的发展思路。昆山人瞄准技术高端领域并努力完善 IT 产业链，2005 年，昆山市 IT 产值突破 1 000 亿元，全球近三分之一的笔记本电脑是在这里生产的。在建设小康社会的过程中，昆山市实施了“人人有技能、个个有工作、家家有物业”的“三有工程”，在农村还建立起以低保、养老、医疗、征地补偿、动迁补偿为主体的五道保障体系，努力使农民初步实现老有所养、病有所医、弱有所扶、贫有所济。昆山坚持以环保优先的理念规划产业发展，2003 年以来共投入资金 10 亿多元用于改善城乡生态环境。

纪录片内容摘录：“这里去年生产了 1 700 万台笔记本电脑，占全球产量的近三分之一。这里的高速公路如果塞车一小时，全球的消费者就不能及时拿到货。这里被评为国家环保模范城市和国家生态示范区。这里被称为江苏省社会治安安全市。近年来，昆山平均每年注册外资达到 25 亿美元，实际到账外资 12 亿美元左右。三年来，全市民营企业注册资本每年新增 50 亿元以上。昆山人提出了坚持和谐发展，和谐发展就是让老百姓安居乐业，就是富民优先。”“2005 年，昆山市全地区生产总值达到 730 亿元，全地区政收入达到 116.8 亿元，进出口总额达到 332 亿美元。人均 GDP、城镇居民人均可支配收入、农民人均纯收入达到了江苏省小康指标。据统计，昆山人对达到全面小康社会的认可度高达 73.2%。”

提示：通过观看短片，除了使同学们切身体会到目前我国全面建设小康的典型进程外，还进一步了解目前低水平、不全面、发展不平衡的小康是未来小康社会的起点，全面建设小康社会是一个长期的过程，是最终实现现代化的必经阶段，随着改革开放的进一步深入，中国特色社会主义道路的更加完善，在本世纪头二十年，我们必将实现全面建设小康社会的宏伟目标，在本世纪中叶，我们也会最终实现我们几代人民期盼已久的社会主义现代化！

相关链接

小康社会的具体指标

1．全面小康社会的基本标准

国家有关部门参照国际上常用的衡量现代化的指标体系，考虑我国国情，从十个方面形成了全面建设小康社会的基本标准：

一是人均国内生产总值超过 3000 美元。

二是城镇居民人均可支配收入 1.8 万元（2000 年不变价，下同）。

三是农村居民家庭人均纯收入 8000 元。

四是恩格尔系数低于 40%。

五是城镇人均住房建筑面积 30 平方米。

六是城镇化率达到 50%（2000 年为 36.2%）。

七是居民家庭计算机普及率 20%（2000 年，我国城乡居民家庭计算机普及率约为 4.2%左右，其中城镇居民家庭计算机普及率为 9.7%）。

八是大学入学率 20%。

九是每千人医生数 2.8 人。（2000 年，我国达到每千人为 2 人）。

十是城镇居民最低生活保障率95%以上（2001年，城镇居民最低生活保障率达到71.6%）。

2．恩格尔系数

1857年，世界著名的德国统计学家恩思特·恩格尔阐明了一个定律：随着家庭和个人收入增加，收入中用于食品方面的支出比例将逐渐减小，这一定律被称为恩格尔定律，反映这一定律的系数被称为恩格尔系数。其公式表示为：恩格尔系数（%）= 食品支出总额/家庭或个人消费支出总额×100%。国际上常常用恩格尔系数来衡量一个国家和地区人民生活水平的状况。根据联合国粮农组织的标准划分：恩格尔系数在60%以上为贫困，在50%-59%为温饱，在40%-49%为小康，在30%-39%为富裕，30%以下为最富裕。中国居民的恩格尔系数自改革开放以来在逐年下降：1978年城镇为57.5%，农村为67.7%。1999年城镇为44%，农村为50%。2006年城镇为35.8%，农村为43%。

拓展阅读

“走进小康”系列报道

2002年10月中下旬，经济日报连续推出“新变迁”系列成就报道，回顾十三届四中全会13年以来祖国建设各方面所取得的伟大成就。这组报道分为两个阶段：第一个阶段总栏题为“走进小康——跨世纪的新变迁”，分别由《吃的变迁》《穿的变迁》《住的变迁》《行的变迁》和《用的变迁》五篇述评组成。第二个阶段总栏题为“走进小康——新视野·新变迁”，分别由《职业行业的变迁》《休闲方式的变迁》《财富理念的变迁》《信息交流的变迁》《环境意识的变迁》《消费观念的变迁》六篇述评组成。将这11篇报道串联起来，其实就是一幅“小康社会”的图景，从吃穿住行用到行为方式、价值观念，涵盖了小康社会的方方面面。

报道选编：职业行业的变迁

中国现有职业1838个，比5年前减少了近3 000个；同时，又催生了不少新的职业行业。职业垄断逐渐淡出历史舞台，能力成为职业准入的主要条件。

两千人抽样调查显示有超过四分之一北京青年人换过工作；六成多上海被调查者认为工作压力主要是专业知识更新快。我们正迎来鼓励人们充分发挥潜能的个人职业竞争力时代。修笔店歇业，裱棚工、烧水工下课，粮油票证管理员、物资供应员、蔬菜作价员踪影难觅，推销员、护理员、物业管理员新鲜出炉，营销师、精算师、软件工程师、心理咨询师、电子商务师迭出。蓦然回首，我们发现，我国职业行业的此消彼长竟然如此迅速。在社会进步和经济发展的有力推动下，“皇粮”意识淡化，职业羁绊被挣脱。

今天的中国，对每个人来说，是金子总能找到发光的地方，滥竽充数却难觅市场。专家这样说：“职业垄断一去不复返了”，我们迎来了一个鼓励人们充分发挥潜能的个人职业竞争力时代。

镜头一：北京东四北大街热闹繁华，来往的行人很难注意到其中一个老旧的修笔店。修笔师傅老张一人在小小的店铺里专心修了55年钢笔。今天，72岁的老张抚摸着相伴50余年的修笔马达忧心忡忡：“父亲传给我这门手艺，可能要失传。”

镜头二：劳动和社会保障部宣布，企业信息管理人员、企业人力资源管理人员、营销师、项目管理师、企业行政管理师与心理咨询师、电子商务师一道加入到全国职业资格统一考试中来。服务行业领域职业结构调整更明显，与人们生活质量提高密切相关的新职业就有胎教员、老年护理工等，而在蓬勃发展的保险业中，保险精算师、保险推销员、保险理赔员等新职业，则像雨后春笋一样涌现在人们面前。

镜头三：姚先生递给人的名片清晰地印着“软件工程师”，他从事西方软件的汉化工作，每日步履匆匆进出位于王府井的一家软件公司。如果告诉你他所学专业，你可能会感到惊讶：姚先生本科毕业于民族大学哲学系，研究生毕业于北京大学哲学系，两年前毕业后直接从事现在这个工作。这并非特例。他的一位哲学系研究生同学毕业后直接去新浪搞软件开发，另一位同学到大学教授法律专业课。人们可能从中读出种种信息，但有一个事实是清楚的：姚先生和他的同学凭自身能力，获得了职业准入，其中没有学历文凭、背景出身等非能力条件的羁绊。

（摘自《中国经济网》）

统计局发布《中国全面建设小康社会进程统计监测报告》：实现程度 80%

全面建设小康社会是党的十六大提出的本世纪头二十年的奋斗目标。根据《全面建设小康社会统计监测方案》，国家统计局统计科学研究所和各地统计研究部门对 2000—2010 年全国及各地全面建设小康社会进程进行了统计监测。结果表明，过去的十年中，在党中央、国务院的正确领导下，我国努力克服了严重国际金融危机冲击、生产成本上涨、“非典”疫情、罕见的冰雪灾害与大地震、泥石流，以及欧洲主权债务危机等众多不利因素的影响，经济建设取得了巨大成就，各项社会事业加快发展，人民生活水平不断提高，生态建设与自然环境保护态势良好。全国及各地区在全面建设小康社会的道路上取得了长足的进步。

一、中国全面建设小康社会进展顺利，实现程度由 2000 年的 59.6%提高到 2010 年的 80.1%

据最新统计数据分析，2010 年中国全面建设小康社会的实现程度达到 80.1%，比 2000 年提高 20.5 个百分点，平均每年提高 2.05 个百分点。全面建设小康社会的六大方面：经济发展、社会和谐、生活质量、民主法制、文化教育、资源环境的实现程度都有较大的提高（见表 19-1）。

表 19-1　2000—2010 年中国全面建设小康社会及在六大方面的实现程度

单位：%

方面	2000	2001	2002	2003	2004	2005	2006	2007	2008	2009	2010
全面建设小康社会	59.6	60.7	61.8	63.0	64.8	67.2	69.9	72.8	74.7	77.5	80.1
经济发展	50.3	52.2	54.4	56.3	58.2	60.6	63.4	66.6	69.1	73.1	76.1
社会和谐	57.5	59.6	57.1	56.3	59.9	62.8	67.6	72.1	76.0	77.7	82.5
生活质量	58.3	60.7	62.9	65.5	67.7	71.5	75.0	78.4	80.0	83.7	86.4
民主法制	84.8	82.6	82.5	82.4	83.7	85.6	88.4	89.9	91.1	93.1	93.6
文化教育	58.3	59.1	60.9	61.8	62.2	63.0	64.1	65.3	64.6	66.1	68.0
资源环境	65.4	64.6	66.3	67.2	67.7	69.5	70.6	72.6	75.2	76.8	78.2

二、四大区域全面建设小康社会的实现程度均有上升，但区域间差距仍然较大

从东部、中部、西部和东北地区全面建设小康社会的实现程度看（见表 19-2），十年间中国四大区域全面建设小康社会的实现程度均有明显提升。2010 年，东部地区全面建设小康社会

的实现程度为88.0%，比2000年提高23.7个百分点；中部地区为77.7%，提高22.1个百分点；西部地区为71.4%，提高18.2个百分点；东北地区为82.3%，提高22.0个百分点。从十年来的年均增长速度来看，东部地区增幅最高，中部地区次之，西部地区最低。

表19-2　2000—2010年中国四大区域全面建设小康社会实现程度　　单位：%

地区	2000年	2001年	2002年	2003年	2004年	2005年	2006年	2007年	2008年	2009年	2010年
东部地区	64.3	66.5	69.0	70.5	72.4	75.1	78.1	81.4	83.5	86.0	88.0
中部地区	55.6	57.9	58.8	60.3	62.1	64.1	67.0	70.6	72.7	75.6	77.7
西部地区	53.2	54.2	55.1	56.1	56.9	59.2	61.0	64.4	66.2	68.9	71.4
东北地区	60.3	62.0	63.9	66.0	67.6	69.2	72.2	74.9	77.5	80.5	82.3

三、全面建设小康社会的实现程度均有所加大，“十一五”时期增速快于“十五”时期

2000—2010年历经了中国的“十五”时期和“十一五”时期。从两个时期考察，中国全面建设小康社会进程在“十五”时期年均提高1.51个百分点，在“十一五”时期年均提高2.59个百分点，高于“十五”时期1.08个百分点，增速有所加快。

四、实现全面建设小康社会目标的政策建议

2010年是“十一五”规划的收官之年，站在全面建设小康社会前后十年的交汇点上，回顾前十年成绩卓著，展望后十年仍任重道远。要如期实现2020年全面建成小康社会的目标，今后十年要继续以科学发展为主题，以转变经济发展方式为主线，抓住和利用好中国发展的重要战略机遇期，推进以下几方面工作：

（1）着力推动发展方式转变，调整优化产业结构。

（2）加大科技投入，增强自我创新能力。

（3）促进社会和谐，加快完善社保体系。

（4）注重环境保护，坚持节能减排。

社会大舞台

活动主题——描绘小康生活的蓝图

活动目的：

在明确什么是全面小康的基础上，详细描绘出自己心目中小康的蓝图，从而对我国现阶段提出全面建设小康的战略有更进一步的了解，并坚定我国实现全面小康，最终实现社会主义现代化的信心。

活动要求：

1. 通过过上网查寻、阅读文献资料、观看视频、实地考察等方式，了解自己家乡在全面建设小康实践中所取得的成就和不足。

2. 写出一篇1000字左右的调查报告或小论文。

3. 优秀文章交流分享。

资料推荐：

1. 视频：《小康路上看昆山》。

2. http://www2.qmxk.org.cn/index.html 中国小康年鉴—全面建设小康网。
3. 书籍:《小康梦寻--全面建设小康社会综观考察》,云南人民出版社。

视频资料

1. 中央电视台大型电视政论片《复兴之路》。
2. 中央电视台焦点访谈《小康路上看昆山》。
3. 全面建设小康社会(十七大报告片段)。

网上冲浪

1. http://www.xiaokang.org/ 中国小康建设网。
2. http://www.gov.cn/ztzl/17da/ 中国政府网十七大专题。
3. http://www.chinaxiaokang.com/ 中国小康网。

专题二十 崛起之路

——社会主义改革和对外开放

改革开放胆子要大些，敢于试验，不能像小脚女人一样。看准了的，就大胆地试，大胆地闯。

——邓小平

知识目标

1. 理解并掌握社会主义改革的依据、性质、主要内容和重大意义；

2. 深刻理解改革是社会主义制度的自我完善，是社会主义社会发展的直接动力，是中国的第二次革命，正确认识和处理改革、发展和稳定之间辩证统一的关系。

3. 理解并掌握开放政策的必要性、措施和重大意义。

能力目标

能正确地认识分析当前改革过程中遇到的一些困难和问题；正确看待对外开放所带来的机遇和挑战。

价值目标

激发学生亲身投入改革开放实践的自豪感，坚定走中国特色社会主义道路的信念。

作为中国改革开放的总设计师，邓小平 1978 年底吹响了改革开放的号角，拉开了人类历史上一场气势恢弘、波澜壮阔的史诗般的改革开放的序幕。30 多年过去了，中国经济持续发展，国力不断增强，民生大为改善，国际威望空前提升。据国家统计局资料显示，我国 GDP 总量从 1978 年的 3624 亿元增加到 2011 年的 470 000 亿元人民币，2011 年我国 GDP 总量比 1978 年增长近 130 倍，年平均增长率为 9.4% ~ 9.6%，超出世界同期年均增长率 6.1 个百分点，经济总量仅次于美国，并超过日本、德国，成为全球第二大经济体。事实表明改革开放的战略是中华民族伟大复兴和和谐崛起的必由之路。

案例导入

江苏“四小龙”腾飞探秘

被称为江苏省“四小龙”的江阴、常熟、张家港、昆山 4 个市，曾是“苏南模式”的主要代表，对集体经济有着特殊的感情。伴随着旧有模式的打破，虽然这几个地方文化相似，地缘相近，但走出了不同的发展道路，形成了各自的优势与特色。

思想解放释放了巨大潜能

乡镇企业曾是苏南经济的基石，也是苏南人的骄傲。随着时代的发展，其产权模糊、政企不分的弊端日益暴露出来，成为制约发展的障碍。在以集体经济为主的模式中，苏南个体私营经济在很长一段时间没有多大发展，潜能爆发不出来。1998 年，就在不少人仍陶醉于“苏南模式”时，浙江乡镇企业的主要指标全面超过江苏。

桂冠的失落，惊动了全省上下。苏南人放下架子，奔赴浙南等地“取经”，对自己做了一次全面的“体检”，认识到主要差距是个体私营企业发展滞后。

“早改制少流失，晚改制多流失，不改制要消失”，逐渐成为苏南各县的共识。张家港先后进行了三次改制，一次比一次深入。不少企业厂长反映，改制后，企业的兴衰成败都由自己负责，等于引进了“跳楼机制”，由原来的“要我发展”转变为“我要发展”。据这 4 个市的负责同志介绍，其乡镇企业都已进入历史上最好的时期。像对待外企一样，苏南各地为个体私营经济发展创造“亲商、安商、富商”的良好环境，催生出万千个私营老板。个体私营经济的崛起与勃兴，成为“四小龙”一道新的亮丽风景线，成为拉动经济快速增长的一大引擎。

善抓机遇找到了经济腾飞的跳板

江苏“四小龙”的许多干部，有一个很深的体会，抢抓机遇是启动发展的钥匙，实现飞跃的跳板。谁能抓住机遇，一步主动就可能赢得步步主动；谁错失机遇，一步被动就可能导致步步被动。

要实现率先发展，离不开地区争先，企业争先，人人争先。就县域发展而言，江苏“四小龙”都至少抓住过一次较大的发展机遇：江阴抓住了企业上市融资的机遇；昆山抓住了发展外向型经济的机遇；张家港抓住了企业改组改制、做大做强企业集团的机遇；常熟抓住了商贸兴市和较早放手发展个体私营经济的机遇。

就企业发展而言，江苏“四小龙”的许多企业家更是抢抓机遇的高手。经常到这些地方的人，有一个共同的感受：什么时候到这里，映入眼帘的都是热气腾腾的场面。人们时常抱怨，现在搞什么，什么多，为何在苏南人眼里总是商机无限呢？

江阴澄兴磷化工集团是一家多年来始终昼夜不停产的村办企业，由于产品供不应求，他们又四面出击，北到天津、连云港，南下昆明、遵义，进行收购兼并、投资办厂。公司董事长李兴告诉记者，他们的市场完全是“抢”出来的。1996 年，他们从海关的资料获悉，从国外进口的饮料用磷每吨 9 800 元，而国内才 3500 元 1 吨。巨大的利差，促使他们下决心揭开其中的奥秘并抢下这块肥肉。通过一番周折，他们弄清了买主原来是可口可乐公司。经过 3 年多锲而不舍的努力，他们终于满足了所有要求，成为向其提供食品级用磷的唯一中国厂家。

“四小龙”四条路

江阴市称为江苏省的“第一财神县”。他们不仅以全国万分之一的土地，千分之一的人口，创造了超过二百五十分之一的国内生产总值，而且通过做大做强主导产业，崛起了一批全国同行业的“龙头老大”。这里拥有的国家级企业集团在全国县市中名列第一；这里有 8 个全国最大的生产基地；至于市场占有率居全国第一的“单打冠军”就更多，被称为“江阴现象”。

市委书记介绍说，江阴走的是一条通过乡镇企业技术改造和上市融资，推动产业升级的路子。当乡镇企业还处于“火红的年代”的时候，江阴市的领导就认识到短缺经济的好日子不会长久，狠抓“企业上规模、产品上档次、技改上水平、管理上效益”。20 世纪 90 年代，市委、市政府又较早察觉到了资本经营的重要性，认为企业的发展要以产品经营为基础，实施资本运作，再以资本运作获得的利润投入产品经营，这样才能使企业在短时间内迅速扩大规模，实现超常规、裂变式发展。他们由于“醒得早、起得快、跑得稳”，企业上市一个成一个，上准一个带动一批。目前，这个市已有14家上市公司，被称为“华夏A股第一县”。去年，在全国第三届县域经济基本竞争力评比中，江阴市名列第一位。

与江阴不同，昆山市走的是一条外向带动、后来居上的发展之路。在苏南第一轮大发展中，紧靠上海的昆山并没有“显山露水”。从20世纪80年代中期开始，他们走出了一条以外向型经济为主要特色的“昆山之路”，接连创下了多个全国第一：全国唯一自费创办的国家级开发区、共和国历史上第一个封关运作的出口加工区。依靠外向型经济的带动，昆山迅速实现了经济总量的扩张和产业结构的升级，已从一个传统的农业县一跃成为经济繁荣、生活宽裕、环境优美的新兴工商城市，成为全省乃至长江三角洲发展中的一个亮点。在全国第三届县域经济基本竞争力评比中，昆山市名列第四位。

张家港的前身是沙洲县，1962年才由常熟、江阴的部分地区组合而成。由于历史较短，基础薄弱，被称为“苏南的苏北”。面对周边县市咄咄逼人的态势，不肯服输的张家港人有了一种寝食难安的危机感。就经济基础而言，张家港论工业不如常熟，论外向型经济不如昆山，论私营经济不如吴江。1992年初，张家港瞄准周边先进县（市），提出了“工业、外贸、城市建设争先进，各项工作创一流”的奋斗目标。这种“公开叫板、明枪交战”的锐气，犹如一粒石子激活了苏南经济的一池春水。在全国第三届县域经济基本竞争力评比中，张家港市名列第三位。

当苏南一些县还热衷于“乡镇企业集体办”时，常熟却较早地走出了“苏南模式”的框梏，大力发展个体私营经济，使这里的百姓成为苏南最殷实的群体。目前，常熟市的私营企业累计数、注册资本金、固定资产投入等多项指标居全省第一。善于发挥自己的长处与特色，是常熟市私营经济快速崛起的又一个重要原因。常熟人历来就有经商的传统，1985年，市委、市政府根据这一优势，办起了招商城，打起了“商贸兴市”这张牌。经过几年的发展，招商城从最初的马路市场壮大到全国最大的服装批发市场，商品交易额连续7年超过100亿元。一个以常熟招商城为依托、以农贸市场为基础、以专业市场为骨干的投资多元化、商品多样化、层次多极化、全方位开放的区域市场体系已经形成。在全国第三届县域经济基本竞争力评比中，常熟市名列第二位。

点评：“四小龙”的成功实践启示人们，县域经济的活力来自符合本地实际的思路，来自特色所产生的竞争力。只有大胆改革，扬长避短，才能向更高的目标迈进。

现阶段在我国发展生产力具有特别的重要性和紧迫性，任重而道远。中央农村工作会议指出：没有农民的小康就没有全国人民的小康，没有农村的现代化就没有国家的现代化。必须从这样的高度来认识问题，重视农业、农村和农民问题，把全面建设小康社会的工作重点放在农村。农村干部要自觉遵循党的农村工作的基本准则，维护和实现好农民的利益。要把握国情，了解农村；尊重农民，关心农民生活，为农民群众多办实事；大力弘扬艰苦奋斗、求真务实的精神。

知识导航

一、改革是中国的第二次革命

（一）改革是社会主义社会发展的直接动力

1. 人类社会由低级形态走向高级形态的发展历程就是一个不断改革的过程。

2. 改革是社会主义社会矛盾运动的必然需要。

3. 改革是社会主义的出路和希望。

邓小平反复强调说，再不改革，就只能“死路一条”、“葬送社会主义事业”。

（二）改革是社会主义制度的自我完善和发展

社会主义自我完善和发展的要求和动力根源于社会主义的内在规定性。人民当家做主的国家制度、公有制为主体的经济基础、共同富裕的价值观念和人的全面发展的社会目标，从根本上消除了产生阶级剥削和阶级压迫的可能性，确保了社会各民族、各阶层和各个人之间社会地位的平等，也决定了执政的共产党除了最广大人民的根本利益外，没有也不谋求任何自己的特殊利益,因而使社会主义事业的领导者和建设者能够超越一切私有者阶级及其政党的历史局限，以锐意进取的向上精神、面向未来的开阔眼界和从善如流的博大胸怀来对待社会主义的建设和发展：凡是更好的更有利于人民的，就选择；凡是过时的、不利于人民的，就放弃；不完善、不成熟的，就采取一切办法使之完善和成熟。这种除弊趋利、吐故纳新的能力，为正确解决社会基本矛盾创造了条件，是社会主义不断自我完善和发展的自觉的推动力量。

（三）正确处理改革、发展、稳定的关系

1. 发展是目的（发展是硬道理）。

2. 改革是动力（改革是第二次革命）。

3. 稳定是条件（稳定压倒一切）。

4. 三者相互依存、相互促进。

5. 正确处理改革、发展、稳定关系的主要原则：

① 把改革的力度、发展的速度同社会可以承受的程度统一起来；

② 在社会稳定中推进改革和发展；

③ 在改革发展中实现和巩固稳定。

二、对外开放是中国的基本国策

改革与开放是紧密相连、相辅相成的。坚持毫不动摇地推进全面改革，必须坚持毫不动摇地扩大对外开放。为什么要坚持毫不动摇地扩大对外开放？我们可以从以下方面进行思考。

（一）当今世界是开放的世界

1. 早在18世纪中叶，第一次产业革命就开启了世界市场。到了20世纪中后期，在以信息化为基础的新技术革命推动下，世界经济联系更加紧密，经济全球化趋势更为明显，表现为生产领域的国际分工和协作不断深化和加强，国际贸易规模不断扩大，资本在各国的流动速度不断加快，跨国公司迅速发展。经济全球化趋势说明，任何一个国家要发展，都必须使他的生产参与国际分工协作，面向国际市场，跻身世界舞台，增强在国际市场上的竞争力，从而使自己有更大发展。

2. 发达国家通过对外开放获得飞跃发展。日本和德国是通过对外开放飞跃发展的典型。日本是第二次世界大战的战败国，战争给日本经济造成毁灭性的破坏。20世纪60年代后期日本

就成为资本主义世界中的第二经济大国，其中一个重要的原因，就是推进对外开放政策。通过扩大进出口贸易，引进国外先进技术，利用外资，发展跨国公司，资本输出等主要措施迅速发展为经济强国。德国作为战败国，在20世纪成为资本主义世界中的第三经济大国，与日本的发展有些不同，但在对外开放大体循着同一的道路。就是力大发展进出口贸易。

3. 一些发展中国家通过对外开放变成新兴工业国家。第二次世界大战后，许多发展中国家打破封闭，踏上对外开放的道路，变成新兴工业国家。比较突出的例子有巴西、韩国和东南亚的新加坡、泰国、马来西亚。

（二）中国的发展离不开世界

1. 中国的发展离不开世界是对中国发展历史的深刻总结。

鸦片战争前，我国封建统治者主动推行闭关锁国政策。“如果从明朝中期算起，到鸦片战争，有三百多年的闭关自守，如果从康熙算起，也有近二百年的闭关自守。长期闭关自守，把中国搞到贫穷落后，愚昧无知。”这种闭关锁国政策阻塞了中外交流，导致了近代中国在政治、经济、军事、科技、文化各方面全面落后的局面，遭受西方列强侵略宰割的百年屈辱。鸦片战争以后，西方列强用坚船利炮和廉价商品打开了中国大门，中国“被迫开放”，它是一种丧失独立主权条件下的“对外开放”，使中国付出了惨重的代价。新中国成立后，由于主客观方面的原因，我国仍处于一种相对封闭的状态。邓小平在总结历史教训时深刻指出：“中国在西方国家产业革命以后变得落后了，一个重要的原因就是闭关自守。历史的经验教训一再告诉我们，关起门来搞建设，把自己孤立于世界之外是不行的，要发达起来，必须对外开放。”“现在任何国家要发达起来，闭关自守都不可能。我们吃过这个苦头，我们老祖宗吃过这个苦头。”

2. 对外开放是中国现代化建设的现实需要。

中国作为一个发展中的大国，在实现现代化的进程中存在着许多困难和问题，如资金不足、科学技术落后、劳动者科学文化素质不高、缺乏组织现代化大生产的经营管理知识和经验等等。要解决这些问题，就必须实行对外开放，利用国内国际两种资源、两个市场。对外开放不仅是为了解决当前经济建设中的矛盾和困难，而且也是我国经济长期发展的客观要求。

3. 社会主义要赢得与资本主义相比较的优势，需要以积极的态度学习、吸收和借鉴人类文明的一切优秀成果，吸收和借鉴当今世界各国包括资本主义发达国家的一切反映现代社会化生产规律的先进经营方式、管理方法。

因为社会主义作为一种崭新的社会制度，只有在继承和利用资本主义社会已经创造出来的全部社会生产力和全部优秀文化成果的基础上，并结合新的实际进行新的创造，才能顺利建设成功。江泽民指出，在社会主义同资本主义的关系上应当在全面的认识。我们既要看到社会主义同它对立和斗争的一面，也要充分看到社会主义同它还有学习、借鉴、合作和利用的一面。

（三）坚持全方位、多层次、宽领域的对外开放

党的十一届三中全会以后，中国开始了对外开放的历史进程。随着经济特区的建立，沿海城市的开放，引进外资、对外经济技术交流与合作的迅速扩大，我国经济摆脱了原来的封闭半封闭状态，逐步形成了全方位、多层次、宽领域的对外开放格局。

1．我国对外开放的进程

从 1978 年至今，我国对外开放的历程总体上可分为四个阶段：

（1）兴办经济特区。1980 年 5 月，中共中央和国务院决定在广东的深圳、珠海、汕头和福建的厦门设立经济特区。经济特区是指一个主权国家或地区，在其管辖范围内专门划出一块区域，享有与国内其他地区不同的特殊优惠政策，并提供安全、良好、可靠的投资环境，借以吸引外资、引进先进技术，促进对外贸易，增加外汇收入，解决劳动就业，以达到促进本国或本地区经济发展的目的。1984 年，邓小平视察深圳经济特区，在看到深圳的发展情况后，他特意题词：深圳的发展和经验证明，我们建立经济特区的政策是正确的。回到北京后，邓小平高度评价了经济特区，他明确指出：经济特区是技术的窗口、管理的窗口、知识的窗口和对外政策的窗口。

（2）开放沿海港口城市与开辟沿海经济开放区。在充分肯定经济特区发展的基础上，1984 年，国务院做出决定开放从大连到北海的 14 个沿海港口城市。14 个沿海港口城市的开放，标起着中国整个沿海的开放。1985 年，中共中央和国务院决定开辟长江、珠江和闽南厦漳泉三角地区。在条件成熟后，又开放了山东和辽东半岛。

（3）开发海南省和上海浦东。1988 年海南建省，建立海南经济特区；1990 年上海浦东开放，随后，陆续开放 13 个沿边、6 个沿江、沿铁路开放城市和 25 个内陆省会开放城市。最终形成了全方位、多层次、宽领域的对外开放格局。

（4）加入世界贸易组织。经过长达 15 年的谈判，2001 年 12 月中国正式成为世界贸易组织的成员。加入世界贸易组织标志着我国对外开放进入了一个新的阶段。加入世贸组织后的中国在世界贸易排名中，中国已由 1978 年的第 32 位、2001 年的第 6 位，到 2004 年已经跃居第 3 位。同时，出口商品结构也发生了根本性转变，由过去以农产品和初级产品出口为主转向以工业制成品出口为主，后者的比重已上升到 90%以上，对外贸易的效益有了很大改善。与此同时，中国利用外资取得了突出的成效。2005 年，实际利用外资达到 603 亿美元，是世界上吸收外资最多的国家。在“引进来”的同时，我国企业也在加快“走出去”。对外直接投资、对外工程承包和劳务合作发展迅速，业务遍布近 200 个国家和地区。同时，积极利用经济全球化带来的各种机遇，不断发展与世界各国、地区在贸易、投资等领域的交流与合作，还参与了一系列区域经济合作组织的活动。

2．我国对外开放的主要形式

我国对外开放的主要形式有：①利用外国贷款。②发展补偿贸易。中国通过这种方式每年利用外资 5 亿美元。③实行加工装配。这种利用外资形式，有助于解决工人就业，提高工人生产技术水平，为国家创收，增加财政收入。④对外承包工程和劳务输出。中国已同世界一百多个国家和地区签订了承包合同 5 万多份，累计派出近一百万劳务人员，完成营业额数百亿美元。⑤吸收外商直接投资。⑥合作开发。⑦国际租赁。⑧境外发行债券和股票。⑨对外投资建厂。1996 年底，中国在境外办企业 5 500 多家，总投资 50 亿美元。⑩项目融资。主要方式是由外方提供资金，承担建设项目，投产后，由外方经营和管理并收回投资，获得利润，合同期满后移交给中方，简称 BOT 融资方式。如沙角电厂、三明市水电站、北京京通高速公路等能源、基础设施的建设均采取这种融资方式。

3．我国对外开放的特点——全方位、多层次、宽领域

（1）全方位。所谓全方位就是不论对资本主义国家还是社会主义国家，对发达国家还是发展中国家都实行开放政策。

（2）多层次。所谓多层次就是根据各地区的实际和特点，通过经济特区、沿海开放城市、经济技术开发区、沿涨经济开放区、开放沿边和沿江地区以及内陆省区等不同开放程度的各种形式，形成全国范围内的对外开放

（3）宽领域。所谓宽领域就是立足于我国国情，对国际商品市场、国际资本市场、国际技术市场、国际劳动市场的开放，把对外开放拓宽到能源、交通等基础产业以及金融、保险、房地产、科技、教育、文化、服务业等。

（四）不断提高对外开放水平

1. 进一步处理好对外开放与独立自主、自力更生的关系

我们始终要把独立自主、自力更生作为立足点，这是我国革命和建设的基本经验和重要原则。但独立自主、自力更生不是闭关自守，盲目排外。坚持独立自主、自力更生同对外开放是相辅相成的。独立自主、自力更生是实行对外开放的基础，只有增强独立自主、自力更生的能力，才能在国际上获得较高的信誉，吸引更多的合作者，才能不断扩大对外开放的深度和广度；对外开放是为了增强独立自主、自力更生的能力，在对外开放过程中积极利用外国的投资、先进技术与管理经验，取得更好的经济和社会效益，可以加快本国经济发展，增强经济实力和综合国力。坚持独立自主、自力更生，积极实行对外开放，都是为了更好更快地推进社会主义现代化建设。

2. 转变对外贸易增长方式，提高对外贸易效益

在积极发展对外贸易过程中要实施以质取胜的战略，优化进出口商品结构，着力提高对外贸易的质量；扩大具有自主知识产权、自主品牌的产品出口，控制高能耗、高污染产品出口，鼓励进口先进技术设备和国内短缺资源；着重提高加工贸易的产业层次和加工深度，增强国内配套能力；大力发展服务贸易，并不断提高服务贸易的层次和水平；完善公平贸易政策，健全外贸运行监控体系，增强处置贸易争端能力，维护企业合法权益和国家利益；积极参与多边贸易谈判，推进区域和双边经济合作，促进全球贸易和投资自由化、便利化。

3. 提高利用外资水平，促进国内产业优化升级

着重引进先进技术、管理经验和高素质人才，做好引进技术的消化吸收和创新提高工作。引导外资积极向研究开发、现代流通等领域拓展，充分发挥集聚和带动效应。致力于拥有更多核心技术与自主知识产权，实现较高的产业等级和有利的分工地位。深化涉外经济体制改革，完善促进生产要素跨境流动和优化配置的各项制度。积极实施“走出去”战略，主要是支持有条件的企业“走出去”，按照国际通行规则到境外投资，鼓励境外工程承包和劳务输出，扩大互利合作和共同开发。同时，要完善对境外投资的协调机制和风险管理，完善对外投资服务体系，为企业“走出去”创造条件。

4. 切实维护国家安全

经济全球化是社会生产力和科学技术发展的客观要求和必然结果，有利于促进资本、技术、知识等生产要素在全球范围内的优化配置，为我们带来了新的发展机遇，但它也使国家的经济安全、政治安全、文化安全以及环境与生态安全等受到挑战和威胁。因此，在开放过

程中，要提高防范和化解各种风险、切实维护国家各种安全的能力。一方面加强对全球经济走势和波动的预测，增强防范和化解风险的能力；另一方面要坚持走中国特色自主创新道路，对国内产业提升、技术进步要有充分的认识，制定和实施国家技术和产业发展战略，着力提高自我发展能力。

改革开放是决定当代中国命运的关键抉择。改革是一场新的伟大革命，是社会主义制度的自我完善和发展。推进当今中国的改革，需要我们处理好改革、发展、稳定的关系。“三个有利于”给我们提供了判断改革和各方面工作成败得失的标准。当今世界是开放的世界，中国的发展离不开世界。因此，对外开放是我们必须长期坚持的基本国策。实行对外开放，需要我们正确处理好对外开放与独立自主、自力更生的关系。中国已经建立了全方位、多层次、宽领域的对外开放格局，当前，中国还必须不断提高对外开放的水平，充分利用国际国内两个市场、两种资源，在激烈的国际竞争中掌握主动权，实施互利双赢的开放战略。

青春话题

话题一：民族的复兴与我们的使命

不同时代的青年面对不同的历史课题，承担着不同的历史使命。革命战争时期，青年学生们的历史使命是“救国、救民”；那么，处于和平年代，特别是在经济与社会日益发展的当今时代，当代大学生应肩负什么样的历史使命呢？我认为，可以用四个字来概括，那就是：兴国、强国。换句话来说，当代大学生的历史使命就是建设中国特色社会主义，实现中华民族的伟大复兴。要完成历史赋予的使命，我们认为必须做到四点：

一是要关心祖国和民族的命运。当今世界，全球化已成为一股强大的时代潮流，跨越了民族、国家的地域界限，超越了制度、文化的障碍，使人类逐渐形成为了一个不可分割的有机整体。作为这个有机整体中的一分子，中国当代大学生也不是以个体存在的，而是共同生活在中国这个大家庭中的一员。国家和民族的命运与大学生们紧紧地联系在一起，国家的荣辱兴衰与大学生们休戚与共，息息相关。只有将自己的青春年华与国家强盛、与中华民族的伟大复兴相连接，更多地关心国家大事，了解当今世界发展的趋势，尤其是中国在国际上所处的环境，敏锐观察和判断国际动向，向着国际上需要的人才战略目标迈进，才能肩负起实现振兴中华的重任，更好地体现作为青年佼佼者的大学生的人生价值和追求。因此，关心祖国和民族的命运理应成为当代大学生首要的历史使命。

经过30年的改革开放，我国经济社会发展已迈上了一个新的历史时期，正处于转入科学发展轨道、实现又好又快发展的关键时期，作为当代大学生，必须紧跟时代步伐，时刻心系民族命运、心系国家发展、心系人民福祉，自觉把个人的理想融入党和人民的共同理想之中，把个人的追求融入党和人民的共同奋斗之中，不断激发青春活力和创业热情,把爱国热情转化为报效祖国、建设家园的具体行动，将自己的所学投入到国家富强、民族复兴伟大事业中，让青春为祖国的奉献而变得更加绚丽多彩，让人生因融入民族的伟大事业中而闪闪发光！

二是要坚定理想信念。理想信念是人的精神支柱和动力源泉，一个人只有在青年时代牢固树立正确的理想信念，才能始终把握人生的前进方向；一个没有正确的人生观、价值观和崇高理想的人，极易在困难和诱惑中迷失自我。无数老一辈革命先烈之所以能经受住残酷的战争考验，最终夺取了中国革命的伟大胜利，就是因为他们心中都有一个坚定的信念和共产主义的远大理想，这种理想信念，是指引他们人生不断奋勇前进的航标，是帮助他们战胜一个又一个困难的强大武器。在血雨腥风、各种条件极为恶劣的战争年代，革命先辈们能保持乐观向上的精神状态，成就了自己的远大理想，完成了历史赋予的使命，也正是因为他们有了理想信念这个强大的精神支柱。

人活一世，就必然要有一个目标和方向，这个目标和方向，也就是理想信念。这也是人之所以为人、人之所以区别于其他动物的最重要的一点。人只有确定了自己奋斗的目标和前进的方向，才会为了实现这个目标而努力、而奋斗，这样的人生才会过得有意义，也才能体现一个人的人生价值。为什么在物质极度丰富、生活日益多元化的今天，却总有那么一些青年朋友、一些被誉为“天之骄子”的大学生，常常感到空虚迷茫，不知道生活的意义在哪里，不知道人为什么要活着，只能依靠沉湎于感观享乐、寻求刺激来麻醉自己，并借此来寻求所谓的生活的乐趣，这与理想信念的缺失有很大的关系。

宋朝的司马光在总结前人做人经验的基础上，曾特别强调了“道德足以尊主，智能足以庇民”的人才判断标准。因此，当代大学生要肩负好历史使命，还必须树立正确的世界观、人生观和价值观，坚定理想信念，明确自己生活的方向，成为一个对社会、对人类有用的人。一个人有了理想和追求，才可能为了自己，为了身边的人而积极努力，或许不一定会有什么轰轰烈烈的事业和成就，但是，他也无愧于自己作为一个人的使命。

三是要刻苦学习，发奋成才。学习是成功的基石、进步的阶梯。当今时代，信息交流日益广泛，知识更新大大加快。青年要跟上时代和社会前进的步伐，不被时代所淘汰，就必须不断提高自己的综合素质，让自己的脚步追上时代的步伐，也就是江泽民同志所说的“与时俱进”。一个很简单的道理，如果当代的大学生只会“两耳不闻窗外事，一心只读圣贤书”，理论学了一大堆，可是与实践脱节，与时代脱节，这样的人，即使是学富五车，也无法适应社会，无法适应不断发展变化的形势需要。

当前，我们在推动经济社会又好又快发展、夺取全面建设小康社会的伟大进程中，面临的困难和挑战还很多，广大青年一定要努力学习科学文化知识，提高自己的综合素质，踏踏实实地打好基础，积极迎接科技和知识经济的挑战；要敢于挑战时代、挑战自我，继承和发扬艰苦奋斗的光荣传统，主动到党和人民需要的地方去，到条件艰苦的地方去，以脚踏实地、埋头苦干的作风，锲而不舍、持之以恒的毅力，百折不挠、迎难而上的勇气，立足岗位，扎实工作，努力创造更加辉煌的青春业绩。

四是要解放思想，开拓创新。作为新时期的大学生，作为最有活力、最有朝气的青年人，也应该成为思想最解放，最敢想、最敢干的，推动各项创新的生力军。因此，青年朋友们一定要发扬开风气之先的优良传统，以敢为人先的志气、超越前人的勇气、革故鼎新的锐气，积极培养自己的创新意识和创新能力，逐步形成适应时代发展洪流和方向的新思维、新观念，不断探索新思路、新办法和新途径，始终走在解放思想、开拓创新的前列，做科学探索和创新的先锋。创新学习是以求真务实为基础，要善于把创造性思维渗透到学习中去，大胆开拓，敢于突破，不断获取新知识；要把知识与创造有机结合，把知识内化为能力。还有，要敢于挑战权威，不迷信书本，不迷信权威，善于发现别人未发现的东西，逐步养成科学的创造性思维习惯，为将来能更好地胜任各项工作、出色的完成工作打好坚实基础。

话题二：青春的岁月与生命的意义

“当一名志愿者，到西部去，这是我多年的梦想！”

“到祖国最需要我们的地方去，是当代大学生的责任。”

“把青春和智慧贡献给我们的时代，是我们每一位大学生应尽的义务。”

这是大学生志愿服务西部计划启动连日来，首都各高校志愿者共同的心声。

“去西部，将使我的人生更加丰富多彩。它将磨炼我的意志，培养我的品格。”6月15日晚10点50分，面对记者，北京大学医学部公共卫生学院预防医学专业学生莫锋由衷地说。那首《丝绸之路》乐曲，曾唤起出生在广东清远、今年23岁的莫锋对西部那种纯净大自然的向往。“我能想象那里的贫瘠，但作为大学生，参加建设西部，责无旁贷。”今年2月份以来发生的非典疫情给国家带来的严峻挑战，更坚定了他服务西部的信念。为此，5月中旬，莫锋还给有关中央领导写去了一封信。信中他建议国家能制定更多的政策为西部吸引人才，留住人才。他说，大学生志愿者服务西部计划，使他有了实现自己报效祖国的机会。为此，他毅然决然放弃了已和深圳疾病预防控制中心达成了的就业协议。他表示：“能到西部去做一名白衣战士，传播知识、播撒文明、奉献爱心，是我人生中一件非常幸福的事情。”

面对服务甘肃贫困县的抉择，中国青年政治学院华伟兴致勃勃：“当代大学生应该更多地思考：‘我能为社会做些什么？’而不是社会能给我们些什么。”“我是学青少年教育工作的，我希望通过我的努力，鼓励、帮助更多的西部孩子成长、成才，用他们的智慧建设自己的家园！”来自江西革命老区、今年23岁的华伟对未来信心满怀。

中国青年政治学院分校年仅21岁的管锋已不是第一次当志愿者了。2001年在北京举行的第21届世界大学生运动会，他就有幸当上了“彩虹志愿者”。“父母对你志愿服务西部支持吗？”“当然，儿行千里母担忧啊！但作为一名大学生，尤其是共产党员大学生，在祖国和人民需要我们的时候，我们首先考虑的应该是责任，是模范带头作用。”管锋说，他的父母都理解他，并表示了支持。

“我们这一代年轻人比起我们的父辈少了很多吃苦的机会，我的父母就经常跟我讲，只有经过磨难，才会知道生活的甘甜。我想拥有了服务西部这样一段经历，经过这样一种锻炼，培养起自己吃苦耐劳的品质。这样，当我面对困难的时候，才能游刃有余。”中国政法大学法律系23岁的徐彩峰真诚地表达了他当志愿者的心情。

做志愿者，服务西部，建设西部！大学生志愿者服务西部计划在高校引起了强烈反响。在中国人民大学、北京师范大学等高校，已经有许多有志青年学生报名参加志愿服务西部计划。

引导那些富有社会责任感的优秀大学生到西部去、到基层去、到祖国和人民最需要的地方去，知国情、受锻炼、增阅历、长才干，同人民紧密结合、为祖国奉献青春，是具有时代特点的举措。团中央书记处书记赵勇认为，现在的青年生活在改革开放时期，受到的磨炼，经受的艰苦并不多，对他们来讲，以志愿者服务的方式到西部去，了解国情、磨炼意志、增进同人民群众的感情，提高自身素质，既为祖国建设作出了贡献，也是一种十分需要的锻炼，为他们的成长打下一个坚实的基础。过去参加过团中央发起的扶贫接力计划的青年志愿者，通过志愿者服务，他们在各方面经受了锻炼，许多人完成志愿服务后，回到原来工作岗位都成为业务骨干。完全可以预期，志愿者服务西部计划的实施，将培养造就一大批既有现代科学知识、又有基层工作经验和强烈社会责任感的优秀青年人才。

面对志愿者服务西部计划，志愿者们说，他们只是在做当代大学生应做的事情。他们说：“没有优惠政策鼓励，我们也会去！”他们共同的心声是：一个有理想的青年只有将自己的前途和命运与祖国强盛、人民的幸福紧紧相连，努力将自己的青春和智慧奉献给他的那个时代，生命才有意义，青春的岁月才会更显生动、精彩。

点评：

当代大学生争做改革开放的促进派，不能停留在口头上，一定要付出实际行动。

欢乐课堂

1. 请欣赏改革前后农村巨变的两组照片：

① 改革前后小岗村村民合影

（改革前的小岗村村民合影）

（改革开放的小岗村村民合影）

② 改革前后农民使用的农用运输车变化

（改革前农民使用的运输工具）

（改革年代农用运输车）

2. 学生齐唱歌颂改革开放的歌曲《走进新时代》。

点评：这是歌颂改革开放的歌曲，经过欢乐歌唱，激发学生投身改革开放事业的热情。

3. 观赏《邓小平》或有关邓小平生平的影视资料片以及《改革开放 30 年》、《中国革命之歌》（改革开放部分）上海世博会等影视片，更多了解我国改革开放的峥嵘岁月和所取得的巨大成就。

相关链接

中国改革开放 30 年最具影响力的 30 件大事

1. 1978 年 十一届三中全会召开。

2. 1979 年 设立经济特区。
3. 1982 年 家庭联产承包责任制确立。
4. 1984 年 有计划的商品经济提出。
5. 1986 年 全民所有制企业改革启动。
6. 1987 年 “一个中心、两个基本点”基本路线提出。
7. 1988 年 “科学技术是第一生产力”提出。
8. 1992 年 社会主义市场经济体制改革目标确立。
9. 1993 年 建立现代企业制度。
10. 1993 年 进行分税制改革。
11. 1993 年 提出金融体制改革目标。
12. 1994 年 外贸体制综合配套改革。
13. 1992 年、1994 年医疗、住房市场化改革施行。
14. 1995 年 提出“两个根本性转变”目标。
15. 1996 年 外汇管理体制改革取得重大进展。
16. 1997 年 “十五大”提出党在社会主义初级阶段的基本纲领。
17. 1999 年 明确非公有制经济是社会主义市场经济的重要组成部分。
18. 1999 年 提出西部大开发战略。
19. 2001 年 中国正式成为世贸组织成员。
20. 2002 年 “十六大”确定全面建设小康社会的奋斗目标。
21. 2003 年 振兴东北地区等老工业基地战略提出。
22. 2004 年 推进资本市场发展的“国九条”颁布。
23. 2004 年 国有商业银行进行股份制改革。
24. 2004 年 保护私有财产入宪。
25. 2005 年 农业税条例废止。
26. 2005 年 提出建设社会主义新农村的重大历史任务。
27. 2005 年 股权分置改革试点启动。
28. 2006 年 作出构建社会主义和谐社会重大决定。
29. 2007 年 《物权法》出台。
30. 2007 年 科学发展观写入党章。

拓展阅读

改革开放与社会主义新农村建设的典范——华西村

华西村从上世纪 60 年代特别是改革开放以来，始终走在全国农村发展的前列，创造了令人惊羡的发展奇迹，几十年红旗不倒，享有“天下第一村”之美誉。30 年改革开放，华西发生了翻天覆地的变化，创造了 50 多项全国第一。

（1）村级经济实力雄厚。2008 年，华西村实现销售收入超 500 亿元，上缴国家税收 8 亿多元，村级可用财力达 20 多亿元，总资产超过 160 亿元。村级集体经济独树一帜，形成了相当于一个县乃至一个市的经济实力。

（2）村民生活富足安康。华西村民的生活水平基本赶上发达国家农民的水平，人均年收入达1万美元，家家都是富裕户，不是百万就是千万，户户住上小别墅，空调、电脑、汽车、健身房等现代设施一应俱全。

（3）村风民俗淳朴清新。华西全村文明户和五好家庭创建达标率达 100%，家庭和睦，长幼有序，邻里相亲。已连续多年未发生重大刑事犯罪案件，路不拾遗，夜不闭户，呈现出一派和谐宜居的胜景。

（4）村容村貌整洁优美。今天的华西，“北田园、南工厂、中间是天堂”，生产生活布局合理。河道清澈见底，绿树掩映村庄，远看像林园，近看像公园，细看是农民生活的幸福乐园。

（5）村务管理民主公开。在华西，财务公开、村务公开、党务公开一以贯之，干部任用、财务收支经由村民讨论决定，干部有能力，班子有凝聚力，老百姓有合力。

改革浪淘沙，实干铸辉煌。

1．没有条件创造条件发展才是真道理：与时俱进谋发展

“说来说去，还要把经济搞上去”，这是华西人对改革开放30年最为质朴的总结。30年风云变幻，华西人发展信念的初衷不改。历经20世纪70年代造田、80年代造厂、90年代造城和新世纪统筹发展，华西逐步将一个以农业生产为主的落后村庄发展成为工农商并举的现代乡村都市。

创造发展机遇，推动农村工业化进程。华西是探索农村工业化的先行者之一。在以粮为纲、全国农业学大寨的年代，华西人顶住重重压力，悄悄办起粮食饲料加工厂等村办企业，每年可为村里创利几十万元，为华西打下了最初的工业基础。沐浴改革开放的春风，华西人总能敏锐地捕捉发展机遇。在全国普遍推行家庭联产承包制改革时，华西从人均仅4分地的实际出发，坚持以集体统一经营为主，同时大力兴办乡镇工业，于1988年实现了年产值过亿元的目标。进入90年代，全国掀起乡镇企业改制的浪潮，华西人结合自身实际提出“抓大放小”、“抓大扶小”的改革思路，在巩固集体经济发展的同时，将一些效益较差的小企业通过“转制”给个人经营。1994年，华西大力度整合全村钢铁、毛纺、旅游等企业资源，组建了华西集团。五年后，华西村A股股票在深圳成功上市，成为“中国农村第一股”。进入新世纪，为适应经济全球化的发展趋势，华西又主动融入世界经济大格局。与众不同的是他们没有走合资合作的道路，而是走上独特的“三外”之路，即人才在国外、市场在国外、融资在国外。先后聘请数10位外国工程技术人员，产品远销亚、欧、美40多个国家和地区，在香港注册成立香港华西国际投资有限公司，以此吸引了韩国、美国等国投资。他们还实施名牌带动战略，先后将八大公司、60家企业生产的1000多个品种、1万多个规格的产品，注册到“华西村”牌和“仁宝”牌商标的麾下。目前，“华西村”已成为“中国驰名商标”。

坚持以工哺农，发展现代高效农业。华西人对农业发展始终倾注着热情。上世纪六、七十年代，一场艰苦卓绝的“造田运动”，把零星田块改造成高产稳产“吨粮田”。推行“联产承包”时，华西实行“集体承包”，由30名种田能手包种全村500多亩粮田。90年代工业实力壮大后，实施以工支农、以工哺农，引导农业向高效化转型。进入新世纪，周边村并入成立“大华西”后，一方面对建设布局进行调整，另一方面推进工业向园区集中，拿出上亿元补贴那些零散居住的居民集中居住，腾出土地1000多亩，推动农业向专业化、产业化方向发展。同时，还投资2500万元，建起“农业科技示范园”，加大农业基础设施建设，建起“万亩农林科技示范园”，不断提高农副业的附加值。

利用名村优势，发展现代服务业。今天的“华西村”不仅是一个村名，更是华西人的一笔无形资产。近年来，华西人充分利用“人以村名、村以人名”的优势，大力发展第三产业，拓展村级经济发展新空间。积极开发旅游资源，形成华西三农游、共同富裕游等特色旅游线路，2007年共接待海内外宾客近200万人次。华西旅行社作为全国第一家村办旅行社，已连续8年进入“全国百强旅行社”行列，名列全国第4位。2003年，华西建起建材大市场，同年与香港澄华国际有限公司联合投资成立江阴诚信储运有限公司，正式涉足现代物流业，五年来的利润从百万元提高到数千万元。华西还参股江苏银行，开设投资担保公司、典当行，涉足建筑装潢、房地产经营等领域。现在，全村已初步形成三种产业相互促进、协调发展的新格局。

2．人民幸福就是社会主义：将共同富裕化为生动实践

“生活富裕、精神愉快、身体健康”，这是华西人对幸福标准的界定。改革开放以来，华西一直坚持在壮大村级经济的同时，提高村民的生活水平，满足群众的文化需求，带动更多地区和人民走上共同富裕之路。

壮大集体经济，富足村民生活。华西坚持发展集体经济，为村民致富奠定了坚实基础。依托不断做大的集体经济蛋糕，华西有三条稳定渠道确保村民收入持续增加：按劳分配，工资多劳多得；按需分配，各项福利待遇人人平等，每人每年可得到3000元；按股分红，年终奖分配实行“二八开”，20%现金分配，80%转成个人股份，参加企业分红。随着集体财富增加，村民的福利水涨船高，养老、医疗、教育等保障水平不断提升。上世纪70年代始，就实行村民子女免费入学制，从小学到高中的学费全由集体承担，出国留学的学生还可获10万元资助。女50岁、男55岁的村民，每年可享受1.2万—1.6万元不等的保养金。村里还设立“敬老奖”，年龄越大，奖励越多。党的十七大提出的“学有所教、劳有所得、病有所医、老有所养、住有所居”的目标，华西已提前实现。

完善健康服务，增强村民体质。生活在华西的人，日常饮食由“营养配餐中心”提供无偿顾问服务，针对村民的身体状况制定科学合理的用餐方案，保证每个村民吃得科学、吃得健康；身体保健由“华西体检中心”提供免费优质体检，保证每个村民身体健壮、心理健康。该中心由华西村与解放军第二军医大学上海长海医院合作，投资6000多万元，拥有从7个国家引进的先进医疗设备。每个村民每年可享受价值5000元的免费体检，外来务工人员的体检费用，由个人承担的仅占20%，其余由所在企业支付。华西村民享有的健康服务，已经超过一些大城市。

放大华西效应，先富带动后富。华西致富后，不忘左邻右舍，不忘贫困地区。从2001年开始，周边20个薄弱村相继并入华西。现在的华西，已有13个行政村，村域面积由当初的0.96平方公里扩大到35平方公里，人口从1500多人增加到3.5万人。针对这一状况，华西创造性地实施了“一分五统”管理新体制，“一分”即村与企业分开，村归村，企归企；“五统”即经济统一管理、劳动力在同等条件下统一安排、福利统一发放、村庄建设统一规划、干部统一使用。实践证明，这种管理体制适应了农村资源集中配置的要求，有助于调动各方面的积极性。“周边富”之后，华西人又把目光盯在了“全国富”上。通过派干部、带资金、带项目等方式，先后在宁夏、黑龙江建设两个“省外华西村”，帮助陕西勉县、山西大寨、江西吉安等地发展经济、培养人才，带动当地农民走上致富路。此外，还从上世纪90年代始，大力开展智力扶贫，花费2000多万元培训1万多名中西部地区干部，为国家“八七扶贫攻坚计划”作出了贡献。为进一步放大华西效应，把华西经验变成全国农村的共同财富，2006年他们又有新动作，计划用5年时间，免费为全国培训5万名村级党组织书记。

3. 既富口袋、又富脑袋：建设和谐文明的农民精神家园

“物质精神双富有，才是真正的富有”，这是华西人对富裕内涵的深刻理解。在实现物质富足的同时，华西人始终不忘追求精神文化的富有。

培育传统文化与现代文明相融合的华西精神。思想上没有高素质，行动上难有大作为。正如老书记吴仁宝所说：“经济搞上去，主要靠两句话，‘地创高产出，人创高素质’”。多年来，华西坚持推动经济发展与提高村民素质相结合，着力培养有理想、有文化、有技能的高素质新型农民。现在，全村享受国务院津贴的有6人，高级职称的有55人，出国深造的有20多人，拥有大中专文凭的超过3000人。在实践中，华西坚持传统文化和现代文明相融合，既倡导与时俱进、开拓创新的时代精神，又弘扬艰苦创业、团结奋进的优良传统，让中华民族传统美德在华西大放异彩，让时代脚步在华西留下深深的印迹。30年来，由发展实践凝结而成的“艰苦奋斗、团结奋斗、服从分配、实绩到位”的“华西精神”，就是华西人精神风貌的生动注解。

首创独具特色的精神文明开发公司。物质资源能够开发，精神资源能否开发？华西以其创造性实践，给予了肯定回答。1988年，华西开全国之先河，创办“精神文明开发公司”，将经济建设的机制引入思想文化建设领域。法国《路透社》曾将其称为“这是一个外国没有、中国唯一的公司。”公司下辖华西农民业余学校和华西精神文明开发公司培训中心，全面负责精神文明建设方面的“产、供、销”，专抓看不见的“钱”。《华西村歌》《十富赞歌》《十穷戒词》等颇受村民欢迎的歌谣，都是精神文明开发公司的重要产品。以公司开发的运作模式推动精神文明建设，形式新颖，成效显著，既带动了华西人素质的提升，又增强了华西村的吸引力、凝聚力。

建设农民喜闻乐见的华西文化。走进华西，可以耳闻目睹许多特色语言，如“三守”（守法、守约、守信）、“三心”（讲党心、讲公心、讲良心）、“六爱”（爱党、爱国、爱华西、爱亲、爱友、爱自己）等。这是华西独创的一种文化教育形式，他们将抽象的价值理念寓于简朴的话语中，写上墙或谱上曲，以群众喜闻乐见的民歌、戏剧等形式传播全村，让广大村民在潜移默化中接受教育。在文化设施建设上，华西已建有5000平方米的文体活动中心和近万平方米的体育场，各种文体设施配套齐全。华西还把传统思想文化融入现代建筑物体之中，使凝固的建筑派生出活的灵魂。走廊上，有《水浒传》《三国演义》等壁画和二十四孝组图；公园里，有孔庙、二十四孝亭等景观。2000年，华西村投入200多万元，创建“华西特色艺术团”，宣传改革开放、社会主义价值观和华西艰苦创业、共同致富的经验。凡此种种，都让村民们时时接受着先进思想文化的熏陶，时时升华着自己的精神境界和理想追求。

4. 既要金山银山，又要绿水青山：建设环境优美、宜人适居的村庄

“华西虽然发展了，但任何时候也不能以牺牲环境为代价”。富裕起来的华西人，科学发展的意识日益增强，自觉坚持“环保优先”，加快建设环保村、生态村。

合理村庄布局。随着工业快速发展和“大华西”的组建，2001年华西适时进行了新一轮村庄规划，将全村划成三大区：南为“钱庄”，即工业集中区；北为“粮仓”，即现代农业集聚区；中为“人间天堂”，即村民集中生活区和山水园林风景区。近五年来，遵循规划先后投入资金7.75亿元，铺路造桥、治理荒山、整治环境、改善居住等。全村已基本形成生产与生活兼

顾、经济与环境统筹的崭新格局。

加强环境整治。华西虽是一个村，却层层设有专门的环保机构。为从源头上减少污染，华西下决心淘汰落后产能，先后关闭6家化工厂和老线材厂。为促进“三废”利用，投入数亿元建成“废水递级利用”等20多种循环经济模式，每年节能降耗的增收超亿元。为促进环境改善，综合治理工业园区环境，将原分散在各村的20多家企业迁进工业园，配套建设污水处理厂，投资4亿多元购置环保设备，实现中水回用和废水零排放。2001年，华西在全国村级单位中，第一个通过ISO140001国际环境质量管理体系认证。

实施美化绿化。富裕起来的庄稼人，深知绿化的重要。从上世纪90年代起，华西坚持植树，并对1万亩山河地“三整一建”，即平整道路，整修河道，平整土地，建设中康路、中康桥，不断扮靓自己的家园。现在，全村共种植雪松、香樟、花卉3000多亩，绿化覆盖率达40%，人均绿化面积达287平方米，成为“全国造林绿化先进村”。

5．有福民先享、有难官先当：建设坚强有力的村级领导集体

“有福民先享，有难官先当”，这是华西党员干部几十年不变的庄严承诺。正是依靠这个与民同甘共苦的领导集体，华西才不断从胜利走向新的胜利。

充分发挥领头人的榜样作用和品牌效应。“学高为师，身正为范”。老书记吴仁宝几十年如一日，鞠躬尽瘁、公而忘私，以其独特的人格魅力在村民心目中建起一座丰碑。要求别人做的自己首先做到，要求别人不做的自己首先不做。始终把舒适让给群众，把困难留给自己。坚持“不住全村最好的房子、不拿全村最高的工资、不得全村最高的奖金”，就连上级奖励他的1.3亿元，也分文未取，用于发展集体事业，他的工资一直低于村办企业的技术骨干。如今，华西已修建了第四代别墅，而他仍住在20世纪70年代建造的楼房里，家里的摆设除了墙壁上新增了他与中央新一届领导人的合影外，与几十年前几乎没什么二样。榜样的力量是无穷的，吴仁宝以其卓越才干和过硬作风带出了威信很高的党组织，也带出了蓬勃向上的党风、村风、民风。“仁宝牌”既是华西集团的企业品牌，更是华西村的政治品牌、道德品牌。

着力建设有权威、过得硬的领导班子。班子有凝聚力，干部才有合力，群众才有能力，村子才能发展生产力。1957年，华西建立了党组织。半个世纪以来，班子成员始终坚持解放思想，坚持从实际出发，把领导要求、上级指示与本村实际、群众愿望在发展实践中结合起来，用带领村民致富的实绩赢得了信任、树立了威信。在选配班子时，坚持赛马选才，内不避亲，外不避贤，只要有真才实学、能真心为民，都可被选拔进领导班子。现在，村党委班子有38位正副书记、24位常委，其中30岁以下的就有11位，成为华西事业的“集体擎旗人”。

探索创新村民自治的管理制度。“制度胜于技术”。华西的成功实践，离不开制度上的探索和突破。多年来，华西一直坚持每周日晚召开一次村民大会，共商村是。从“一分五统”的管理体制，到村务公开、厂务公开、财务公开；从实行“一村两制”但不允许“一家两制”，到企业“四制”（企业合作制、厂长负责制、经理监督制、“工代”议事制）、员工“三制”（首位高工资、末位淘汰制、违章辞退制）和对党员干部实行的定期测评等项制度，都使华西村的政治文明建设，从体制机制上经受住了历史、群众和实践的检验。

改革开放30年来，华西村不仅创造了丰厚的物质财富，更创造了巨大的精神财富。这种财富，既属于华西，也属于江苏乃至全国。华西的发展“神话”给人们以深刻启示：实事求是是真理。坚持解放思想、实事求是、与时俱进，不唯上，不跟风，任何时候都从本地实际出发，才能做到困难“难不倒”、表扬“夸不倒”、批评“吓不倒”，才能始终走在时代发展的前列，创造一个又一个发展奇迹。壮大集体经济是真功。只有坚定不移地发展壮大集体经济，以企带村、以富带穷，才能引领全体农民逐步走上共同富裕的道路。好带头人是真神。建设社会主义新农村，需要一个像老书记吴仁宝那样的好带头人。世上本无神，为何华西的村民称吴仁宝为“活神”？就是因为他在群众心目中是一心为民、无私奉献、多谋善断、无所不能的。有了这样一个好带头人，群众当然衷心拥戴，当然会实心实意在他的带领下，共同推动新农村的建设，共同创造发展的辉煌，共同追求幸福的未来。

社会大舞台

活动主题：辉煌历程——参观当地博物馆或展览馆主办的“改革开放30年成就展览”

活动目的：

通过活动了解改革开放以来当地经济、政治、文化、社会建设的喜人景象，让青年学生亲身体验改革开放辉煌历程与巨大成就，激发学生投身火热的改革开放伟大事业的热情。加深对改革开放战略的认识，自觉坚持改革开放的基本国策。

活动要求：

1. 以系部为单位，由任教老师及系部的辅导员带队到当地博物馆或展览馆参观“改革开放30年成就展览”。
2. 以《改革奋进中的家乡》为题，写一篇观后感（字数不少于600字）。
3. 优秀文章汇编成《改革开放让我们惊喜》的小册子交流分享。

资料推荐：

1. 网上点击：观赏改革开放的影视资料片，更多了解改革开放辉煌历程和巨大成就。
2. 政论片《复兴之路》之《伟大转折》和《世纪跨越》。
3. 政论片《走进新时代》。
4. 书籍：《改革开放30年》，人民出版社。

网上冲浪

1. 访问 http://4a.hep.com.cn/，获取更多的改革开放信息资料。
2. 在网上点击观赏改革开放的影视资料片，更多的了解我国改革开放所取得的巨大成就。

专题二十一 四位一体

——中国特色社会主义建设

我们要在本世纪头二十年，集中力量，全面建设惠及十几亿人口的更高水平的小康社会，使经济更加发展、民主更加健全、科教更加进步、文化更加繁荣、社会更加和谐、人民生活更加殷实。

——江泽民

知识目标

通过学习，掌握中国特色社会主义总体布局基本要求，对社会主义经济、政治、文化、社会建设四位一体有一个比较完整、准确的认识和了解。

能力目标

提高学生对中国特色社会主义建设事业的认识水平；坚定走中国特色社会主义道路的理想和信念；增强学生对现阶段我国坚持科学发展的认识和准确把握。

价值目标

使学生在今后的工作和生活中更好地融入我国经济社会发展的历史长河，在实现中华民族的伟大振兴的过程中奉献自己的力量。

我国在自身的改革、建设和发展进程中，走出了一条符合自身国情和时代发展趋向的中国特色社会主义道路。随着我国经济社会不断发展，中国特色社会主义的总体布局，逐渐由社会主义经济、政治、文化建设三位一体发展为社会主义经济、政治、文化、社会建设四位一体。

情境导入

2009 年 12 月 24 日，中国社科院世界经济与政治研究所、中国社科院社科文献出版社在京联合发布 2010 年《国际形势黄皮书》（以下简称“黄皮书”）。黄皮书指出，包括美国、法国、中国、印度等西方七国和“金砖四国”共计 11 个国家的综合国力排名，中国排在第七位，美日德综合国力位列三甲。

该黄皮书选取了西方七国和“金砖四国”这 11 个国家，其中西方七国被称为是世界最大经济体的国家，而“金砖四国”也毫不逊色，被称为是有希望在几十年内取代七国集团成为世界最大经济体的国家。四国之一的中国被称为“世界工厂”。黄皮书对 11 个国家的综合国力进行了分析评估，评估的指标体系包括领土与自然资源、人口、经济、军事、科技五个直接构成要素，以及社会发展、可持续性、安全与国内政治、国际贡献四个影响要素。美国除了在社会发展、可持续性和安全与国内政治三项上得分较低外，在其他项目上都居于前列，其中，经济、军事、科技和国际贡献四项都居第一位，资源居第二位。日本作为总排名第二的国家，除了领土与资源、人口这两项得分极低，军事力量较弱之外，其他项目都位居前列。俄罗斯的长项是领土与资源，中国的长项是人口，俄罗斯与中国在军事上分列第三、第二，主要是因为军队人数多，装备数量大且军费能排在中上游。11 个国家的排名中，美日德综合国力位居三甲，中国排名第七。

中国社会科学院世界经济与政治研究所研究员、国际政治研究室主任、博士生导师李少军指出，综合国力排名的指标目前在国际上并没有通用的标准。通常是每个研究者根据自己的理解来选取。李少军指出，综合国力排名研究其实带有很大程度的主观性。它选择指标的数据可能非常客观，但还属于研究者在主观判断和选择的前提下，得出的结论。综合国力排名的意义，更在于通过这些具体指标，让一个国家了解自身的“长短”，更好地完善自身。

专家认为，对于综合国力的比较，最可取的态度是把视点放在国家各项具体得分的排序上，关注国家的长处与短处，并且特别关注国家综合发展中的问题所在。

领土与自然资源：中国生存资源极为紧缺。综合国力的指标之一——领土与自然资源的排名中，中国排名第四，位居上游。黄皮书指出，作为国家的生存空间，是影响国力的基本因素。尽管领土大国未必就是国力大国，但人们通常认为幅员广阔比地域狭小在战略上更有利。李少军表示，考虑到中国人口基数巨大，中国的生存资源实际上是极为紧缺的。领土广阔与资源丰富在战略互动中都是极为有利的条件。领土大国具有较丰富的生存资源和军事上的回旋余地，而领土小国在战略竞争中则往往具有先天的脆弱性。

人口因素：黄皮书指出，在国际战略互动中，尽管人口规模并不是国力的决定性因素，但较多的人口可以提供充足的人力资源，并且会形成一个广大的市场。

记者注意到，中国的总人口数为最高，但高等教育入学率的得分远没有美国、德国等发达国家高。李少军指出，当然，过大的人口量亦是一种负担。而高等教育入学率与教育投入，可以看作衡量一个国家人力资源素质的重要尺度。这两项数字越高，表明其人口的知识化程度越高。

中国人均水平仍然很低。黄皮书指出，经济发展水平对于一个国家的国力来说是至关重要的因素。从经济发展水平的评估结果看，基本格局是西方七国排在前，“金砖四国”排在后。中国虽然 GDP 的总量已达到较高水平，但由于人均 GDP 水平很低，因此排名偏后，排在第八位。李少军介绍，一般来说，计算综合国力中的经济因素，应重点考虑国家的经济总量而不是人均经济量。GDP 作为一国整体经济实力的标志，对于国际战略竞争是重要因素。

科技水平决定军事力量。黄皮书表示，科技水平是决定一个国家的经济力量与军事力量先进程度的主要因素。科技水平的排名选取了研发投入、每百万人从事研发的人员以及诺贝尔化学奖、物理学奖情况。科技水平的具体排名，中国较为靠后，排在第八位。位居第一名的国家是美国，日本次之。科技落后者没有获胜机会。在当代的战略较量中，无论是进行经济竞争还是军事竞争，科技水平都是一个决定性的因素。从较长时段的国际竞争来看，科技落后者是不可能有获胜的机会的。

社会发展：社会分配差距超“警戒线”。黄皮书介绍，对社会发展水平进行评估，本报告引用了两项数据，一是联合国开发计划署使用的“人类发展指数”，主要衡量三个基本方面：健康长寿的生活、知识以及体面的生活水平。二是“基尼指数”，反映的是社会分配差距。按照基尼指数的指标体系，0为最平等，100为最不平等，40为收入分配差距的“警戒线”，超过这条“警戒线”就容易引起社会动荡。黄皮书指出，从上述两项数字看，基本格局是西方七国在前，“金砖四国”在后。中国的得分是偏低的。社会发展指标主要衡量的是人民生活的幸福程度。一个国家在谋求国际互动的影响力的时候，是不能以牺牲人民生活的幸福为代价的。事实上，那样的发展也是不能持久的。所以，一个综合国力强的大国，也应该是人类发展高水平并且社会相对公平的国家。

国力发展：“生态足迹”越少越好。中国的可持续发展情况，除了生态足迹（衡量国家消耗环境的一个指标）得分较高外，在森林覆盖率和能效比上得分都偏低。国力的发展与环境的现状是有密切关系的。专家指出，通常国力越强大，环境受到的破坏就越严重。按照“生态足迹”这个指标，人类在自然界留下的“足迹”越少越好。

在世界格局深刻变动的今天，中华民族的伟大复兴的历史使命，客观上要求我们“必须适应国内外形势的新变化，顺应各族人民过上更好生活的新期待，把握经济社会发展趋势和规律”，“集中力量，全面建设惠及十几亿人口的更高水平的小康社会，使经济更加发展、民主更加健全、科教更加进步、文化更加繁荣、社会更加和谐、人民生活更加殷实”。经济建设、政治建设、文化建设和社会建设的“四位一体”，构成中国特色社会主义事业的重要内容和内在要求。

知识导航

一、中国特色社会主义经济建设

就经济建设本身而言，不仅包括物质资料生产，还包括经济体制的选择、社会经济制度的建设和经济发展方式的确立等方面的内容。

对比我国经济体制的改革和发展的历程，我们不难看出：中国在20世纪50年代形成的经济体制是高度集中的计划经济体制，在当时发挥了积极作用。但是随着社会主义建设的发展，经济规模不断扩大，经济联系日益复杂，这种经济体制的弊端逐渐显露出来。十一届三中全会以后，中国共产党总结了历史经验，对原有的经济体制进行了根本性的变革。由此，中国进入了改革开放的新时期，开始了市场取向的经济体制改革。

市场经济作为资源配置手段具备其固有的特性：经济关系市场化，企业行为自主化，宏观调控间接化，经济运行法制化。

而我国社会主义市场经济除了具有市场经济的一般性以外，还具有自己的特征：

（1）在所有制结构上，以公有制为主体、多种所有制经济共同发展。

（2）在分配制度上，以按劳分配为主体、多种分配方式并存。

（3）在宏观调控上，以实现最广大劳动人民利益为出发点和归宿，把人民的当前利益与长远利益、局部利益和整体利益结合起来，使市场在国家宏观调控的前提下对资源配置起基础性作用，更好地发挥计划与市场两种手段的长处。

实现工业化，是我国经济发展过程中不可逾越的历史阶段。长期以来，我国发展经济采取的是粗放型增长的模式。随着市场经济的建立和我国全面建设小康社会的进程加快，资源供需矛盾进一步加剧。走新型工业化道路成为必然。新型工业化道路是以信息化带动工业化，以工业化促进信息化，以科技进步为动力、以提高经济效益和市场竞争力为中心，注重经济发展同资源环境相协调，坚持城乡协调发展，同实施可持续发展战略相结合，实现资金技术密集型产业同劳动密集型产业相结合，实现人口、资源、环境、经济协调发展的新道路。

21世纪的头20年，是我国经济社会发展的重要战略机遇期，也是科学技术发展的重要战略机遇期。调整经济结构、转变经济发展方式，建设资源节约型、环境友好型社会，提高国际竞争力和抗风险能力，是我们面临的艰巨任务和严峻挑战。

二、中国特色社会主义政治建设

发展社会主义民主政治，建设社会主义政治文明，是全面建设小康社会的重要目标，也是构建社会主义和谐社会的根本保证。党的十七大报告指出，“要坚持中国特色社会主义政治发展道路，坚持党的领导、人民当家做主、依法治国有机统一，坚持和完善人民代表大会制度、中国共产党领导的多党合作和政治协商制度、民族区域自治制度以及基层群众自治制度。不断推进社会主义政治制度自我完善和发展。”这既是我党执政经验总结，也是对社会主义政治建设所做出的规律性认识，是推进政治文明建设必须遵循的基本方针。

中国共产党的领导是人民当家做主和依法治国的根本保证。人民当家做主是社会主义民主政治的本质和核心要求，是社会主义政治文明建设的根本出发点和归宿。依法治国是党领导人民治理国家的基本方略。依法治国与人民民主、党的领导是紧密联系、相辅相成、相互促进的。

三、中国特色社会主义文化建设

中国特色社会主义文化是现代化建设的重要内容。

中国特色社会主义文化是凝聚和激励全国各族人民的重要力量，是综合国力的重要标志。

中国特色社会主义文化为现代化建设提供智力支持、精神动力和思想保证。

建设中国特色社会主义文化的根本任务，就是以马克思列宁主义、毛泽东思想、邓小平理论和“三个代表”重要思想为指导，全面贯彻科学发展观，着力培育有理想、有道德、有文化、有纪律的公民，切实提高全民族的思想道德素质和科学文化素质。2011年10月18日,党的十七届六中全会作出了《中共中央关于深化文化体制改革推动社会主义文化大发展大繁荣若干重大问题的决定》，对建设中国特色社会主义文化进行了具体的部署。

社会主义核心价值体系的基本内容包括：马克思主义指导思想、中国特色社会主义共同理想、以爱国主义为核心的民族精神和以改革创新为核心的时代精神、社会主义荣辱观。这四方面内容，相互联系、相互贯通、相互促进，是一个有机统一的整体。

建设社会主义核心价值体系，既是丰富发展中国特色社会主义理论与实践的需要，也是构建和谐社会、建设和谐文化的必然要求。

建设社会主义核心价值体系涉及社会生活的方方面面，是全社会的共同责任。

四、构建社会主义和谐社会

党的十六大以来，以胡锦涛为总书记的党中央紧密结合新世纪阶段国际国内形势的发展变化，提出了树立和落实科学发展观、构建社会主义和谐社会、建设社会主义新农村、建设创新型国家、树立社会主义荣辱观、推动建设和谐世界、加强党的先进性建设等重大战略思想。

我们所要建设的社会主义和谐社会，应该是民主法治、公平正义、诚信友爱、充满活力、安定有序、人与自然和谐相处的社会。

构建社会主义和谐社会，同建设社会主义物质文明、政治文明、精神文明是有机统一的。要通过发展社会主义社会的生产力来不断增强和谐社会建设的物质基础，通过发展社会主义民主政治来不断加强和谐社会建设的政治保障，通过发展社会主义先进文化来不断巩固和谐社会建设的精神支撑，同时又通过和谐社会建设来为社会主义物质文明、政治文明、精神文明建设创造有利的社会条件。

构建社会主义和谐社会既是全面建设小康社会的重要内容，也是全面建设小康社会的条件。在全面建设小康社会阶段构建社会主义和谐社会是一项重大任务。在全面建设小康社会的目标实现后，还要为更高层次的和谐社会奋斗。

青春话题

以“职业选择上的思考”为题举行一次“实话实说”活动。

话题一：进行职业选择时，你会考虑哪些因素

话题二：作为一个有志青年首先应考虑的是什么呢

提示：在选择职业时，我们都会考虑个人兴趣爱好；收入高低；福利待遇好坏；离家远近；能否实现个人理想；社会需要等多种因素，应该说，这些因素都很重要。但是，作为新时代的有志青年，如何根据我国社会主义事业的建设内容和基本要求进行职业选择，为全面推进中国特色社会主义事业作出自己的贡献，将国家建设的需要结合起来，作为重要的考量因素呢？

大学生应该从国的需要出发，积极投身于中国特色社会主义经济建设、政治建设、文化建设和社会建设的伟大实践，把报国的远大志向和实现个人成才结合起来。当我们把职业选择和实现成才报国的远大志向联系起来，就会产生强大的动力和顽强的毅力，推动我们更好地发挥自己的才干，为祖国的繁荣富强做出更大的贡献。青年马克思在论职业选择时说过：“在选择职业时，我们应当以人类的福利和个人的理想为主要指针。”现实生活中也有很多这样的人，他们把职业作为自己报效祖国的立足点，在自己的工作岗位上努力拼搏，实现成才报国的远大志向。

欢乐课堂

1. 故事会：说说自己的父母和亲人们作为平凡人的不平凡故事。

体会他们在平凡中创造的不平凡……

2. 讨论会：

讨论选择职业时，怎样处理个人的经济利益和建设中国特色社会主义事业的关系呢？

分析：其实，随着社会主义市场经济的建立，青少年选择职业与经济待遇相联系，是很正常的事，可是，如果我们把着眼点仅仅停留于个人的经济利益，反而可能迷失方向，甚至误入歧途。我们生长在社会主义国家，历史和现实让我们深知：国富民强，国强民荣的道理。作为公民，我们首先要牢固树立国家意识，为国家建设出力。其实，个人对社会的贡献越大，他也同时为自己赢得更多的经济利益，经济报酬的多少总是与自己的才能有关，试想，一个没有才能的人，又怎么取得高报酬呢？所以，在选择职业时，我们必须着眼于成才报国的大志，这样就能带给我们勇气和力量，让个人的才干得以更充分的发挥，就能为国家强大作贡献，同时为自己赢得更多的经济利益。

因此，作为有志青年，在选择职业理想时，要把能否更好发挥自己才能，实现成才报国之志，放在首要考虑的位置上，正确处理利与义的关系。因为，职业并不仅仅是个人谋生的手段，同时也是报效祖国，实现人生价值的实际岗位。

中国特色社会主义事业的建设需要大量的各行各业的人才，人才竞争愈演愈烈，社会主义社会各项工作都是不可缺少的，是相互联系的。国家需要为人才成长提供了一个展示才能的舞台，职业是报效祖国，实现人生价值的实际岗位，如果没有岗位，我们也就无从报国，客观现实上，有些专业竞争非常激烈，而有些专业却人才紧缺，因此，每位同学在选择职业时应及时了解国家需要，扬长避短，充分发挥自己的才干，立志在国家需要的岗位上实现成才报国的志向。

相关链接

人民当家做主的根本保证

——为什么必须坚持人民代表大会制度，而不能搞“三权分立”

具有鲜明中国特色的人民代表大会制度已在风雨中走过了五十几个春秋。五十几年来，人民代表大会制度在充分体现人民意志、反映人民意愿、保障人民权益、推进民主法制、促进社会主义建设等方面发挥了重要作用。实践告诉我们，坚持走中国特色政治发展道路，坚持和完善人民代表大会制度，才能切实保证人民行使当家做主的权利。

1．人民代表大会制度为什么是我国的根本政治制度

我国实行的人民代表大会制度，是马克思主义国家学说和我国政治实践相结合的伟大创造，是近代以来中国政治发展的必然结果，是中国共产党带领各族人民长期奋斗的重要成果。

人民代表大会制度作为我们国家的一项根本政治制度，它的根本性表现在哪里？董必武同志在1951年的一段重要讲话，比较好地说明了这个问题。他说，我们国家有很多制度，如婚姻制度、税收制度、司法制度、军制、学制等等，但这些制度只是政治生活的一面，只有人民代表会议或人民代表大会制度才能代表我们政治生活的全面，才能表示我们政治力量的源泉，因此，它是我们国家的根本政治制度。

人民代表大会制度的根本性，主要体现在两个方面：一是，这一制度在我国政治制度体系中居于核心地位，决定着国家社会生活的各个方面和其他各种具体制度。人民代表大会作为国家权力机关，它的权力是人民授予的，并且代表人民行使权力。国家行政机关、审判机关、检察机关的行政权、审判权、检察权等，都是由人民代表大会通过制定宪法和法律授予的，都必须按照人民代表大会通过的宪法和法律办事。二是，这一制度是我国各种国家制度的源泉，国家的其他制度，如婚姻家庭制度、民事商事制度、国家机构的制度、刑事制度、诉讼制度等，都是由人民代表大会通过立法创制出来，都要受到人民代表大会制度的统领和制约。正因为如此，人民代表大会制度在我国政治制度中具有根本性地位。

2．人民代表大会制度有着显著的优越性

广泛的代表性是人民代表大会制度的生命所在。我国宪法规定：中华人民共和国年满十八周岁的公民，不分民族、种族、性别、职业、家庭出身、宗教信仰、教育程度、财产状况、居住期限，都有选举权和被选举权。这就从国家根本大法的意义上，确保了我国人大代表选举的普遍性和代表的广泛性。比如，第一届全国人民代表大会的代表，包括了统一战线各阶级和各民主党派的代表人物，包括了工农业劳动模范，武装部队的英雄人物，著名的文学、艺术、科学、教育工作者，工商界、宗教界的代表人物，包括了我国各民族人民的代表，年龄从 18 岁到 90 岁以上的都有。正是这种代表的广泛性，使得各地区、各阶层、各民族、各方面的群众都能参与到国家政治生活中来，参与到管理国家事务，管理经济和文化事业，管理社会事务上来。

人民代表大会制度的运行方式，有效地保障了人民真正行使当家做主的权利。目前，我国有近 290 万各级人大代表，他们都是兼职的、是人民中的一员，工作和生活在亿万人民群众之中，同人民群众保持着密切联系，了解人民群众的意见和要求。人民代表大会坚持以人为本、为民立法，积极推进科学立法、民主立法。重要立法的法案都向社会全文发布，广泛征求吸收各界意见，“开门立法”已步入常态化。如 2006 年《劳动合同法（草案）》向全社会公布征求意见后，短短 1 个月就收到 19 万条意见；2008 年《食品安全法（草案）》发布后，人们通过网络、报刊、来信等不同方式提出 11 327 件意见；对《社会保险法（草案）》，各界群众提出的意见和建议高达 70 501 件。可见，人民代表大会制度能够切实体现人民的意志，充分反映人民的呼声，有利于维护人民的权益，真正体现了人民当家做主。

那么，同西方议会制相比，人民代表大会制度还有什么特点和重要优势呢？

人民代表大会制度有利于保证国家机关协调高效运转。根据我国宪法，人民代表大会作为国家权力机关统一行使国家权力。人民代表大会与“一府两院”不是相互掣肘，不是相互拆台，不是唱对台戏，而是合理分工、协调一致地工作。人民代表大会中也没有西方议会中各议会党团的明争暗斗，而是充分发扬民主，在充分协商、基本达成共识的基础上，按照多数人的意见作出决定。正如邓小平同志精辟指出的那样，“社会主义国家有个最大的优越性，就是干一件事情，一下决心，一做出决议，就立即执行，不受牵扯。”“我们的制度是人民代表大会制度”，“没有那么多互相牵扯，议而不决，决而不行。就这个范围来说，我们的效率是高的，我讲的是总的效率。”从实践来看，我国人大制度也对保障政府工作的迅速协同高效提供了强大制度保证。无论是战胜四川汶川特大地震等自然灾害，还是成功举办北京奥运会、残奥会，或者沉着应对当前仍在困扰世界的国际金融危机冲击，我国所表现出的快速决策与高效执行的能力，都受到世界各国的高度评价。美国《纽约时报》把中国抗震救灾与 2005 年美国政府在卡特里娜飓风的救灾做过比较，认为中国政府处理自然灾害的表现，充分显示了中国体制的优越性和政府的能力。

人民代表大会制度有利于集中全国人民的意志，集中力量办大事，共同实现我们的目标。从 20 世纪 50 年代对农业、手工业和资本主义工商业的社会主义改造，到 20 世纪 60 年代提出实现四个现代化的目标；从改革开放以后确立和坚持“一个中心、两个基本点”的基本路线，到提出全面建设小康社会的宏伟蓝图，五十几年间，我国所有重大的经济、政治、文化、社会建设的纲领、目标、政策、措施，都是经人民代表大会通过后，上升为全国人民的意志，并以人民代表大会制定的法律、法令的形式动员和组织全国人民去实现的。人民代表大会制度在动员、组织人民方面所显示的无与伦比的重要作用，是社会主义制度强大优势的生动体现。

人民代表大会制度有利于我国社会主义制度的巩固和国家的团结、稳定和统一。我国是人民民主专政的国家，国家一切权力属于人民，实行人民代表大会制度，有利于充分反映人民的愿望和要求，代表人民的利益，体现人民的意志；我国坚持公有制为主体、多种所有制经济共同发展的基本经济制度，国家的经济命脉掌握在人民手中，实行人民代表大会制度，有利于坚持和不断巩固这一基本经济制度，更好地维护最大多数人的利益；我国是一个幅员辽阔、拥有56个民族的大国，人民代表大会由各民族选出的代表组成，法律上保证每个民族都有代表参与国家政权，有利于巩固和发展平等团结互助的社会主义民族关系，保护各少数民族的合法权益，促进少数民族地区的经济和社会发展，实现全国各族人民的大团结。实践证明，实行人民代表大会制度符合中华民族的历史传统，有利于社会主义制度的巩固，有利于各民族的大团结和整个国家的改革、发展和稳定。

3. 中国决不能搞“三权分立”

有人认为，只有“三权分立”才是真正的“民主”形式，才能保证政治体制的良性运转，因而，极力主张中国照搬西方政治制度模式，也搞“三权分立”。

什么是“三权分立”？“三权分立”是资本主义政治制度的重要组成部分，意指立法权、行政权和司法权这三种国家权力，分别由三个不同的国家机关掌握，相互独立、互相制衡。最初的“三权分立”是阶级分权，有削弱王权、反对封建的意义。资产阶级统治稳固以后，“三权分立”演化为资产阶级内部不同的利益集团之间的分权。资产阶级内部存在着大量的政治派别和利益集团，他们通过分权制约的方式来协调内部不同利益的冲突。在我国，广大人民的根本利益是一致的，不存在根本利益不同的集团，因而也就没有“三权分立”赖以存在的社会基础。

从实行“三权分立”国家的实际来看，由于三权分立带来的权力中心之间的互相掣肘和拆台，往往造成几个权力机关各说一套，各行其是。在这种“民主”形式下，一些简单的事情常常被复杂化。相反，一些重大问题，却因为政客们为维护各自所代表的利益，互不相让而一再拖延、议而不决。1995年，美国国会和总统克林顿因财政预算的意见分歧僵持不下，互不让步。国会执意不通过预算案而另提一个预算案，总统不妥协而宣布联邦政府关门。近20年来，由于国会与行政机关之间相互扯皮，美国政府曾六次面临关门的尴尬境地。一些西方国家的学者也认为，权力分立论不符合积极增进效率的原理，它是以对国家权力及其行使人持怀疑的、不信任的、猜疑的态度为出发点的。这无疑是“三权分立”制度的硬伤。

有人提出，“三权分立”是现代社会最“民主”的政体。这种说法是片面的。

世界上从来没有抽象的、纯粹的民主，而只有具体的、一定历史条件下的民主。“三权分立”这种模式是西方独特的政治、经济、历史、文化的产物，是资产阶级在长期政治实践中形成和发展起来的权力运作方式。列宁曾经指出，只要有不同的阶级存在，就不能说“纯粹民主”，而只能说阶级的民主。“三权分立”就反映了资产阶级统治集团内部的“民主”。事实上，西方国家设置三个机关来扮演互相制衡的不同角色，一定程度上确实可以避免某一个利益集团独揽权力，保证了统治集团内部的“民主”。但这种制度设计并不能保证人民的民主权利，因为参与制衡的每一方都是某一利益集团的代表，不是人民的代表，甚至不是多数人的代表，不能保证权力行使的广泛代表性。实际上，“三权分立”只是资产阶级统治集团内部的利益制衡和权力分工。就其本质而言，它是同资本主义经济和政治特征相适应的精巧设计，是实行资产阶级专政、维护资本统治的有力工具。

还有人提出，实行西方的“三权分立”制度可以有效地防止腐败。这也是与实际情况不相符合的。比如，在西方的“三权分立”制度中，政治游说是相伴而生的产物,在当今资本主义国家这已成为一种公开的政治腐败行为。据称，美国有游说公司2.5万多家,仅华盛顿就有近4000家、各类说客3.5万人。这些说客,或是游走于国会,或是出入于政府部门,穿梭于各种政治力量之间，为各个利益集团充当纵横捭阖的说客。前几年，美国波音、雷神等六大军火公司为得到国家导弹防御系统的合同，游说美国国会山，所投入公关费用就达5100万美元，而带来的直接和间接利益达千亿美元以上。这些已被揭露出来的内幕，只是西方国家权力腐败的冰山一角。而且在“三权分立”制度下，权力分配形成了一个利益分配的共同体，很容易成为制度性腐败的共同体。最明显的，就是媒体对这些腐败行为的披露有一个看不见的边界，一旦这种披露涉及制度本身，有可能伤及政体乃至国体时，“分立”的权力就会发挥一致作用，各种报道便会戛然而止。

有人认为，“三权分立”是所谓的“国际惯例”，具有“普世性”，所以我国也应实行。这种说法是没有道理的。

事实上，当今世界并没有所谓“普世”的政治制度模式，各国的政治制度模式都是依据各国具体国情和历史文化传统而确立的。即使西方主要国家，虽然理论上都搞“三权分立”，但具体形式却并不相同。比如，在美国行政权、立法权、司法权三权并立，总统掌握最高行政权，可以说是相对较为典型的“三权分立”。但英国却是议会制，实行“议会至上”，立法权与行政权并不是分立的，甚至直到2005年之前，司法权也是不分立的。法国则属于半议会制半总统制，行政权占主导。德国、意大利、瑞典、挪威、丹麦、加拿大、日本等国也未实行美国式的“三权分立”制度。事实表明，所谓“普世”的“三权分立”根本不存在。

应该看到，我国人民代表大会制度和“三权分立”制度虽然都是政权组织形式，但作为国家政体，这两种制度有着本质区别。一是，人民代表大会与西方议会有着本质区别。我国的人民代表大会没有议会党团，也不以界别开展活动。无论是代表大会，还是常委会或专门委员会，都不按党派分配席位。人大代表肩负的都是人民的重托，都是在中国共产党领导下依法履行职责，为人民服务，根本利益是一致的。二是，人大和“一府两院”的关系与西方国家的国家机关间关系有着本质区别。我国是由人民代表大会统一行使国家权力，“一府两院”由人大产生，对人大负责，受人大监督。各国家机关分工不同、职责不同，都是在中国共产党领导下、在各自职权范围内贯彻落实党的路线方针政策和宪法法律，不是西方的“三权分立”。三是，人大代表与西方议员有着本质区别。全国人大代表，来自各地区、各民族、各方面，人口再少的民族也至少有一名代表，具有广泛代表性，不像西方议员是某党某派的代表。

必须指出，在中国搞“三权分立”，既无政治基础和社会基础，更无经济基础和阶级基础。如果不顾我国的国情，违背人民的根本利益，照搬资本主义国家“三权分立”的政治制度，必然会从根本上动摇人民当家做主的政治地位，动摇我国政治稳定的根基，导致民主倒退、社会大乱、人民遭殃。

在人类社会政治制度发展史上，任何一种制度的发展完善都必然要经历一个长期的实践探索过程。55年来，我国人民代表大会制度不断发展完善，显示出强大的生命力和巨大的优越性。当然，与社会主义民主政治建设的目标相比，与建设社会主义法治国家的要求相比，与人民群众政治参与热情不断提高的趋势相比，我国人民代表大会制度仍然有许多需要进一步加强和完善的地方。这就要求我们坚持从中国的国情出发，紧密结合我国社会主义民主发展的实际，不断吸收借鉴人类政治文明有益成果，不断加强社会主义民主政治建设和人大工作制度建设，切实把人民代表大会制度坚持好、完善好。

（摘自《六个“为什么”——对几个重大问题的回答》中央宣传部理论局组织编，学习出版社，2009 年 5 月）

拓展阅读

1. 经济快速增长不应以社会与环境成本为代价

世界银行首席经济学家林毅夫等在 2009 年 6 月 1 日发布的《中国经济转型 30 年》一书中，对中国经历的外贸大幅扩张以及出口结构的巨大变化进行了详细阐释。并指出，在制造业方面，中国已经从劳动力密集型的服装、纺织品、鞋类和玩具等转向复杂度更高的机器、设备制造。但中国不应为快速经济增长付出高昂的社会与环境成本。

林毅夫等认为，在中国改革开放 30 年的贸易发展历程中，应吸取三方面的经验教训：

——仅仅放开进口并不足以启动出口。中国的平均关税税率直到 20 世纪 90 年代中期才开始显著降低。中国推行的战略包含两个同等重要的方面：经济体制改革，以及逐步对外开放市场。二者对于实现稳定、快速的增长都不可或缺。

——进口替代抑或出口促进。这取决于一国的发展阶段及其比较优势。中国已通过经济特区和开放外国直接投资进行了试验，允许由重工业和初级产品出口向劳动密集型制造品出口的转变，这是符合中国的比较优势的。

——发展中国家应避免长期性的价格扭曲。中国局部性、渐进性改革的一个教训就是一些扭曲持续的时间过长，这些扭曲包括低利率政策，对于能源、水、电、土地的价格管制等。

2. 网络文化

网络文化，是人类文明的划时代成果，它所包含的丰富的经济、科技、教育、艺术等信息，有助于人们开阔眼界、增长知识、陶冶性情、愉悦身心，而且具有传播速度快、时效性强、信息容量大、覆盖范围广、高度的开放性和交互性等优势，实现了文化传播方式的深刻变革。近年来，随着互联网的发展，网络文化在我国呈现出总体良好的发展前景。据中国互联网络信息中心最新的统计报告显示，截至 2006 年底，我国内地网民已达 1.37 亿，网站数约为 84.3 万个，域名总数则接近 411 万个。这表明，网络文化已在我国得到了迅速发展，成为整个社会文化的重要组成部分。

社会大舞台

活动主题：携手共建——举办我为和谐校园出份力的主题班会

活动目的：

通过主题班会的形式，让同学们切实体验社会主义和谐社会的建设在自己所处环境中的直接感受，从而加深对社会主义和谐社会建设的认识，并从自我做起，为共同建设和谐校园作出自己的努力与贡献。

活动要求：

1. 学生可以通过网络、文献资料、实地调查等途径，了解掌握校园生活与建设的实际情况，为参与主题班会做演讲准备。

2. 组织“我为和谐校园出份力”主题班会。

3. 形成主题班会的纪要，制定个人与班级实施和谐校园建设的具体方案。

资料推荐：

百度网：http://www.baidu.com。

视频资料

中国改革开放30周年纪实。

网上冲浪

1. http://hxd.wenming.cn/index/　中国文明网
2. http://news.cctv.com/special/lgwsm/01/　解读“六个为什么”
3. http://www.p5w.net/　全景网——财经权威网站
4. http://www.gov.cn/　中国政府网

专题二十二 历史使命

——中国外交政策和中国统一

中国既不国，家何能存？

——杨靖宇

国之不存，身将焉托？

——蔡锷

知识目标

1. 了解中国的国土现状；
2. 了解我们外交政策的基本原则与辉煌成果；
3. 了解中国国家安全的现状、危机与趋势。

能力目标

1. 运用马克思主义国际观分析和观察当今世界复杂多变的国际现象，认识国际局势发展的主流和趋势，增强学生对各种国际现象的鉴别能力和判断能力；

2. 在对国家领土与安全现状的学习中，掌握爱国的方法与技巧，提升对爱国思想与爱国行为的鉴别能力。

价值目标

使学生自觉关心国家大事、关心国家安全状况、关心国家统一与领土完整，增强爱国主义情感。自觉做到心忧国家、心系天下。

“高举和平、发展、合作的旗帜，坚持独立自主的和平外交政策，走和平发展的道路，永远不称霸”，这是中国面向世界所作的庄严承诺。台湾是中国的一部分，“一国两制，和平统一”也是中国面向世界所作的庄严承诺！任何国家的外交政策，都与其核心利益相连，领土完整和国家统一是一个国家最大的核心利益，中国亦不能例外！当我们在内地享受和平与发展的繁荣时，我们是否意识到：我国的核心利益还在经受着极大的挑战！我国的外交活动正在波谲云诡的国际舞台上，为了我们的核心利益，而长袖正舞……

情境导入

三沙市——中国最南端的地级市

2012 年 7 月 24 日，中国最南端的地级市——三沙市在海南省西沙永兴岛挂牌成立。从这一天起，在中国版图上，最南端的城市不再是海南省三亚市，而是其南边 180 海里之外、一字之差的三沙市。

三沙，这个刚刚诞生的地级市，管辖范围是西沙群岛、中沙群岛、南沙群岛的岛礁及其海域。涉及岛屿面积 13 平方公里，管辖的海洋面积相当于中华人民共和国领土面积的四分之一，成为中国人口最少、面积却是最大的城市。

2100 多年前，中国古代探海家黄贵遍探南海，画出了涨海图，并献给了汉武帝。自此，南海就有了“涨海”的别称。而中华民族发现并开发南海的历史，要远远早于此。秦汉时期，南海已是当时重要的海上航路。秦统一六国，设南海郡，管辖整个南海诸岛；《汉书》中有南海航海的记录；三国《扶南传》记述到“涨海”；南宋《诸蕃志》说到，南海之“东则千里长沙，万里石床（塘），上下渺茫，水天一色”，其中的长沙、石塘，指的是南海诸岛。郑和七下西洋，途经南海诸岛，早已为世人所知。正如《三沙设市记》所说：“秦谓涨海，汉曰七洲洋……千年建制沿革，一统绵延。”

中国最早发现、命名并持续对西沙群岛、中沙群岛、南沙群岛的岛礁及其海域行使主权管辖。中华人民共和国成立后，于 1959 年设立了西沙群岛、南沙群岛、中沙群岛办事处，由海南行政区领导。1988 年，撤销海南行政区，设立海南省，西沙群岛、中沙群岛、南沙群岛办事处相应划归海南省管辖。三沙这次升级为地级市，实则是中国对海南省西沙群岛、中沙群岛、南沙群岛的岛礁及其海域行政管理体制的调整和完善。

“请到天涯海角来，这里四季春常在……”这首歌非常流行，叫做《请到天涯海角来》。这首歌讲的是海南省的三亚市，当时，三亚市是中国最南端的城市。而如今，新设立的三沙市成为了中国最南端的城市。截至目前，这里常住总人口 3 500 人，流动人口 25 000 人，主要居住在永兴岛、石岛、金银岛、深航岛、中建岛和东岛上。三沙市人民政府所在地——永兴岛是一座由白色珊瑚贝壳沙堆积在礁平台上而形成的珊瑚岛，面积 2.13 平方公里，是南海诸岛中最大的岛屿，距海南岛 330 公里，坐拥丰富的渔业资源，石油、天然气储量巨大。无疑，永兴岛将是“西沙、中沙、南沙”三个群岛的政治、经济中心。

中国把一个办事处改成一个地级市，本来是一件平常的事情，但三沙市的挂牌成立，却引起了全世界的关注。

知识导航

一、中国的海洋国土

中国位于亚洲大陆的东部、太平洋西岸，海岸线长约 1.8 万公里。

中国拥有 300 万平方公里的内水和领海，其中领海面积约为 37 万平方公里。

内海，也叫内水，国家拥有全面的主权性权利，是领土的一部分，国家对其行使完全的、排他的主权。

领海，享有受到部分限制的主权性权利，以一国的领海基线为界与内海分开，国家对其拥有主权。领海作为开放性水域在国际航运方面又扮演着重要的角色，在一定程度上对无害的商业航运开放领海有利于国际经贸、文化往来，因此，海洋法在领海制度中规定了无害通过。

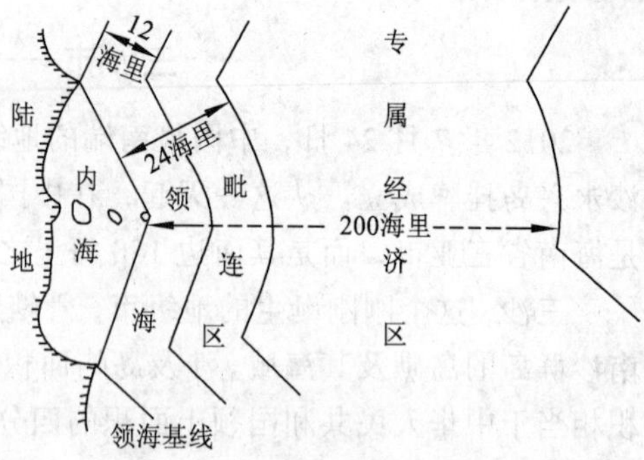

毗连区，国家主要享有单纯行政、司法方面的管制权而不享有全面的主权。毗连区是领海之外邻接领海的一片海域，宽度一般为 12 海里（1 海里=1.852 公里）。国家对毗连区不拥有全面的主权，而主要是对在其领土、领海范围内违犯特定法令的行为行使管制权。该区域类似于领海之外的一个“缓冲区”，其目的主要是防止利用领海的边缘进行走私、偷渡或敌对宣传之类的违法行为。

专属经济区和大陆架，国家只拥有经济开发和与之相关的权利。专属经济区是指从测算领海基线量起 200 海里、在领海之外并邻接领海的一个区域。专属经济区和大陆架的规定主要是为了保护国家对海洋的经济权利。其中专属经济区主要是针对国家对海洋底土及以上水体中的自然资源的专属经济权利，而大陆架则针对国家对海底大陆架及以下的自然资源的专属经济权利，所以，一国大陆架宽度的确定很大程度上决定于一国大陆架的实际地理分布，而不像专属经济区规定了固定的宽度。如前所述，国家对以上两个区域的权利主要是经济上的权利，而不涉及其他，因此在航运、海底电缆、管道架设等非经济领域，其法律地位基本上相当于公海。

二、中国陆地领土

中国有陆地面积约 960 万平方公里。中国领土北起漠河以北的黑龙江江心（北纬 53°30′），南到南沙群岛南端的曾母暗沙（北纬 4°），跨纬度 49°；东起黑龙江与乌苏里江汇合处（东经 135°05′），西到帕米尔高原（东经 73°40′），跨经度约 60°。从南到北，从东到西，距离都在 5 000 公里以上。中国陆地边界长达 2.28 万公里。

三、中国的宝岛——台湾

台湾，中国东南海面上的一颗明珠。它的外形像一片绿叶，现在它也正如一片绿叶一样，在祖国的怀抱之外漂泊。

1894 年，日本发动侵略中国的“甲午战争”，中国战败。1895 年 4 月，清朝政府被迫在日本马关签署《马关条约》，把台湾和澎湖列岛割让给日本。从此，日本在台湾开始了长达 50 年的残酷统治。

1945 年 8 月 15 日，日本宣布无条件投降。同年 10 月 25 日，当时的中国国民政府新任台湾行政长官兼总司令陈仪，庄严向世界宣布：从今天起，台湾和澎湖列岛已正式重新回归中国，从此，台湾终于回到祖国的怀抱，人们期待着，从此以后，台湾人民能作为中国人真正当家做主人。

从 20 世纪 50 年代到 21 世纪，中国几代领导人与全体中国人民都在寻找一条台湾问题的解决方案。2005 年，国家颁布《反分裂国家法》，明确规定："世界上只有一个中国"，"国家和平统一后，台湾可以实行不同于大陆的制度，高度自治。"这就是"和平统一，一国两制"的伟大构想。

这个构想的实施，还有一个漫长的过程……

四、中国的和平外交政策

中国坚定不移地高举和平、发展、合作的旗帜，一如既往地奉行独立自主的和平外交政策，坚持在"和平共处五项原则"基础上与世界各国友好往来，包括与我国有领土领海争议的国家进行友好往来。

所谓和平共处五项原则，就是：互相尊重主权和领土完整、互不侵犯、互不干涉内政、平等互利、和平共处。

维护中国发展的重要战略机遇期，争取和平稳定的国际环境、睦邻友好的周边环境、平等互利的合作环境和客观友善的舆论环境，为全面建设小康社会服务，是当前和今后一个时期中国外交工作的根本任务和基本目标。

中国将继续推动世界多极化，促进经济全球化朝着有利于各国共同繁荣的方向发展，积极倡导多边主义和新安全观，反对霸权主义和强权政治，反对一切形式的恐怖主义，推动建立公正合理的国际新秩序。中国将深化与发展中国家的互利合作，维护与发展中国家的共同利益。坚持与邻为善、以邻为伴的方针，加强与周边国家的友好合作关系，深化区域合作。进一步发展同发达国家的关系，努力扩大共同利益的汇合点，妥善处理分歧。中国将积极参与国际多边外交活动，维护和加强联合国及其安理会的权威和主导作用，在国际和地区组织中作出建设性的努力。中国将全面加强经济外交和对外文化交流，积极维护中国公民在海外的生命安全和合法权益。

中国政府和中国人民愿与周边国家一起，和平解决领土领海争端，愿与世界各国人民一道，共同为维护和促进人类的和平、发展与进步事业而不懈努力。

五、中国统一的希望

建国 60 多年来，特别是改革开放 30 多年来，我国的综合国力大幅提升，人民解放军建国初期的文盲、山炮与步枪逐步演变成了高知识、高技术、高智能与高速度、高精度的现代化、正规化人民军队，具有较强的陆海空天电际作战能力。特别是近年来，我军官兵素质不断提高，各种高技术武器装备不断装配到部队，各种新型战法不断在演练中得到普及与推广，已具备较强的威慑与实战能力，已基本具备维护国家的领土完整、完成祖国统一大业的能力。

2008 年 12 月 31 日，胡锦涛同志在纪念《告台湾同胞书》发表三十周年座谈会上说，解决台湾问题的核心是实现祖国统一。自 2008 年 3 月起，台湾局势发生了积极变化，两岸关系迎来了难得的历史机遇。本着"建立互信、搁置争议、求同存异、共创双赢"的精神，两岸关系在"九二共识"的基础上得到恢复并取得重要成果，迈出了历史性步伐。双方妥善处理了一系列问题，保持了两岸关系改善和发展的势头，两岸关系展现出了和平发展的前景。胡锦涛强调：

①恪守一个中国，增进政治互信。②推进经济合作，促进共同发展。③弘扬中华文化，加强精神纽带。④加强人员往来，扩大各界交流。⑤维护国家主权，协商涉外事务。⑥结束敌对状态，达成和平协议。

青春话题

家和国的关系

有人说：国太大了，家太小了；国离我们太远，家，我们每天都能感觉到；国有国家领导在担心，而家呢，才是我们自己的事……

国和家对于我们个人，就像“皮”对于“毛”，“皮”坏了，“毛”就保存不了了，“皮”没了，“毛”也就存在不了了。苏联教育家苏霍姆林斯基说：“祖国——是又温存而又严格的母亲。人民利益高于一切，国家为了人民利益，往往是温存与严格并存的。”美国作家马克·吐温也曾说过：“只有国家才是那个值得保护、值得关心、值得让你尽忠的对象！”谢觉哉也说：“爱国的主要方法，就是要爱自己所从事的事业。‘国家’不是虚幻的，‘爱国’也不是缥缈的，最后的落脚点是我们所从事的事业，是我们的一言一行。”

欢乐课堂

1. 欣赏配乐诗朗诵《乡愁》（余光中）

小时候
乡愁是一枚小小的邮票
我在这头
母亲在那头

长大后
乡愁是一张窄窄的船票
我在这头
新娘在那头

后来啊
乡愁是一方矮矮的坟墓
我在外头
母亲在里头

而现在
乡愁是一湾浅浅的海峡
我在这头
大陆在那头

诗人把无形的乡愁比喻为什么？表达了什么情结与愿望？

2. 用实例说明中国正在执行的是独立自主的和平外交政策

让学生举例，说明我国始终在坚持独立自主的和平外交政策，引导学生进一步认识我国的对外政策，认识这种政策对于我国和平统一大业的作用。

提示：对外政策是为国家利益服务的，我国奉行独立自主的和平外交政策，受到了全世界的普遍赞誉。

相关链接

台湾问题的由来与实质

第二次世界大战结束之后，台湾不仅在法律上，而且在事实上已经归还中国。台湾问题的出现，是国民党发动内战的结果，其本质是中国的内政问题。台湾问题之所以长期存在且迄今尚未解决的一个重要因素，是美国等西方反华势力插手台湾问题，干涉中国内政，阻碍中国统一。虽然台湾问题尚未最终解决，海峡两岸尚未统一，但世界上只有一个中国，台湾是中国的一部分，中国的领土和主权完整不容分割。

和平统一　一国两制

解决台湾问题，实现国家统一，是全体中国人民一项庄严而神圣的使命。中华人民共和国成立后，中国政府为之进行了长期不懈的努力。中国政府解决台湾问题的基本方针是“和平统一、一国两制”。

早在二十世纪五十年代，中国政府就曾设想以和平方式解决台湾问题。一九五五年五月，周恩来总理在全国人民代表大会常务委员会会议上即提出：中国人民解决台湾问题有两种可能的方式，即战争的方式和和平的方式，中国人民愿意在可能的条件下，争取用和平的方式解决问题。一九五六年四月，毛泽东主席又提出：“和为贵”“爱国一家”“爱国不分先后”等政策主张。但由于某些外国势力的干预等原因，这些主张未能付诸实践。

自二十世纪七十年代末开始，国际国内形势发生了一些重要变化：中美建立外交关系，实现了关系正常化；中国共产党召开十一届三中全会，决定把党和国家的工作中心转移到现代化经济建设上来。与此同时，海峡两岸的中国人、港澳同胞以及海外侨胞、华人，都殷切期望两岸携手合作，共同振兴中华。在这样的历史条件下，中国政府出于对整个国家民族利益与前途的考虑，本着尊重历史、尊重现实、实事求是、照顾各方利益的原则，提出了“和平统一、一国两制”的方针。

一九七九年一月一日，中华人民共和国全国人民代表大会常务委员会发表《告台湾同胞书》，郑重宣告了中国政府和平解决台湾问题的大政方针，呼吁两岸就结束军事对峙状态进行商谈。表示在实现国家统一时，一定“尊重台湾现状和台湾各界人士的意见，采取合情合理的政策和办法”。

一九八一年九月三十日，全国人民代表大会常务委员会委员长叶剑英发表谈话，进一步阐明解决台湾问题的方针政策。表示“国家实现统一后，台湾可作为特别行政区，享有高度的自治权”，并建议由两岸执政的国共两党举行对等谈判。

一九八二年一月十一日，中国领导人邓小平就叶剑英的上述谈话指出：这实际上就是“一个国家、两种制度”，在国家实现统一的大前提下，国家主体实行社会主义制度，台湾实行资本主义制度。

“和平统一、一国两制”是建设有中国特色的社会主义理论和实践的重要组成部分，是中国政府一项长期不变的基本国策。这一方针的基本点是：一个中国、两制并存、高度自治、和平谈判。然而，每一个主权国家都有权采取自己认为必要的一切手段包括军事手段，来维护本国主权和领土的完整。中国政府在采取何种方式处理本国内部事务的问题上，并无义务对任何外国或图谋分裂中国者作出承诺。

这里还应指出，台湾问题纯属中国内政，不同于第二次世界大战后经国际协议而形成的德国问题和朝鲜问题。因此，台湾问题不能和德国、朝鲜问题相提并论。中国政府历来反对用处理德国问题、朝鲜问题的方式来处理台湾问题。台湾问题应该也完全可以通过两岸的协商，在一个中国的架构内求得合理的解决。（摘自《台湾问题与中国的统一》白皮书）

中华人民共和国与各国建立外交关系日期简表

（按亚洲、非洲、欧洲、美洲及大洋洲次序排列，

同一洲的国家以其国名简称的英文字母为序）

（截至 2011 年 7 月 31 日）

（172 个国家）

亚洲：

国　　名	建　交　日	国　　名	建　交　日
阿富汗	1955-01-20	科威特	1971-03-22
亚美尼亚	1992-04-06	吉尔吉斯斯坦	1992-01-05
阿塞拜疆	1992-04-02	老挝	1961-04-25
巴林	1989-04-18	黎巴嫩	1971-11-09
孟加拉国	1975-10-04	马来西亚	1974-05-31
文莱	1991-09-30	马尔代夫	1972-10-14
柬埔寨	1958-07-19	蒙古	1949-10-16
朝鲜	1949-10-06	缅甸	1950-06-08
东帝汶	2002-05-20	尼泊尔	1955-08-01
格鲁吉亚	1992-06-09	阿曼	1978-05-25
印度	1950-04-01	巴基斯坦	1951-05-21
印度尼西亚	1950-04-13	巴勒斯坦	1988-11-20
伊朗	1971-08-16	菲律宾	1975-06-09
伊拉克	1958-08-25	卡塔尔	1988-07-09
以色列	1992-01-24	韩国	1992-08-24
日本	1972-09-29	沙特阿拉伯	1990-07-21
约旦	1977-04-07	新加坡	1990-10-03
哈萨克斯坦	1992-01-03	斯里兰卡	1957-02-07

续表

国　　名	建　交　日	国　　名	建　交　日
叙利亚	1956-08-01	阿拉伯联合酋长国	1984-11-01
塔吉克斯坦	1992-01-04	乌兹别克斯坦	1992-01-02
泰国	1975-07-01	越南	1950-01-18
土耳其	1971-08-04	也门	1956-09-24
土库曼斯坦	1992-01-06		

非洲：

国　　名	建　交　日	国　　名	建　交　日
阿尔及利亚	1958-12-20	利比亚	1978-08-09
安哥拉	1983-01-12	马达加斯加	1972-11-06
贝宁	1964-11-12	马拉维	2007-12-28
博茨瓦纳	1975-01-06	马里	1960-10-25
布隆迪	1963-12-21	毛里塔尼亚	1965-07-19
喀麦隆	1971-03-26	毛里求斯	1972-04-15
佛得角	1976-04-25	摩洛哥	1958-11-01
中非	1964-09-29	莫桑比克	1975-06-25
乍得	1972-11-28	纳米比亚	1990-03-22
科摩罗	1975-11-13	尼日尔	1974-07-20
刚果（金）	1961-02-20	尼日利亚	1971-02-10
刚果（布）	1964-02-22	卢旺达	1971-11-12
科特迪瓦	1983-03-02	塞内加尔	1971-12-07
吉布提	1979-01-08	塞舌尔	1976-06-30
埃及	1956-05-30	塞拉利昂	1971-07-29
赤道几内亚	1970-10-15	索马里	1960-12-14
厄立特里亚	1993-05-24	南非	1998-01-01
埃塞俄比亚	1970-11-24	南苏丹	2011-07-09
加蓬	1974-04-20	苏丹	1959-02-04
加纳	1960-07-05	坦桑尼亚	1964-04-26
几内亚	1959-10-04	多哥	1972-9-19
几内亚比绍	1974-03-15	突尼斯	1964-01-10
肯尼亚	1963-12-14	乌干达	1962-10-18
莱索托	1983-04-30	赞比亚	1964-10-29
利比里亚	1977-02-17	津巴布韦	1980-04-18

欧洲：

国　　名	建　交　日	国　　名	建　交　日
阿尔巴尼亚	1949-11-23	奥地利	1971-05-28
安道尔	1994-06-29	白俄罗斯	1992-01-20

续表

国　　名	建　交　日	国　　名	建　交　日
比利时	1971-10-25	马其顿	1993-10-12
波斯尼亚和黑塞哥维那	1995-04-03	马耳他	1972-01-31
保加利亚	1949-10-04	摩尔多瓦	1992-01-30
克罗地亚	1992-05-13	摩纳哥	1995-01-16
塞浦路斯	1971-12-14	黑山	2006-07-06
捷克	1949-10-06	荷兰	1972-05-18
丹麦	1950-05-11	挪威	1954-10-05
爱沙尼亚	1991-09-11	波兰	1949-10-07
芬兰	1950-10-28	葡萄牙	1979-02-08
法国	1964-01-27	罗马尼亚	1949-10-05
德国	1972-10-11	俄罗斯	1949-10-02
希腊	1972-06-05	圣马力诺	1971-05-06
匈牙利	1949-10-06	塞尔维亚*	1995-01-02
冰岛	1971-12-08	斯洛伐克	1949-10-06
爱尔兰	1979-06-22	斯洛文尼亚	1992-05-12
意大利	1970-11-06	西班牙	1973-03-09
拉脱维亚	1991-09-12	瑞典	1950-05-09
列支敦士登	1950-09-14	瑞士	1950-09-14
立陶宛	1991-09-14	乌克兰	1992-01-04
卢森堡	1972-11-16	英国	1972-03-13

美洲：

国　　名	建　交　日	国　　名	建　交　日
安提瓜和巴布达	1983-01-01	厄瓜多尔	1980-01-02
阿根廷	1972-02-19	格林纳达	1985-10-01
巴哈马	1997-05-23	圭亚那	1972-06-27
巴巴多斯	1977-05-30	牙买加	1972-11-21
玻利维亚	1985-07-09	墨西哥	1972-02-14
巴西	1974-08-15	秘鲁	1971-11-02
加拿大	1970-10-13	苏里南	1976-05-28
智利	1970-12-15	特立尼达和多巴哥	1974-06-20
哥伦比亚	1980-02-07	美国	1979-01-01
哥斯达黎加	2007-06-01	乌拉圭	1988-02-03
古巴	1960-09-28	委内瑞拉	1974-06-28
多米尼克	2004-03-23		

大洋洲：

国名	建交日	国名	建交日
澳大利亚	1972-12-21	纽埃	2007-12-12
库克群岛	1997-07-25	巴布亚新几内亚	1976-10-12
斐济	1975-11-05	萨摩亚	1975-11-06
密克罗尼西亚	1989-09-11	汤加	1998-11-02
新西兰	1972-12-22	瓦努阿图	1982-03-26

1955年1月2日，我与南斯拉夫联邦人民共和国（后改称南斯拉夫社会主义联邦共和国）建交。1992年4月27日，南斯拉夫联盟共和国宣布成立。中国驻前南斯拉夫大使馆改为驻南联盟共和国大使馆，中国驻前南斯拉夫大使改任驻南联盟共和国大使。2003年2月4日，南斯拉夫联盟共和国将国名改为塞尔维亚和黑山。2006年6月3日，黑山共和国宣布独立。6月5日，塞尔维亚共和国宣布继承塞黑的国际法主体地位。

拓展阅读

领事常见问题问答

2000/11/07

摘于中华人民外交部网站

问：中国政府的华侨政策是什么？

答：中国政府一如既往保护华侨的正当权益，鼓励和赞成华侨根据自愿原则加入居住国国籍。自愿加入或取得外国国籍的，就是外国公民，应享受其国籍所属国的公民权利和尽其国籍所属国公民的义务。对保留中国国籍的，中国政府要求他们遵守居住国法律，尊重当地风俗习惯，与当地人民友好相处，团结互助，为居住国的经济繁荣作出贡献。

问：香港回归后，中国驻外使领馆对海外港人提供过哪些领事保护？

答：香港回归后，中国驻外使领馆向海外香港中国公民提供的领事保护主要有以下几个方面：在发生重大事故或社会动荡时，提供紧急救助；将有关意外事故的消息通知当事人亲属并对其赴国外处理有关事宜提供必要的协助；对在国外被拘留或正在服刑的港人进行探视，为其争取减刑或特赦做有关国家的工作。此外，还为其申办各类证件提供必要的领事服务。

问：中国政府如何处理非法移民问题？

答：中国政府一贯反对非法移民并采取各种措施制止非法出境，严厉打击组织偷渡，搞非法移民的不法分子。对经核实确系从中国出境的中国公民，中方愿积极配合，接受遣返。非法移民是一个国际问题，需要有关国家一起合作，共同加以解决。中国已同一些国家就遣返非法移民问题进行了良好的合作，愿在此问题上继续同有关国家加强合作。

问：被遣返人员的遣返费用问题如何解决？

答：中国公民因非法进入或滞留被有关国家抓获并遣返时，如有关国家不承担遣返费用，则由当事人或其亲友承担。被遣返当事人身份核实后，其亲友先将款项以人民币汇至或以美元面交外交部财务司。驻外使领馆接到外交部的收款通知后，协助安排当事人回国。

外交部账号如下：

人民币汇款开户行：中国工商银行北京东四南分理处

户名：外交部

账号：881142-86 汇款单应注明“遣返费”及当事人的姓名、所在国名等。

问：中国内地与中国香港特别行政区间往来的文书应办理哪些手续？

答：1. 中国内地出具的公证文书发往中国香港特区使用前，应由中国外交部领事司办理“确认”手续。

2. 中国香港特别行政区发往中国内地使用的公证文书由中国司法部委托的香港律师出具，并由司法部中国法律服务（香港）有限公司进行确认、传递。

3. 外国驻华使馆、驻中国内地领馆或外国驻港领事机构为其本国公民出具的公证文书，可在中国香港特区与内地直接使用，无须办理领事认证。

问：中国内地与中国澳门特别行政区间来往的文书应办理哪些确认手续？

答：1. 中国内地与中国澳门特别行政区间的民事和商业文书，可径在两地使用，无须办理确认手续。

2. 外国驻华使馆或驻中国内地和驻港澳领馆为其本国公民出具的涉澳门公证文书，可在中国内地和中国澳门特别行政区使用，无须办理中方领事认证。

问：在国外的中国公民如何申办在国外使用的公证书？

答：公证的事实发生在中国国内的，原则上应向中国涉外公证处申办公证。当事人可委托亲友在国内办理公证和外交部领事司或其授权单位认证及证书使用国驻华使领馆认证。

问：公民（包括外籍华人）可否向中国使领馆申办公证？

答：中国驻外使领馆原则上只受理中国公民的公证申请。外国公民（包括外籍华人）如需办理证明文件在中国使用，应先在居住国当地办妥公证，并经该国外交部或其授权机关认证后，再办理我使领馆认证。

社会大舞台

活动主题：中华大家庭报告会——中国没有完全行使主权的领土与领海报告

活动目的：通过报告，使学生能进一步了解我国的疆域及被他国侵占的领土与领海，了解中华民族仍处于危机之中，增强学生的爱国主义情感与为国为民的忧患意识。

活动要求：

1. 写出一份经自己查找资料得来的被他国侵占或被他国声索的领土或领海调查报告，字数为500字左右，要有根据、有事实支撑。

2. 画一张图，标出出该地点的地理位置。

资料推荐：

1. 中国地图与世界地图。

2. 中国外交部网站。

3. 《中国海权》，张世平著，2009年5月1日，人民日报出版社。

4. 《陆权发展与大国兴衰》，叶自成著，2007年9月1日，新星出版社。

5. 《紧急护侨——中国外交官领事保护纪实》张兵，梁宝山 主编，2010年4月1日，新华出版社。

视频资料

1. 配乐诗《乡愁》

2. 歌曲：国家

网上冲浪

中俄“海上合作——2012”联合军演，http://mil.news.sohu.com/s2012/zejy/。

国家海洋局同意海南省在西沙、南沙填海建码头，http://news.sohu.com/20120426/n341734195.shtml。

台湾人也是中国人（台岛夜话），http://news.163.com/12/0417/05/7V94SB8N00014AED.html。

专题二十三 中流砥柱

——中国特色社会主义领导核心

中国共产党是中国工人阶级的先锋队，同时是中国人民和中华民族的先锋队，是中国特色社会主义事业的领导核心，代表中国先进生产力的发展要求，代表中国先进文化的前进方向，代表中国最广大人民的根本利益。

——《中国共产党章程》

知识目标

通过学习，使学生对党的性质、党的领导和党的建设，有一个比较完整、准备和清晰的认识和了解。

能力目标

能运用党的建设理论分析改革开放和社会主要市场条件下党的建设面临的新问题。

价值目标

坚信中国共产党始终是中国特色社会主义事业的领导核心，坚定学生跟党走的决心，积极投身到中国特色社会主义建设的伟大事业之中。

在中国这样一个多民族的发展中国家进行社会主义现代化建设，必须坚持中国共产党的领导。坚持党的领导必须改善党的领导。坚持中国共产党的领导，就是要坚持党在建设中国特色社会主义事业中的领导核心地位，发挥党总揽全局、协调各方的作用。本专题讲座通过情景导入、案例欣赏和课堂讨论的方式进行教学。

情境导入

“老百姓离不开的干部”——沈浩同志的事迹

2004年2月，沈浩积极响应安徽省委号召，作为全省第二批选派到农村任职干部来到凤阳县小岗村，任小岗村党委第一书记。2006年底，沈浩在小岗村任职三年届满，村民按下红手印把沈浩留了下来再干三年。2009年11月6日，就在他第二个任期即将结束前一个月，在他的妻子、女儿、还有92岁高龄的老母亲期盼着全家团聚的时候，他却因为积劳成疾猝然离世，长眠在了小岗。在含泪整理他遗物的时候，人们发现他床下的几双鞋子都沾满了泥土。小岗人知道，那是即将竣工投产的1000亩农产品深加工高科产业园的泥土、那是正在建设的小岗石马新村的泥土、那是刚刚动工的小岗敬老院的泥土、那是五保户们庭院里的泥土……他的鞋子本来可以不沾上这些泥土的，因为他有充分的理由不来小岗：那时已经86岁高龄的老母亲需要他在身边照顾，年仅9岁的女儿需要父亲教导，工作忙碌的妻子需要体贴关心。他也知道，小岗村交通闭塞，自然条件差，经济基础依然不够好，村民们渴望加快发展的愿望十分强烈，盼望有人能够挑起“中国改革第一村”这个重担。作为党员干部，在党和人民最需要的时候，沈浩义无反顾地来到了小岗。在凤阳，了解沈浩的人对他的共同评价是，这是一位对群众充满感情、对事业充满激情、敢想敢干，勇于挑战的好干部。只要是对小岗发展有利的事情，无论多么难，他都要坚持干下去，不达目的绝不罢休。由于京沪铁路隔开了小岗村与307国道的联系，长期以来，小岗人出行要绕行20多公里，这一直是制约小岗村发展的瓶颈。小岗人多么希望能有一座跨越铁路的桥啊！可是谁都知道，要想在繁忙的京沪铁路线上架桥谈何容易，更何况是为一个村修公路让火车停下来。然而沈浩迎难而上，在别人想都不敢想时，他已经行动了，他一次次去铁路和交通部门协商，不辞辛苦，不怕碰壁，用诚意感动了人家，半年以后终于把项目跑了下来。在高架桥合龙的时候，京沪铁路专门为此停运了40分钟。2008年6月底，小岗村快速通道正式通车，乡亲们争相来到大桥上。村民们说：“这条路我 们盼了多少年啊！沈书记带我们修通了这条路，我们小岗大发展更有希望了。”在小岗，村民们都知道，沈浩的房门从不上锁，不论白天黑夜，乡亲们只要有事找他，随时都可以走进他的房间。2008年3月，全县进行行政区划调整，小岗村扩大了十倍，村里事务更加繁忙，每天来找他的人更多了。其他村干部看他整日太辛苦，就私下在他的房门外安装了一扇铁门，想让他能多休息会儿。他看到后很不高兴地说，我是农民的儿子，知道农民的难处，乡亲们找我的事再小也是大事，我们干再多的事也是分内的事。从此，这扇铁门就再也没有锁过。2008年，小岗村人均纯收入达6600元，是2003年的2.87倍，这是小岗村人均收入增长最快的六年，也是小岗民生改善最显著的六年。送别沈浩的情景，是凤阳历史上从未有过的：成千上万的干部群众自发前来送行，紧急调来的二十辆大巴仍然不够，街道两旁是眼含热泪早早等候在那里的乡亲。“为什么我的眼里常含泪水，因为我对这土地爱得深沉”。沈浩，当他把自己的一切都献给小岗的时候，他也把共产党员的丰碑树在了人民群众的心中！他永远和小岗人民在一起。他用45个春秋，证明了人生的真正价值；他用45个春秋，告诉我们，伟大出于平凡。他为我们树立了一个党的基层干部的光辉典范！

“我们共产党人好比种子，人民好比土地”,毛泽东同志的这段话深刻阐明了党和人民血肉相连的关系。的确，中国共产党来自人民，植根于人民，服务于人民。实现好、维护好、发展好最广大人民的根本利益，是党的全部工作的根本目的。沈浩不仅践行了一位共产党人对人民的忠诚，而且为共产党人执政为民的旗帜增添了一抹耀眼的亮色，

知识导航

办好中国的事情，关键取决于中国共产党。在我们这样一个多民族的发展中大国，要把13亿人的思想统一起来，力量凝聚起来，必须有中国共产党的坚强领导。立党为公、执政为民，是党的根本宗旨的体现，是党必须始终恪守的政治立场。在新世纪新阶段，要把全体人民的意志和力量凝聚起来，全面建设小康社会，加快推进社会主义现代化，必须以加强执政能力建设和党的先进性建设为重点，全面推进党的建设新的伟大工程。

党的领导是社会主义现代化建设的根本保证

中国共产党是中国工人阶级的先锋队，同时是中国人民和中华民族的先锋队，是中国特色社会主义的领导核心，代表中国先进生产力的发展要求，代表中国先进文化的前进方向，代表中国最广大人民的根本利益。中国共产党的性质决定党的宗旨是全心全意为人民服务。一切从人民的利益出发，全心全意为人民服务，是中国共产党的本质特征。立党为公、执政为民，是党的根本宗旨的体现。中国共产党的执政地位是历史和人民的选择。坚持党的领导必须不断改善党的领导。

（一）坚持立党为公、执政为民

中国共产党的最大政治优势是密切联系群众，党执政后的最大危险是脱离群众。中国共产党作为执政党，保持同人民群众的血肉联系，应该落实到党和国家的制度与实施方针政策的工作中去，落实到各级领导干部的思想和行动中去，落实到关心群众生产生活的工作中去。立党为公、执政为民，是党的根本宗旨的体现，是党必须始终恪守的政治立场。实现好、维护好、发展好最广大人民的根本利益，是党的全部工作的根本目的。

（二）加强党的建设

党的建设是一项伟大的工程。把党的建设作为一个系统工程全面来抓，就是要把思想、组织、作风和制度建设有机结合起来，从整体上提高党的建设水平，不断提高党支部的创造力、凝聚力和战斗力。新时期推进党的建设新的伟大工程的重点，是加强党的执政能力建设与先进性建设。加强党的执政能力建设。执政能力建设是党执政以后的一项根本建设，是我们党执政后始终面临和不断探索的一个重大课题。加强党的先进性建设，是加强和改进党的建设的长期任务和永恒课题。

青春话题

中国共产党党员的先锋模范作用体现在哪里？

材料1：雷锋（1940—1962）同志是中国家喻户晓的全心全意为人民服务的楷模，共产主义战士；他作为一名普通的中国人民解放军战士，在他短暂的一生中却助人无数，伟大领袖毛泽东主席于1963年3月5日亲笔为他题词“向雷锋同志学习”，并把3月5日定为学雷锋纪念日；一部可歌可泣的《雷锋日记》令读者无不为之动容。半个世纪以来，“雷锋精神”激励着一代又一代人学雷锋、做“雷锋”。

一次雷锋外出在沈阳车站换车的时候，一出检票口，发现一群人围看一个背着小孩的中年妇女，原来这位妇女从山东去吉林看丈夫，车票和钱丢了。雷锋用自己的津贴费买了一张去吉林的火车票塞到大嫂手里，大嫂含着眼泪说：“大兄弟，你叫什么名字，是哪个单位的？”雷锋答道：“我叫解放军，就住在中国。”

五月的一天，雷锋冒雨要去沈阳，他为了赶早车，早晨5点多就起来，带了几个馒头就披上雨衣上路了，路上，看见一位妇女背着一个小孩，手还领着一个小女孩也正艰难地向车站走去。雷锋脱下身上的雨衣披在大嫂身上，又抱起小女孩陪他们一起来到车站，上车后，雷锋见小女孩冷得发颤，又把自己的贴身线衣脱下来给她穿上，雷锋估计她早上也没吃饭，就把自己带的馒头给她们吃。火车到了沈阳，天还在下雨，雷锋又一直把她们送到家里。那位妇女感激地说："同志，我可怎么感谢你呀！"。

一九六零年初夏的一个星期天，雷锋肚子疼得很厉害，他来到团部卫生连开了些药回来，见一个建筑工地上正热火朝天地进行施工，原来是给本溪路小学盖大楼，雷锋情不自禁地推起一辆小车，加入到运砖的行列中去，直到中午休息,雷锋被一群工人围住了，面对大家他说:"我们都是为社会主义建设添砖加瓦，我和大家一样，只要尽了自己的一点义务，也算是有一份光发一份光吧！"这天下午，打听到雷锋名字及部队驻地的市二建公司组织工人敲锣打鼓送来感谢信，大家才知道病中的雷锋做了一件好事，过了个特殊的星期天。

一九六零年八月，驻地抚顺发洪水，运输连接到了抗洪抢险命令。雷锋忍着刚刚参加救火被烧伤的手的疼痛又和战友们在上寺水库大坝连续奋战了七天七夜，被记了一次二等功。

望花区召开了大生产号召动员大会，声势很大，雷锋上街办事正好看到这个场面，他取出存折上在工厂和部队攒的200元钱（存折上203元）跑到望花区党委办公室要捐献出来，为建设祖国做点贡献，接待他的同志实在无法拒绝他的这份情谊，只好收下一半。另100元在辽阳遭受百年不遇洪水的时候捐献给了辽阳人民。在我国受到严重的自然灾害的情况下，他为国家建设，为灾区捐献出自己的全部积蓄，却舍不得买一瓶5分钱的汽水。

一天傍晚，天下起大雨，雷锋见公路上一位妇女怀里抱着小孩，手里还拉着小孩，身上还背着包袱，在哗哗的大雨中一步一滑地走着，雷锋忙上前一打听，才知道这位大嫂从外地探亲归来，要去十几里外的樟子沟去，她着急地说："同志啊，今天雨都把我浇迷糊了，这还有孩子，我哭也哭不到家啊！"雷锋把雨衣披在大嫂身上，抱起那个大一点的孩子冒雨朝樟子沟走去，宁可自己淋得透湿，一直走了两个多小时，才把她们母子送到家。

雷锋，这个光辉的名字，在我们的心中闪烁着不灭的光辉。他把自己旺盛的青春全部献给了党，献给了人民，他的高尚的理想、信念、道德、情操，必将在我们这一代身上不断发扬光大，他那不可磨灭的美好形象，将永远活在我们的心中。

材料2：郭明义，男，1958年12月生，成人本科学历。1977年1月参军，并于1980年6月在部队加入中国共产党，曾被部队评为"学雷锋标兵"。1982年1月，复员到鞍钢集团矿业公司齐大山铁矿工作。先后在矿用大型生产汽车驾驶员、车间团支部书记、矿党委宣传部干事、车间统计员兼人事员、矿扩建工程办公室英文翻译等岗位工作。1996年至今，任齐大山铁矿生产技术室采场公路管理员。

入党30年来，他时时处处发挥先锋模范作用，在每个工作岗位上都取得了突出的业绩。从1996年开始担任采场公路管理员以来，他每天都提前2个小时上班，15年中累计献工15000多小时，相当于多干了五年的工作量。

1990年以来，他坚持20年无偿献血，累计献血6万毫升，相当于自身总血量的10倍。

1994年以来，他为希望工程、身边工友和灾区群众捐款12万元，先后资助了180多名特困生，而自己的家中却几乎一贫如洗。一家3口人至今还住在鞍山市千山区齐大山镇，一个80年代中期所建的、不到40平方米的单室里。

2006年以来，他8次发起捐献造血干细胞的倡议，有1700多名矿业职工参与；其中，齐大山铁矿汽运作业区大型生产汽车司机许平鑫同志与武汉的一名白血病患者配型成功，成为全国第1066例、鞍山市第5例成功捐献者。

2007 年以来，他 7 次发起无偿献血的倡议，共有 600 多名矿业职工参与，累计献血 15 万毫升。

2008 年以来，他发起的希望工程捐资助学活动，已有 2800 多名矿业职工参与，资助特困生 1000 多名，捐款近 40 万元。

2009 年以来，他发起成立的遗体（器官）捐献志愿者俱乐部，已有 200 多名矿业职工和社会人士参与，是目前国内参与人数最多的遗体（器官）捐献志愿者俱乐部。

2010 年，中共辽宁省委授予郭明义同志“优秀共产党员”称号。中共中央总书记、国家主席、中央军委主席胡锦涛就学习宣传郭明义同志先进事迹作出重要指示。他指出，郭明义同志是助人为乐的道德模范，是新时期学习实践雷锋精神的优秀代表。要大力宣传和弘扬郭明义同志的先进事迹和崇高品德，为构建社会主义和谐社会提供强大精神力量。新华社北京 9 月 2 4 日电 中共中央组织部决定，授予郭明义同志“全国优秀共产党员”称号。

2011 年 2 月 14 日，荣获 2010 年感动中国人物。

党章指出，中国共产党是中国工人阶级的先锋队，同时也是中国人民和中华民族的先锋队。什么叫先锋队？毛泽东解释为：“就是带头作用，就是站在革命队伍的前头。”先锋模范，首先表现在信念上。信念是人们在一定的认识基础上，对某种思想理论、学说和理想所抱的坚定不移的观念和真诚信服与坚决执行的态度。在党的历史上，出现了井冈山精神、长征精神、延安精神、西柏坡精神，等等。理想信念不是一般的信仰，而是对真理坚定不移，并为之奋斗不息。先锋模范，其次表现在品质上。共产党员的品质有特殊的内涵，它是一种政治道德品质，是党在长期领导革命建设、改革中形成的，是在执政表现出来的一种特有的品质。包括忠于人民，忠于国家，忠于党的社会主义事业、全心全意为人民服务的忠诚品质；包括政治立场上旗帜鲜明、政治原则上寸步不让、民族利益上国家至上、个人作风上拒腐防变的坚定品质；包括不搞专制的公正品质、坚持民主集中制的民主品质、干干净净的廉洁品质、实事求是的诚信品质、以人为本的民本品质。

共产党员先锋模范作用的发挥，是有着时代性的，不同时代对党员先锋模范作用的发挥有着不同的要求，赋予不同的时代特质。在热火朝天的建设年代，共产党员吃苦在前、享受在后，舍小家，顾大家，自力更生，艰苦奋斗，雷锋是典型代表；在轰轰烈烈的改革开放时代，涌现出了郭明义这样的共产党员，他们奉献在前，名利在后，争先进，创一流，与时俱进，开拓创新。

欢乐课堂

1. 播放音乐《颂歌送给亲爱的党》，请思考党的领导与国家的繁荣富强的关系。

千万条清泉的水啊汇流成河海波浪，
千万支深情的颂歌献给祖国献给党。
天山的青松为什么苍翠挺拔，
是雨露和沃土把它滋养，
雪莲为什么能在边防开放，
是北京的太阳照耀在雪山顶上。

和煦的春风吹绿了原野，
看那青青禾苗茁壮成长，
在伟大祖国温暖的怀抱里，
我们家乡好像那花园一样，

祖国的前程无比宽广，
条条大路通向胜利的前方，
我们祖国的千家万户都沐浴着党的温暖阳光。
啊……
人们不禁日夜谈想，
汽车阵阵飞向天安门广场，
各族人们同声歌唱，
颂歌献给那伟大的党，
啊……
各族人民齐声欢呼，
祝愿亲爱的祖国更加繁荣富强。
啊嘞……

2. 吟唱“最后的一口粮，做的是军粮；最后的一块布，做的是军装；最后的一个儿子，送到了部队”这首当年的歌谣，向学生介绍当年亿万人民是如何自觉选择中国共产党的。

3. 课中活动：对中国共产党的领导是社会主义现代化建设的根本保证的认识

结合自己的家乡的巨变，谈谈对没有共产党的领导就没有社会主义现代化建设成功的认识。（老师组织，自由发言）

相关链接

进京“赶考”的答案

1949 年 3 月 23 日，毛泽东乘车离开了河北平山县西柏坡进北平，对中央总部的一些同事说：“我们去进京赶考。” 毛泽东把从西柏坡去北京城比作进京赶考，那么毛泽东进京以后交了一份什么样的答卷？

答卷一：布衣平民装

革命战争年代，生活条件艰苦，毛泽东始终和战士一样穿着简单。在他身边的工作人员常想给他添置些新衣服，毛泽东却说：“我的标准，不露肉不透风就行”、“我节约一件衣服，前方战士就我一发子弹。”

1949 年 4 月，毛泽东在香山双清别墅接见民主党派负责人与各界代表。在接见张澜前他要求卫士李银桥找件好一点的衣服换一下。李银桥在毛泽东的家当中选了又选，就是找不到一件不破或者没有补丁的衣服。李银桥说：“主席，咱们真是穷秀才赶考，一件好衣服都没有。”毛泽东劝慰说：“历来纨绔子弟考不出好成绩！安贫者能成事，嚼得菜根百事可做。我们会考出好成绩的。”进京以后。毛泽东始终没有忘记千千万万劳苦大众，他和他们一样过着平常人的生活，一样为国家为民族的繁荣富强而奋斗。

答案二：正人先正己

1949 年 9 月上旬，程星龄（毛泽东在湖南一师读书时的同学）随程潜、陈明仁去北京参加全国政协会议。会议前一天，程星龄特意去中南海见毛泽东。走进毛泽东的居室“菊香书屋”，程星龄感到十分惊讶！他见毛泽东的住所陈设十分简陋，便忍不住对毛泽东说：“胜不骄、败不馁，永远保持创业时期艰苦朴素的本色、是使国家民族兴旺的根本，但我却感到你这个办公室里，连幅字画、连盆鲜花都没有，就有些与这“菊香书屋”之名不符了。”毛泽东听了后哈哈大笑说：“我刚到这里时，盆花很多，简直就是一个百花争艳的小花园。你说这行吗？我们共产党自打得了天下，是为贫苦大众翻身，不是为了图自己的享受，与李自成、国民党不同的也在这里。所以我说，过去我管不着，现在我住在这里，就不要摆这些花了。到我这里的人很多，以后还有工人、农民代表要来。他们来了，要看看我，看看我住的地方，如果说我摆那么漂亮的花，那他们也会上行下效。向我看齐，养成这种风气就不好了。当领导的一定要带好头，不然，上梁不正下梁歪!”

答案三：不搞裙带关系

旧中国官场上搞裙带关系已是司空见惯，“一人当官、鸡犬升天”成了当时的真实写照。毛泽东进京以后，首先破了这条官场上千百年来破坏不了的常规。

毛泽东不仅严于律己，而且要求子女不搞特殊。

毛泽东的大儿子毛岸英与刘思齐结婚时，毛泽东只邀请了几个开国元勋吃了顿便饭，而且饭菜都是由毛岸英与刘思齐操办的。新房是机关里的一间普通的平房，床上只有两床被子。其中一条还是儿媳从娘家带来的嫁妆。毛泽东给新婚儿子的唯一礼物只是一件他穿过的大衣。

拓展阅读

“两个务必”代代传

翻开中国的历史长卷，就能发现王朝的兴衰成败，社会的动荡变迁，有一条客观规律：艰苦创业、励精图治，社会就会长治久安；骄傲自满、贪图享受。政权必然衰亡。

1949 年 3 月，三大战役刚刚结束，全国的解放指日可待，党的工作重心开始从乡村转向城市，从革命战争转向和平建设，党即将成为一个执政党。就在这一重要的历史关头，党的七届二中全会在西柏坡召开了，面对历史转折的考验，面对一些人对我党建设新中国能力的怀疑，1949 年 3 月 5 日，毛泽东在七届二中全会上一方面满怀信心地向全世界宣布，我们不但要善于破坏一个旧世界，我们还将建设一个新世界；另一方面对于历史经验深刻感悟，告诫全党，夺取全国胜利只是万里长城走完的第一步。中国的革命是伟大的，但是革命以后的道路更长、工作更伟大、更艰苦，这一点现在就必须向全党内讲明白，务必使同志们继续保持谦虚谨慎、不骄不躁的作风，务必使同志们继续保持艰苦奋斗的作风。七届二中全会以后不久，中国共产党顺利地实现了由农村到城市，由战争到建设，由在野党到期执政党的具有划时代意义的伟大转变。在很短的时间内，成功地收拾了国民党政府扔下的烂摊子，战胜了西方敌对势力的经济封锁和武装挑衅，打退了国内反动势力的反扑，克服了党内组织的不纯与少数干部的腐败现象，开始了建设社会主义的新的伟大历程。

毛泽东不仅是“两个务必”思想的倡导者，而且是“两个务必”思想的实践者。他以自己的实际行动为全党同志树立了光辉榜样。

新中国成立后，由于中国共产党处于执政党地位，因此共产党的领导干部的地位和责任，决定了他们的言论和行动在广大共产党员和党外干部群众中有着巨大的影响。毛泽东十分重视干部的表率作用，指出有什么样的干部就有什么样的战士，多次号召广大干部要做人民的公仆。他本人更是以身作则，清正廉洁。全国解放初期，他身兼党中央主席、共和国主席，却婉拒了许多亲友的私人托请。对自己的子女，他一贯从严要求，不准他们因为自己的关系，而享有特权，朝鲜战争爆发后，毛泽东又毫不犹豫地让毛岸英到朝鲜去接受战火的考验。当得知儿子已经在朝鲜牺牲时，他在吃惊之余压抑着悲伤，缓缓说道："岸英就是牺牲了成千上万革命烈士中的一员，一个普通的战士。不是因为是我的儿子，就当成大事。不能因为是我的、党的主席的儿子，就不应该为中朝两国人民共同的事业而牺牲，哪有这样的道理啊！"毛泽东用自己的实际行动给全党全国人民做出了表率。新中国成立以后，毛泽东虽然是党的领袖、国家的元首，但他仍然保持着革命战争年代艰苦奋斗的优良传统和作风，他倡导的"两个务必"思想成为了世代相传的革命传家宝。

改革开放以来，中国的面貌发生了翻天覆地的变化。我国的经济迅速发展，人民的生活水平不断提高，在这种情况下，有一部分人便提倡高消费，艰苦创业、勤俭建国的观念逐渐淡漠。邓小平在 1989 年 3 月 23 日尖锐指出："最重要的一条，在经济得到可喜发展、人民生活得到改善的情况下，没有告诉人民，包括共产党员在内，应该保持艰苦奋斗的传统。坚持这个传统，才能抗住腐败。"这是邓小平在总结改革开放以来的经验教训基础上第一次重提必须保持艰苦奋斗的传统。在谦虚谨慎、戒骄戒躁方面，邓小平堪称表率。1997 年 2 月 19 日，邓小平逝世后，根据他的遗愿，不搞遗体告别仪式，捐献眼角膜，解剖遗体，不留骨灰，撒入大海。邓小平以自己的实际行动实践了"两个务必"思想，把毕生完全地献给了祖国和人民。

党的十三届国中全会以后，江泽民反复强调全党特别是领导干部要永远保持艰苦奋斗的传统和作风。1991 年 9 月 21 日，江泽民专程来到西柏坡纪念馆。他做了重要题词："牢记两个务必，建设有中国特色的社会主义。"在江泽民担任中央总书记期间，党的建设面对的一个重大挑战是腐败问题，他经常将艰苦奋斗与反腐败相提并论。2001 年 1 月 10 日，他强调指出："艰苦奋斗，事业有成；贪图享受，自毁前程。要发扬党的优良传统，使勤俭建国、勤俭建国、勤俭办一切事业在全党全社会蔚然成风。"

2002 年 12 月 5 日，新任中央总书记的胡锦涛，便带领书记处全体成员来到西柏坡纪念馆学习考察，两次向全党发出牢记"两个务必"，发扬谦虚谨慎、艰苦奋斗的伟大号召。他说："我们一定要牢记毛泽东同志倡导的两个务必，首先要从自身做起，从每一位领导干部做起！"他还要求党的干部做到"权为民所用、情为民所系、利为民所谋"。在新时期新阶段，重温"两个务必"，弘扬"两个务必"，对于加强党的执政能力建设，推进全面建设小康社会的进程，实现中华民族新的伟大复兴，具有十分重要的意义和作用。

历览前贤国与家，成由勤俭败由奢。中外历史证明，世界上任何一个民族的崛起、国家的昌盛，无不经过长期艰苦奋斗。随着时间的推移，毛泽东倡导的"两个务必"思想，必将代代相传，永放光芒。

"居安思危，戒奢以俭"、"生于忧患、死于安乐"是中国的古训。毛泽东在借鉴吸取中国历史上政权兴衰、国家盛亡的经验教训的基础上，提出了"两个务必"的著名论断，要求全党以史为鉴，始终保持顽强进取、力求上进的精神，不断夺取更大的胜利。"两个务必"思想是中国共产党领导中国革命经验教训的深刻感悟，也是中国共产党对执政后面临新的历史课题的清醒认识。毛泽东提出"两个务必"思想虽然已经 60 多年了，但它仍是常温常新的重要话题。高度重视和不断加强党的建设是中国共产党从小到大、由弱到强、从挫折中奋起、在战胜困难中不断成熟的一大法宝，也是党领导的伟大事业不断取得胜利的根本保证。中央历代领导人都把"两个务必"作为革命战争的传家宝，代代相相传。

社会大舞台

活动主题：“榜样的力量——讲述身边优秀共产党员的感人故事”

活动目的：通过邀请身边优秀共产党员讲他们的故事，让学生意识到，共产党员无论在多么平凡的工作岗位上，都可以做出不平凡的贡献，赢得群众的尊敬和爱戴。

活动要求：

社会实践：要求学生采访校内外一些优秀共产党员，并请一些优秀共产党员来学校讲座

资料推荐：

1.《先锋颂——优秀共产党员先进事迹》，新华出版社。

2. 电影《信天游》。

视频资料

1. 中共中央宣传部、中央文献研究室、中共中央党史研究室、国家发改委、国家广电局、中央电视台联合摄制的大型文献纪录片《旗帜》。

2. 中共中央宣传部、中央文献研究室、中央党史研究室、国家广播电影电视总局、中央电视台联合摄制的大型理论文献电视片《走进新时代》中的第十集《关键在党》。

网上冲浪

1. http://www.dangjiancn.com/　中国党建网。

2. http://www.ccphistory.org.cn/　上海党史党建网。

3. http://www.rednet.cn/　红网。

4. http://weibo.com/guomingyi/　郭明义微博。

参考文献

[1] 李开复.李开复给女儿的信[N].新周报，2010(7):23.
[2] 李开复.与未来同行[M].北京：人民出版社，2006.
[3] 覃彪喜.读大学究竟读什么[M].广州：南方日报出版社，2009.
[4] 徐小平.骑驴找马:邮箱里的灯光[M].北京：兵器工业出版社，2004.
[5] 翟鸿燊，马一.做人先做事[M].北京：海潮出版社，2006.
[6] 李元授.思想道德修养[M].武汉：华中科技大学出版社，2005.
[7] 司维.回眸：共和国的 50 年[M].上海：上海人民出版社，1999.
[8] 金冲及.毛泽东传[M].北京：中央文献出版社，1996.
[9] 黄涛.革命烈士传[M].北京：人民出版社，1985.
[10] 李想，郁进东.落下病根无钱医治：见义勇为英雄三告被救少女[N].中国青年报，2006-01-20.
[11] 周婷玉、张泽远.2006 年“年度十大法治人物”揭晓[N].市场报，2006-12-08.
[12] 魏晓文，杨慧民.毛泽东思想、邓小平理论和“三个代表”重要思想概论课教学案例解析[M].北京：高等教育出版社，2008.
[13] 徐崇温.社会主义初级阶段论及其思想渊源和经验依据[N].中国社会科学院研究生学报，1998，5.
[14] 贾琳.“社会主义初级阶段理论”教学设计与课件整体创意[J].中国电力教育，2009，2.
[15] 潘相陈.最高决策：1989 之后共和国重大方略[M].北京：中共党史出版社，2004.
[16] 姚红，张建.聚焦高职[M].北京：红旗出版社，2009.
[17] 李应龙.2008 精彩与豪迈：同当代大学生侃人生[M].北京：科学出版社，2008.
[18] 戴燕军，杨慧民.“思想道德修养与法律基础”课教学案例解析[M].北京：高等教育出版社，2008.
[19] 魏雷.校园爱情：像雾像雨又像风[J].中国青年，2001(11).
[20] 刘书林.《思想道德修养与法律基础》教师参考书[M].北京：高等教育出版社，2008.
[21] 中华人民共和国与各国建立外交关系日期简表.中华人民共和国外交部官方网站，2009.
[22] 陈敦德.毛泽东·尼克松在 1972[M].北京：昆仑出版社，1988.
[23] 张学仁，陈宁生.香港百年[M].北京：中国言实出版社，1997.
[24] 陈多，蔡赤萌，何德龙.澳门纵横[M].北京：新华出版社，1999.
[25] 胡先鸿：国防教育导论[M].长沙：湖南人民出版社，2009.
[26] 王炳林.邓小平理论和三个代表重要思想概论课程教学案例解析[M].北京:高等教育出版社，2004.
[27] 最高人民法院关于审理人身损害赔偿案件适用法律若干问题的解释，2003.
[28] 革命烈士传编委会.革命烈士传（一）[M].北京：人民出版社，1985.
[29] 陈晋.穿越时代的伟人[N].光明日报，2003-12-23.
[30] 毛泽东.毛泽东选集(第 2 卷)[M].北京：人民出版社，1991.

[31] 毛泽东.毛泽东文集(第 7 卷)[M].北京：人民出版社，1999.
[32] 邓小平.邓小平文选(第 2 卷)[M].北京：人民出版社，1993.
[33] 邓小平.邓小平文选(第 3 卷)[M].北京：人民出版社，1994.
[34] 江泽民.江泽民文选(第 2 卷)[M].北京：人民出版社，2006.
[35] 胡锦涛.高举中国特色社会主义伟大旗帜为夺取全面建设小康社会新胜利而奋斗[M].北京：人民出版社，2007.
[36] 本书编写组.毛泽东思想和中国特色社会主义理论体系概论[M].修订版.北京：高等教育出版社，2009.
[37] 中国共产党第十三次全国代表大会文件汇编[M].北京：人民出版社，1987.
[38] 大型文献纪录片《旗帜》(解说词)[M].北京：学习出版社，2011.